国家社科基金
后期资助项目

经国序民：多维视域中的明代公文观

JingGuo XuMin:
The Official Document View of Ming Dynasty
from a Multi-Dimensional Perspective

陈 龙 著

社会科学文献出版社
SOCIAL SCIENCES ACADEMIC PRESS (CHINA)

国家社科基金后期资助项目
出版说明

后期资助项目是国家社科基金设立的一类重要项目,旨在鼓励广大社科研究者潜心治学,支持基础研究多出优秀成果。它是经过严格评审,从接近完成的科研成果中遴选立项的。为扩大后期资助项目的影响,更好地推动学术发展,促进成果转化,全国哲学社会科学工作办公室按照"统一设计、统一标识、统一版式、形成系列"的总体要求,组织出版国家社科基金后期资助项目成果。

全国哲学社会科学工作办公室

序

自有公文活动之时，公文观便产生了。从《尚书》到《战国策》，从班固到蔡邕，从曹丕到刘勰，从韩愈到苏轼，从《名臣奏议》到《经世文编》，历代文人名士已经察觉到公文与一般文学作品不同，逐渐将公文于中国"大"文学中凸显出来。但由于中国传统文学的"泛文学"惯性，公文观一直包孕在中国传统文论之中，与传统文学批评分野不明。因此，该书选取公文发展成熟期的明代（1368~1644）作为研究对象，重点关注明代公文产生的思想基础，并从法制、管理和编纂三个维度研究明代公文观的具体内涵，进而展现出明代独特的公文观。这既是对古代公文理论建构的努力，也是对传统文化和民族精神的自信和传承。

一 思想：明代公文观的内核

"一种观念的出现，不仅与知识的变动相联系，而且与历史社会进程相互交织在一起。"① 也就是说，研究明代的公文观一定要联系明代思想文化发展的继承性和相对独立性，同时还要联系该时代的社会、政治、经济等各种情况。明王朝建立之初，最关键的任务便是重拾儒家思想观念，再继中原传统政治意识形态，尤其要重建以儒学为中心的思想秩序。一方面明王朝统治者想实现对思想的严厉控制，另一方面知识分子表达出出仕理想和济世追求。作为治世之具的公文可以说是两者联结的一个最好衔接点。明代公文观正是在明代最高统治者和明代士人阶层这两个重要主体的相互影响中形成的，也是在儒学思想适应明代统治需要的过程中形成的。本书包含五个章节（绪论除外）。第一章分析明代公文观的生成环境、思想内核及其具体分期。从中可以体察到作者如何发现并逐步建构中国古代公文发展史中的"明代公文观"。

---

① 涂凌波：《现代中国新闻观念的兴起》，中国传媒大学出版社，2016，第266页。

制度变革可以通过政令实现，但社会秩序重建必须经由思想渗透才能得以维持。我们知道，儒家思想的核心是"仁""礼"。"君臣父子"是"仁"的主要内涵，君臣代表封建社会的政治秩序，父子代表封建社会的伦理秩序。"礼"则是维持封建社会秩序所应遵守的规则和仪式。明代儒家思想是在继承传统儒家思想的基础上发展而来的。作者对明代程朱理学、心学和实学发展状态以及代表人物进行了详细梳理，分析儒学与明代公文处理之间的关系，发现儒家思想贯穿于公文思想观念之中，是明代公文观的思想内核之一。作者主要集中于两个方面进行分析。一是对公文发生观念的探讨，可以概括为公文"宗经"观，即认为公文源于儒家经典。如谭浚的《言文》将公文与儒家经学相联系，认为所有文章文体源于"五经"，特别强调对"纪纲""名分""德业"的作用，提出了公文思想中"古""今""体""用"等重要命题，充分肯定了"文"的价值和作用。二是从儒家思想的务实性角度对公文价值的评判，可以概括为公文"世教"观，即公文创作要联系社会现实，直面现实中的种种弊端，并能开出治弊良方。这是公文的社会价值所在，也是评判公文好坏的重要标准。

二　法制：规范中的明代公文观

"法令者，治之具。"法制律令是统治的重要工具。公文作为管理社会的重要工具，其功能和权威性必须首先在法律中被明确和保障。制度建立的过程也是公文法制化的过程。明政权建立后，先后颁布了《大明令》《大明律》《御制大诰》《诸司职掌》《明会典》，以及皇帝诏令等。本书详细分析了明代公文法制化的观念，一方面是具体的法律条文和司法解释；另一方面是各类诏令和奏议中对公文立法的思考、观点及建议。最终形成了明代公文程序观、明代公文安全观、明代公文诚信观、明代公文时效观。

明代公文程序观主要包括公文的撰制规范和公文的运转规范。明代公文从法制层面针对公文文体、格式、印信、签押等都出台了标准和要求。"奉天承运"是明代君命文书的开头专用语。《洪武正韵》是公文文字标准，《明会典》是明代字体书写要求。公文一经缮写无误定稿，在运转、执行期间官员不得擅自修改，一旦违反规定，《大明律》中也有对应的惩罚规定。明代公文运转则由诸司职掌分工和文书行移关系来确定。洪武二十六年（1393）颁行《诸司职掌》以明确各政府机构的尊卑等级及各官府职责，规定了六部、都察院、通政司等机构及其所属部门具体政务，也明确列出了它们的公文办理事项。洪武十五年（1382）颁定了《行移往来事例》，明确各部及所属机构公文处理办法。为防止繁文害政，颁布了《文牍减繁式》，对公文写作格式及适用范围进行了明确要求。

明代公文安全观主要包括明代公文载体安全和公文信息安全两个方面。明代公文载体安全体现在文本安全上。公文文本使用首先要确保公文不被盗窃、毁灭。《大明律》对皇命公文和"官文书"文本盗窃行为给予严厉惩罚。如盗窃皇帝文书者死。再就是公文传递安全，《大明律》对不同类型文书在传递过程中不同程度的损坏有不同刑罚规定，规定极为细致具体。为加强公文保密，明代采用唐、宋两代的公文实封进奏制度，且《大明律》《明会典》都对公文信息泄密有具体规定。明代皇帝多次对近侍人员提出保密要求。地方在实际管理中也总结了一些保密技巧和方法，形成了基层保密规则。

明代公文诚信观。"诚信"是公文权威性的重要准则，明代统治者一方面通过立法保证公文内容的真实准确，打击伪造公文等违法行为；另一方面强化公文执行落实的公信力。公文执行效力的前提是公文所制定政策、方案或措施具有可行性和适用性。对此，明代采取封驳制度，保证政令合情理，树立皇命公文公信力和权威性。明代公文频繁的留中现象对公文公信力形成造成了干扰。明代公文的留中大多是因为皇帝恣意妄为，停办不符合自己意愿的公文。

明代公文时效观主要由明代公文运转时效观和办理效率观两部分内容组成。运转时效观分中央、地方两个层级进行论述，即中央通政司公文运转制度、地方驿传公文运转体系。明代公文办理效率观着重分析影响公文效率的汇报和办理两个主要环节。汇报观重点分析需向皇帝汇报的专门机构、特定时间和特别事项等。办理制度观则集中论述促进公文办理效率的覆奏和稽查制度。此外，作者特别分析了明代文牍主义现象，指出其对明代公文办理的消极影响，以及明人克服文牍主义的种种努力，这是对明代公文时效观的重要补充。

三 管理：实践中的明代公文观

作为政务工具，公文会经历发生、运转、落实的管理过程。这部分作者选取了一个非常巧妙的角度——公文的责任者类型进行论述。根据不同管理环节，把公文责任者分为制作责任者、阅办责任者、传递责任者和监管责任者等四个类型。虽然流程分析上公文责任者为四种不同类型，但实际上不同类型是四位一体关系。在此基础上，选取四个典型责任者进行专题案例论述。

明太祖等皇帝的公文管理观主要可以概括为明职责、严监管、顺关系、正风气四个关键词。"明职责"是明代皇帝明确规定明代中央和地方不同责任者的执掌内容，并对相关责任者提出了相对应的要求。中书省是"法度之本"，通政司"掌受内外章疏敷奏封驳之事"，翰林是"代言之司，机密所寓"，都察院"重耳目之寄，严纪纲之任"，等等。"严监管"旨在有效及时地落实、执行公文。如朱元璋在《御制大诰》中对户部主事王肃"藏匿锦衣卫力士支赏册"，广东道御史汪麟"怀己私上言"，常"不押公文"等因严重违反公文办理行为进行了处罚。"顺关系"是在君臣互动过程中明太祖将奏疏分为"忠谏者"和"谗佞者"两类，认为为君者，要辨识不同的进谏之言，提升为君修养。"正风气"主要是纠正公文文风，要求公文或明道德，或经世务，用语要明白简单，无深怪险僻之语。

邱浚等人主要从皇帝修养、君臣关系、翰林管理、官员选择等方面进行论述。邱浚等认为皇帝修养对统治影响重大，为保证令行政立，君主要慎诏令、守天道、诚正意。邱浚重视对公文责任者的考核和任用，各责任者都要通过不同的标准考核，才能提高公文责任者的素养和能力。

明代政治家张居正等公文责任者的管理观，一是重诏令。明朝皇帝常常将政务交由"阁臣拟令代答"，自己不亲裁章奏，也不主理政事。此种情况下，诏令执行必然大打折扣，因此其推崇明初六部处理诏旨御批采用不同程式用语以示事务轻重缓急的做法。二是考成法，即主要是通过对公文落实情况的核实来检验官员的执政成果，集中公文办理时限、办结核查、定期检查，在一定程度上改善了明朝公文责任者务虚名、不讲实效、崇奉文牍主义的习气。

基层公文责任者的管理观体现在如下两个方面：一是对佘自强《治谱》、蒋廷璧《璞山蒋公政训》、吕坤《实政录》等官箴书的经验进行总结；二是以海瑞、林希元等为代表的具有丰富基层管理经验的官员以《教约》等形式进行阐释。海瑞等地方官认为吏治的重点是加强对基层公文责任者的监管，对地方官衙主管公文处理的首领官——主簿、基层公文办理群体——吏书、财经类专用文书人员——书手等提出针对性要求，消除基层公文管理存在的夸饰政绩，不顾实际，仅做表面文章的弊端。

四　编纂：发展中的明代公文观

明代公文编纂蔚然成风。与前代相比，明代公文汇编热情更盛，更为自觉，也更注重实效性。明代在选文的目的、数量、质量等方面都有较大发展，不仅官方重视整理皇帝及中央部门公文汇编，官员也重视个人公文集整理。作者进一步聚焦这一特殊现象，分析明代公文整理与编纂方面的观念和思想，形成了明代公文编纂观。

明代公文编纂的经世观。编纂归档备存的公文实则是对已办结公文价值的重新判定和再次利用。本书分别从治政、普法等方面阐发和倡导明代公文编纂的经世致用思想。

一是明代公文编纂的治政思想。一方面，根据不同的政治目的对本朝公文进行编纂，以之作为治政的依据，其在现实中依然有施行价值。明初，从编辑、颁布"上谕""宝训"开始，各类法令编纂工作成为治政的重要手段。早期的典章制度多以法律条文为主，而后期许多题奏类公文政策上升为国家的典章制度，即"所是疏为令"。另一方面，"以史为鉴"，注重历史上的公文汇编，供明代统治者借鉴参考。

二是明代公文编纂的教化作用。《皇明祖训》《历代名臣奏议》是明代皇家子弟的教育用书。《皇明疏钞》是明代从官者必备手册。可见，各类公文集的编纂可以用于教育培养人才。此外，还可以用于倡导社会风气，如利用《建言格式》《繁文鉴戒》《表笺式》等一系列公文的编纂，建立清明的公文办理规范，改善公文处理的政治风气。再如，杨国瓒认为编纂、传播《梦虹奏议》，可以激励当时的士大夫，也可以之作为后世风范。

三是明代公文编纂所体现的人生价值。明代公文集的编纂成为一种重要的个人表达方式，许多著名公文大家有意识地对自己的公文进行编辑整理，或展现自己任职的功绩，或辩白被误解的缘由，或表明自己的为人品质，或期待"留名"后世，等等。

明代公文编纂的文史观。许多公文编纂的重要目的是修史，或补充历史，或作为历史的参考。作者也关注到这个公文编撰的历史传统。

综观全书，课题既展现出"公文观"这一研究范式的现实操作性，也启示了该研究范式的延展性。公文观随自上而下权力的确立而构建完善，一方面，自上而下的推行可以强化公文的权威性，增强各层级对公文的认识和思考，促使公文价值和作用得到更大发挥；另一方面，统治者出于提高公文办理效率的需要，不断地完善公文的相关管理制度，这是加强政治统治的必然要求。统治阶级通过各种手段和方式确立符合其统治需要的公文观念，使公文观成为政治意识形态的重要组成部分。

陈龙从2004年开始研究明代公文，完成博士论文《明代公文变革论》，再到今年完成国家后期资助项目，孜孜不倦地坚守这一研究阵地，令人欣慰。明代公文理论的构建还有很长的路要走，希望他能再接再厉，多出成果，多出好成果！

江苏省高等教育学会会长
江苏省教育厅原副厅长
南京师范大学教授、博导 丁晓昌

2022年7月

目 录

绪 论 ·· 1

第一章 明代公文发展概况及公文观的思想基础 ················ 14
    第一节 明代公文产生的社会背景 ································ 14
    第二节 明代公文机构及文体概论 ································ 28
    第三节 明代公文观的思想基础 ···································· 49
    第四节 明代公文观分期 ·· 75

第二章 法制视域中的明代公文观 ·· 83
    第一节 明代公文法制化概况 ·· 83
    第二节 明代公文程序观 ·· 95
    第三节 明代公文安全观 ·· 111
    第四节 明代公文诚信观 ·· 126
    第五节 明代公文时效观 ·· 144

第三章 管理视域中的明代公文观 ·· 166
    第一节 明代公文责任者的类型 ···································· 167
    第二节 明太祖等公文责任者的管理观 ························ 194
    第三节 邱浚等公文责任者的管理观 ···························· 209
    第四节 张居正等公文责任者的管理观 ························ 227
    第五节 基层公文责任者的公文管理观 ························ 239

第四章 编纂视域中的明代公文观 ·· 253
    第一节 明代公文编纂概况 ·· 254

  第二节　明代公文编纂的经世观 …………………… 272

  第三节　明代公文编纂的文史观 …………………… 310

第五章　结论 …………………………………………… 330

参考文献 ………………………………………………… 341

绪　论

一　研究对象和范围

公文，古称文书、文牍、案牍或官文书等，作为古代统治机构政务运转工具的"公文"的概念界定，较早出现在《唐律疏议》中：

> 诸公文有本案，事直而代官司署者，杖八十；代判者，徒一年。亡失案而代者，各加一等。
> 【疏】议曰："公文"，谓在官文书。有本案，事直，唯须依行。或奏状及符、移、关、解、刺、牒等，其有非应判署之人，代官司署案及署应行文书者，杖八十。若代判者，徒一年。其"亡失案而代者，各加一等"：代署者杖九十，代判者徒一年半。此皆谓事直而代者。若有增减、出入罪重者，即从重科。依令："授五品以上画'可'，六品以下画'闻'。"代画者，即同增减制书。其有"制可"字，侍中所注，止当代判之罪。①

该律条疏解言明了几点问题，首先明确了公文责任者，即"在官"，由官府官吏负责和管理；其次明确了"在官文书"，一类是"奏状""移""关"等官府或官吏之间因公务使用的文种，一般是有规范体式的完整的文章，一类是"符"和"刺"等证明类文书；再次明确了公文要合理合法且依照规定执行，即"事直"；最后明确了公文需要按权属关系执行和办理，详细规定了公文具体处理方法、违规情形及处罚标准。

通常而言，公文的概念包含广义和狭义两个层面。广义公文是指各类管理机构及管理人员因处理政务而制发和使用的文书，包括通用公文、

---

① （唐）长孙无忌著，袁文兴、袁超注译《〈唐律疏议〉注译》，甘肃人民出版社，2017，第302页。

司法公文、财经公文等，还有附属于公文或用于公务管理的各类簿册、案卷等文书。狭义公文是指通用公文，专指政府机构及其人员在管理政务过程中所产生的，用于传达命令、请示、答复及处理其他日常政务而形成规范体式的文书；它具有成文性和规范格式，是经过法定程序制作并运转办理的文本。无论是广义公文还是狭义公文，它们都是公务管理过程中政务信息或命令传递的载体，具有较强的实用性。

与文学等文章或文体类型相比，公文有着鲜明的特性。一是公文的根本属性是实用性。公文主要是用于政务管理，在政务管理过程中产生，并通过行政机构的运转，实现政务信息的传递、执行和管理。因而，公文是应管理需要而产生的，同时必须在管理过程中运转和办理，否则就不能成为公文。公文实用性的直接表现，是在行政管理中传达命令或政情，需要撰拟和办理，具有强制性、时效性和可操作性。而其他文章功用则不同，如文学类的文章的功用表现是间接的，无强制性，也无时效性和可执行性的要求。古代君主专制社会，为加强统治、巩固政权，统治阶级有意识地强化公文在管理中的地位。古代各类典章制度、官员奏疏和官箴书等常讨论公文管理和使用要求及注意事项，对公文运转的各个环节进行规范监督，形成了相应的公文观点、建议、措施以至制度，这些有关公文的规定和探讨都将公文与其他文章文体区分开来。二是公文责任者的身份具有法定性。古代公文责任者绝大多数是皇帝、皇帝辅助官员和各级衙门官吏，他们具有特定的社会身份，这种身份受到政权法律制度的保护。在执行权力和管理过程中，他们作为公文使用的主体，为维护所制发公文的权威性，对公文进行了制度性规定并立法管理。而民众所创作公文的数量很少，只有在民众与政务发生关系时，民众才可能成为公文责任者，他们创作的公文一般只具有信息传递作用，而无指令功能。因此，公文责任者具有特定的社会身份，这种社会身份具有政治性和法律性，与文学作品的作者不同，文学作品的作者没有特定身份的限制，而公文特定的授权身份是其成为公文责任者的前提条件。三是公文的内容必须与政务相关联。政治工具的属性决定了公文的内容与现实政务息息相关，同时公文的运转和办理也决定了其内容必须符合客观事实，具有可实证性，甚至具有可行性。文学作品的内容则多是虚构故事情节，不需实证。四是公文的格式具有相对固定性和法定性。公文格式用于公文办理、明确事务性质和责任者的关系，是大多数情况下必不可少的要素。古代公文责任者，根据事务和关系确定文种，选择文种不是任意的；同时必须严格遵守规定的格式，以保证公文的有效运转和执行，格式错误不仅影响顺利办理，也要受到法律的惩处；文学作品等也有相对稳定的文体格式或形式，但其选择是自主自由的，且形式可由作者自由改造。五是公文必须进入政务管理运转程序，经过办理才能发挥其效力，实现其传递政务信息和指令的工具作用；而文学作品不需要这种程序，其传递方式是一种大众化的传递，传递渠道没有特定的限制。六是公文的阅办者也是公文责任者之一，它们是具有特定职权的人或机构。公文阅办者与公文发文者之间有着特定的职权隶属关系，这种关系受到法律约束，并承担着特定的权利和义务。而文学作品的读者一般来说不确定，没有特定的身份限制，具有广泛性。因此，在判定和研究公文时，需要考虑到上述这些因素，以明确公文与其他文章文体的不同之处。

明代的公文既包括中央和地方各政府机构及所属官吏创制和使用的公文，也包括在整个政务管理过程中产生的各类公务文书，即皇帝的诏制、官员的奏疏、"官文书"及各类簿册等，属于广义范畴的公文。这些概念在明代法律典章、文集中被使用，如《大明律》"增减官文书"条中使用"官文书""文案"[①] 等概念，这些概念仅指官府日常政务类公文。受古代文章观念的影响，明代未将公文与其他类型文章做区分。"凡文之为制诰，为疏札，为书文表赞之类……总命曰文"[②]，将公文视作散文中的一部分。但从明代文集的编纂可以看出，许多文集已有意识地把公文与其他文体区别编纂，有些还根据政务内容对公文做进一步的分类编选。"拟议以成其变化。""变化者用也，所以为之拟议者体也，体植则用神，体之时义大矣哉，而胡可以弗辩也？"[③] 从公文实用性的角度，明人已经意识到公文不同于文学作品的文体，它们具有"用"的价值。

对公文观的研究是迈向公文理论构建的关键一步。公文观产生于政务管理过程中对所有与公文相关要素的认识，是在公文的生成、运转、

---

① 怀效锋点校《大明律》卷三《吏律二》，法律出版社，1999，第42页。
② （明）徐师曾著，罗根泽校点《文体明辨序说》，人民文学出版社，1962，第73页。
③ （明）徐师曾著，罗根泽校点《文体明辨序说》，第74页。

实施、监管、归档等过程中形成的认识、观点，以及提出的建议和建立的制度。公文观的构建应以公文的成熟发展为基础，为此，本课题选择了历史上处于公文发展成熟期的明代（1368～1644）作为研究对象。明代统治者非常重视公文的规范和使用，从制度规范到文风倡导，从拟写技巧到整理编纂，从不同方面对公文运转的各个环节及要素进行了实践性探索和制度性总结，由此形成了明代独特的公文观。

明代公文观一般呈现在皇帝的诏令、国家的典章制度、各级官吏的奏疏及各类文集理论作品或序跋中，他们分别从不同角度、不同政治需要对公文的各个方面表达了自己的观点和建议，并将其转化为具体的公文处理程序和方法。公文观的研究必须从不同视角用不同的方法去梳理和研究，才能深入地挖掘其深刻内涵。明代是公文发展的重要时期，也是公文思想观念形成的重要时期。制度是公文产生和运转的前提和基础，公文作为管理工具在政务管理中运转并发挥作用，公文运转完成后成为历史档案。明代统治者重视公文的规范和使用，从政治思想的贯彻到公文法律制度的建立，从公文运转的有效管理到公文编纂示范，形成了独特的明代公文观，同时也从不同方面对公文进行了改革，提高其行政效率。本书首先梳理了明代公文观产生的思想基础，进而结合明代公文史料，从法制、管理和编纂等视角对明代公文观念和实践进行立体式的梳理、观照和研究，从中探究这一特殊历史文献的发展规律，总结和挖掘明代公文观在传统思想、法制、档案、文化等方面的理论贡献和文化价值。

二 研究成果述评

随着时代的发展，历史文化作为国家软实力的重要组成部分备受重视。公文作为历史文化的代表之一，也越来越受到众多学者的关注，他们已经从不同视角不同层面对明代公文展开了一定程度的研究，并在不同领域触及明代公文观，这成为本课题研究的重要基础。

（一）研究回顾

1. 公文发展史和公文制度方面

该领域最具代表性的专著是丁晓昌、冒志祥主编的《中国公文发展史》，是书为一部研究古代公文发展的专门史，其中一章是明代公文发展史。该章对明代公文撰制机构和人员、公文种类、公文制度、公文创作简史和公文理论研究等方面做了初步的梳理,并构建了明代公文宏观研究的基本框架,其中公文理论是关于公文文体研究情况的介绍,而对公文机构人员、公文法制等思想观念尚未论及。本课题则是在此基础上,努力对明代公文进行理论的探讨和构建。

颜广文的《论明代公文运作制度》是一篇研究明代公文制度的论文,该文对明代中央决策公文形成制度、公文行移及收发制度、日常公文处理制度、公文稽核制度、制定公文格式和贴黄制度等基本概况,以及明代公文运作、制作、实际执行过程中违误情况及原因做了简要考察,较清晰地梳理了明代公文运作的基本规则和程序,并总结了明代公文运作制度的成败得失。该文较早地触及了明代公文观,作者意识到明代公文观的出现,如作者论述:"明朝人认为:'在官言官,在朝言朝,必假文移而悉达。'可见,明代统治者已认识到公文运作的顺畅,对于国家政权行政职能的发挥有着十分重要的作用。"[①] 其《朱元璋对公文制度的整顿》[②] 则简略地从制定公文格式、公文立法、清核等方面介绍了朱元璋的公文制度改革,属文史知识介绍,而未做深入的学术研究。

孙书磊教授的《明代公文制度述略》[③] 简略地介绍了明代公文撰写制度、传递制度、收办制度、封置制度等,基本涵盖了公文运转的全过程,这些介绍是初步的,还缺少对公文制度产生思想基础和理论的阐发。连士玲、李守良的《论明代公文行移制度》[④] 从公文行移的半印勘合制度、驿传制度、稽程处分、毁弃官文书、偷盗邀取官文书惩处、禁止越级等几个方面介绍了明代公文行移的相关规定,其中"偷盗文书"是否属于公文行移关系值得商榷。文章存在"公文行移"的概念泛化现象。可能是因作者对公文缺少深刻的了解,致使相关概念的使用不够清晰准确。黄才庚的《明代文书行移勘合制度》[⑤] 分析了明代公文行移勘合产生的原因,选取兵部勘合为例简要介绍了几种具有代表性的勘合的使用

---

① 《广东社会科学》1994年第2期,第69页。
② 《中国行政管理》1994年第10期,第42~43页。
③ 《南京工业大学学报》(社会科学版)2005年第2期,第57~62页。
④ 《档案》2007年第4期,第14~15页。
⑤ 《历史档案》1981年第3期,第129~134页。

情况，并探讨了行移勘合制度对明代政治的意义，而对公文的管理价值和意义缺少深入的分析和研究。

李福君的《明代皇帝文书研究》① 则围绕明代皇帝文书，较详尽地介绍了皇帝文书的类型、文体及其格式和处理方式，又从撰写、批红、抄发封驳、议覆、覆奏及传递等几个方面，宏观地讨论了皇帝公文处理的各个环节的制度规定和发展状况。该著作较为全面地探讨了明代皇帝文书的全貌和特征，然而对这些制度还缺少思想观点的探讨。中国社会科学院历史研究所明史研究室编《明史研究论丛——明代诏令文书研究专辑》则编选了万明《明代诏令文书研究——以洪武朝为中心的初步考察》、陈时龙《明代诏令的类型及举例》、张兆裕《〈甲乙记政录〉与晚明圣旨之私家辑录》② 等论文，他们分别研究了诏令文体和公文编辑的内容。这些论文采用微观的个案分析方法，对诏令类公文进行细致入微的研究，凸显诏令类公文的政治工具性特点。尹钧科《明代的宣谕和清代的讲约》③ 介绍了明代"宣谕"这一公文处理方式，并将其与清代"讲约"进行简单的比较，但对明代该制度缺少更深层次的探讨。李佳《明万历朝奏疏"留中"现象探析》④ 专门分析了万历朝奏疏"留中"发生的原因，指出奏疏"留中"既反映了万历朝上层统治权力的衰弱，也反映了明代政治文化对君主专制的约束，认为这种约束与明代士大夫的政治价值意识密切相关。这些专题性研究从各自的专业视角探讨了明代公文文体和公文处理的内涵，虽然还缺少系统性，但对本课题研究仍具有一定的参考价值。

2. 语言文学或文章学等方面

该视角下的公文研究有郭预衡先生的《中国散文史》，该著作将明代公文作为散文的一部分加以研究，主要是从文学角度对明代公文作家及风格做了分析和介绍，侧重于文章学视角下的文本分析，脱离了公文的政治工具性特征，显得美中不足。本课题将回归公文的本质属性，探

---

① 李福君：《明代皇帝文书研究》，南开大学出版社，2015。
② 中国社会科学院历史研究所明史研究室编《明史研究论丛——明代诏令文书研究专辑》（第八辑），紫禁城出版社，2010。
③ 《北京社会科学》1999年第4期，第95~98页。
④ 《古代文明》2009年第4期，第104~112页。

讨公文作为政治工具而形成的思想观点。孙书磊《论明代公文风格的嬗变》[①]等论文开始关注公文风格特征变化，以文学讨论的方式对公文的风格进行研究。此外，还有陈辽先生的《朝鲜〈吏文〉和明代语言》[②]，蒋星煜的《汤显祖〈论辅臣科臣疏〉的历史意义与深广影响》[③]，郭预衡的《"有明文章正宗"质疑》[④]等，这些论文从文学、语言学等角度对明代公文进行了探讨，内容精深。为本课题从文本角度思考明代公文的特点提供了借鉴。

3. 政治制度史方面

这方面的研究主要集中在历史学维度。刘建明《明初政权运作与政府公文走向》[⑤]重点关注朱元璋所采取的一系列公文改革措施，如公文书写内容、语言、格式、风格的规范化等，总结了其公文改革的效果及影响。该研究一方面属于对某个时间段的研究，缺少全面性；另一方面还属于对公文与政权关系的梳理，缺少理论深度的探讨。但该研究为本课题提供了可供深入探讨的路径，有助于挖掘管理视角下朱元璋的公文管理思想。

王剑教授的《明代密疏制度研究》[⑥]，从历史学的角度对明代在公文处理过程中产生的一类公文处理制度——密疏制度，做了专题性研究，其《密疏的非常制参与与嘉靖朝政治》[⑦]《密疏与嘉靖皇帝的理政方式》[⑧]《明代密疏书写格式考论》[⑨]《明代的密疏：下情上达的一种特殊方式——以题本、奏本为参照》[⑩]《论明代密疏的保密制度》[⑪]等论文都是围绕"密疏"与政治的关系，探讨特殊的公文制度在政治运作中的作用，这些研究成果较全面地梳理了"密疏"这一特殊公文制度，对本课题的研

---

① 《南京航空航天大学学报》（社会科学版）2004年第4期，第46~51页。
② 《江海学刊》2001年第5期，第163~166页。
③ 《上海师范大学学报》（社会科学版）2000年第3期，第53~60页。
④ 《文学遗产》2000年第1期，第103~105页。
⑤ 《湖北大学学报》（哲学社会科学版）2012年第2期，第74~79页。
⑥ 王剑：《明代密疏研究》，中国社会科学出版社，2005。
⑦ 《学习与探索》2011年第5期，第222~226页。
⑧ 《学习与探索》2007年第5期，第200~204页。
⑨ 《史学集刊》2005年第1期，第27~33页。
⑩ 《西南师范大学学报》（人文社会科学版）2005年第2期，第116~120页。
⑪ 《文史哲》2004年第6期，第74~78页。

究有很大的启发，是本课题研究的重要参考。

蔡明伦教授的《明代言官群体研究》①以明代言官群体作为研究对象，全面考察了言官群体属性与中央权力、地方政治及社会风气的关系，言官职能的直接表现是拟写弹劾公文，论著深刻分析了言官群体意识的表现及产生原因，指出言官的群体意识本质意义上正是公文观的体现。该著作所用史料甚丰，论述严密，为本课题研究明代公文责任者的公文观提供了重要的参考。刘长江著有《略论明代科道官的"风闻言事"》②，"风闻言事"是明代科道官弹劾类公文一大特征，作者对该特征及其作用进行了介绍和分析，涉及明代不同时期皇帝和官员对该类公文的看法、建议和所采用的整顿措施。

方琢《明代御史刷卷制度研究》③探讨了明代御史刷卷制度的确立、刷卷基本程式等，涉及明代公文管理中重要的监督环节。覃兆刿《浅析明代照刷磨勘文卷制度》④对明代照刷磨勘文卷的形成和具体做法做了简要介绍，并对这一制度做了深层次阐述。左书谔《明代勘合制论》⑤和罗冬阳《勘合制度与明代中央集权》⑥两文都研究明代公文中的勘合制度。左文介绍了勘合的产生、类别、管理，简单论述了勘合的作用；罗文对勘合的论述则较为全面，全文以中央集权为中心，对勘合的含义和起源、种类、作用等进行了论证。

刘双舟《明代监察法制研究》⑦涉及对公文监察管理制度的研究，包括公文处理环节封驳权、照刷磨勘制度等的讨论。公文处理是监察法制体系中不可缺少的重要内容之一，六科的监察内容主要是对公文处理进行监管，如封驳奏章、注销案卷。该著作充分认识到古代封建国家机器运转是通过一系列不同文书的起草、颁发、上传下达和执行来完成的，具体表现为皇帝的诏令、臣僚的奏章、官府的行文及各种专门性的文书；从监察角度探讨了明代公文监察制度的建立与执行。肖立军和吴琼的

---

① 蔡明伦：《明代言官群体研究》，中国社会科学出版社，2009。
② 《黑龙江社会科学》1999年第5期，第64~68页。
③ 方琢：《明代御史刷卷制度研究》，博士学位论文，东北师范大学，2018。
④ 《档案管理》1999年第3期，第41~42页。
⑤ 《求是学刊》1991年第3期，第78~82页。
⑥ 《东北师大学报》（哲学社会科学版）1997年第1期，第35~40页。
⑦ 刘双舟：《明代监察法制研究》，中国检察出版社，2004。

《明代鸿胪寺职掌演变及对宫廷决策的介入》① 则专门探讨了鸿胪寺的职责发展与变化,特别是对公文传递管理问题进行了探讨,将鸿胪寺与通政司进行了比较和分析,考察了两个机构之间的侵权现象,所总结的观点给予本课题对相关要点的研究很多启发。

4. 历史档案编纂等方面

明代历史档案编纂是研究的热点之一,公文编纂是其中重要组成部分。朱建贞《朱元璋与明朝的文书档案工作》② 则从朱元璋对元朝档案的收集和对本朝档案的积累、重视各级文书档案工作及其机构的建设、重视制订和完善文书档案工作制度、发挥档案在国家建设中的作用等方面,探讨了朱元璋在文书档案方面所建立的制度和采取的举措,除制度的梳理外,部分内容涉及了朱元璋公文档案价值的思想。

钱茂伟《晚明实录编纂理论的进步——以薛三省〈实录条例〉为中心》③ 以明代薛三省《实录条例》为主,结合了周宗建《请修实录疏》等史料,探讨了晚明实录编纂思想和规则,对公文编纂的修史价值进行了分析,对本课题公文编纂观的研究提供了重要的参考价值;杨纯瑛《〈明经世文编〉编纂问题研究》④,则从编纂学角度对明末公文编纂的代表《明经世文编》做个案研究,并探讨了《明经世文编》编纂思想,给本课题公文编纂观研究很多启发。

丁春梅、樊如霞《明代官府公文用纸来源初探》⑤ 简要介绍明代官府公文用纸情况,探讨公文用纸与经济发展的关系,而对公文用纸背后的礼教价值观念缺少探讨。赵彦昌《明代档案管理制度研究》⑥ 围绕这一时期的文书缮写制度、用纸制度、票拟批红制度、公文邮驿制度、保密制度、行移勘合制度、归档制度、利用制度等进行研究,研究范围涉及文书档案从产生到最终保管的各个环节。该著作指出这些制度通过颁布公文体式及用《洪武正韵》《大明律》等方式颁布施行。该论文存在的不足是将档案管理泛化,事实上,公文拟写、办理还不能算是档案管理。

---

① 《故宫学刊》2015 年第 2 期,第 183~191 页。
② 《湖北大学学报》(哲学社会科学版)1999 年第 1 期,第 102~107 页。
③ 《学术月刊》2005 年第 5 期,第 65~72 页。
④ 杨纯瑛:《〈明经世文编〉编纂问题研究》,硕士学位论文,华中师范大学,2002。
⑤ 《档案学通讯》2001 年第 4 期,第 76~78 页。
⑥ 《辽宁大学学报》(哲学社会科学版)2011 年第 6 期,第 75~82 页。

5. 明代政治制度及文化等方面

李渡《明代皇权政治研究》① 中第五章"明代皇权政治要义探析"，从中央公文办理权限的角度分析了皇权在内阁和司礼监等机构中的行使情况及对相关机构的把控情况。彭忠德、黄咏欢《薛瑄官箴研究》② 对官箴名著《薛文清公从政名言》及其作者进行深入的探讨，涉及薛瑄关于基层官员的公文观念。何朝晖《明代县衙规制与日常政务处理程序初探》③ 中的"日常政务的处理程序"，对明代县衙公文办理程序进行了翔实的阐述，从一个侧面反映了明代基层官员的公文管理措施和思想；其《明代县政研究》④ 系统全面地梳理了明代县政状况，其研究涉及基层公文处理的主体与程序。

（二）问题和不足

前辈学者关于明代公文的研究取得了丰硕的成果。但由于视角的不同，以及研究主题和研究史料的限制，还有可以进一步探讨和研究的空间，特别是明代公文思想、观念等的构建，有更多的工作可以做。

（1）公文的本体论思考。公文与文学作品有区别，许多研究还停留在传统的文学领域，也还在文学的框架下研究，忽视了公文不同于文学作品的本质属性，因而对公文观的研究有必要与古代文学和文学理论研究做出区分，凸显公文的独特价值和理论属性。

（2）研究公文的视角。关于明代公文的研究大致在四个领域里探讨，首先是政治制度史范畴，这一视角下的研究将明代公文作为一种特殊的政治制度进行梳理和探讨，或是作为某一主题下的衍生物、附属物进行研究，明代公文思想观念的探讨尚未成为研究主体。其次是在文学或文章范畴，这一视角把明代公文划归古代文章学领域，又用当代文学研究的方法，虽在某些方面观照了明代公文的特征，但忽视了大部分公文的本质属性，如评价杨士奇、杨荣等文章为"雍容典雅"，这一评价概括其文学作品是准确的，但用以评价其公文是不合适的。再次是档案编纂范畴，此类研究具有很强的专业性，重点讨论公文档案的特征，而

---

① 李渡：《明代皇权政治研究》，中国社会科学出版社，2004。
② 《湖北大学学报》（哲学社会科学版）2006 年第 4 期，第 471～474 页。
③ 《安徽大学学报》（哲学社会科学版）2005 年第 6 期，第 12～18 页。
④ 何朝晖：《明代县政研究》，北京大学出版社，2006。

忽视了公文作为管理工具的特殊意义。公文编纂有时不仅属于档案编纂范畴，也是政治管理重要内容，依然在治政过程中发挥着实际作用。最后是文化范畴，如官箴书等。公文也是文化范畴中的一个组成部分，但没有对其进行独立研究，也缺少系统思想观念方面的思考。本课题研究回归明代公文本体，将明代公文放置在思想、法制、管理和编纂等这些与其本质属性密切相关范畴内进行研究，从而更为准确地考察明代公文观的体系与理论建构。

（3）研究史料的局限。研究视角也限制了研究史料的使用，围绕着某一专题，史料的使用也相对集中，有关明代公文的研究大部分使用的是《明史》《明实录》《明会典》及明代笔记史料等，而关于明代公文观的史料远不止于此，如《大学衍义补》《格物通》和各类诏令、奏议、序跋等，这些史料包含着众多明人对公文的观点、看法及建议。本课题除关注前辈学者所用的资料，还根据明代公文观主题的特点扩大了史料的使用范围，尽可能全面梳理出明代公文观的整体风貌。

（4）研究缺少系统性。研究视角、主题等局限致使明代公文观的研究尚未作为核心课题被研究，前辈学者在各自的研究领域触及或梳理了明代公文的相关内容，为本课题研究奠定了坚实的基础，围绕公文观的研究还缺少系统性和理论性的探讨，研究的空间很大。

（5）公文理论的构建。目前大多数涉及明代公文的研究，尚没有对明代公文理论构建的研究。当然，公文作为特殊的文体、政治管理的工具，对其进行理论的构建是艰难的，需要深入研究、稳步推进。为此，本课题以前辈学者研究成果为基础，以明代公文观为核心主题，吸收前辈学者相关的研究成果，希望能通过多维视角的研究，初步梳理出明代关于公文的观点、建议及制度化等理论建构要素，为完整地构建严密的明代公文理论打下基础。

三 研究价值及意义

本课题的学术价值首先体现于公文观概念的构建。一是学界公文概念研究较多，却无人关注"公文观"。公文观是对公文的尚未形成体系的认识、思考和建议，是迈向公文理论的关键一步。而公文观的构建必须以公文的成熟发展为基础，为此，本课题选取了历史上公文发展成熟期的明代公文作为研究对象，初步构建了明代公文观的思想体系。二是公文研究不是孤立的，公文作为政务管理工具的特殊性，决定了对其理论的研究，必须采用不同的视角去解析和探讨，才能深入地挖掘该核心主题的深刻内涵。为此，本课题重点关注明代公文产生的思想基础，分析公文观与几个主流思想之间的关系，进而从法制、管理和编纂三个维度研究明代公文观所包含的内容，全面梳理分析明代公文观的具体表现，挖掘当下学术所忽视的公文文化内涵。

本课题的研究思路具有一定的应用价值。课题从多维度、多视域对明代公文观进行全面研究，探讨明代公文观在传统思想、法制、管理、档案、文化等方面的理论贡献，这对历史文献学、政治史、文体学都是必要的补充。同时，本课题较为完整地提炼出明代公文观的构建特点、进步之处及不可避免的缺陷，对研究当下公文这一特殊载体有一定的现实意义。

本课题的社会影响和效益主要体现于，明代公文的研究应涵盖文本、制发者、办理者、运转、传播、制度等理论观念的研究，系统性、立体化地研究明代公文观，才能全面、准确、客观地认识明代公文的特殊价值。从历史文化建设的视角看，明代公文观是历史文化的重要组成部分，通过对明代公文观的研究，对中国传统文化学术进行较为系统的梳理和研究，是对传统文化和民族精神的高度自信和自觉传承。

公文依然是今天各类管理的重要工具，特别是政务管理，国家为此出台了一系列的管理制度。在日常公文处理中，官僚主义表现为文牍主义，过度地追求公文往来、政绩留痕则属于形式主义。明代公文观曾对类似问题进行了批判和反思。因此，全面地研究明代公文观，可以以古为镜，从明代公文观中汲取有益的思想和观点。

四　研究方法

对问题的思考和研究需要一定的方法，这样才能有效而深入地分析和探讨事物的本质和内在规律及其特点。本课题采用了以下一些思考和研究问题的方法。

一是历史学的研究方法。明代的公文观是整个公文思想发展史中的重要一环，不但继承了前代公文思想发展的成果，而且根据自己的时代需要对公文思想进行了继承发展和创新。因此，研究明代公文观，要从历史的维度来审视明代公文观的特点。一方面梳理明代公文观与历代公文思想的继承关系及表现，如继承了宋元所使用的公文文体及相关的公文制度，借鉴和继承了唐代公文的立法成果等。在此基础上从历史发展维度进行比较研究。另一方面明代之人在继承和发展的基础上，根据时代特点对公文进行了理论和观念的探索，如创制了新的公文文种，即题本与奏本；如公文运转制度，即内阁票拟和司礼监批红相互牵制的中央公文处理模式等。在这些方面，可以从历史的高度考察明代公文的独特之处，总结明代在公文发展史上做出的突出贡献。同时，也应看到明代公文思想观念对后世的影响。

二是系统研究方法。明代公文观不是孤立的个体，其发展变化与社会思潮、政治制度、行政运转体制及社会文化等各个方面有着密切关系。同时，公文系统性表现为公文作为政治文化历史的重要载体，与其相关联的要素较多，明代人对公文系统性的思考也无意识地涉及公文的方方面面。因而，打破法律、政治、管理、档案、文体等学科界限，多维度、多视角地勾勒明代公文观的基本框架，有助于消除目前学术界由于学科界限的单向度研究而造成的重脉理而不重整体互动的现象，为公文思想和学术思想研究做进一步的拓展。

三是文献学的方法。对古代公文观的研究，最根本的研究方法就是文献法。在立足于古典文献的基础上，以当前保留下来的明代公文资料为研究对象。从现存文献资料来看，明代公文文献非常丰富，一类是各类史料和典章制度，如《明实录》《明会典》《大明律》等；一类是各类总集和个人文集，如《历代名臣奏议》《皇明经世文编》《太祖御制诰敕文》《王恕集》等；一类是涉及公文观的学术著作，如《大学衍义补》《唐宋八大家文钞》《文体明辨》《典故纪闻》《水东日记》等。这些文献资料为研究明代公文观提供了丰富的资源。因此，本课题是在充分研读大量明代文献的基础上展开研究的。

上述多种研究方法，为开展本课题研究提供有力的研究手段，保证本课题顺利地达到研究目的。

第一章 明代公文发展概况及公文观的思想基础

公文是社会发展的产物，其承载的内容和管理对象往往是国家的政治制度、文化经济等，它们又反作用于公文发展和公文观的形成。不同时代背景产生不同的公文和公文观，如《尚书》，作为最早的公文汇编，是在上古社会的政务管理过程中自发产生的，是古代公文发展的雏形，也成为古代公文观的源头。秦汉以来，历代统治者通过强化诏、诰、制等皇命公文及各类机构的公文使用规则，维系整个行政权力机构的运转，从而实现巩固政权的目的。在明代特殊的政体下，公文在社会政治中的地位更加突出，明朝人在继承的基础上创新地发展了公文、构建了新的公文处理模式，形成了特定的公文思想和观念。研究一个时代的公文观，必须将其放置在特定的社会历史背景下考察，才能全面深刻地把握公文这一载体所蕴含的历史、文化、政治等内涵和价值。明代特定的政治、文化及各种思潮等不同程度地影响着明代公文和公文观的发展，因公文而形成的公文观也成为明代社会发展的重要组成部分。

第一节 明代公文产生的社会背景

明代废除丞相，科举制度下的文官政治迅速发展，形成了以皇权为绝对中心、以文官政治为主体的封建政权运转模式。公文沟通上下的工具性功能凸显，成为文官集团与皇帝沟通政务的重要载体，也是各级政府维持行政运转的重要工具。明代政治体制和机构的权力关系是公文产生和运转的前提和基础，决定着公文在权力运作中的地位和功用的发挥，同时，文化、经济等因素也在不同层面影响着公文观的形成。

一 政治背景

明太祖朱元璋在元末群雄逐鹿的战争中获得最后的胜利，创建了明王朝。新政权需要对前朝政权进行批判，"元政不纲，大臣窃命于内，守将擅兵于外，是致干戈鼎沸，国势日危"①。分析元政权失败的种种原因，从荒怠、腐败和无序的政治失败中吸取教训。为巩固明政权，防止皇权因旁落而失控，明太祖对所承袭的政治体制进行了大刀阔斧的改革，核心手段之一就是重新理顺中央公文运转关系，将中央公文处理权牢牢掌握在皇帝一人手中，以此巩固皇权的绝对地位。在一系列政治改革过程中，公文制度的变革发挥着不可或缺的作用，也直接影响着明代公文的发展和新的公文观的形成。

明代中央公文处理权收归皇帝掌握的理论依据，同样来自对元代政治失败的深层次分析和思考。明太祖并不否定前朝皇帝的能力，而认为其灭亡的根本原因是权臣掌控了核心公文处理权，官员"不得隔越中书奏事"，皇帝被以中书省为代表的权臣所"蒙蔽"，"人君不能躬览庶政，故大臣得以专权自恣"②。皇帝失去了直接处理各级政府公文的权力。正是基于对中央公文处理权是统治核心权力的认识，他废除中书省，废除了持续千年的丞相制度。对此，他从历史维度进行了阐释，"自古三公论道，六卿分职。自秦始置丞相，不旋踵而亡。汉、唐、宋因之，虽有贤相，然其间所用者多有小人，专权乱政"。将丞相看作历代政权灭亡的重要原因。明太祖为解决这一顽疾，设立六科、五府、都察院、通政司等取代被废除的中书省等机构，"分理天下庶务，彼此颉颃，不敢相压，事皆朝廷总之，所以稳当"。所谓的"事皆朝廷总之"，即权力由皇帝一人掌握，从而保证新政权的稳固，消除大权旁落的顾虑。明太祖将该政体模式定为祖制，"以后子孙做皇帝时，并不许立丞相，臣下敢有奏请设立者，文武群臣劾奏，将犯人凌迟，全家处死"③。这一系列重大改革，直接调整了公文处理权限及行文关系，目的非常明确，正如明太祖所言："上下相维，大小相制，防耳目之壅蔽，谨威福之下移，则无权臣之患。"④ 所有重大事务和最终政务公文的裁决权都由皇帝掌控，从而确立

---

① （明）朱元璋撰，胡士萼点校《明太祖集》卷一八，黄山书社，1991，第415页。
② 《明太祖实录》卷五九，"洪武三年十二月己巳"条，"中研院"历史语言研究所校印本，1962，第1158页。
③ （明）朱元璋撰《皇明祖训》，张德信、毛佩琦主编《洪武御制全书》，黄山书社，1995，第389页。
④ 《明太祖实录》卷一一〇，"洪武九年十一月辛巳朔"条，第1825页。

了明代政务公文运转的政治框架。

明代政权机构设置的重要原则就是相互牵制以强化皇权，而这种牵制是通过分割公文办理权实现的，从而防止公文办理权被垄断。以明人李清论述官员去世封赠谥为例：

> 祖宗法制多为牵制，如恤典疏请下吏部，选司核其铨除，功司核其功业，封司题与赠荫。祭葬题于礼部，得请，以葬事移工部。至于谥，则词臣拟二，兼作谥议呈礼部，礼部又呈阁，阁具揭请，上御点，下礼部，外人罕见者。①

从该流程可以看出，一位功臣去世需要确定恤典级别、给予谥号名分，以及确定祭葬档次和操办三个方面内容，分属三个部门负责管理，因此需要分别请示批准。其中，最受重视的是"谥号"，需要"词臣拟写兼作谥议"，再呈请礼部，最后经皇帝御批后确定。整件事务的公文办理清晰有序，各机构有分工，又互相牵制，从而避免了权力集中于某个部门，降低了某个官员集权甚至专权的可能性，减少了腐败的滋生。

丞相制度的合理性是协助皇帝处理各类政务，特别是对大量例行政务公文的处理，大大减轻了皇帝的负担。明初统治者只看到了丞相制的弊端，却没有看到其存在的价值，废除丞相后，所有公文由皇帝亲理的理想执政模式并未有效变为现实。面对日益繁多的政务公文，明太祖不得不先后设立四辅官、殿阁大学士协助处理，由此产生了新的公文处理与运转模式。明太祖去世后，明成祖朱棣在夺权与强化自己政权的过程中组建了内阁，完善了新型的中央公文处理模式。成祖之后的仁宗和宣宗，在中央公文处理上进一步倚重内阁，许内阁票拟公文，即允许内阁对题奏等公文拟写初步处理意见，供皇帝参考批红裁决；一些大事、难事则多采用面询形式议定。当时，参政议政的名臣有杨士奇、夏原吉、蹇义等。随着内阁大学士拥有票拟各类上行题奏权，皇帝将独揽的中央公文处理权的一部分分配给了内阁，内阁的政治地位也在这种权力获取过程中得到了进一步提升，形成了明代独有的内阁体制。由于皇帝重用

---

① （明）李清撰，顾思点校《三垣笔记》，中华书局，1982，第99页。

内阁中的大臣等重要朝臣，君臣关系较为融洽，形成了开放平和的政治氛围，"宣德、正统间，天下建言章奏，皆三杨主之"①。中央公文处理制度逐渐完善，公文运转较为平稳顺畅，政风文风显现出太平盛世的平实气象，《四库全书总目·东里集提要》云："明初三杨并称，而士奇文章特优，制诰碑版，多出其手。仁宗雅好欧阳修文，士奇文亦平正纡余，得其仿佛，故郑瑗《井观琐言》称其文典则无浮泛之病。"②皇帝独揽中央公文处理权的公文处理模式演变成以皇帝为中心的集体处理公文模式。明代历朝政治家都曾对这一时期内阁参与中央公文处理运作模式进行过评价和总结。

伴随着内阁公文票拟制度的完善，由宦官组成的司礼监成为皇帝无意识中培养起来的又一个分担中央公文处理责任的群体。由于中央公文批红任务重及一些皇帝懒于政事，皇帝将批阅题奏公文的任务交由司礼监代为完成，即由司礼监代替皇帝誊抄内阁票拟意见。成化时，监察御史陈孜上疏"言九事"，就对明初中央公文运作模式进行了总结，"既设司礼监掌行，又命内阁大学士共理，内外相维，可否相济"③。按照规定，司礼监应该按照皇帝认可的内阁票拟批红，事实上，由于缺少有效的监管，司礼监弄权的宦官常通过批红挟带私意，宦官在非正常状态下的干政成为可能。中央公文的票拟和批红是提高公文处理效率的有效程序和手段，二者相互依赖，又相互制约。政治权力膨胀的属性，使得内阁与司礼监在依赖与制约中又形成了对立和竞争的态势。在二者权力此消彼长的斗争中，皇帝则发挥着调节的作用，通过制衡避免任何一方的权力超越皇权。动态的不稳定状态直接影响着中央公文处理的效率，这种模式也让中央公文的办理和运转更为复杂，而对中央往来公文的办理权就成为他们争夺的焦点。内阁和司礼监的设置虽有违祖制的理想设计，但二者都实实在在地在政权运转中发挥着作用，成为皇帝处理政务公文过程中两个重要的环节，构成了以皇帝为中心的行使最高决策与参谋权

---

① （清）赵翼：《廿二史札记》卷三三《明内阁首辅之权最重》，商务印书馆，1958，第480页。
② （清）纪昀等：《四库全书总目提要》卷一七〇《东里集提要》，中华书局，1965，第1484页。
③ 《明孝宗实录》卷七，"成化二十三年十一月己未"条，"中研院"历史语言研究所校印本，1962，第139页。

的运行模式，这也是君主专制模式的必然产物。

"自正统后，始专命内阁条旨"，内阁票拟以制度形式被固定下来。这时，皇帝的批红权也基本由司礼监宦官代行。掌控批红权的司礼监逐渐成为明代政权中最为重要的政治势力之一，他们左右朝政，"然中每依违，或径由中出"。随着司礼监权力膨胀，内阁的权力受到很大程度的节制。如正统时，"是时上方幼冲，委政中官王振"①，中央公文处理决策机制日益倾斜，形成明代历史上第一次宦官乱政局面。正统十四年（1449），"土木之变"致英宗被俘，郕王即位，明代进入第一个转折时期，政治体制也在此时显现其难以根治的弊端。景泰八年（1457）初，"夺门之变"让英宗重登皇位，这次事件中还是宦官发挥着重要的作用。然而，英宗并没有从之前的政治失败中吸取教训，也未采取有效措施整顿朝政，政变后朝臣争权夺利，相互排挤，致使国家元气大伤。在日趋复杂的政治斗争中，中央公文处理的批红权依然由宦官掌控，公文在复杂的政治斗争中的地位和作用进一步凸显，公文的工具性得到进一步强化。

宪宗时期，皇帝既无治国理政的实际能力，也无批阅处理各类题奏的兴趣，对宦官的信任远过于朝臣，虽有官员上疏提出"今后政务不分大小，俱下司礼监及内阁，公同商榷，取自圣裁"②，希望以此遏制宦官专权，但皇帝的纵容使得宦官汪直等仍把持朝政。宪宗死后继位的孝宗是一位有作为的皇帝，他效仿宣宗，勤于政务，崇尚节俭，减轻百姓负担以缓和日益激化的社会矛盾；在君臣关系上，他任用正直有才的官员，重视言路建设，鼓励直言进谏，重新理顺君臣关系。中央公文运转体系在一定程度上恢复到健康有序的局面。然而，后来孝宗皇帝日渐懒怠，良好的政治局面到了后期还是草草收局。可见，封建帝王的个性好坏与政治清浊有着密切关系，继位的武宗表现得更为典型。武宗行为荒唐，性格任性且怪诞，将朝政视为儿戏，任意而为，重用宦官刘瑾，其在位时明朝出现了明代历史上第一个宦官干政高峰期。朝中各类政务公文均由刘瑾处理，刘瑾也被称为"站皇帝"。腐败混乱的政治，导致藩王叛

---

① （明）黄佐：《翰林记》卷二，中华书局，1985，第18页。
② 《明孝宗实录》卷七，"成化二十三年十一月己未"条，第139页。

乱。在此背景下，中央公文处理制度遭到极大的破坏，公文在政务运转体系中管理效能日益低下。

嘉靖之初，明世宗支持杨廷和的变革政策，展现了锐意求治的决心。然而，皇帝个人私欲还是不可避免地与既定制度发生了冲突。不久，关于"大礼议"的争论在君与臣、臣与臣之间激烈爆发，围绕追尊世宗的生父兴献王为皇帝的问题，朝臣分裂成泾渭分明的两派。这场延续十多年的争执，对明代中期的政治产生了深远的影响。政争、党争在明初即初露端倪，"世宗之季，门户渐开。居言路者，各有所主，故其时不患其不言，患其言之冗漫无当，与其心之不能无私；言愈多，而国是愈淆乱也。汪文辉所陈四弊，有旨哉！论明季言路诸臣，而考其得失，当于是观之"①。从嘉靖初年开始政争、党争趋于激烈化，形成了官僚分党结派、相互攻讦的风气，产生了大量弹劾类公文，文风则倾向于偏激，正气渐失。如南祭酒沈坤居家守制时，有倭寇侵犯江北，沈坤率壮勇保其乡里，因用军法榜笞不用命者，招来一些人的怨恨与造谣诬陷。南道御史林润风闻弹治，指责沈坤为"枭败卒之首，并剁住房人两手"等事，致沈坤"瘐死狱中"②。嘉靖朝内阁获得了前所未有的权力，出现了夏言、严嵩等一大批权臣。作为中央公文处理的中心，内阁成为朝臣争斗的核心，历任内阁首辅为获取并保住其权力地位，无不排斥异己，结党营私，致使政治斗争层次深化。世宗之后的穆宗，平庸迟钝，端拱无为，将政务委任于内阁。内阁首辅高拱是位颇有才略的政治家，他与张居正合作，澄清吏治，加强边防，整顿赋役，推行了一系列改革措施，为万历初年的改革奠定了基础。神宗年幼，张居正抓住机会出任首辅，得到宦官和太后的信任和支持，遂雷厉风行地推行改革，对吏治、边防等方面都进行了全面整顿，并开始加强公文监管和考成法的实施。张居正实施一系列卓有成效的改革措施，理顺了整个政权的公文运转机制，在一定程度上提高了公文处理效率，恢复了久已颓败的政治管理机制，暂时缓解了明王朝所面临的深重的政治危机。然而，党争风气仍在沿继，史称"明至中叶以后，建言者分曹为朋，率视阁臣为进退，依阿取宠则与

---

① （清）张廷玉等撰《明史》卷二一五，中华书局，2000，第3794页。
② （明）沈德符著，黎欣点校《万历野获编》卷十六"嘉靖三丑状元"条，文化艺术出版社，1998，第439页。

之比,反是则争。故其时端揆之地,遂为抨击之丛"①。内阁与言官之间、当权派与在野派之间形成了更深的裂隙,围绕"夺情"事件所掀起的风波,就是被压抑的舆论的一次大爆发。随着张居正的去世,人亡政息的封建症状再次出现。神宗亲政,张居正所推行的各项改革措施多被废除,良好的公文考核机制再次失效,弹劾类公文呈现为虚浮邀名之风。

万历十年(1582)之后,历任内阁首辅吸取首辅任事致祸的教训,"政令务承上指,不能有所匡正"②,大多奉行明哲保身的原则,唯皇帝之鼻息是仰,内阁辅政的作用大大降低,公文票拟也多是顺从皇帝意思,缺少了主动性。神宗亲政之初尚有所作为,仅三四年其荒惰怠政、贪财好色的个性便显露,加之立太子"争国本"事件,官员开始了大规模长期的疏争。明代科道之臣,素有直言敢谏之风,万历年间谏诤之风更加炽盛,致使君臣关系恶化。皇帝个人意愿得不到满足,这成为其后二三十年里拒绝朝见官员的借口,对中央公文处理以"罢工"之态待之,常将公文留中不报,中央公文运转近乎处于停滞状态。明神宗的政治态度对政治运转影响甚大,以致官吏任免也不能正常进行,从中央到地方官虚缺员,各类机构行政近乎处于停顿状态。皇权停摆,中央权力的弱化,致使党争矛盾更加突出,公文弹劾之风愈演愈烈,由"所争者正"转向"以争为正",混乱的政治演变成为"言愈长,争愈甚,官邪愈侈,民害愈深,封疆愈危"③的局面。深陷于党争而不能自拔的文官集团,在人品政见上当然有邪正善恶之分。以东林党和其他"邪派"——宣、昆、齐、楚、浙等党的斗争最为激烈,影响也最为深远。在这样的政治环境下,于国于民有益的公文不多,而相互弹劾的党争公文大量产生,公文俨然成为不同政治集团制造舆论的工具。明人夏允彝论及明末朋党曾言之:"朋党之论一起,必与国运相始终,迄于败亡者。以聪明伟杰之士为世所推,必以党目之。于是精神智术,俱用之相顾相防,而国事坐误,不暇顾也。且指人为党者,亦必有党,此党衰,彼党兴,后出者愈不如前。"④更有甚者,一些官员以过激言论来邀名取誉,公文创作和编纂成

---

① (清)张廷玉等撰《明史》卷二三〇,第4023页。
② (清)夏燮撰,王日根等校点《明通鉴·纪六十九》,岳麓书社,1999,第1953页。
③ (清)王夫之著,舒士彦点校《宋论》卷四《仁宗》,中华书局,1998,第92页。
④ (明)夏允彝:《幸存录》,台湾大通书局,1977,第10页。

为个人炫耀的资本。

神宗之后的熹宗，也是一个昏庸愚昧悲剧式的皇帝，他毫无执政能力，将中央公文处理权力委以魏忠贤等阉党，明末内部的政治斗争日趋白热化，明政权也是岌岌可危。天启七年（1627）熹宗去世，招致天怒人怨的阉党集团终被铲除，皇帝的个性再次在政治中发挥作用。明思宗殚精竭虑，也像明初太祖一样勤于理政，试图再挽狂澜，然而其生性专断多疑，师心自用，求治躁急，导致已经将倾的大厦更加危险。明末，整个社会已病入膏肓，内忧外患，门户党争，加速了明王朝的灭亡，一代专制王朝终于在1644年落下了帷幕。此种背景下的公文，却有了一段时间的"回光返照"，开始由弹劾之风转向经世致用，特别是大量经世致用公文的编纂，如《明经世文编》等，然而终成挽歌。

二 文化背景

公文产生于政务管理，是典型的政治文化载体。古代公文产生于封建等级社会，根源于封建制度的文化土壤，也就深深地打上了封建文化的烙印。文化表现在社会的方方面面，以不同的形式呈现在公文制发、运转和编纂过程中，也深深地渗透在公文认识、观念和制度中。明太祖推翻元朝统治，不仅要对其政治加以批判，也要对其文化进行否定，进而重新树立被元代破坏的儒家礼乐文化，确定宋明文化的合法合理承继模式。此处仅讨论几个与明代公文密切相关且典型的文化要素。

敬天是古代封建统治重要的精神支柱，历代统治者都将其作为一种神权和精神信仰，借以实现对臣民的精神控制和皇权独断。正如梁启超所说："以为天者，生人生物，万有之本原也；天者有全权有活力，临察下土者也；天者有自然之法则，以为人事之规范，道德之基本也。故人之于天也，敬而畏之，一切思想，皆以此为基焉。"[1] 清晰且深刻地阐明了敬天思想在古代政治文化中的核心地位和作用。汉代董仲舒第一次系统地将敬天与君主相结合，建立了一套符合统治需要的理论体系。他在"天人三策"中把"天"和"人"相联系，把"圣人"和"法天"相结

---

[1] 梁启超撰，夏晓虹导读《论中国学术思想变迁之大势》，上海古籍出版社，2001，第9页。

合，认为圣人"立道"关键在于"法天"。他用自然的四时、气象类比圣人、君王的德行，阐明君王统治是"法天"的表现，必须遵循和服从"古今之道"，得出的结论是"天令之谓命，命非圣人不行……是故王者上谨于承天意，以顺命也；下务明教化民，以成性也；正法度之宜，别上下之序，以防欲也。修此三者，而大本举矣"①。君王所拥有治民的权力是"天"治民的外化表现，由此证明君王统治是天命所授，有着天然的合法性。这一观点成为历代统治者的信仰，也是他们通过不同手段和方式不断灌输和强化的精神理念。无论是帝王的诏令，还是官僚的奏疏，往往将敬天意作为其论述治政措施的思想基础和重要依据。

　　天意具体表现为祥瑞灾异，是古代天人感应文化的代表，与封建君主政治密切相关，也常是公文产生的重要原因之一。历代君臣都非常重视"天意"，当政者经常把施政效果与祥瑞灾异联系起来，将其作为君主精神统治的重要内容。邱濬《大学衍义补》中专门探讨了灾异与诏令的关系，他重点关注了自汉代开始出现的求言诏，大篇幅地摘录了汉文帝二年（公元前178年）的求言诏。该诏重要的思想观点是，"天生民，为之置君，以养治之。人主不德，布政不均，则天示之灾，以戒不治"。天灾成为皇帝德行和颁布诏令"以戒不治"的直接反映，这正是"天人合一"思想的直接体现。在此基础上，该诏强调"天下治乱，在予一人"，即皇帝是统治的中心，但也认识到皇帝会有过失，"知见之所不及"，臣僚作为股肱辅助皇帝必不可缺，"举贤良方正，能直言极谏者，以匡朕之不逮"，选取优秀官员以公文形式向皇帝提出建议进行告诫。邱濬将该求言诏看作古代因灾异而鼓励臣僚用公文进谏的开始，"后凡遇日食与夫地震、山崩、水旱、疾疫之类，皆下诏求言，遂为故事"。他认为这一政治行为的本质是皇帝"克谨天戒"观念的表达，对皇帝君德和治国有着重要意义："天下国家之事，每因灾害，皆许人指言得失，则人君时时得以闻过失，与其知见之所不及，有则改之，无则加勉，则天下国家，其有不治也哉？"② 灾异不仅是帝王发布求言诏或罪己诏的缘由，也成为大量官员上疏言事的重要理由和依据。

---

① （明）黄淮、杨士奇编《历代名臣奏议》卷二四《治道·元光元年举贤良对策（董仲舒）》，上海古籍出版社，2012，第307页。

② （明）邱濬著，林冠群、周济夫校点《大学衍义补》，京华出版社，1999，第34页。

明代沿袭了敬天言事的文化传统，每有灾异，或皇帝发布求言诏，或官员借机进奏劝谏，这成为明代此类公文产生的重要契机和诱因。一些气象灾害常被君臣关注，如雷电击中皇室建筑物，则被认为是上天震怒警示的表现。永乐二十二年（1424），雷震奉天殿，朱棣下诏求言①；正统八年（1443），奉天殿吻再次遭到雷击，于是英宗下诏求言，时任翰林学士的刘球借机进《修省十事疏》，其中重要的一条是告诫皇帝"亲政务以揽权纲"②；弘治改元，天寿山皇帝陵寝等因大风冰雹而受损，于是皇帝告诫君臣修身反省，时任左春坊庶子兼翰林侍读的张升借此上奏本批评时政，"应天之实，当以辅导之臣为先，今天下之人敢怒而不敢言者，以奸邪尚在枢机之地故也"③，表达了"天人合一"观，认为冰雹毁陵寝是天意的表达，对应着现实中因内阁权臣把控朝政致臣民敢怒不敢言的现状，并列举权臣罪状加以弹劾。天象星辰的变化，特别是彗星的出现，也是官员上奏疏的常用依据。永乐时，翰林院编修杨名以星变陈言："欲上省察其喜怒失中者。"④嘉靖时，彗星多见，这成为很多官员进谏的依据。如张孚敬以"彗星见，条陈三事，曰务安静、曰惜人才、曰慎刑罚，且请宥大礼大狱诸臣"⑤。如成化二十三年（1487）十月丙子出现彗星，此次彗星被详细地记述下来，"有大星飞流，起西北，亘东南，光芒烛地，蜿蜒如龙"，而且描述者还将其结合人事进行阐释，"朝宁之间，人马辟易，盖阳不能制阴之象也"。这种解释让皇帝心存敬畏而下诏求言，鼓励各级衙署官员都可针对现实政治的利弊上奏疏言事，"指实条具以闻"。以邹智为代表的一批忠直之士拟写了"累累千余言"⑥的奏本，对万安、刘吉、尹直等厉言弹劾，直指宦官干政问题。然而，明代统治者敬天根本目的是维护巩固皇权地位，任何与皇权专制相抵牾的都意味着冒犯，那些以灾异为依据的进谏公文，或受到打压钳制，或被消极抵制，如永乐时期，萧仪以灾异进奏的结局就是典型，"言徙都北平

---

① （明）郑晓撰，李致忠点校《今言》卷二，中华书局，1984，第86页。
② （明）陈子龙等选辑《明经世文编》卷三一，中华书局，1962，第220页。
③ （明）焦竑撰，顾思点校《玉堂丛语》卷四，中华书局，1981，第120页。
④ （明）焦竑撰，顾思点校《玉堂丛语》卷四，第122页。
⑤ （明）焦竑撰，顾思点校《玉堂丛语》卷五，第180页。
⑥ （明）焦竑撰，顾思点校《玉堂丛语》卷四，第121页。

非便，长陵震怒，加以极刑"①；而其他一些皇帝多做"不报"或"留中"处置。

祥瑞则是天命对帝王积极肯定的征兆，是君权获得的合法依据，有时可为皇帝树立统治权威，有时可起到化解矛盾、稳定民心的作用。祥瑞也常成为庆贺类公文产生的诱因。明初，新政权常需要祥瑞作为安慰民心的重要手段，特别是朱棣夺权后，祥瑞之兆成其政权合法的天意表达，于是每次出现祥瑞就有大量的贺表呈上。"永乐初，陕西兴平、凤翔二县献瑞麦，群臣表贺，以为圣德覆被之应，天下太平之征。"② 永乐四年（1406）六月朔，有日食，后因阴云而不见，礼部尚书郑赐以此表贺③；永乐六年（1408）春，福建二司以柏生花为瑞进贺表。在皇权牢固后，祥瑞之象也成为官员歌功颂德的机会，贺表多奉迎皇帝，美化治政。

避讳是封建礼教文化的代表，公文中的避讳则是封建等级权威的体现，各种讳字往往需要各级公文拟写者了解和规避，否则会影响公文运转。《明会典》专门就皇帝的名字避讳情形进行了限定，针对官员如何解决表笺中避御名庙讳的问题提出了具体处理办法："若有二字相连者，必须回避，写字之际，不必缺其点画。"④ 公文类别不同，犯讳后处罚轻重也不同，如上报给皇帝的题奏犯讳处罚重，一般类公文犯讳处罚较轻。而在公文拟写过程中，有对皇帝不祥或不敬的字词，建议采用吉祥的字词替代，同时保证文意完整通畅。而对其他情形，如"某所犯御名及庙讳，声音相似，字样分别及有二字止犯一字者，皆不坐罪"⑤。从这一点来看，明代避讳制度充分考虑到特殊文字的实际运用，从而保证了公文表达的准确性。此外，为表示对代表皇权字词的尊敬，公文常用抬头制度，如"天""皇""帝""地"等均需另起一行按该字的等级采用不同的抬头。抬头书写作为封建礼教文化在明代公文书写中较为普遍。

明初文化是由中央主导的官文化，从各项法律制度的制定到社会风

---

① （明）郑晓撰，李致忠点校《今言》卷二，第86页。
② （明）余继登撰，顾思点校《典故纪闻》卷六，中华书局，1981，第115页。
③ （明）余继登撰，顾思点校《典故纪闻》卷六，第117~118页。
④ （明）申时行等修《明会典》卷七五《礼部三十三》，中华书局，1989，第438页。
⑤ 怀效锋点校《大明律》卷三《吏律二》，第38页。

气的倡导，一切都是为了巩固政权。宣宗时，开启了文官政治时代，文人士大夫开始注重个人价值的追求，官方主导文化开始下移，民间文化日渐兴盛。特别是正德时心学的发展，更是促进了明代文化的民间世俗化。著名心学思想家王守仁就结合现实思想风气的状况，指出政治士风衰薄的原因，"士风之衰薄，由于学术之不明；学术之不明，由于无豪杰之士者为之倡焉耳"①。认为士风、学风和政风密切相关，而只有阐明学术，解决根本思想意识问题，才能实现天下大治。重视学术的教化作用已经成为明代中后期文人士大夫的共识。心学强调个性的自主追求，为政治批判和思想解放创造了条件。正德时期，君主权威与人格有所分裂，皇帝所重用的宦官，整体道德素质较为低下，这也反向强化了官僚群体道德自信，使官僚群体有了与君主共治天下的信心，因而官僚群体也就不断提出了自己的政治观点和思想。海瑞所上《治安疏》对嘉靖的"骂"，成为官僚集团对皇帝直接批评的集中爆发和代表。李贽将私心看作人的本质，提出只有"童心"才是人的自然之理，才是一切的本质，并以"童心说"对明代官方所树立的作为一切圭臬的儒家学说进行了批判和质疑。这种回归人之本性的思考，必将导致对外在的圣人之言和礼教政刑的全面否定。

然而，心学过度地强调学术议论，忽视学术的实践应用，带来了一系列负面影响。明中后期党争加剧，学术风气上也出现了门户派系的斗争。随着王守仁"心学"的传播分流而兴起的讲学风气在嘉靖以后日益炽盛，参与讲学的文官集团在切磋学术的同时不免品藻人物、议论朝政，这在一定程度上加剧了朝廷中本就盛行的门户援引、讥弹攻讦之风，产生了大量弹劾类公文。

明中叶以后，由于资本主义萌芽的产生和实学思潮的兴起，自然科学得以发展。这种科学精神使一些杰出的政治家开始在治政中讲求实事实功，反对脱离实际的空谈学风，如高拱、张居正等人，大力批判空谈误政误国的风气。许多官员开始关注现实问题，希求通过参与政治实现对国家的治理。明代潘季驯、徐光启等创作了大量的专业公文，如潘季

---

① （明）王守仁撰，吴光等编校《王阳明全集》卷二二《送别省吾林都宪序》，上海古籍出版社，2011，第927页。

驯的《宸断大工录》《两河管见》等；再如徐光启的《推算月食起复方位并具图象疏》，该公文对月食出现的方位推算使用了大量的专业术语和数据，并且还配有专业绘制的月食图①。官员往往兼有科学家身份，这使得他们积极结合实际倡导科学风尚，如徐光启的《阳明先生批武经序》《题万国二圜图序》等，这种学术风气和公文风气往往密切相关，科学务实思想也充分体现在公文的思想观念中。

  明代公文属于文章学的重要组成部分，可笼统以"文"视之。明代统治者积极干预文章创作，倡导符合统治需要的文风。明初之文，承袭元代儒家传统，以宋濂等人的文章和文章理论为代表。永乐至正德年间，为明代王朝比较兴盛的时期，代表性的文章流派是"台阁体"。这一时期的公文创作深受台阁风气的影响，公文内容在较为客观地反映社会问题的同时也提出具体可行的对策，文风呈现太平盛世的雅正平实风貌。明中期，文坛流派林立，有以李梦阳为首的"前七子"，有以李攀龙、王世贞为代表的"后七子"，还有以王慎中、唐顺之等为代表的"唐宋派"，以"三袁"代表的"公安派"，公文思想和观念也是各个文章流派理论的重要组成部分。明代后期，世风、士风和学风随着内忧外患的社会局势而变化，公文成为他们表达政治和思想的重要工具，既是官吏又是文人的双重身份，让官员对公文的思考也更加深刻。他们所倡导的文风中，公文实用风气日益占据主流，如大量经世致用类公文的编纂，都是当时文风对时代的回应。

  公文文体是政治文化的重要表征，明代文体文化较历代更为兴盛。徐师曾有过丰富的公文处理经验，对公文文体及创作有切身的体会和认识。其《文体明辨序》将各类公文归入"文"的范畴，但认识到公文是"文"中具有独特价值的一类："自书契易，人文著，'三坟''五典'昭云汉炳日星，先王所以经世垂则化成天下者，其道尚已……凡文之为制诰、为疏札、为书文表赞之类……总命曰'文'。昭艺林之矩矱，标制作之堂奥，千古人文，一览具见，先生之揽掇诚勤，而用心良苦矣。"② 强调公文"用"的价值，这种价值到明末直接表现为"经世致用"的价值

---

① （明）徐光启撰，王重民辑校《徐光启集》，中华书局，1963，第349～353页。
② （明）徐师曾著，罗根泽校点《文体明辨序说》，第73页。

追求，这种公文文风应时代之需而被加以倡导。

明代的文化是丰富而复杂的，这成为明代公文和公文观产生的重要基础，这些文化思想不仅表现在公文的创作和办理中，也同样影响着公文观的形成和发展。

三 经济背景

明初，战争给社会经济造成了严重的创伤，明太祖通过推行垦荒屯田、兴修水利、整顿赋役等一系列休养生息政策，迅速地恢复了社会生产，一定程度上促进了整个明代经济的发展。明代经济发展直接表现在经济类公文的使用和管理中。

鱼鳞图册是明代人们借鉴历代经济管理经验而完善和发展而成的重要经济类公文。对鱼鳞图册的产生和使用，明太祖经过深思熟虑，"遣国子生往各处，集里甲耆民，躬履田亩，以量度之。图其田之方圆，次其字号，书其主名，及田丈尺四至，类编为册"①。通过组织各级官吏，编制"所绘若鱼鳞"的图册，对全国人口、田产等信息登记造册，作为征收赋税的依据，是为防止富民逃避徭役和赋税，更是为防止官吏欺下瞒上、鱼肉百姓。鱼鳞图册的推行保证了明代农业经济的稳定发展，增加了国家财政收入，促进了商业经济的发展。新型经济的发展势必与君主专制的腐败政治产生矛盾，这种矛盾在明代中叶以后日益深化。

明代经济的发展让政府对经济类公文管理更加严谨且细致，明朝政府通过建立严密的刷卷制度，强化公文在经济管理中的作用。明代明确规定了各级负责经济公文管理的部门如何处理政务，以其积极采用一系列管理措施鼓励开垦荒田之事为例。首先，各级州县户房对开垦荒田的申报人户姓名、田亩数目、田粮数目及开垦时间等一一登录造册。其次，对登录造册的处理情况分为"照过""通照""事属稽迟""差错""埋没"五种情形，并对不同情况做解释说明，"候至年限满日，已将起科则例、花名、田粮数目，移付征收秋粮卷，收科了当，卷内别无稽迟差错事件，则批刷尾云'照过'"②。若这些簿册未申报则批"通照"；若延

---

① （明）余继登撰，顾思点校《典故纪闻》卷四，第77页。
② 刘海年、杨一凡主编《中国珍稀法律典籍集成（乙编）》（第二册），科学出版社，1994，第56~57页。

误时日导致不能立案卷催征的则判为"事属稽迟";若登记数量和单位等错误的则为"差错";等等。如此清晰且明确地罗列各种情形,并配以具体的处理办法的做法,在一定程度上防止了舞弊,保证了明代财政收入的稳定。

此外,还有各类钱粮簿册的使用和管理;各个时期救荒公文的制发,如闵洪学《抚滇奏草》、朱泰祯《云中疏草》等。地方抚按为救灾而创制了大量的公文。

明代经济的稳定发展,科举教育的繁荣,市民文化的兴盛,为图书刊刻发行创造了条件。明代对书籍采取不征税政策,洪武元年(1368)八月,"诏除书籍税"①。"其名物件析榜于官署,按而征之。惟农具、书籍及他不鬻于市者勿算"②,这些政策推动了刻书业的发展。社会出现了大量的文学作品,个人文集编辑刊刻也成为时尚。明代上自皇帝及中央高官,下至普通官员,都大量地编纂和刊刻各类公文集和官箴书,作序、馈赠、家藏蔚然成风,公文编纂思想得到丰富和发展。各类公文集、官箴书刊刻传播为官员和文士接受各种政治理念和政务信息创造了条件,提升了他们为政的能力,也为明代公文和公文观的广泛传播创造了条件。

第二节 明代公文机构及文体概论

公文由隶属于政府机构并拥有一定职权的官吏制作办理完成,政府机构的权力也多是通过公文运转实现运作,因而政府机构的权责是公文产生的基础和前提。明代各级官府衙门都需要处理公文事务,行政权力的运作基本上依靠公文运转来完成,许多专门负责公文处理的机构在明代政权体制中发挥着极为重要的作用。在公文运转过程中,各级衙门公文的行文方向和行移关系塑成各类公文文体,明代一方面继承前代常用文体,另一方面又根据实际需要而创制了新文体。

一 明代公文处理机构

每个政权建立都需要一套运转有效的政府机构,权力如流水需要通

---

① (清)龙文彬纂《明会要》卷二六,中华书局,1956,第418页。
② (清)张廷玉等撰《明史》卷八一《食货志》,第1318页。

畅渠道，只有政府机构之间的权责明晰，公文才能在它们之间运转顺畅。为此，历代统治者都会设计一套较为合理的行政模式，明确各机构公文处理的职责权限、各机构之间的公文行移关系及处理权限，保证公文在不同机构之间顺利地传达信息和指令，从而实现行政权力的有效运转。明代为了加强中央君主制，强化皇权的地位，在继承前代的基础上，建立了一套相互牵制、相互制约的公文运转机构。明代公文正是在这样一套封建集权制的机构中运转并发挥作用，明代公文观也正是在这样的政治机构运转模式下产生。

（一）中央公文处理机构

一个政权中每个机构都有职责分工和权属关系，都要在职权范围内制发和处理公文。中央公文处理是皇帝权力决策的核心，明代统治者根据自身的政治需要建立了一套较为严密的中央公文处理机构，除皇帝外，主要有内阁、通政司、六科、司礼监等。

1. 内阁——皇帝公文处理的重要助手

政治体制的变革决定了公文运转模式的变化，从而影响着公文的制作、运转和管理。明初，新政权因治政经验不足，也无可借鉴的治理模式，只能沿袭元代政体模式，处理国家政务公文重要的机构仍是中书省。明太祖作为开国之君，一直思考和探索如何防止重蹈元代的覆辙，建立新政体以强化皇权。首先，他较早意识到中书省的特殊地位，"凡朝廷命令政教，皆由斯出"[1]，中书省把控着重要公文制作和发布的权力，俨然是权力的中心。其次，总结元代败亡的经验，认为其政治腐败和混乱的原因是中书省控制了上报给皇帝的公文，"政专中书，凡事必先关报，然后奏闻"[2]，致使皇帝失去了对政权的控制，这让初掌权力的明太祖深为忌惮。最后，太祖由警惕和反思开始着手采取措施削弱中书省的公文处理权，于洪武十年（1377）六月明确提出奏疏"实封直达"[3]御前，从公文处理程序上限制中书省，这表达了皇帝对掌控中央公文处理权的需求。在逐步削弱中书省权力后，太祖为防患于未然，以政治借口杀掉胡

---

[1] 《明太祖实录》卷三九，"洪武二年二月乙酉"条，第797页。
[2] 《明太祖宝训》卷一，"洪武十一年三月壬午"条，第9页。
[3] 《明太祖实录》卷一一三，"洪武十年六月丁巳"条，第1864页。

惟庸，废除丞相制，分解中书省权力，建立皇帝总揽政务公文的裁决制度，从而使皇帝集权专制成为可能。

明太祖废除丞相后，原由中书省负责的政务公文均由皇帝一人处理。通过对所有政务公文的办理实现对权力的掌控是一种理想状态，事实上，一个人难以处理数量庞大的政务公文。据《明实录》载，朱元璋曾用8天处理了各类公文1660余件，涉及事项3391件①，相当于每天阅看200多份公文，处理事务400多项。从工作量上看，短期内尚可维持，而长年累月则是不可能的，况且所涉事项复杂多样，皇帝也非事事皆通。他很快意识到"人主以　身统御天下，不可无辅臣"②，承认皇帝个体的局限性，需要有人协助才能完成浩繁的公文任务。于是，洪武十五年（1382）明太祖仿照宋制设置了翰林学士，分为华盖殿、武英殿、文渊阁、东阁诸大学士，以"侍左右，备顾问"③，其职能仅为轮流协助皇帝处理各类公文。明代独具风格的内阁制由此萌芽，他们此时尚无实职，也无所属机构。明惠帝沿袭这一做法，明成祖时始制"文渊阁印"和"翰林院印"，开始有了行使一定权力的标志。"文渊阁印"主要用于处理公文事务，"惟封上、诏草、题奏、揭帖用之，不得下诸司"；"翰林院印"则是用于与其他机构往来行移。这里内阁也没有独立处理公文的权力，只有获得授权才可以，即"有入内阁旨，亦得预机务"④。可见，内阁人员的职权和隶属关系越来越清晰，内阁制度也越来越成熟。后世，内阁各类权责进一步明确，票拟权确立后，内阁制度才最终形成。

内阁作为皇帝的辅佐机构，"代天子立言"，拥有广泛的权力。明代内阁处理公文职权主要包括这样几个方面。一是"献可替否"，封驳诏旨。所谓"献替可否"，指阁臣回答皇帝的咨询，或主动提出建议供皇帝决策参考。仁宗、宣宗两朝多以"召宰辅、访论治道"⑤等面奏形式讨论起草重要公文；宪宗懒于面见朝臣，多由太监到内阁传谕圣旨与阁臣计议，阁臣则以公文形式答复，这种通过公文传递信息的方式成为宪

---

① 《明太祖实录》卷一六五，"洪武十七年九月己未"条，第2544页。
② 《明太祖实录》卷一三三，"洪武十三年九月戊申"条，第2115页。
③ （清）张廷玉等撰《明史》卷七二《职官志》，第1158页。
④ （明）郑晓撰，李致忠点校《今言》卷一，第40～41页。
⑤ （明）高仪：《议亲政事疏》，（明）陈子龙等选辑《明经世文编》卷三一一，第3290页。

宗以后内阁与皇帝沟通的主要形式。"封驳诏旨",即阁臣对诏旨可提出不同意见,如胡濙"不敢奉诏"①,徐溥"封还执奏"②,刘健、杨廷和也多有"不奉命"之举。二是出纳帝命,即拟制皇命公文,有制、诏、诰、谕、敕、册等,拟好的公文须报皇帝认可才能下发。三是点检题奏。明制规定,凡臣下呈报朝廷题奏、揭帖、表笺等公文,先发交内阁由大学士检阅,票拟具体办理意见或可行措施,再进呈皇帝以供参考,批红下发执行。无论是对上行文的处理,还是对下行文的处理,都要求做到"审署而调剂焉,平允乃行之"③。同时,也限定了内阁不得与各政府机构直接行文,也即内阁与各政府机构无隶属关系,以区别于曾经的中书省。

由于日常政务公文越来越多,公文处理事务的分工也势在必行。翰林院分别设置了诰敕、制敕两房,专门协助管理公文:诰敕房有掌书办,主要负责管理各类任命诰敕、记录兵部军功揭帖及各国敕书等;制敕房同样设掌书办,主要负责各类制敕、诏旨、诰命、册等皇命公文,以及题本、奏本、揭帖等各类上报公文。翰林院官员也根据事务设置了不同职级,有翰林修撰、翰林编修、翰林检讨等,负责记录编纂诏敕、书檄、皇帝各类批答或谕旨等,目的是编修历史。为培养皇权继承人,还专门设置了春坊大学士,职在辅佐太子处理与朝事等有关的公文事务。此外,翰林院为应对各类外交往来公文设置了四夷馆,职官为通事,分大通事和小通事,主要负责各类不同文字公文的翻译事务。④

翰林院初设内阁大学士时其品秩较低,纯粹是辅助皇帝处理公文的人员。大学士被"谕以委任心腹至意,专典机密"⑤,主要负责各类诏册、制敕的撰拟,其中最重要的权力是"票拟"。票拟权从宣德朝开始确立,明宣宗重用内阁杨士奇等,授予他们处理公文职权,"于中外奏章,许用小票墨书,贴各疏面以进,谓之条旨"⑥。"条旨"即票拟,中

---

① (明)王锜撰,张德信点校《寓圃杂记》卷二《胡忠安公》,中华书局,1984,第15页。
② 《明孝宗实录》卷一〇七,"弘治八年十二月甲寅",第1950页。
③ (明)郑晓撰,李致忠点校《今言》卷四,第199页。
④ (明)郑晓撰,李致忠点校《今言》卷四,第197页。
⑤ (清)永瑢、纪昀等撰《钦定历代职官表》卷四,《影印文渊阁四库全书》第601册,上海古籍出版社,1987,第86页。
⑥ (明)黄佐:《翰林记》卷二,《影印文渊阁四库全书》第596册,第874页。

外章奏公文事务皆委托大学士拟办。后英宗九岁登基,军国大事都秉持太皇太后懿旨,而太皇太后为避后宫干政嫌疑,内外章奏"悉令送内阁,俟杨士奇等议决,然后行"①。当时内外章奏均由杨士奇、杨荣和杨溥共同票拟,等同于阁臣共同"批答"。此后,票拟权只属内阁首辅,渐成惯例。因循日久,内阁为处理公文核心枢纽的地位得到确立。内阁大学士掌票拟职责到正统时成为一种制度被沿用下来;后世进一步发展,内阁首辅成为负责皇帝重要公文票拟的主要负责人;到嘉靖以后,内阁"朝位班次,俱列六部之上"②,首辅也成为明代中期权力仅次于皇帝的重要权臣,如夏言、严嵩、徐阶、高拱等。张居正担任首辅时,担任次辅的吕调阳则"恂恂如属吏",即便张居正因母丧不出阁,所有需要票拟的公文也要经其手才可办理。③ 可见,内阁首辅在明代政治中的权力地位。

总之,翰林院是负责协助皇帝管理中央公文的重要机构,其中内阁逐渐成长发展起来,成为参与中央公文处理的重要政治势力。内阁制度的形成,对明代公文发展有着重要影响,也影响着明代公文观的发展。

2. 通政司——沟通政情的公文机构

通政司是明代中央专掌接收内外章奏及敕奏封驳之事的收文机构,它是地方衙门呈报公文和中央下发地方公文的必经机构。洪武三年(1370)三月"置察言司。掌受四方章奏"④。洪武十年(1377)七月设通政司,凡内外各种章奏一律先集中交通政司,再由其报送皇帝处理。明太祖设置通政司的目的是解决皇帝与各级官府公文信息不畅的问题,防止中书省专权。他在诏谕中将通政司比作"喉舌之司,以通上下之情,以达天下之政"⑤,突出强调了其保证公文畅通的职能作用,指出该机构在政治运转过程中的地位。太祖曾就"通政"一名对通政使曾秉正和刘仁做了形象化的解释:"政犹水也,欲其常通,故以'通政'名官。"⑥ 意在阐

---

① (清)夏燮著,沈仲九标点《明通鉴》卷二二,中华书局,1959,第900页。
② (清)张廷玉等撰《明史》卷七二《职官志》,第1158页。
③ (清)赵翼:《廿二史札记》卷三三,第483页。
④ (明)张铨撰,(明)张道濬订,(明)徐扬先校,田同旭、赵建斌、马艳点校《国史纪闻》卷二,上海古籍出版社,2018,第73页。
⑤ 《明太祖实录》卷一一三,"洪武十年七月甲申"条,第1869页。
⑥ (清)张廷玉等撰《明史》卷七三《职官志》,第1188页。

明通政使履行职能的特点和要求。明太祖设置通政司意在打破中书省对皇帝的阻碍，实现下情上达，保证臣民与皇帝之间公文信息渠道的通畅。

通政司的机构设立及人员配备是一个不断完善的过程。通政司主官为通政使，佐官为左、右通政使，另有誊黄右通政，左、右参议等辅助人员；所属机构有经历司，设有经历、知事等吏员，相应的人员都有明确的职责分工。通政司直属皇帝，作为其"喉舌之司"，只对皇帝负责。该机构的职责特征主要体现在以下几个方面。

一是独立行使公文管理权限，即专门负责"出纳帝命"，只对皇帝负责，"本司职专出纳，与内外诸司，俱无文移"，即其他衙署与通政司之间无行文权属关系。对中央公文管理主要体现在两个方面，一是皇帝下发给地方官府公文，通政司通过对此类公文履行审核权，保证下发公文合理可行。二是地方上报给皇帝的公文，通政司根据具体事项的轻重缓急，分类汇报转达，如事关民间疾苦、陈情建言等类公文要求"随即奏闻"；对重要的公文则"于底簿内誊写所告缘由，赍状奏闻"，同时负责将处理结果转送六科给事中抄行；对一般性事务公文，则"另置底簿，将文状编号，用使关防，明立前件，连人状送当该衙门整理"①。

二是公文运转管理规范化。对于接收的公文，按公开与保密类型分开处理。军情机密类公文"于底簿内誊写略节缘由，当将原来实封，御前陈奏"；一般性公文则"须于公厅眼同开拆"②；而涉及财税钱粮或司法类的公文则送六科处理。《明会典》详细规定了公文收发的具体管理方法，在做好管理登记的同时，通政司还负责审核公文格式和处理是否符合规范等事宜。

三是形成规范的制度。如定期公文汇报制度，"将发过公文，并差错件数，月终类奏，文簿缴进"，"年终通行类数开奏"③；如规范公文传递路径，嘉靖十二年（1533）令，规定所有地方公文都应从通政司投进，"有径自封进者，本司参驳治罪"④。

明代鸿胪寺是由仪礼司延续而来的负责朝廷礼仪的机构，"初置仪礼

---

① （明）申时行等修《明会典》卷二一二"通政使司"条，第1058页。
② （明）申时行等修《明会典》卷二一二"通政使司"条，第1058页。
③ （明）申时行等修《明会典》卷二一二"通政使司"条，第1059页。
④ （明）申时行等修《明会典》卷二一二"通政使司"条，第1058页。

司，为从六品衙门，职专朝会、宾客、吉凶之事"①。主要负责教导朝见官员的礼仪，引见、引奏大臣上朝，朝参进程中，鸿胪寺奏事官负责转呈奏疏礼节和宣读奏疏。洪武二十九年（1396）规定，"令朝班奏启事务……其余官员军民等若有事奏，仪礼司打点六科给事中各一员，每日于午门外照依该管事务总收奏状入奏"②。一些地方官员因不熟知奏本投递规定，常将给通政司的公文交到鸿胪寺，致使鸿胪寺常将一些实封公文拆封上奏，侵夺了通政司的职权。夏言于嘉靖十一年（1532）七月二十八日所上的《明职掌以杜侵越疏》，反映了当时通政司与鸿胪寺主体职责不清问题。地方官员多"不明司、寺职掌"，导致将实封的题奏本册送交鸿胪寺投递，鸿胪寺间或将这些公文封进，时间日久逐渐成为惯例，这是违反公文传递制度的行为。为理顺公文传递主体职责，夏言分别从不同层面明确两个机构在公文传递过程中的处理权限，防止侵越职权。首先从两个机构设立的制度角度分析其分工。"章奏之复逆，案牍之往来"，这些公文往来事务是由通政司"总之"，通政司负有记录公文往来情况的责任，"纪其时日，而考其出入"，从而在整个中央公文运转过程中发挥"喉舌之司"的功能，"防壅隔之弊"；而鸿胪寺负责整肃朝廷礼仪事宜，所涉及的公文事务也是与礼仪相关，"传宣制命，引领进奏人员"，只负责接递敕谕或进呈封进图本及外夷番字文书，与各衙门所报奏疏公文无干，不同于通政司所负责的实封进奏，鸿胪寺可以开拆公文并编号登记。两个部门的职掌分工在《明会典》中都有详细记载。其次，分别明确了通政司和鸿胪寺所负责公文事项和范围。通政司接受的主要是地方各级政府官吏的公文，具体有"巡抚、都御史、巡按等项御史，总兵、副参及分守、守备、备倭等项武职，宣慰、宣抚、招讨等司，及府、州、县等衙门"③；涉及钱粮、军马、刑名、乞恩、认罪、缴敕等事项，既有公事，也有私事；文体形式有题奏本和相关簿册。鸿胪寺所负责的部门官员有各王府、镇守、守备、备倭等官，外蕃、宣慰、宣抚、招讨等司进贡赍本人员，地方进京朝觐有凭证的官员；所接收公文有军

---

① （清）孙承泽著，王剑英点校《春明梦余录》卷六〇"鸿胪寺"条，北京古籍出版社，1992，第1217页。
② （明）俞汝楫：《礼部志稿》卷十，《影印文渊阁四库全书》第597册，第139页
③ （明）夏言：《南宫奏稿》卷一，《影印文渊阁四库全书》第429册，第439页。

职文凭、稽考公文、完销勘合，以及总兵等官的会奏。通政司对这些部门的题奏和簿册只是负责引奏，不负责登记管理；此外，对于在外总兵等官奏报捷音、朝见人员缴敕进题本，以及四夷朝贡人员进番字文书，也均负责引奏，不负责收管公文。最后，夏言希望知会两个部门的官员，明确职责分工，避免出现公文运转管理越权行为，影响公文办理的效率。

虽然，嘉靖时曾就两个部门公文处理权限进行重新确定，但公文管理权的划分问题未从根本上得到解决，万历二年（1574），考虑地方官员进京上报公文的实际情况，"公文一时数少，赍奏人役候久不便，今后随宜给发，免其等候。行令通政司、鸿胪寺，将各处赍奏本批，俱封送兵部验照。一则可稽勘合，一则便领公文"①。后对两个部门职责进行了分工，强化鸿胪寺负责表贺、奏捷、朝见等题本的职责，强调其职责中的礼仪成分，而通政司负责政务等题奏公文，强调其负责中央和地方政务公文的收发管理职能。明代特殊而复杂的公文传递模式，影响着时人对明代公文传递管理制度的认识，促成了明代公文传递观。

3. 六科——专职六部公文机构

中书省废除，皇帝需要以一人之力掌管所有政府机构。为此，明太祖对应六部设立了六科，即吏科、户科、礼科、兵科、刑科、工科，它们以监察职能为主，对各部政务公文进行监督和管理。六科协助皇帝分别处理所对应六部的公文事务，是皇帝联系六部公文往来的纽带，"上谕六科，令查奏牍，恐发落有失中者，悉改之"②。皇帝强化他们对中央公文的监管，以保证中央公文正确无误。六科分别设有都给事中，左、右给事中等职，这些官员与都察院十三道御史并称科道官。关于六科在公文处理过程中的职责，明代各类典章制度中有着明确的规定。

一是轮值记录。即朝会时安排六科给事中轮流在殿廷值班，负责记录皇帝命令；对重大事项的廷议、重要人事安排的讨论、重大案件的审理，派遣相关科给事中参与，由其将处理过程和结果汇报给皇帝。

二是封驳权，即针对存在错误或不合理的公文予以驳正封还。封驳公文包括皇帝诏旨类的下行文和官员题奏类的上行文。诏旨下发都要经

---

① （明）申时行等修《明会典》卷一四八，第763页。
② （明）吕本等：《皇明宝训·太宗宝训》，《四库全书存目丛书》史部第54册，齐鲁书社，1996，第792页。

由六科负责审核，根据重要程度，分为大事和小事等不同情况进行处理，大事"覆奏"，要求慎重宣行，而一般小事则直接签署发布；对存在错误的皇命公文则说明理由封还，不予颁行。① 各部题奏类上行文经批准后下发，也须经各科抄出，"其有不便，给事中驳正到部，谓之科参"②，明代六部官员一般不敢违抗"科参"而任其行事，可见六科封驳权在公文运转中的影响程度。为强化六科对公文的监管职责，嘉靖时的骆问礼曾上奏本提出，"如六科不封驳，诸司失检察者，许御史纠弹"③，以督促六科严格履职。

三是稽核权。为保证公文执行办理的时效性，通过设立考簿对六部公文办理情况进行考核，每五日核查注明公文稽缓情况，以每个月为单位做成考成簿两扇，每半年各科将各地方抚按的公文完成情况交各部审查，根据情况以题本形式参奏。这项规定目的在于核查公文的办理和执行情况，对各部门公文进行全程监管。

四是发抄奏章。凡内外所上奏疏批红后发下，由六科分类抄写后送交给对口的部办理，称为"发科"。各部从六科接受诏旨和批红奏章，叫作"接本"。六科将每天收受的奏章，逐一抄写副本，汇编成册，每五日一送内阁，以备编纂。每日皇帝上朝时，六科轮流派一官员，侍立殿堂左右，记录圣旨。

明代六科以对公文的监管与御史形成了科道监察体系，促成明代政治上的弹劾风气，产生了大量的弹劾公文，对弹劾类公文的思考和批判成为明代公文观的重要组成部分。

4. 司礼监、文书房——皇宫公文处理机构

宦官干政一直是中国封建君主专制的毒瘤，秦、汉、唐等政权灭亡都与其有密切的关系。明初，明太祖有鉴于历代宦官误国乱政的教训，对宦官防范极严，禁止其干预政事，"敕内宫勿预外事，凡诸司毋与内监文移往来"④，严禁宦官干预各项政务，禁止各级衙门与宦官有公文行移

---

① 参见（清）张廷玉等撰《明史》卷七四《职官志》，第1204页。
② （清）顾炎武著，（清）黄汝成集释《日知录集释》卷九"封驳"条，花山文艺出版社，1990，第404页。
③ （清）张廷玉等撰《明史》卷二一五《骆问礼传》，第3788页。
④ （清）谷应泰：《明史纪事本末》卷一四"开国规模"条，中华书局，1977，第217页。

关系，从制度上隔断宦官与政府部门的隶属关系。此外，为防止宦官干政，不许宦官读书识字，宦官不得兼政务类职衔，以此来降低宦官参与公文处理的可能性。但之后皇帝却未能"遵太祖训"，宣宗时已有不少宦官开始参与处理公文事务。

司礼监参与公文处理事务主要是代皇帝批答题奏。司礼监为明代宦官十二监之首，由于皇帝公文事务较多，又根据不同事务分设秉笔太监、掌印太监、随堂太监、典籍等职务，分别负责皇帝阅办批红题奏、印玺勘合使用、公文收发登记等事务。

秉笔太监在司礼监中有着举足轻重的地位，其职责本是执朱笔记录皇帝口谕，交付内阁拟撰诏谕。后来，由于皇帝对阅办章奏感到厌倦，便委派秉笔太监轮流值日阅览奏章，将奏请之事向皇帝做扼要奏告，然后抽看其中重要段落，知晓人名、地名便可批答。皇帝批阅各类题奏，使用红色朱笔，因此称为"批红"。秉笔太监代皇帝用红笔批阅公文，也称"批红"。宣德以后，皇帝怠于处理烦琐的公文事务，"凡每日奏文，自御笔亲批数本外，皆众太监分批，遵照阁中票来字样，用朱笔楷书批之"①。皇帝御笔亲批题奏，已成为一种象征性行为，公文实际批红权已交由太监执掌，所有批红公文最终以皇帝名义交内阁抄发执行。文书房是皇宫内由宦官组成负责皇帝各类公文处理的管理机构，主要负责收受由地方交由通政司上报的各类公文和京城官员及各藩王上报的公文，对内阁票拟公文、司礼监批红的公文等进行登记造册后发六科等部门执行。

随着宦官权力的扩大，对公文运转制度破坏程度也随之加大。正德时刘瑾是明代宦官专权的极端表现，迫于刘瑾的权威，官员上报各类公文出现了异于常规的现象，即"红本"和"白本"，"红本"是专门报给刘瑾的，而"白本"则报于通政司②。当时，宁夏指控周昂、千户何锦等人平素与安化王朱寘鐇常有往来，而朱寘鐇久有异谋，合谋起兵造反，檄文以讨刘瑾为名。相关公文到京，刘瑾大惧，于是将陕西守臣所报的军情题奏隐匿不报。公文办理的程序被严重扰乱，公文办理权完全掌握

---

① （明）刘若愚：《酌中志》卷一六，北京古籍出版社，1994，第94页。
② （清）张廷玉等撰《明史》卷三四〇《刘瑾传》，第5214页。

在宦官之手。明中后期，皇帝多懒于批阅奏章，于是便选用通晓文墨的宦官帮助其处理公文。以司礼监为代表的宫内公文处理机构和以内阁为主的公文处理机构相互抗衡、相互制约，在皇帝慵于政事的情况下，造成了中央政府的权力内耗。熹宗时，魏忠贤也像刘瑾一样掌控批答章奏的权力而专权乱政，将宦官干政演绎到了极致。

明代内阁制度虽为皇帝处理各类政务公文发挥了辅助参谋的作用，但所有公文最终却由宦官批红。明末黄宗羲准确地认识到明代中央公文处理权的关键所在，即便内阁大臣发挥了一定作用，但所有权力都在皇帝之手，更在皇帝委托的宦官之手，所以他说，"吾以为有宰相之实者，今之宫奴也"①。此言可谓一语中的，深刻地批判了这一公文运转模式。

总之，有明一代宦官对政权的破坏较汉、唐、宋有过之而无不及。明代掌控政权的关键途径和手段是对中央公文处理权的控制。正如《明夷待访录》所言，"今夫宰相、六部，朝政所自出也，而本章之批答，先有口传，后有票拟……则是宰相、六部为阉宦奉行之员而已"②。究其原因，在于明代君主集权专制制度。明代宦官干预公文处理，深深地影响了明代公文的创作和发展，使得众多有识之士对公文管理制度进行批评并提出建议，形成了明代公文管理观。

（二）中央各部门和地方公文处理机构

明代中央各衙门和地方公文处理机构基本沿袭了宋元制度。明代中央各衙门进呈给皇帝的章奏由各主管官员主办，各衙署均设有专门的管理部门负责管理所属机构的公文事务。根据不同的需要，中央不同衙署设不同的公文管理部门，如司务厅，一般设置于六部、都察院和大理寺，主要负责职辖内公文的拟写、稽查、登记、收发和办理等；照磨所主要负责各类业务性公文的稽查督办事务，一般设置于刑部、户部等；五军都督府、国子监、鸿胪寺等机构设有经历司、典籍厅、主簿厅等公文管理部门。

各地方行政机构都有处理公文的下属机构，省一级的都指挥司、布政使司及按察使司下面都设有经历司、照磨所，置经历、都事等属吏，

---

① （清）黄宗羲：《明夷待访录·置相》，中华书局，1981，第8页。
② （清）黄宗羲：《明夷待访录·置相》，第9页。

掌管地方政务公文的拟写、收发登记及稽查督办事务。各地布政使司还设有理问所，并配有相关负责处理司法类公文事务的提控案牍等吏员；府一级行政单位亦设有经历司、照磨所；州以下政府设有吏书专典文移；县衙门知县掌一县之政，县里设有典史，"典文移出纳"①，亦称幕官，他们属于基层负责公文处理事务的重要人员，"幕官之职，干系甚重，衙门大小事务无不预焉"②。各类公文由吏书起草拟写完毕，上报给幕官审定签押。此外，还有书手，亦称主文、贴书，辅助办理各类公文。他们都是基层公文运转机构的办理人员，决定着基层公文管理的效率，影响着基层公文的发展。许多政治家对基层公文的管理措施进行了探索和经验总结，针对基层公文的作用和意义进行了评价，形成了丰富的基层公文观。

二 明代公文文体概况

文体是公文的具体呈现形式，在政务管理过程中，不同行移关系、不同主体、不同适用对象等决定着不同文体的选用。公文文体因使用而具有政治的权威性，也有着特殊的政治意味。如明武宗辞世时皇位暂空，张太后积极支持杨廷和等稳定政局，同时想拥有实际的皇权。她便向杨廷和等要求将"懿旨"改称"圣旨"，对这一违背祖制且会留下政治后患的要求，富有政治卓识的杨廷和以巧妙且委婉的方式回绝。《国朝内阁名臣事略》载："慈寿遣散本官传谕。欲改'懿旨'为'圣旨'。"杨廷和与同僚一起向太后进言，"当此大变，嗣君未至，凡事皆以'懿旨'行之，尽善尽美，万世称颂。若欲改称圣旨，事体似有未安"。杨廷和为说服太后还专门列出几条证据，一是太祖关于"皇后不许干预朝政"的祖训，而且这条祖训执行最严厉；一是《大明律》规定有"皇后称懿旨"法条，内阁等不敢违反这些法规。皇后则又以前代有皇后使用"圣旨"为据，杨廷和则以"世代不同，法度亦异"③反驳。杨廷和等引述

---

① （清）张廷玉等撰《明史》卷七五《职官志》，第1234页。
② （明）汪天锡辑《官箴集要·幕官》，刘俊文主编《官箴书集成》（第一册），黄山书社，1997，第269页。
③ （明）吴伯与：《国朝内阁名臣事略》卷三《杨文忠公视草余录》，《北京图书馆古籍珍本丛刊15》，书目文献出版社，1998。

各类法律典章制度，阐明懿旨和圣旨使用的规范。可见，公文文体的使用，往往是一种权力的象征。

明代继续沿用了宋元所创制和使用的公文文体，同时根据明代自身政务管理的需要，对一些公文文体进行了改进和完善，还适时适需地创制了题本、揭帖等便于办理的新文体，不仅丰富了公文文体的种类，而且大大地提高了公文处理的效率，促进了明代公文文体理论的发展。

（一）皇命公文

皇命公文，是指以皇帝名义发布的公文，往往承载着皇帝旨意和国家政策，属于封建社会最高级别的下行文。皇命公文常用的正式文体有诏、制、谕、诰、敕等；一些特殊场合使用的文体有册文、铁券、符、令、赦书、檄等；也有一些非正式文体，如驾帖等；还有一些是公文处理过程中形成的文体，如批答等。

诏 "诏书者，诏告也。"[①] 这是代表着古代君主专制的重要文体之一，是皇命公文使用频率最高的文体，为历代统治者所重视。秦代，改"令"为"诏"。"诏"成为皇帝发布命令的专用词，其他任何人不得使用。这时期的"诏"用于颁布不属于重大制度的命令。汉承秦制，"诏"的使用范围进一步扩大，后世根据两汉"诏"的适用范围，将其分为亲诏、制诏、即位诏、求言诏、遗诏、特诏、密诏和优诏等。其在政治管理中的地位进一步强化，每有重大事项，多以"诏"布告天下。唐宋沿用"诏"。宋代，"诏"主要用于任命待制、太卿监、中大夫、观察使等五品以上的官员。元代，"诏"作为重要皇命公文被沿用，但文体意识不再那么突出，而是被归入"圣旨"，与其他皇命公文的区分被淡化。

"诏"作为代表着皇权威严的重要文体，是明代统治者维护皇权不可忽视的政治工具之一。明代诏书适用范围广泛，主要适用于宣布国家重大政策事项。如即位诏，是历任皇帝继位必须有的形式，也是宣布新施政纲领的途径，起到诏告天下、稳定社会的作用；有重大灾异发生时，皇帝发布罪己诏或求言诏，一方面承认治政方面的错误，通过悔过来鼓舞士气，另一方面希望臣民能积极就治国理政提出批评或具体建议，如明太祖、明孝宗等都发布过求言诏；有为国家出台重要政策方针而发布

---

① （汉）蔡邕：《独断》，《影印文渊阁四库全书》第850册，第79页。

的诏书，如明太祖的《农桑学校诏》《免江西税粮诏》《存恤诏》、宋濂代拟的《开科举诏》等；有给外国首领的外交类诏书，如明太祖的《谕暹罗国王诏》、宋濂代拟的《封安南占城二国诏》等；有册立太子、皇后等，宣布太子监国等重大事务的诏书，如陈循代皇帝拟写的《立东宫诏》等；有皇帝临终时颁布的诏书，即遗诏，其内容多为指定继承者、嘱咐如何处理后事，皇帝口授由顾命大臣撰写，若皇帝死亡而没有口谕，则由内阁重臣或继位新君补拟，如明武宗辞世，其遗诏由杨廷和补拟。

明代的"诏"形成了自己的特点，一是格式固定化，为后世所遵循；二是诏书语言风格追求简明、典雅；三是诏书的拟制及处理程序化，从而实现分权管理。

诰 又称诰敕[①]、敕命等，是明代用于表彰有功绩官员的专门公文，对生者加封官职或赐爵称为封，对死者封赐荣誉称为赠，其内容主要包含受封者事迹、封赠的官职身份及所拥有的特权。隋唐时期，把帝王授官、封赠的命令称作"诰"，"告身"是唐代皇帝按品级颁发给各级官员的凭证称呼。宋代改称"诰命"，用于帝王颁发命令、封赐官爵等，"应文武官迁改职秩，内外命妇除授及封叙、赠典，应命词"[②]等；宋代的告身则被称作"官告"。诰命和告身都可以"推恩封赠"，即除封赠官员本人外，还对其父母妻室进行封赠。

"诰"作为封赠文体，在明代得到沿用，其适用对象人员进一步扩大。明代诰敕根据受封对象级别的不同而有所区别，有的除官员本人、父母妻室外，相关亲属也可获封赠，有些还可"世袭罔替"，即世袭数代享有某种特权。同样是诰敕，因级别不同，具体文体名也有区别，"五品以上授诰命，六品以下授敕命"[③]，而爵位较高的公、侯、伯，不但有诰敕，还要另授铁券，即"诰券"。除了以名称区别不同级别的封赠，明代还在卷轴质地、颜色、轴数及图案等方面加以区分，如玉轴、犀轴、抹金轴、角轴分别对应一品、二品、三品、四品及四品以下官员，不同品级的诰券装饰不同的颜色，有苍、青、黄、赤、黑五种。诰敕首语模仿诏书用词为"奉天诰命"，结尾则根据不同适用对象使用"制诰之宝"

[①] 参见李福君《试论明代的诰敕文书》，《档案学通讯》2007年第3期，第92~95页。
[②] （元）脱脱等撰《宋史》卷一六一《职官志》，中华书局，1977，第3769页。
[③] （清）张廷玉等撰《明史》卷七二《职官志》，第1160页。

或"敕命之宝"。明初较为重视诰敕，由专人负责拟写，文风较为朴实，如明太祖《翰林承旨宋濂诰》《赠翰林承旨宋濂祖父诰》等；明中后期则多流于形式，文风也日渐虚浮。

铁券 铁券是由铁制作而成的诰。明代在对公、侯、伯三类封爵时使用，"形如覆瓦，面刻制词，底刻身及子孙免死次数。质如绿玉，不类凡铁，其字皆用金填"①。通过特殊的形制，显示被封赠者的特权地位。对其管理也较为严格，"凡券，左右各一，左藏内府，右给功臣之家"②，于内府置"古今通集库"，由宦官保管，并有相关的制度要求，所有铁券均录入封诰底簿，以便查证监管。明初封赠开国功臣用得较多，如沈清铁券③，后世较少使用。

制 最早产生于秦代，秦始皇将"命"改为"制"。该文体自秦以后各代都有使用，其功用有所变化。早期的"制"，一般是皇帝颁布重大制度时使用的文体，往往是一代纲领性的公文，其内容需要历任统治者遵守。两汉时期，其功能得到扩大，开始用于大赦和赎罪，或告诫官员。唐时，"制"的使用范围缩小，适用于除授官爵、赏罚、赦宥死囚、慰劳等。宋代与唐代略有不同，"制"适用于"处分军国大事"或除授官职，"命尚书左右仆射、开府仪同三司、节度使，凡告廷除授，则用之"④。元代沿用了宋代制书的部分功用，仅用于高级官员的除授和封赠，称作"制敕"或"宣敕"，"自一品至五品为宣授，则以制命之。三品以下用金宝，二品以上用玉宝，有特旨者，则有告词"⑤。

"制"在明代被沿用，但其适用范围倾向于礼仪性文体，多在祭祀天地、立太子、册立后妃等礼节性活动时使用，"制"在举行仪式时由专门人员宣读。明太祖有《答太师李善长等表请御正殿制》《答太师李善长等表请上寿制》。"制"一般由内阁拟制，批红下发。明中后期，虽然张孚敬《重制诰疏》提出了重视制诰的写作问题，但"制"终因其礼仪性而日渐式微。

---

① （明）沈德符著，黎欣点校《万历野获编》卷五"左右券内外黄"条，第145页。
② （清）张廷玉等撰《明史》卷七二《职官志》，第1159页。
③ 参见吕媛媛《明正统七年的沈清铁券》，《历史档案》2015年第4期，第140~143页。
④ （元）脱脱等撰《宋史》卷一六一《职官志》，第3768页。
⑤ （明）宋濂等：《元史》卷八三《选举志》，中华书局，1976，第2064页。

敕 敕作为公文文体，始用于汉代，皇帝和重臣均可使用；南北朝时则只用于皇帝对臣下训诫、授任、封赠等；唐代分化为发日敕、敕旨、论事敕和敕牒等①。宋代敕书沿袭了唐代的用法，包括任命类"敕书"和诫谕类"敕牓"，任命五品以下的少卿监、中散大夫、防御使等官职用"敕书"，劝诫官吏、告谕百姓则使用"敕牓"。元代则沿用唐代的"敕牒"，只在适用对象级别上略有调整，主要用于任命六品以下官吏，由于元代政治腐败，"敕"也泛滥成灾。

"敕"这一文体在明代不同于前朝，"敕"常与"谕"等文体交融在一起，如杨士奇《敕谕文武群臣求言并复弋谦朝参》等。"敕"有"敕命"和"敕谕"两类，分别用于任命官吏和训谕官员，证明六品以下官吏级别用"敕命"，皇帝训谕各级官吏或委任地方官则使用"敕谕"。"敕命"一般属被动性公文，即不由皇帝主动发出，而由官员提出申请，经皇帝批准后，交由翰林学士等拟写，审核后由中书舍人抄写并用"敕命之宝"下发，其颁发有一套严整的办理程序。"敕谕"则是皇帝委任重臣出任某专门职务的任命书，主要是说明职责权限；或针对官员的请示汇报发出指令，或奖励或批评等。明代"敕"有时和"谕"的功能相近，两者甚至被混用；行文格式多是四六体；颁布程序较历代更为严格。如朱元璋的《赐署令汪文刘英敕》《命中书赏赐北平等处军士敕》《命中书谕止安南行人敕》《谕四辅官王本毋陪祭敕》，王守仁的《钦奉敕谕切责失机官员通行各属》等。

册 册早期同"策"，最初写在竹简上，后演变为赏赐封号时使用的文体。根据级别不同，"册"的制作质地也不同，有玉册、金册、银册、铜册等。这一文体在明代被沿用，是皇命公文文体之一。明代"册"主要用于郊祀、册立皇后、册立太子、册封王和妃及尊上徽号等，同样根据册封对象的级别用金、银、玉等不同质地的材料加以区分。明代"册"不仅有着规范的格式，还配以相应的仪式，《明会典》对此有详细的规定和要求。

谕 谕是与"诏"较为相近的一种文体，多用于皇帝就一些事务知

---

① 参见赵彦龙、扶静《古代皇命文书"敕"之功用及体式研究——古代文书种类功用及体式研究之三》，《档案》2018年第11期，第10~15页。

照官吏和百姓，或告诫官员以示警诫，如明太祖《谕工本等职四辅官》《谕翰林修撰刘泰》《谕御史》等。

书 明代的"书"属于一种外交公文，如明太祖《与元幼主书》等。

令 令早在秦之前就使用，秦代废止，汉代恢复，王侯、太子等使用，魏晋时，曹操就拟写了大量的令。后世沿用，明代"令"多用于法律条文，如《明会典》中就载有许多"令"。

符 符属一种特殊的公文文体，由于它是信物和凭证，从狭义公文的角度看，"符"并不属于真正意义上的公文。明代主要用"符"调动军队或召遣官员，如有调动兵马的"用宝金牌"，有皇帝派遣使者的"走马符牌"。"符"的使用和管理有严格的规定，使用时要专门申请，事情处理完毕要按时缴回。

檄 檄是产生较早的一种公文，主要用于战争前的宣传和动员，或是宣传政策，声讨敌人。多用于历代有军事战争时，如汉末陈琳《为袁绍檄豫州》、唐代骆宾王《代李敬业传檄天下文》等，均是传世名篇。明代也在有军事行动时使用，如张辅《檄谕安南》等。

批答 批答是一种皇帝在处理公文过程中产生的文体，即皇帝对官员的题奏进行答复的语段，多是一两句话，甚至是一两个词，仅是表达处理意见，没有形成文章。历代皆有使用，明代沿用之。

赦书 赦书是一种专门用于免除罪罚的公文，多以告示形式宣告天下。一般在皇帝继位或重大庆典时供赦免罪人使用。明代沿用之。

驾帖 明代皇帝专用文体，即是皇帝手写的授权凭证，属于特殊的诏敕，往往用于采办物品等事项。驾帖是绕过了内阁等部门而执行的特殊公文，常被称为"中旨"，是皇权特权的直接体现。明代中后期，为防止驾帖伪造，驾帖须由刑科核实、签发，以此监管。

正式颁布的皇命公文，出于严肃典雅的考虑，有着较为庄重美观的格式要求，这些公文多由专门人员制作发布；而皇帝亲笔拟写的公文，则没有规定格式，形式多自由灵活。

（二）官府（吏）公文

官府（吏）公文包括上行文、下行文和平行文，这些公文文体多涉及具体的政务，是维系整个社会正常运转的重要工具。由于封建社会的特殊性，其中上行文分为两类，一类是专给皇帝的，一类是有隶属关系的下级官府或官员给上级的。明代官署所使用的公文往往是据实际政务工作需要而产生的，更多地体现了明代公文文体的创新性和灵活性。

1. 官府（吏）给皇帝的上行文

明代皇帝是整个政权的核心，也是中央公文处理的最高裁定者。明代强化了官府或官员给皇帝的上行文的重要意义，也强化了奏本、题本、揭帖、表（笺）等上行文的地位和价值。

奏本 奏本亦称为"奏疏"，明初沿袭了宋元以来的用法，官员向皇帝言事均可用之。为提高公文办理效率，明代将奏疏类公文进行了分类处理，专设了题本。奏本仅用于汇报官员个人政治建议或观点，"其虽系公事而循例奏报、奏贺，若乞恩、认罪、缴敕、谢恩，并军民人等陈情、言事、伸诉等事，俱用奏本"[①]，区别于衙门汇报公务时所用的题本，如杨一清《奏留卜云》、张文《裁革冗食节冗费奏》、夏良胜《代论累功封伯奏草》等。由于奏本是官员个人意见的表达，因此其使用和运转不同于其他公文，奏本可由本人送到会极门由相关人员转交皇帝，而不需要备副本，不需要交通政司等部门。同时，奏本因具有私人性，所以保密性较强。

题本 永乐二十二年（1424），为便于处理衙门上报公务事项，"令诸司有急切机务，不得面陈者，许具题本投进；若诉私事，丐私恩者，不许"[②]。凡内外各衙门，一应公事均用题本。题本代表着衙门机构的例行公文，是集体意志的表达，一般不会引起争议，以区别于官员个人的观点和建议。其内容主要是各部门的公务事项，如蒋冕《请重边防以备虏患题本》、韩文《题为存省边储事》《题为开读事》等。题本书写格式不同于奏本，其用纸略小于奏本，而字体稍大；题本尾部需要签押官印；有严格的递送汇报程序，即要先报通政司，再呈内阁票拟，同时抄录副本送六科备存。明代题本的创制，在一定程度上提高了公文处理的效率。

揭帖 揭帖最早见于元代，明代开始较为普遍地使用。揭帖有两类，一类适用于重要阁臣向皇帝汇报个人参谋建议，往往用于处理朝中较为复杂且棘手的问题。此类揭帖须用皇帝专门赐予的印章封进，多属保密

---

① （明）申时行等修《明会典》卷二一二《通政使司》，第1059页。
② （明）申时行等修《明会典》卷七六《礼部三十四》，第441页。

事项，不对外公开，"其制视诸司题式差狭而短，字如指大，以文渊阁印缄封进御，左右近侍莫能窥也。诸军国要机，朝廷大政，上意之所欲出，而事理未安，政体之所宜行，而睿衷未发，诸司待命而未报，言官力争而难者，阁臣为之从中调剂，就事匡维"①。用揭帖代替题本和奏本，以体现其特殊政治意义。如蒋冕《请停止无名赏赐揭帖》《请勿堕房计中揭帖》、林希元《上巡抚按二司防倭揭帖》等。另一类作为正式公文的附件使用，如戚继光《练兵实纪》就是在申报上司的公文后所附的相关事件的详细情节，具有补充说明的作用。

表（笺） 表（笺）早在汉魏时期类同奏疏，如诸葛亮《出师表》、李密《陈情表》等。唐宋时期，演变为一种祝贺性的礼仪公文，在圣节、冬至、正旦等重要节日，或有祥瑞，或有官员加官晋爵及重大值得庆贺的事件时，官员都按例向皇帝进"表"，向皇后或太子进"笺"，如宋濂《进大明律表》《进元史表》、张宁《斋醮进香表》、徐渭《代再进白鹿表》等。明初，为倡导良好的文风、改变政风，对"表（笺）"进行了规范，如对书写格式的要求、对语言的使用等，制定了便于官员拟写的标准，同时配以相应的管理制度。

制对 制对是官员以书面形式答复皇帝询问的专用公文，如苏伯衡《代詹学士封靖西王制》《梅思礼授大督府副使制》等。明代"制对"使用得并不多。

露布 露布是从汉代就经常使用的一种军队布告性公文，唐宋均用于军事行动中。明代沿用，在军事行动前后用其布告天下。永乐四年（1406）规定，"凡捷，兵部官以露布奏闻"②。如张辅《进平南献俘露布》等。

译 译，即翻译，属较宽泛的公文文体，是在公文处理过程中产生的文书。将外国或少数民族进呈明皇帝的公文翻译成汉语的文本，称为译，一般由四夷馆人员专门负责。

2. 官府（吏）之间的上行文

明代上行文的另一个重要的组成部分是各级隶属官府和官员之间的

---

① 朱传誉：《先秦唐宋明清传播事业论集·明代舆论研究》，台湾商务印书馆，1988，第315页。
② （清）张廷玉等撰《明史》卷五七《礼志》，第958页。

上行文，他们之间常用咨呈、呈状、申状、牒呈、禀等文体格式。一些常用的文体格式，在《明会典》中也有明确的规定和使用要求。

咨呈 专用于六部上行给五军都督府，布政使司上行给六部，如王守仁《咨六部申理冀元亨》《议处添设县所城堡巡司咨》等。

呈状 该文体从宋代开始使用，明代呈状则适用于一些特定的机关，一般是用于各府司之间，级别相对较高。《明会典》有明确规定，如王府长史司、布政司、都指挥司等上行给五军都督府，亲军指挥使司、王府长史司、提刑按察司、卫指挥使司等上行给六部，等等。王守仁就拟有《提督南赣批广东岭南道将士争功呈》。

申状 宋代开始使用，主要用于下级向上级表达不同见解。明代沿用之，并明确了适用机关，如盐运司、直隶府、直隶州上行六部，府衙上行都督指挥司、布政司、县衙上行按察司、卫指挥司、王府护卫兵马指挥司、州等。许多著名官员在基层为官时都有相关作品，如海瑞《驿传申文》《申朱提学道教条》、归有光《乞休申文》等。

牒呈 牒呈是产生于明代的一种地方官府之间使用的上行文。明代规定了牒呈的适用机关，如应天府、按察司、卫指挥司上行都督指挥司等，多是府上行司。

牒上 牒上是明代专用于军事机关之间的上行公文，规定千户所、兵马指挥司上行府衙。

详 明代州县官府开始使用"详"，主要用于向上级官府请求批准事项，常见结语为"伏乞照详施行，须至详者"，因其为正式公文，使用时有着明确的管理规定。

禀 禀是明代州县官员所使用的非正式上行公文，主要用于汇报或磋商事务。如海瑞《均徭禀帖》《陆行禀帖》等。由于使用频率渐高，后逐渐作为正式文体使用。

册揭 册揭是明代用于考核官吏的评语，定期汇报给上级机关评定等级。由于涉及人事问题，属于保密事项，文尾语多为"理合具揭，需至密揭者"。如海瑞《禀鄢都院揭帖》、归有光《送恤刑会审狱囚文册揭帖》即属于册揭，多与禀合用。

3. 官府下行文

各级官府下行文多为下发给隶属机构的具体政务公文，明代常用照会、札付、批付、牌票等文体，主要用于发布政令、执行任务等。另外，还有针对百姓的公文，如告示等。

照会 照会，即告知、通报之意。明代始创，是上级衙门通知下级衙署相关事项的常用文体。明代规定了使用的机构，如六部下行布政司等，一般是省级以上机关使用。

故牒 该文体源自元代的今故牒。明代故牒主要用于上级衙门向下级部署任务。

札付 该文体是明代上级衙门向下级衙门下达命令或做指示时使用的。由于是下达命令，要求严格执行，具有强制性。明代对该文体的适用机构也有规定，如五军都督府下行都指挥司、布政司、按察司、亲军卫指挥司等，州县下行所属衙门和部门，如王守仁《札付永顺宣慰司官舍彭宗舜冠带听调》等。

下帖 下帖是明代地方各司、所、州县下发的告知性公文。《明会典》规定了该文体的适用机关，如按察司下行京城内外五品至七品衙门，州、千户所下行所属县级衙门等。地方衙门下帖属于催办事项，一般须注明办理时限和要求。

批付 明代批付是委任专人完成某项任务的公文，如王守仁的《批广东韶州府留兵防守申》《批广西布按二司请建讲堂呈》等，用于交办具体事项。

移付 移付即移交付之意，是明代州县官府将事务分解，交付给所属机构或部门办理的公文。一般包括房付和官付：房付即州县所属各房承办的事项；官付即州县副职等人员的承办事项。

牌票 该文体是用于办理具体事务的命令或凭证，是明代基层政府处理具体事务时使用较多的一种文体，如王守仁在基层撰有《南赣巡抚牌行湖广郴桂兵备选募将领商度军务》《征剿横水桶冈分委统哨牌》等。其功能与批付相近，批付使用有期限规定，须限时缴回，牌票则没有此种规定。

告示 告示是明代基层州县向本县百姓公布周知事项和须遵守事项的公文。这是基层官员常用的一种公文，如王守仁《告谕新民》《告谕各府父老子弟》、海瑞《劝赈贷告示》《禁革积弊告示》《谕道府州县毋听嘱托》、归有光《长兴县编审告示》等。

4. 官府之间的平行文

平行文是历代相同品级官府之间使用的正式公文文体，一般用于平级官府之间商洽事项。明代继承了宋元以来的平行文体，常用的有平咨、平关、平牒等三种文体，虽然这三种都是平行文，但因平行机构具体级别的不同，其适用范围也不尽相同。

平咨 明代规定该文体用于六部、布政司、都指挥司等衙门之间。如王守仁拟有《提督南赣咨报湖广巡抚都御史秦夹攻事宜》等。

平关 平关适用于各指挥司、按察司、翰林院等三品衙门之间，以及府、州、县与相同品级的衙署之间，如王守仁《行两广按察司稽查冒滥关文》等。

平牒 宋代开始使用，一般用于不相隶属的衙署之间，明代平牒则专用于王府长史与各府之间，属于一种专用公文。

第三节 明代公文观的思想基础

公文观往往是以一定的思想为基础，不同时代的公文观是不同思想的体现。明代公文观建立在明代特定的思想基础上。明代历任统治者为了巩固其政权基础，汲取历代统治的经验教训，继承并强化了各种有利于其统治的政治思想意识形态，主要包括以宋明理学、心学和实学为代表的儒家思想和法制思想，这些思想既直接体现在具体公文处理的过程中，也体现在不同的公文观中，从而形成了符合明代统治需要的公文思想、观念和制度。

一 儒家思想基础

明初，刚刚结束战乱的明政权，急需一套能让臣民接受的思想理念来理顺社会秩序，稳定社会民心。这种思想理念既要符合新政权稳固的需要，又要顺应民意。为此，朱元璋推翻元代的治政理念，重继宋代的政治意识形态，重拾儒家思想观念，强力推行程朱理学，伴之以科举教育和考试，教育臣民要绝对忠于君主，通过儒家伦理教化来平复社会精神的创伤。明代儒家思想随着时代的需要，在被继承的同时获得发展，程朱理学、心学、实学基本上可算作明代儒家思想发展的三个阶段，它们都深深地影响明代公文观的发展。

(一) 明代儒家思想的发展与构建

程朱理学虽形成于宋代，但到了明初才在最高统治者的政治强力推行下，在被尊奉的程度和范围上达到了高峰。南宋朱熹把儒学发展到一个新的高度，其儒学思想是将封建纲常神化为独立于人之外的、主宰万物的精神主体——"天理"，理学比起其他的学说更加完整、精密，更具有说服力。朱熹学说体系中还含有某种唯物主义和利于经世致用的思想因素。元代腐朽的政治统治，对传统儒家思想的破坏，施行的残酷的种族统治，更加凸显恢复儒家思想对赢得社会民心的重要意义。在重建纲常、百废待兴的明初，明太祖、宋濂等选择程朱理学作为理论武器和思想旗帜，构建起以儒家思想体系为主的思想意识形态，显然更符合当时社会需要。

明太祖以政治家的视角，采取了更为务实的措施对程朱理学加以推行，一切的目的是维护政治基础的稳固。为此，他力主因时变革，既尊重传统，充分学习前人的经验智慧，又因时制宜，取法于古，提出务本崇实、不尚空谈，不以"无益"害"有益"的公文思想。他对官员一再告诫，不尚空谈，摒弃一切虚套，"辅以实学，毋徒效文士记诵词章而已"①。太祖借儒家思想纠正浮妄怪诞的文风与政风。他首先从科举文风抓起，要求科举考试的文章写作要"以典实纯正为主"，批评策论写作中出现的"剽窃异端邪说、炫奇立异者"的现象，这里的"异端邪说"即儒家思想内容之外的思想观念。文风与政风密切相关，明初为了迎合新的统治者，各类表笺文辞呈现浮夸称颂之态。为整顿公文风气，太祖让礼部专门颁定规范统一的庆贺谢恩表格式，作为各级官员进表笺的范本，从而将官方认同的体现儒家"礼"的公文形式固定化，以便官员遵守。

名分是维系封建等级制度的重要概念，也一直是儒家的核心思想之一。洪武时期，明朝统治者通过各种形式在社会各个方面理顺名分关系，如各衙署的权属关系，公文行移关系及公文文体的使用，官员诰敕因级别不同所体现出来的形制区别等，都是名分在具体政务及公文处理中的

---

① 《明太祖实录》卷四一，"洪武二年夏四月己巳"条，第817页。

体现。通过制度化的推行，名分至明中期日趋牢固，"一遵旧章，礼仪不紊，法令严明"①。永乐年间，颁行《五经大全》《四书大全》《性理大全》，令全国各级学校"尽心讲明"；继任者仁宗朱高炽、宣宗朱瞻基开创了"仁宣之治"，他们治国的思想路线基本上遵循了太祖提出的"只要务实，不尚浮伪"②，打出的理论旗帜，依据的思想武器，则是从宋代继承下来的程朱理学，并将之推尊至国学的地位。

明初的大儒刘基、宋濂、方孝孺、王祎等，既有丰富的治政经验，对政治有着自己深入的思考，同时又以深厚的儒家学养创建了自己的理论观点，以务实精神将儒家理念贯彻到新政权中，他们务实致用的学风和政风正是对太祖务实思想路线的回应。而从学派源流上看，他们大都是程朱理学的继承者。元明之际，程朱理学逐渐向"卑陋驳杂""空言以自诳"的方向衰变，谈虚说玄、空谈性命的风气弥漫于士人之间，公文则出现被评作"文辞之蠹"③的现象。宋濂是明初儒学的代表，其思想特点是务实致用，其道德文章，皆师表于当时；方孝孺继承宋濂的思想，继续发扬朱熹博学致知的观点，同时又主张学以致用，学问要切实，要和事功、践履结合，强调必须关心国计民生，不能脱离现实社会。他们所主张的公文思想和所创作的公文都以此为根基。

为强化儒家思想基础，夯实这一政治意识形态，明代将儒家经典作为科举教育和考试的主体。洪武年间颁发的《科举定式》规定，四书义以《四书章句集注》为准，《易》以《程朱传义》为准，《诗》以《四书章句集注》为准，用儒家典籍培养官吏。在这种背景下，许多文官不但创作了大量的公文，还从事儒家思想的研究。许多公文撰写者不仅具有扎实的文章创作功底，还具备丰厚的儒学素养。如明初著名公文写手詹同，其所作公文明白通俗，切于实务，深得明太祖赏识，同时他还对儒学深有研究，善于讲解《易经》《春秋》。深厚的儒家学养直接影响着其公文创作，皇帝常赞其公文"明白显易，通道术，达时务，无取浮

---

① （明）戴金编《皇明条法事类纂》（上）卷二二，据东京大学附属图书馆藏钞本影印，（东京）古典研究会，1966，第558页。
② （清）谷应泰：《明史纪事本末》卷一一，第153页。
③ （明）方孝孺：《逊志斋集》卷一《杂诫·第三章》，《影印文渊阁四库全书》第1235册，第56页。

薄"①，这里的"道术"即对儒家思想的实际运用。

  历仕五朝的王恕，既是儒学思想的倡导者、研究者，也是儒学思想的实践者，其公文集有《王介庵奏稿》，《玩易意见》《石渠意见》则是王恕诠解"四书""五经"的著作。他重实务，反对空谈，始终以儒家的思想要求自己，廉洁奉公，敏事慎言，用儒家道统衡量言行是非，"盖古之学者皆以言行为学也"②，将儒学与治政紧密结合为一体。正德、嘉靖时，何孟春师从李东阳，虽拙于诗文，但著有公文集《何文简疏议》，后人高度评价其公文"于时事得失，敷奏剀切，章疏乃卓然可传"③。这正与其"以气节自许"④的人品和深厚的儒家学养有关，他著有《易疑初筮告蒙约》等经学著作，还著有《余冬叙录》，用儒家思想观点评价历代为君之道、品评古今各类人物。再如天顺朝著名政治家李贤，所作公文多是援笔立就，为文不事雕琢，为学则是好谈宋明性理之学；成化时著名首辅彭时，以儒家修身标准要求自己，外和内刚，谨慎廉洁，忠于职守，明人称其"本经术，而文章纯正，恪乎儒者也"⑤，其公文创作风格严守儒家标准；著名内阁首辅徐溥为政则严守成法，不事浮华，其学问以儒家思想为正统，所创作的公文"必根理道、耻雕琢"⑥；同时代的刘健也是"治经穷理"，为政期间敢于直言，并以天下为己任，后人评其"事业光明俊伟"⑦。他们为政为文，无不体现儒家思想。此外，高拱既创作有《南宫奏牍》，又有儒学作品《春秋正旨》；逯中立撰有公文集《两垣奏议》，撰有儒学作品《周易札记》；马从聘撰有公文集《兰台奏疏》，撰有儒学作品《四礼辑疑》；陈与郊撰有《黄门集》，撰有儒学作品《檀弓集注》；等等。这些明代著名官员，不但创作了大量公文，将其编纂成集，也将自己关于儒学的心得著书立说，以儒学的学养滋润

---

① （清）张廷玉等撰《明史》卷一三六《詹同传》，第2609页。
② （明）黄宗羲著，吴光主编《黄宗羲全集》（第13册），浙江古籍出版社，2012，第165页。
③ （清）纪昀等编，周仁等整理《四库全书总目提要》，海南出版社，1999，第314页。
④ 李国祥主编《明实录类纂人物传记卷》，武汉出版社，1990，第549页。
⑤ 余来明、潘金英校点《翰林掌故五种》，武汉大学出版社，2009，第441页。
⑥ （明）焦竑：《国朝献征录》卷十四，《续修四库全书》史部第525册，上海古籍出版社，2002，第461页。
⑦ （清）张廷玉等撰《明史》卷一八一《刘健传》，第3205页。

着公文创作。

明中期，吏治日渐腐败，政治经济形势发生了深刻的变化。程朱理学在严重的社会危机面前显得软弱无力，明初确立的儒学思想并不能约束统治阶级本身的行为。正统年间宦官王振乱政，导致了土木堡之变及夺门之变等一系列政治变局，明代较为稳固兴盛的政治开始走下坡路，其间又经历成化数十年的矛盾积累，至正德时代，明代出现了第一次深层次的政治危机。明武宗个性乖张，恣意妄为，不断突破既定的纲纪制度，冲击着统治阶级所极力维护的程朱理学观念，加之宦官干政更甚，整个政治体制更加腐败。这一社会危机使饱学之士开始反思程朱理学的价值，对它所维系的封建社会秩序的功能产生了怀疑，对一直所信守的儒家信念开始有了动摇，于是他们纷纷寻求新的学说来弥补日益破败的思想领域。于是他们重新梳理了宋代儒家思想的脉络，于明中叶开始关注宋代陆九渊的心学思想，并将此与现实结合加以阐释和解读，形成了崇尚心学的社会思潮。

明代心学由陈献章开其端，王守仁总其成。开始对儒家思想进行反思的正是一群忧国忧民的中下层官员，面对现实政治中皇帝与宦官所导致的腐败，他们敢言直谏，以身作则，换来的却是被罢黜、贬谪，甚至被杀。什么是这一切的根源？封建政治统治的核心是人，决定人行为的是"心"，于是他们认为一切的根源在于"人心"失去了方向，"正心之学未讲"[1]，也就导致了"君德"不正。为此，他们把"正心"，特别是"正君心"看作拯救社会危机的关键。

思想家王守仁是心学的创立者，他认为，"今夫天下之不治，由于士风之衰薄"[2]。明代统治者所倡导的程朱理学，只是僵化地照抄宋代朱熹的格物致知，对这些儒家作品只是重读书记诵，或是简单加以注释训诂，学风因脱离了实际问题而流于空疏，加上科举僵化的教育，儒学风气更是支离牵滞，脱离实际的教条主义和形式主义风气盛行，所带来的恶果则是"功利之说日浸以盛，不复知有明德亲民之实。士皆巧文博词以饰诈，相规以伪，相轧以利"[3]。为此，王守仁将儒家思想与自身体会结合

---

[1] （清）张廷玉等撰《明史》卷一七九《邹智传》，第3166页。
[2] （明）王守仁撰，吴光等编校《王阳明全集》卷二二《送别省吾林都宪序》，第975页。
[3] （明）王守仁撰，吴光等编校《王阳明全集》卷八《书林司训卷》，第314页。

提出"致良知"的心学观。在对儒家思想理论进行细致的梳理后，以"致良知"为基石把本体论同道德论巧妙地融为一体。这一思想不仅要求普通百姓重视良知，更要求统治者认识良知、唤醒良知，力图通过净化皇帝、官吏的"心"，约束统治者贪婪的欲望，以此来缓和社会矛盾和冲突，实现社会的稳定。为此，王守仁在政治思想上提出，"今日所急，惟在培养君德，端其志向。于此有立，政不足间，人不足谪，是谓'一正君而国定'"①。将皇帝个人修养看作国家安定的根本。这在一定程度上指出明代社会政治问题的症结，即许多皇帝懒于政务，将公文批红交由宦官办理，致使宦官干政严重。对造成明朝深重危机的原因，特别是针对当时的文风，王守仁提出了批评，他认为天下之所以不治在于"文盛实衰"，即追求浮华的文辞，缺少"敦本尚实"的精神和实践，以致"徒以乱天下之聪明，涂天下之耳目"②。明中期，奏疏等各类公文弊端日增，或"文盛实衰"，或知行脱节，或只知不行。为此，王守仁提出"知行合一""敦本尚实"，以化解公文中"知""行"脱节问题。

  邹元标也是心学的重要代表人物之一，他直接用心学思想来阐释治政的道理，他认为君主能够治理国家，让臣民顺服，关键在于把握人心，人心是"宰制万物"③的枢纽，因为心是一切欲望矛盾的根源，像尧、舜那样的圣明君主善于把握人心。邹元标从心学角度，劝谏皇帝修"心"以制"欲"。此外，邹元标在其奏疏中坚持以儒家思想贯彻其治政理念，倡导以孝悌维护政治伦理纲常、以节俭戒奢侈。湛若水《格物致》就是心学的代表作品，其中的公文观是其心学思想的充分体现。嘉靖以来，心学思潮已渗透到政治中去，众多朝臣多是心学门人，如以徐阶等人为代表的阁臣都是心学信徒，他们努力把心学作为治理国家的重要思想④，因此他们的公文也体现了这种思想倾向。嘉靖时，余珊《陈

---

① （明）王守仁撰，吴光等编校《王阳明全集》卷二一外集三《答方叔贤》，第912页。
② （明）王守仁撰，吴光等编校《王阳明全集》，第9页。
③ （明）邹元标：《直抒肤见以光圣德以奠民生疏》，（明）陈子龙等选辑《明经世文编》卷四四五，第4892页。
④ 例如，嘉靖三十三年（1554）初，王门弟子宰相徐阶、兵部尚书聂豹、礼部尚书欧阳德、吏部侍郎程文德等，趁四方官吏云集京师朝觐之机，在灵济宫召开讲学大会，"与论良知之学，赴者五千人，都城讲学之会于斯为盛"。见（清）张廷玉等撰《明史》卷二八三《欧阳德传》，第4864页。

言时政十渐疏》就将心学思想贯穿于其政治主张，提出"内外协应，本末毕举，所谓天下之纪纲也……朝廷以其心为心，百官万民四夷亦各以其心为心"①。将"心"的内涵具体化为天下百姓的冷暖。

王守仁的知行合一思想，是通过较为严密的推论而提出的，在一定程度上指出腐败的政治的"病理"并开出"药方"，心学思想曾在相当长一段时间内对统治者产生重要影响。然而，心学最终如程朱理学一样，并没有真正地实现"正君心"，皇帝懒于朝政、行为荒诞，以及宦官专权等极端现象依然出现。在残酷的现实面前，心学思想依然软弱无力，一些心学为政者也开始流于空疏的议论，在官场崇尚清谈之风，所谈多是抽象的理论，对民生大事毫不关心，"士习人心不知职掌何事"②，"问钱谷不知，问甲兵不知"③的情况比比皆是。王守仁"知行合一"的思想走向了只重空发议论而不尚实践的状态，对现实不仅没有起到扶危定倾的作用，反而加剧了社会腐败，致使社会危机更加严重。在心学发展的同时，另一派反对空谈心性的实学思想逐渐形成，他们在实际政务中发挥着作用，在一定程度上促进了明代发展。

面对政治的腐败、儒家思想大厦的倾颓、心学所误导的清谈风气，东林学派首先发难，批评心学所倡导的思想导致社会"虚症"。对此，东林党开出的药方是"反之于实""不贵空谈，而贵实行"④。宋明理学的分化已成为历史发展的必然趋势：一支向心学发展，一支则向实学转化。前者始于吴与弼，经陈献章、湛若水，集大成于王守仁。后者开于曹端、薛瑄，完成于罗钦顺、王廷相、崔铣、杨慎、高拱、张居正、吕坤等人。其中王廷相、高拱、张居正等人，将实学思想贯彻到了具体的政治改革中，对公文进行了大刀阔斧的改革，促进了明代公文观的发展。

宋明理学是明代占主导地位的思想，但明中期这一思想流于空疏，多"剽窃仁义"，标榜虚寂，脱离了现实，反而成为务实改革的阻碍。张居正认为，当时的程朱理学家及新兴起的心学家所持虚寂之说完全不切实际，仅是纠缠于言语名词之间，议论虽多端，却是窒而不通，华而

---

① （明）陈子龙等选辑《明经世文编》，第1696页。
② （清）张廷玉等撰《明史》卷二五三《王应熊传》，第4365页。
③ （清）张廷玉等撰《明史》卷二五二，第4361页。
④ （明）高攀龙：《高子遗书》，《影印文渊阁四库全书》集部第1292册，第419页。

无实。他主张尊崇实学，要求重实学，贵实行，办实事，求实功。他所说的实学是指在维护和加强封建政治体制的前提下"究于平治天下"①的学问。明代中后期，受明代复古主义思想影响，一些公文在议论政务时，也往往好言"上古久远之事"②，以表现自己的高明，或是对历史上的政治弊端空发议论，以此沽名钓誉。对此，张居正旗帜鲜明地加以斥责，"守故辙，骛虚词，则是天下之事，终无可为之时矣"③。指出他们脱离现实的本质，主张管理者应着眼于现实政务，注重实际问题的解决。

从整个明代公文观的发展脉络来看，公文的工具性使得大多数政治家或学者在思考公文的价值和意义时不可回避地崇尚实学，只有这样才能保证公文有效地落实。为挽救明代的社会危机，以张居正为代表的实学政治家，切实地进行了政治改革，特别是公文考成法的实施，对改革清谈务虚的社会风气发挥了重要作用。张居正等改革者所创作的公文也注重言之有物、言之可行、言之必行，强调公文实效性及对社会政治改革的实际作用。可以说，以张居正为代表的敦尚实学一派的公文观的普及和变革运动的成功，也正是实学思想在公文实践中的胜利。

吕坤是明代中后期"实学"代表人物，他长期在地方为官，先后在山东、山西、陕西等担任参政、布政使、巡抚等职，丰富的基层为官经验成为其"实学"思想的现实基础。吕坤在基层实际的政务管理中不断探索和总结务实的政治理念，完成了其"实学"思想的代表作品《实政录》。这是一部由基层管理类公文及理论性论文构成的著作，集中体现了他的"经世思想"。吕坤反对"八股之习"与"道学之习"，提倡"实学""实政"，反对空谈义理，讲究"实用"。

经世致用是"实学"思想的内核，指不回避现实，而是勇于面对社会种种弊端，同时又能针对性地提出拯救时弊的建议和方案。④ 同样，其倡导者也揭露和批判了公文创作和运转方面存在的问题，并提出改革的构想和建议。以陈子龙为代表的复社君子编印《明经世文编》，其目的也是"资后世之师法"。主编陈子龙在其序文中亦明确指出："俗儒是

---

① （明）张居正：《张太岳集》卷一六，上海古籍出版社，1984，第189页。
② （明）张居正：《张太岳集》卷二九，第358页。
③ （明）张居正：《张太岳集》卷二一，第245页。
④ 陈鼓应、辛冠洁、葛荣晋主编《明清实学思潮史》，齐鲁书社，1989，第5页。

古而非今，文士撷华而舍实。夫保残守缺，则训诂之文充栋不厌；寻声设色，则雕绘之作永日以思。……夫王业之深浅，观于人才之盛衰。我明既代有翊运辅世之臣，而主上旁求俊乂，用人如江湖，则是编也，岂惟益智，其以教忠哉。"① 对"是古而非今"的"俗儒"进行批判，认为真正的儒家应该像孔子、萧何那样寻求以资世用的方法，应该认真研究那些"嘉谟令典"的公文，应对现实亟待解决的问题，希望能为内忧外患的明王朝寻找一条出路。

毫无疑问，明代儒学是明代公文观产生的重要思想基础，儒家思想随着时代的发展和统治的需要而继承、重建和创新，也深深地影响着明代公文观的形成和发展。

（二）儒家思想在公文处理中的表现

"礼者，国之防范，人道之纪纲，朝廷所当先务，不可一日无也。"② 明代礼制思想在公文使用中也被充分地体现，《大明令·礼令》就规定："凡进贺表笺文词，皆须典雅，端楷细书，签名用印，不许犯应合回避字样。其袱匣封里拜送，依见行仪式。"③ 语言表达、书写格式、避讳、外观包装等都要求做到"典雅"。同样，《大明律》则进一步用法律条文的形式，将公文中的"礼制"明确下来，在"礼律"部分专设了"仪制"篇，20 条条文中就有 18 条是与公文处理各环节密切相关的，主要包括"失误朝贺""失仪""奏对失序""朝见留难""上书陈言"等，分别从不同角度维护公文处理中的礼制思想。

明太祖《御制大诰》同样重视公文中儒家"礼"的观念，他在地方上报的奏启类公文中发现"中间多有不书写姓名，有写而不称臣者"④ 的现象，他认为这是缺少"礼"的表现，即不遵守人臣之礼，缺少严谨认真的态度，认为这间接地反映出为官者的任职态度。太祖重视公文的礼法，实则是为强化统治中的等级意识，以此维护中央皇权至高无上的绝对地位。

儒家的等级理念还表现在公文的外在形式上。诰命是用于封爵的文

---

① （明）陈子龙等选辑《明经世文编》，第 40～42 页。
② （明）宋濂：《洪武圣政记（及其他四种）》，中华书局，1991，第 8 页。
③ 刘海年、杨一凡主编《中国珍稀法律典籍集成（乙编）》（第一册），第 14 页。
④ 刘海年、杨一凡主编《中国珍稀法律典籍集成（乙编）》（第一册），第 63 页。

体，适用对象是五品以上官爵，而敕命则用于对六至九品官员的封赐，根据不同等级分别采用玉、犀角等不同质地的材料制作，不同品级的"诰"的装裱、格式等也不同，以体现儒家的等级差异。《明会典》还对各级政府机构之间使用的公文文体做了明确限定，如"牒"用于各部及府、院经历司与主事厅之间，"故牒"则用于在京四品官衙，"帖下"则针对在京五品以下衙署。① 一方面，不同级别互相行文的文体的不同，能够体现文体特殊的政治意义；另一方面，不同文体、不同级别，公文文本的装裱的不同，如给上司的"申文"往往是"厚美"，所用封套也是"裱褙"②，体现所谓对上司的尊重。明代等级制不仅体现在公文文体使用方面，公文用纸也有等级之分。明代公文用纸根据不同事项分为奏本纸、文移纸和案验纸，奏本纸因专用于皇帝而有明确尺寸要求。文移纸和案验纸则按等级进行分类，如文移纸，一品、二品所用纸高为二尺五寸，三品至五品衙门所用纸高二尺，六品、七品衙门所用纸高一尺八寸，八品、九品与未入流衙门所用纸高一尺六寸；案验纸，一、二品衙门用纸高二尺五寸，三品至五品衙门所用纸高一尺八寸，六品、七品衙门所用纸高一尺六寸，八品、九品与未入流衙门所用纸高一尺四寸。可见，明代儒家等级思想在公文处理中已贯彻落实到细微之处。

明代统治者为让从事公文拟写人员贯彻落实官方所倡导的儒家思想，在科举教育中，对其既注重经学的教育与考查，也注重公文的教育与训练。正如陆深《国学策对》所言："本之经书以观其义理之学，参之论、判、表、策以观其理治之方。胡瑗所谓经义治事者，固以兼举而并行矣。"③ 具有一定的知识文化是对官吏的基本要求，明代将"通经"作为官吏考核选用的必备条件之一④，由此来强化儒家思想的普及，实现儒家意识形态的灌输。同时，各级教育机构也是将"四书""五经"作为教学内容，各级科举考试也是以"四书""五经"为考纲。接受了儒家

---

① （明）申时行等修《明会典》卷七六《礼部三十四》，第445页。
② （明）海瑞著，李锦全、陈宪猷点校《海瑞集·驿传申文》，海南出版社，2003，第273页。
③ （明）陈子龙等选辑《明经世文编》，第1558页。
④ 洪武三十五年（1402）十一月，"旧例，教授满九年任内，诸生有举人九名又考本官通经者，升用；举人四名及考通经者从本等用；举人不及四名又考不通经，黜降别用"（《明太宗实录》卷一四，"洪武三十五年十一月甲辰"条，第263页）。

思想教育，官员在公文撰写时就自觉地将儒家思想作为处理公文的理论依据，他们经常在公文中引述儒家言论为论据。如隆庆时，礼部尚书高仪在向皇帝建议处理君臣关系问题时，就引述《尚书》中虞舜事迹作为例证，"唐虞君臣，萃聚一堂，都俞吁咈，情意罔间。上常导下之言也，则曰：'予违汝弼。'又恐其不尽言也，则曰'汝无面从'，所以君臣道合，血脉流通，而致盛治"①。希望皇帝也能以上古先贤为榜样，正确地处理好君臣关系，实现盛世之治。明代类似这种以儒家典籍中事迹或言论作为公文表达依据的现象较为普遍，这也正是在公文观念中灌输和普及儒家思想的结果。

对于如何把儒学思想真正融入公文创作，明代著名儒家学者邵宝有过系统而深入的思考和理论总结。邵宝从地方到中央，仕途阅历丰富，虽吏政繁忙，但仍以研究儒学为业。邵宝没有把儒学当成"文"一样仅作为提高才力学识的方法和手段，而是将儒学作为是一种理念、一种精神，灌注于治政的方方面面。他认为儒家"三不朽"之一的"立言"，即是创作各类文章留于后世，这些文章应以儒学思想为根基，所作文章应该于世有所裨益。这样的文章，特别是公文不仅能够解决实际问题，也对有志于治政者大有裨益，"君子观政于文，文曷为而可以观政也？政与文皆出于学、深于学，斯深于文，斯深于政矣"。② 邵宝阐明了与政务相关的公文或文章，既和儒学思想有关，又和现实政治密切相关，通过这些"文"可了解政治，也有益于治政。为此，邵宝编选了宋代程颢、程颐和朱熹的公文，并将其汇编为《大儒奏议》，以例证他们不但有深厚的儒家学养，更有关于政治的思考。复古主义是儒家思想特征之一，明代文学流派中"前七子""后七子"等都是以复古为要务。关于"复古"与"通今"问题，邵宝有着自己的思考。他认为写作包括公文在内的各类文章不能简单机械地模仿或抄袭古人文辞，邵宝批评那些倡导西汉文章者动辄"汉云汉云"，"文之用于世者若册语、若制诏、若奏对、书檄、赞颂、诗赋之类，犹夫体焉"，即将汉代公文中的措施或政策生搬硬套地放到明代的公文中，则是不合时宜的。那么，如何才能做到"通

---

① （明）余继登撰，顾思点校《典故纪闻》卷一七，第325页。
② （明）邵宝：《容春堂前集卷一三·新刊大儒大奏议序》，《影印文渊阁四库全书》第1258册，第149页。

今"呢？邵宝提出要学习古代公文的内在精神，如西汉之文特点是"雅醇"，在当下的公文创作中"复古"不是形式上的模拟，而是在创作内涵上追求雅醇的风格，"若夫有道者，其文以经为师，时而出之，变而通之，存乎其人，关乎天下之运，而起衰振陋，盖有不假乎力者"①。而这种审美情趣的实现关键在于对儒家精神的领会，在于因时而变通，在于公文创作要联系社会现实。

公文办理过程中，也无处不体现对皇命公文的特别敬意和礼遇。《明会典》就六部一些公文的拟写给出了具体意见，"诸司文移，有奉旨施行者，勿书'圣旨'二字"②，严禁随意书写"旨意"或"圣旨"等字，以体现对皇帝的尊敬，具体"钦"字使用、抬头书写制度等，都是儒家礼制在公文办理过程中的具体化表现。关于公文传递观，邱浚摘引历代儒家代表人物的言论加以论述，引孔子的观点阐明驿传不是简单的传递公文的机构，将其上升到传播儒家政治思想的高度，认为其传递的不仅是公文，更重要的是君主利于民生的"德"③。

在公文执行过程中，公文权威性也体现了儒家思想。守信是儒家传统思想的重要内容，公文公信力则是保证其权威性的重要条件，苏州知府况钟认为户部违规，"有'失信于民'之语，诏复赐免"④。况钟认为官府治政不可失信于民，只有这样才能得到百姓爱戴和拥护。基层官吏不仅在公文执行方面应信守儒家精神，在公文办理过程中也应遵守礼仪规制。况钟反映了一些御史到基层巡查时飞扬跋扈的情形，在"迎诏敕诣"时，许多御史"多有违越礼分"，由于基层官员畏惧御史纠劾，接见御史时"谄谀拜跪，甘受詈辱"⑤，这些都有违礼法，导致官场腐败风气盛行。

可见，儒家思想在公文各个环节都有所体现，影响着公文的运转和办理，也深深地渗透在明代公文观中。

---

① （明）邵宝：《容春堂前集卷一三·新刊大儒大奏议序》，《影印文渊阁四库全书》第1258册，第149页。
② （明）申时行等修《明会典》卷七六《礼部三十四》，第446页。
③ （明）邱浚著，林冠群、周济夫校点《大学衍义补》，第846页。
④ （明）焦竑撰，顾思点校《玉堂丛语》卷二，第35页。
⑤ （明）余继登撰，顾思点校《典故纪闻》卷一〇，第180页。

(三) 明代公文观中的儒家思想

明代许多政治家和学者在对公文的思考和探讨中，从不同层面表达了儒家价值观，儒家思想贯穿于公文思想观念中，成为公文观的思想内核之一。

首先，明代公文观的主流是公文"明道宗经"观。宋濂等提出"以道为文"，力主改变包括公文在内的整个时代文章的风气。文章本源乃是"天地自然之文"，由此推及"有关民用及一切弥轮范围之具悉囿乎文"；虽然文章词翰的文采作用不能被抹杀，但仍有"本末"与"体用"的原则区别。[①] 公文源于儒家经典，是明人对公文产生根源的思考。宋濂《文原》用儒家经学观点，阐述了文章的起源，分别从《易经》《礼记》等经典中寻找依据。他认为"书契"起源于《易经》的《夬》，即公文文体来自现实生活的需要。由此类推，"礼乐刑政之施，师旅征伐之法"等，一切关乎民生事务都是"文"产生的基础和源泉。同时，公文等各类"文"在生活中是必不可少的，"然而事为既著，无以纪载之，则不能以行远，始托诸词翰以昭其文"[②]。公文等文章具有记载信息和实现信息传播的作用。为更好地记录，则需要好的语言，恰当优美的语言有助于信息的传播和接受。宋濂继承了儒家的文道思想，其文体源流思想是对宋代理学中明道宗经文学观念的继承和发展，其公文理论作品所选述之典籍均体现了重道轻文的观念，宋濂还把119种文体分别归宗"五经"。这种生硬的归类忽视了公文作为政治产物的事实，失之偏颇。明后期，朱荃宰《文通·明道》也大量摘录宋濂的言论，认同公文源于儒家经学，主要分析探讨了一些其认为源于《易经》的文体，阐明了公文来自治民的需要，是在实际政务管理中生成的文体，这基本符合公文产生的特征。

谭浚《言文》的公文观承袭了理学家明道宗经思想，将其与儒家经学相联系，认为所有文章文体都来源于"五经"，《言文》所选述典籍也是重道轻文，将各种文体分别归宗于"五经"。其《言文·原流》认为："夫文者，经天地，纬阴阳，究人神，端纪纲，正名分，洞性情，弘德

---

① 王水照编《历代文话》，复旦大学出版社，2007，第1525页。
② 王水照编《历代文话》，第1527~1528页。

业。今知古，古知今，言惟文，道惟教，体有适，用无穷。"将"文"与天地万物相联系，特别强调对"纪纲""名分""德业"的作用，提出了公文思想中"古""今""体""用"等重要命题，充分肯定了"文"的价值和作用。"言上古之文，《三坟》《五典》也。《三坟》已亡，《五典》惟二。迄今之作，其原于经。……诰、命、表、誓，宗于《书》。诏、制、策、令，诰之流也。训、教、戒、敕、示、喻、规、让，命之流也。章、奏、议、驳、劾、谏、弹事、封事，表之流也。檄、移、露布，誓之流也。……书、仪、祝、谥，宗于《礼》。劄、札、启、简（牍牒）、笺、刺，书之流也。制、律、法、赦、关津、过所，仪之流也。……史、传、符、记，宗于《春秋》。……玺书、契、券、约、状、列、符之流也。谱、簿、图、籍、案，记之流也。一宗出而流别，乃支分而脉缀。惟理存而意致，气克而情备，则质懿而体全也。此经史子集、篇章句言、一音半义，千变万化形焉。"① 列举了公文文体与《尚书》《礼记》《春秋》等的对应关系，并且对其与后世公文文体的类属关系做了梳理，形成了公文产生于儒家经学的源流观。曾鼎《文式》也认同公文源于"六经"之说，他引陈中简的话说："《六经》之道同归，《六经》之文同式。"② 同时，他也指出"六经"之间的文体存在交融状态，如《诗》中有反映现实政治的作品，《书》中公文也记载了《礼》的内容。他列举了《诗经》中的《抑》，认为其所反映的正是现实政治问题，是以诗歌形式劝谏国王的作品，曾鼎认为该作品类似于《尚书》中的"诰"体。同样，他列举了《尚书》的《顾命》篇，认为该篇所反映的现象属于《礼记》中《春官》的内容，这些作品都是对社会现实的反映，不能简单地认为公文只起源于某一部经学作品。王鏊《震泽长语·文章》则以古代公文为典范，认为西汉以前文字无所不佳，列举了乐毅《答燕惠王书》、汉文帝《赐匈奴南粤王书》等公文，评价这些作品为"有德者之言"③，这种极力推崇汉代以前的文章的做法与当时文坛盛行的"文必秦汉"贵古贱今的文风相一致，同时也倡导儒家道德观。

其次，儒法并用，重视以儒家思想教化官吏处理公文事务。明太祖

---

① 王水照编《历代文话》，第 2327～2328 页。
② 王水照编《历代文话》，第 2337 页。
③ （明）王鏊著，吴建华点校《王鏊集》，上海古籍出版社，2013，第 579 页。

非常注重将儒家观念作为官员在公文办理过程中应持有的思想和观念。洪武十四年（1381），核查工部的相关公文行移，审查的半年下发的19000余件公文中，存在大量作弊的公文，工部尚书薛祥和侍郎李文仲因此被处死。为防止类似事件的发生，有效监管公文，太祖颁布了《命诸司遵奉勘合敕》，建立公文行移勘合制度。太祖在该敕文开始就有一番儒家伦理道德的说教："朕尝用人，每待以赤心。人皆为贪而亡身，罔知立忠孝仁信之道，是致身亡家破，且妻娇改事他人，则易节；幼子从事以后人，则役如奴仆；父母衰老而无能，终因于饥寒而自尽；以事君之道则不终，于事亲则为大逆。以贤人助君修德，安天下苍生，则民未见其安，反为民之首祸。当此之际，一切为官为吏，皆不自觉，并不寒心，往往如是。"[①] 告诫那些忘记"忠教仁信"的官员，因贪婪而致身死，小则连累妻儿父母，大则有违事君之道，危害天下苍生，此可谓是谆谆教诲。太祖各类诰敕都将儒家伦理教化与法家严刑酷法相结合，一面是殷切的劝诫，一面是严厉的惩处，充分体现了儒法并用的观念。

明中期著名政治思想家邱浚，其《大学衍义补》即是用儒家观点将所有治政主题加以梳理阐释，把儒家正身、齐家的理念融入帝王具体的治国理政中。他明确地提出，"治道有二，曰政，曰教"。"政"主要包括制度、法律和政令公文，"教"则包括教育、教化。他认为依靠权力推行的政令制度是容易的，但实施教化却是难的，原因在于教化是柔性的，针对的是具体的人，所用的方法是"感化"，这是一个长期缓慢的过程。为此，他提出"设学校，明礼义，立条教，以晓谕而引导之"，希望通过选拔务实的地方官员，做好"政"和"教"的宣传教育工作，让臣民了解朝廷政策，"由家而邑，由邑而郡，民风士习，如出一律，则天下之大治平之基，皆自此而积累也"[②]。邱浚虽然看重儒家心性修养对政治运行的作用，但他更重视实际政治教化的推行与政令公文践行的价值。

再次，公文与"世教"密切相关，这是儒家之于现实政治的价值所在。吴讷《文章辨体序说》编选公文的宗旨是，"作文以关世教为主"，

---

① 刘海年、杨一凡主编《中国珍稀法律典籍集成（乙编）》（第三册），第53页。
② （明）邱浚著，林冠群、周济夫校点《大学衍义补》，第707页。

所选公文着重于内容的明道致用；又主张文体"正变"之说，以古相尚，推崇古朴，"以著文辞世变"①，看到文体变化与时代的关系，文章随着社会发展而变化，公文更是如此，这种文体演变观在当时独树一帜。天顺时，彭时所作《文章辨体序》也认为，"达礼乐刑政之具，而文章兴焉"②。公文等文章产生于实际治政的需要，成为"礼乐刑政"的工具，同时这些政务又促进着公文等文章的发展。著名文学家归有光，为官期间也创作一些公文，对公文同样持"世教"观，其《归震川先生论文章体则》认为："文章不足关世教，虽工无益也。"③ 阐明"世教"是公文等文章的价值所在。

明末，国势渐颓，主要表现为政治混乱，朋党名目繁多，吏治腐败，社会冲突加剧。东林党是当时党争中具有代表性的一支力量，他们以儒家救世的政治思想主张关切时弊，得到了具有浓厚儒学背景的文人士大夫阶层的广泛支持与响应。其中代表人物有顾宪成，他从政务畅通角度，分析了导致公文运转不畅的现象和危害。他认为作为公文的"言"的"壅"表现在两个方面，一是官员或不肯言或不敢言而导致的"壅在下"，二是肯言、敢言却因各种原因而未被上报给皇帝导致的"壅在上"④，这两方面都是国家隐患发生的原因。冯从吾则直接批评神宗懒于政事："陛下郊庙不亲，朝讲不御，章奏留中不发。"⑤ 明代危亡之际，怀有救时抱负的陈子龙等人深受太祖和张居正等政治家的思想影响，他们意识到官方一直倡导的儒家思想，一直宣扬的历代圣贤言论，在残酷的现实面前都显得无能为力，要想解决"昭代之国事"，必须"以昭代之人文"⑥。其经世致用观来自明太祖等务实思想，一反儒家所提出的"法先王"的理念，继承张居正"法后王"的政治观念，高度评价张居正的务实思想，"慨然以天下为己任，辅政数年，海内称其功"⑦。这主要是因为张居正改革曾切实地改变了明王朝积弱积贫的状况，也只有张居正所倡导

---

① （明）吴讷著，于北山校点《文章辨体序说》，人民出版社，1962，第9页。
② （明）吴讷著，于北山校点《文章辨体序说》，第7页。
③ 王水照编《历代文话》，第1717页。
④ （明）顾宪成：《泾皋藏稿》卷七，《影印文渊阁四库全书》第1292册，第97页。
⑤ （清）张廷玉等撰《明史》卷二四三《冯从吾传》，第4219页。
⑥ （明）陈子龙等选辑《明经世文编·方岳贡序》，第5页。
⑦ （明）陈子龙等选辑《明经世文编·姓氏爵里总目》，第87页。

的政治理念和思想观点才能真正解决明代的现实问题。冯应京在为《明经世实用编》所作叙中高度评价了明太祖开国之初蒸蒸日上的气象，"仪刑具在方册，不磨其百虑之准绳，万事之矩乎"①。认为明初所制定的各项政策，对后世依然有着借鉴意义。这些都充分说明，他们对明太祖等人革新思想的继承与倡导，希望沿着这些政治家的轨迹，探讨复兴之路。他们虽然都看到了明太祖、张居正等政治家积极的一方面，然而却忽视了明代制度本身缺陷所带来的弊端，忽视了儒家思想在君主专制时代的软弱。

最后，品评公文优劣的标准在于公文是否体现出儒家修身治国的道德观。如郑晓《今言》作为一部史料笔记，在品评明代一些名臣创作的公文时，更多地体现了儒家的道德观，如对王学夔的评价则是"文学深淳，操履廉洁"，"恭慎简实，不屑依比人。亦有才略，顾不肯发扬，人不知也"②。用儒家修身的标准来品评公文作品所体现出的人格魅力及在公务处理中的为政态度。一些个人公文集也体现了以儒家思想评判公文的思想，如韩愈《论变盐法事宜状》是一篇关心民生的公文，茅坤评其为"昌黎经济之文如此"③。欧阳修《论乞主张范仲淹富弼等行事札子》是支持改革的一篇公文，被评为"顶门一针"④，这些公文体现了韩愈、欧阳修等对现实的关注，对民生的关怀，对历史经验的总结，他们的公文都是治世为民的重要手段。

总之，明代公文观方方面面地体现着儒家思想，特别是对公文发生观念的探讨，大多是以儒家思想为基础为源头展开，而对于具体公文处理环节，则注重儒家思想的务实性。

二 法制思想基础

法律是阶级统治的重要工具，历代统治者都重视通过法律来巩固政权。公文通过法律确立其政治工具的权威性，同时也参与法制的组织建

---

① （明）冯应京：《皇明经世实用编·冯应京叙》，《四库全书存目丛书》史部第267册，齐鲁书社，1997，第3页。
② （明）郑晓撰，李致忠点校《今言》卷三，第146页。
③ 王水照编《历代文话》，第1793页。
④ 王水照编《历代文话》，第1846页。

设。宋代理学家朱熹虽强调儒家道德教化的基础地位，但也不否认法制的重要作用，他说："政者为治之具，刑者辅治之法。"[①] 他把德、礼作为治政根本，同时认为法制也发挥着不可缺少的辅助作用，道德、礼制是日常生活的行为，潜移默化地引导百姓向善，而法律则是以明文规定的方式让百姓远离罪罚。可以说，朱熹较清晰地阐明了法律与道德的不同特点与作用。德与礼是明代社会精神价值的核心，调节一切行为，包括立法。而快速地恢复社会秩序，清除前朝积弊，最有效的办法则是通过法律理顺各方关系，保护各方利益。元末政治败坏，虽也曾有系统的法律，却被腐败的官吏破坏。为此，明朝建立之初明太祖采用了法家"明主治吏不治民"[②] 的治国理念，通过一系列立法建设，为整个明代确立了法制基本框架。

明初统治者在将儒家思想作为治国的基本意识形态并以其教化臣民的同时，也强调法律刑罚的必要性。太祖提出"明礼以导民，定律以绳顽"[③]，认为"礼"在于正人伦，在于理顺社会秩序，"法"在于惩奸顽，在于除罪恶，只有二者并举，天下才会安定，百姓才能安生。对明初特殊的政治情况，他采用重典治吏的方针，太祖对法律的作用有着深入的思考，他从历史和现实两方面总结治国经验，他认为古代先贤之所以设"五刑"，目的是惩恶扬善，"善恶有所劝惩，治道由斯而兴"[④]，为实现国家安定，历代君主都将法律建设作为重要手段。在法律建设过程中，公文与法律相辅相成。明中期的李东阳曾主编了重要典章《明会典》，在这部代表着明代行政法建设成果的作品中，作者整理了历朝所产生的具有指导意义的诏令和题奏，这些公文也发挥着法律的作用。李东阳主张治国教民应该"经律并用"[⑤]，那些颁布执行的诏令公文，也是"宣德意，振纲纪"[⑥]，诏令类公文是用法律手段宣传儒家道统，树立皇权威信。明代法制思想无处不体现在公文运转中，也融汇在明代公文观中。

[①] （宋）朱熹注，王华宝整理《四书集注》，凤凰出版社，2016，第52页。
[②] （战国）韩非撰，高华平、王齐洲、张三夕译注《韩非子》，中华书局，2010，第516页。
[③] 《明太祖实录》卷二五三，"洪武三十五年五月甲寅"条，第3647页。
[④] 《明太祖实录》卷二五三，"洪武三十五年六月辛巳"条，第3653页。
[⑤] （明）李东阳著，周寅宾点校《李东阳集》，岳麓书社，1985，第364页。
[⑥] （明）李东阳：《怀麓堂集·会试策问三首》，《影印文渊阁四库全书》第1250册，第414页。

（一）明代法制思想的构建与发展

明代法制思想，既有对历史的继承和发展，又有着迎合现实需要的构建。一是来自对历史经验的总结，主要是对元代吏治的腐败的反思；二是来自对唐宋等历代法律成果的借鉴；三是来自对明代在管理过程中以法治政的探索与总结。

明代建立之初，因长期的战乱，社会生产力极为低下，民生凋敝；退守北方的元军仍威胁着新政权的安全；旧的政治体系依然被沿袭，封建纲常法纪败坏、风俗浇薄等现象依然存在，诸多方面都在影响着明政权的稳定。面对严酷现实，如何巩固既已建立的新政权？如何保证新政权的长治久安？需要解决的不是细枝末节的问题，而是要找到一条从根本上解决问题的路径。为此，明太祖唯一能做的就是从历代治乱的经验中寻求安邦之策，他认为礼法制度是一个政权建立后的首要任务，也是政权稳固的基础。封建君主专制的帝王思想，殊途同归地将"纲纪"即法律制度的建设作为治国重要手段。对此，他说："丧乱之后，法度纵弛，当在更张，使纪纲正而条目举。"① 针对混乱的社会状态，颓废的社会风气，唯有法制才能做到纲举目张，理顺社会秩序，保证政权有序运转。

"前车之鉴，后事之师"，元代灭亡的原因是明太祖一直思考的问题，他深刻地认识到元末法制颓败给社会造成的危害，"法度者，朝廷所以治天下也"②。明确地提出法律对于君主治国的重要作用和意义。如何看待法制？法制建设的关键是什么？他认为，"纪纲法度，为治之本。所以振纪纲、明法度者，则在台宪"③。纪纲既是维护皇权的等级秩序，是相对抽象的制度，又是政令法规，表现为具体明确的法律条文，它们都属于法制的重要内容。他认为法律制度是治国的根本，因此建立完善的制度、系统的法律，关键在于台宪之类的司法监察部门的落实。为此，明初一直在组织人力不间断地通过各种形式修订、完善法律，推进法律制度的建设。吴元年（1367）十二月，朱元璋就迅速组织人员制定了

---

① 《明太祖宝训》卷一"论治道"条，"中研院"历史语言研究所校印本，1962，第 2 页。
② 李国祥、杨昶主编《明实录类纂·司法监察卷》，武汉出版社，1994，第 822 页。
③ 张德信、毛佩琦主编《洪武御制全书》，黄山出版社，1995，第 544 页。

《大明令》，后来又对此进一步发展和完善，于洪武三十年（1397）完成了《大明律》。这是有明一代最基本的法典，是中国古代成文法集大成的标志。同时，出台了《诸司职掌》，并亲自编写《御制大诰》等，"上以中外臣民染元遗俗，作奸犯法者众，欲仿成周《大诰》之制训化之。乃取当世善恶可为法戒者，著为《大诰》，颁示天下"[①]。逐渐构建起了明代的法制建设体系。明廷于弘治十五年（1502）编辑《明会典》，至万历年间重修完毕。《明会典》汇集了明代历朝法令典章，重新整理了诸如《诸司职掌》《皇朝祖训》等典章制度，这些重要典章制度把各级衙署机构、从属关系、官职编制、职责权限、政务程序，以及违规情形与处罚规定，一一开列清楚，既有对历史演变的梳理，又有对现实新情况的补充，可以说，较全面地确立了明代整个政府官僚体系行为准则。《明会典》成为明代最具代表性的行政法典，也成为各级官吏治政的行为准则。《明会典》中大量的"诏""令""题""奏"等公文，成为行政法律的重要表现形式。这些公文中的具体政策，成为长期被推广执行的法令，如榜文是一种特殊的公文形式，多用来宣布法令，于洪武后期禁用，后在永乐初期恢复使用。成化七年（1471）五月，都察院等衙门"乞将洪武年间榜文及前后议奏事例出榜于通政司门外张挂，以革刁风"[②]。除《大明令》和后来的《大明律》之外，太祖又不定期地颁布《大诰》和榜文之类的公文，作为贯彻"刑乱国用重典"的重要手段，这些以公文形式发布的政令是法律之外的补充。后世也常用令、诏等发布各项法律规定。可见，公文也是明代法律构建的重要组成部分。

明太祖的法制观中有一定的民本思想。取得政权的经验，使他在一定程度上认识到让百姓稳定是政权稳固的基础。为此，他编的《大诰》反复强调保护民生的意义，认为上古"害民者少"的原因是"其井间之间，士夫工技，受田之日，验能准业，各有成效，法不许诳"。认为正是法律制度使每个人都能明确自己的身份和责任，"此先王之教精，则野无

[①] （明）张铨撰，（明）张道濬订，（明）徐扬先校，田同旭、赵建斌、马艳点校《国史纪闻》卷三，第145页。

[②] （明）薛应旂撰，展龙、耿勇校注《宪章录校注》卷三三"成化七年五月"条，凤凰出版社，2014，第447页。

旷夫矣"①。法律明确，社会生产就会恢复，经济就会发展，百姓就会安定。太祖反复强调，让百姓安心生产的重要性，将百姓休养生息作为治国之本，通过法律保护百姓的利益，维护天下的稳定，巩固政权的稳定。洪武十九年（1386），刘三吾在《御制大诰三编后序》中也指出，"昔列圣之驭宇，必明纲常，正法度，使号令赏罚粲然布于天下"②。法律制度的建设是历代帝王的重要政治任务之一，刘三吾强调法律制度对改变社会风俗、教化引导臣民有着重要作用，阐明了颁布《御制大诰》在法律建设中的目的和意义。

为强化法制建设，形成全社会遵法守法的氛围，明太祖不但完善法律，还注重对法律的普及。洪武十九年（1386），《御制大诰》颁行于国子监和各地儒学，用作教化士子的教学内容；洪武二十年（1387），又将《大诰三编》刊刻发行，由各级学校教授讲解，还要求各府州县以至乡村设置塾，塾里专门设置教师教授《御制大诰》。《明实录》亦载，"诏礼部，今后科举岁贡，于《大诰》内出题，或策论判语参试之"③，通过各级重要考试来强化《大诰》的普及。

明初立法原则之一是"法贵简当，使人易晓"④，以便于法律普及和执行，从而使法律深入人心。"讲读律令"是明代普法的重要规定，所谓"讲"即对法律条文内涵的解读，"读"则是记诵法律文本内容。为加快臣民对新生政权法律的知晓和遵守，明代《大明律》专门将"讲读律令"作为法条，使普法成为法律建设的重要内容。成祖即位后，沿袭了太祖朱元璋的做法，继续加强对各类法律的普及。

法律普及中，御史及官吏是普法的主体，他们自身要"熟读详玩，明晓其义"⑤，御史等官既负有讲解法条职责，还负有监察督促普法职责。成化年间，有一左都御史具题本阐述普法的重要意义，认为那些只会作诗词曲赋而不了解律法的人员不宜使之从事政务。他指出倘若这些官员"昧于法律"，对法律毫无了解，就会"疏于事体，误罹宪章"⑥，就不

---

① 刘海年、杨一凡主编《中国珍稀法律典籍集成（乙编）》（第一册），第99页。
② 刘海年、杨一凡主编《中国珍稀法律典籍集成（乙编）》（第一册），第245页。
③ 李国祥、杨昶主编《明实录类纂·文教科技卷》，武汉出版社，1992，第55页。
④ （清）纪昀等撰《四库全书总目提要》，河北人民出版社，2000，第2209页。
⑤ （明）申时行等修《明会典》卷二〇《户部七》，第135页。
⑥ 戴金编《皇明条法事类纂》卷一一《吏部类·讲读律令》，第453页。

能正确地处理政务，甚至做出与法律制度相悖的行为。也有官员指出，"书所以养心，律所以修己。书、律兼习，则理法俱明，修己治人专有所本"①。官员不仅要善于写作，也要精通法律，从理、法两个方面做到修身治事。法律普及是明代立法的重要思想，明代历任皇帝都将普法作为法律构建的重要组成部分，从官吏在普法中的职责及普及形式和赏罚措施等方面做了规定。对"讲读律令"的价值和意义，何孟春曾加以论述，他指出晋、唐时代的法律条文"文深而旨奥"，以至于让文人士大夫都难以理解，具体执行就更难了，法律制定的目的就是要让人人容易知晓，一看即明了，其作用是使"愚民各知所守，奸吏不得容情卖法"②。为让官民易于理解和接受，明政府后来又颁布了《律令直解》到州县级，作为官方对法律的权威解读。

　　明代许多政治家也对法律的建设提出了自己的观点和建议。作为明代后期杰出的政治家，张居正对法制有着自己的思考。其《陈六事疏》就指出，"盖天下之事，不难于立法，而难于法之必行，不难于听言，而难于言之必效"。指出法律和公文的执行才是立法和公文颁布的本意，统治者应该把法律的执行效力放置首位。任何政权的稳固，特别是对帝王来说，要想保证政令得到天下人遵守和执行，关键在于"纪纲"的建立，即获得法律制度的保障。为此，君主的权威性和公信力也是政令得以执行的前提，要树立法律的权威须"刑赏予夺，一归之公道，而不必曲徇乎私情"，即通过公道地执行刑罚赏赐，树立公信力，否则"君不主令则无威，臣不行君之令而致之民则无法，斯大乱之道也"③。总之，张居正在推行改革的过程中，一再强调法律制度执行的重要性，具体到细微之处就是每一份公文的执行力问题，张居正通过考成法等一系列措施来保障每一份公文的落实。

　　杰出政治家吕坤非常重视法律的建设，其多部著作中都有对法律思想的论述。他说："法者，所以平天下之情。"④ 即法律才能体现一个政权中公平的问题，让臣民得到公平的对待，才能让天下臣民信任。那么，

---

① 戴金编《皇明条法事类纂》卷一一《吏部类·讲读律令》，第454页。
② （明）何孟春：《余冬序录摘抄内外篇》卷四《外篇》，中华书局，1985，第61页。
③ （明）张居正：《张太岳集》卷三六《陈六事疏》，第458页。
④ （清）张廷玉等撰《明史》卷二二六，第3963页。

立什么样的法才合适？立法之后又该如何执行？吕坤认为，一部好的法律应该上应天道，下顺民情，要"大中至正"，公平公正，不能有所偏重；执法的官吏要"大公无我"，不能有一丝一毫的差错，更不能徇私枉法，如果君臣上下都能以此道执行法律，天下黎民百姓自然会相安无事。公平公正是法律的灵魂，"法者，一也。法曹者，执此一也"①，要求执法者不能因贫富、贵贱而区别对待。可以说，吕坤对法律的认识是深刻的，也透彻地指出了封建社会中在法律执行过程中种种弊端产生的根源。

海瑞有着丰富的基层治政经验，他也表达了对法制的看法，他认为法律对于一个国家、一个政权是最重要的，也最需要统治者关注。那么"法"是什么？他认为，"经画而条理之，卓有成绪可考者，法之谓也"②。强调法制在于订立规范和标准，而且要执行这样的规范和标准。

明代统治者和杰出的政治家们都对法律进行了深入的思考、探索与实践，奠定了整个明代法律的基础，构建了明代法律思想，这些都成为明代公文观形成的重要基础。

（二）明代公文观中的法制思想

公文的生命必须以法律为前提并依法运转，公文观也就必然会体现着法制意识和思想。明代统治者在阐释公文观念或确立公文制度时，也始终在灌输法制思想观念，尽管这种法制思想是为了维护封建皇帝的集权统治。

首先，纪纲是公文观的核心，是法制思想的直接体现。纪纲，即古代的法律制度，是政权得以正常运行的根本保障，是历代统治者首先关心的问题。明太祖重新确立的封建政权统治秩序的纪纲首先是严于法制、"刑用重典"，并通过法制规范公文的办理和运转。为加强中央集权，明太祖首先将废除丞相制度列为重要祖训，告诫历任者遵守，同时建立了六科、通政司等中央公文处理机构，重新确立了新政体下的公文运转机制。另外，他还借鉴了唐、宋、元等朝的法制理念，继承了它们在公文方面的立法成果，如规定了各种公文格式及公文行文关系，明确了有关

---

① （明）吕坤撰，柯继铭编译《呻吟语》，北方文艺出版社，2018，第475页。
② （明）海瑞著，陈义钟编校《海瑞集·治黎策》，中华书局，1962，第4页。

公文违法的各种情形及刑罚。从明代有关公文违法的惩治案例来看,明代刑罚要较历代刑罚为重,这充分体现了公文执行中的"重典"思想。

邱浚从君主政治的高度,探讨了纪纲与公文的关系。他用渔网的纲与丝的关系形象地阐明纲纪对于公文运转的作用,小到一家一乡一县,大到一省一国,管理者只要抓住纲,一切自然理顺,"以与天子相可否,而出政令。此则天下之纲纪也",政令公文的颁布正是纲纪的直接表现,因此公文所表达的思想内容要"公平正大",要"无偏党反侧之私"①。邱浚多将"公文"称为"言","自古帝王,既自谨其所言,尤必求人之言,以己助,因人之言,以为己鉴"②。历代帝王对颁布的皇命公文格外谨慎,因为它们代表着皇帝意图、国家政策,同时皇帝也需要臣民进谏奏议,这些奏议既可以为帝王治理国家提供好的策略,又可以让帝王警醒。邱浚专门引述了司马光奏疏进行评述,进而对帝王之"言"提出思考,一方面要求君主"谨其所言",另一方面君主还要善于"求言",更直白地说,一个是皇帝诏令,另一个是官员谏疏。为此,君主对诏令不但要掌控,更要对其执行情况了然于胸。那么,身在九重之上的帝王的思想策略,如何让身在万里之外的百姓知晓受益呢?于是,皇帝派遣专门官员将承载着帝王政策的公文传递到底层,让天下知晓,这样就可以实现帝王与百姓的沟通,"故凡一号令之颁,一政事之举,莫不晓然于心,欣然于色。而知上之人志向在此也。是以诏之无不信,行之无不从"③。由于每个人都有他们自己的想法、欲望和需求,对管理者来说,就需要通过"纲纪"加以规范和引导。"辨贤否以定上下之分,核功罪以公赏罚之施"④,纲纪是辨别贤愚的措施,是考核赏罚的标准。为此,无论是君主,还是执政大臣,都需要用纲纪来管理。纲纪正确,天下臣民才会顺从勤厉,才会祛恶扬善,社会风气才会端正。

其次,名实观是公文观中法律思想的又一表现。官府公文本身具有行政法规的作用,其内容要与现实相一致,公文承载的措施或承诺要在现实政务中得到体现,要被执行。邱浚从政治高度探讨了这一对关系,

---

① (明)邱浚著,林冠群、周济夫校点《大学衍义补》,第13页。
② (明)邱浚著,林冠群、周济夫校点《大学衍义补》,第39页。
③ (明)邱浚著,林冠群、周济夫校点《大学衍义补》,第191页。
④ (明)邱浚著,林冠群、周济夫校点《大学衍义补》,第12页。

"名""辞""名号"等,即概念或定义,"实"即客观事物。概念或定义要与客观事物相符,只有这样,"名"或"辞"在公文或法律中才能被清晰地界定,是非才能够分明,不至于被混淆,即"辞得其顺而正"。然而现实中经常出现"名""辞"与"实"不符的现象,"非义"即不合乎正确的解释,这种"非义"往往与"利"密切相关,于是邱浚提出"名号称谓之际,不得以非义相紊乱"①。治政理念决定着公文的实际效果,"义"是公文发生的思想基础。邱浚从"为政必以正名为先"入手探讨,首先强调名与实的关系是宾主关系,名与实要相符,如果名不正则会导致"言论之际、称谓之间皆有所疑惑窒碍",也即不能清楚地认识事物,导致的结果就是政务指令"不可行""不可言";对颁布的公文来说,就会出现"播告之修必有所回护,条教之布必有所妨碍"的情形,所发布的内容不能被表述清楚,具体的政务指令就不会被理解、接受和执行。因此,只有正"名","既有此名,必当副以此实"②,才能实现"名正言顺",政务公文才有顺利运转和落实的可能。名实观是明代公文照刷制度、考核制度、考成法等产生的思想基础。

  公文运转是一个动态的过程,公文只有在运转中才有生命。同样,理顺等级名分关系是公文得以运行的必要条件,各级衙署关系是行政法的重要内容,是政权运转的基础。对此,邱浚结合历史经验进行了较全面的剖析,他认为,所谓"名"不是简单的职位"名",也不是简单的"称呼",所谓"分"也不是职位等级之分或事物的差别,而是普遍存在于朝廷政治和各级政府之间的职责分工。邱浚进而结合历史探讨了定名分的重要意义,同时也阐明应该如何对待名分。"分"是一种区分,可以说明"名"之间关系,于是用"名分"区分上下关系,这种关系是上下职责界定明确后产生的。有了上下"名分"的关系,也就意味着下对上是"有顺而无逆,有令而无违",政令公文下达后必然要遵守和执行,否则就是违反规则,就会按律令处罚。这些对君主来说是需要知晓的,是政治管理中的重要内容,"人君为治,所以必谨于礼,以正名分,而防其陵替之渐也"③。建议君主通过礼法制度理顺"名分",防止名分的权

---

① (明)邱浚著,林冠群、周济夫校点《大学衍义补》,第2页。
② (明)邱浚著,林冠群、周济夫校点《大学衍义补》,第14页。
③ (明)邱浚著,林冠群、周济夫校点《大学衍义补》,第17页。

属关系被破坏，否则统治者的权力将受到威胁。

再次，公文与法律的关系协调。公文作为管理工具，需要通过法律确立其被认可的地位，明代充分认识到法律对于公文的意义。明代继承和完善了历史上的相关做法，对公文办理的各个环节进行了立法。如"制书有违""官文书稽程""刷卷条例"等，使得整个公文体系在法律的保障下运行。如《大明律·制书有违》中"制书有违"条，在公文被执行时对违反制书规定的则杖一百，对违反太子令旨、亲王令旨的，按违法的轻重程度给予不同程度的处罚①。

古代权与法矛盾最直接的表现是法律制度与代表着皇权的诏令之间的矛盾。成化时，章瑾以宝石进献皇帝欲谋求锦衣卫镇抚职位，宪宗命令司礼太监怀恩传旨任命。对此，怀恩表示反对，认为如此重要的官职不可以因贿赂而授予，"上曰：'汝违我命乎？'恩曰：'非敢违命，恐违法也'"②。怀恩认为这不是违反皇帝的命令，而是违反了法律，也即皇帝在违反法律。皇帝作为立法的倡导者，遇到与其利益相冲突的事件时，又成为法律的破坏者，常表现为皇帝的诏令凌驾于法律之上。明人多对公文与法律关系展开了探讨，强调具体的公文必须以法律为前提，遵守既定的法律。如成化四年（1468）五月二十七日，刑科抄出给事中白昂题本，在其所陈奏的六件事务中，就有"谨命令以全大信""立期限以集庶务"等语③。一方面是对皇命公文的公信力提出要求，即皇帝诏令要遵守既定的法律制度，以树立公文的权威性；另一方面，从公文事务办理效率方面，强化公文的实效性，强化公文的法律作用。公文具有行政执行的权威性，是因具体政务而产生的行政法规，一些行之有效的政务措施也就变成了典章制度。明代，从初期太祖诏诰公文的编辑与刊刻，到《明会典》的编纂，公文编纂的法制思想逐渐形成。此类公文的汇编也正是将具有长期推行价值的公文系统化、制度化，使之成为法律体系的重要组成部分。

最后，公文观中的普法思想。公文处理与各级官吏的法律素养密不可分，他们在处理公文时首先要遵守法律，了解公文相关法律和制度。

---

① 刘海年、杨一凡主编《中国珍稀法律典籍集成（乙编）》（第一册），第454页。
② （明）焦竑撰，顾思点校《玉堂丛语》卷四，第104~105页。
③ 刘海年、杨一凡主编《中国珍稀法律典籍集成（乙编）》（第四册），第472页。

作为牧民之官，要想治理好一方之政，就应研习法律，知晓法律不仅可以律己，还可以正确地处理政务公文，合格的官吏对国家的礼法制度、法律条例等政策方针"皆能熟观而深考之"①，这是对为官者的基本要求。故而吴遵曾对那些初任官员提出建议，认为他们应该熟知《大明律》和其他法律的律条、疏义等，对公文行移体式也要研究透彻，对一些司法类公文拟写更要考究了解，这些都是在基层为官应该具备的能力。

明代历任统治者都深谙普法的重要性，始终不懈地推进法律的普及。洪武十九年（1386），朱元璋《御制大诰续编·大诰续编后序》表达了同样的理念，即把日常臣民触犯法律的典型案件，汇编成《大诰》颁布天下，希望"使家传人诵，得以惩戒而遵守之"②，阐明了普法的目的是让臣民知晓并遵守。《大诰》列举了公文处理中的种种违法情形，如有故意"沉滞公文"，拖延时间不及时办理的；有在公文内容上"巧立名目"③的；有故意在钱粮收取上违限多收或逾期收取的，或隐匿有关数据；等等。对这些违法行为，《大诰》都用具体案例讲述法理，以示对公文权威性的维护。为巩固皇权，君主对吏治腐败采取重典政策，严惩失职犯罪的官吏，将重点放在政务公文处理的各个环节上，如汇报请示是公文行移权属关系的重要体现，按职权关系请示汇报是维护上级权威性的重要举措，《明会典》中明确规定了应请旨事项、应上议事项和应奏请事项等，并明确了违规处罚标准。

第四节　明代公文观分期

明代公文观的发展与明代独有的政治体制变革、思想意识形态的变迁、文学文化等因素密切相关。明代公文观以不同的形态表现出来，有的成为学术专著，有些表达于官员的题奏中，有些表现在各类公文集的序跋中，有些则是建立的公文制度，有些则是皇帝与官吏的谈话记录，等等。公文观随着公文地位的确立和发展而不断丰富和深刻。明初，公

---

① 《居官格言》上篇"读法律"条，刘俊文主编《官箴书集成》（第二册），黄山书社，1997，第76页。
② 刘海年、杨一凡主编《中国珍稀法律典籍集成（乙编）》（第一册），第167页。
③ （明）朱元璋：《御制大诰·行人受赃》，《续修四库全书》史部第862册，第253页。

文法制化使得明代政治家、思想家及名臣意识到公文在政治中的特殊地位，对公文的认识和思考愈加全面。随着政治斗争和社会矛盾日益突出，公文日渐重要。明末社会动荡，一些有识之士希望能从历代公文中汲取经验，寻找利于治国的方略，编纂了大量公文，同时也对公文的价值进行思考。按照明代公文观的时代发展特征，大致可分为五个时期：洪武至永乐（1368～1424）为公文初具模型期，洪熙至天顺（1425～1464）为发展成熟期，成化至嘉靖（1465～1566）为矛盾显现期，隆庆至天启（1567～1627）为批判反思期，崇祯年间（1628～1644）经世致用期。明代公文观在不同时期展示出不同的风貌和特征。

一 洪武至永乐（1368～1424）：粗具规模

明初，采取轻徭薄赋的政策，恢复社会生产。新政权体制形成，政治结构调整，公文运转模式革新，以适应新政权的需要，公文作为政治工具其地位得以确立。公文观的突出特征是公文的法制化思想。

明太祖和明成祖为加强统治，实现权力的集中，对宋元以来的中央公文处理权进行了改革。为此，废除丞相，将其公文处理权集于皇帝一人之手。与此同时，为理顺中央公文运转渠道，保障公文运转畅通，设立了通政司、六科等部门。在地方行政中，政治体制得到进一步完善。明初，对元代的政府机构进行了改革，按照权力牵制的原则，设立了按察司、布政司、都指挥使司分掌司法、行政和军事，以此保证地方政权的稳定。为加强地方管理，协调地方关系，设立了巡抚制度，通过巡抚来协调三司之间的矛盾和冲突，将最初临时协调人员固定化，使地方政权进一步稳固。为加强监管，专门规定了一些御史监察的职责，这些规定在以后逐渐制度化。

为提高管理效率，明初统治者创立了适应时代发展需要的文体。此外，还出台了《行移往来事例》《文牍减繁式》等，对公文的格式、语言表达等方面进行规范。政风与公文文风密切相关，公文文风也直接影响着政风。明太祖为此多次下达诏令，编选典范的公文，以倡导简明质实的公文创作风格。这种从上而下的公文政策，使公文发挥其实务作用，后世的公文改革基本都是以此作为典范。在这一系列的公文管理措施中，明太祖等也在阐释着关于公文规范的思考和看法，形成了明代最初的公文观。

明代政权建设过程中，不断完善各项法律制度，《大明令》《大明律》《御制大诰》等各种法律相继出台，公文立法是其中不可缺少的重要组成部分。公文立法以法律的形式，对公文运转的各个环节和各个要素进行规范，进一步强化了公文在政务管理过程中的权威性和作用。对于经济发展，统治者采用赋役黄册户籍登记簿册和《鱼鳞图册》，同时完善了各项经济公文监管制度。

儒家思想是明初政权建立的主流意识形态，通过科举制度推行，以此宣扬和灌输儒家思想。明太祖通过招揽儒生、尊奉孔庙、研学《大学衍义》等形式，树立推崇儒学的形象。他将儒学与新政权确立的政治理念紧密结合，也从儒家思想中找到其政治合理的依据。为笼络人心，恢复了宋代发展成熟的科举制度，并将"四书""五经"作为科举教育和考试的标准内容，强化了儒家思想的普及，从而实现对国民思想的控制。公文也在这种政治策略下发展，明初公文观也深受儒家思想的影响，成为明初政治的一面镜子。以宋濂等为代表的文学家，阐发了公文思想中的儒家道统观，将儒家的养气说运用到公文创作理论中，并从儒家经典中探讨公文发展的源流。儒家的公文观直接影响着后世的公文文体源流思想。这些都为公文观的发展构建了基本框架，后期的公文思想基本都在这个范畴内得到不同程度的深化和细化。但是这个时期由于受到官方理学的影响，公文思想本身的政教色彩浓重。明人围绕公文的政治教化功用展开讨论，把公文的"道"更多地指向政治教化诉求下的行为规范与准则。初期宋濂、方孝孺等促进形成了公文明道功用与公文宗经的观念，他们都主张在以六经为尊的前提下，兼收并蓄，提升个人的学识修养，为公文写作做好前期积累。这一时期，修纂《永乐大典》成为文化盛事，同时朝廷开始编纂各类公文集，《明实录》《历代名臣奏议》《皇帝宝训》等，公文成为历史档案的重要内容，公文的修史、资政等作用为统治者所关注。

二 洪熙至天顺（1425~1464）：发展成熟

这个时期是明代政治稳定发展期，公文观也随着政治稳定而逐渐发展成熟。

,社会经济稳定发展,社会矛盾较为缓和,政治相对清明,明初建立的政治体制日渐完善且发挥着有效的作用。中央公文处理的责任者,开始重用杨士奇、杨荣、杨溥、夏原吉等名臣,由他们组成的内阁成为参与中央公文处理的重要成员,他们经常参与国家的政务讨论,代皇帝拟写诏旨。明宣宗赋予了他们密封奏事的权力,这是一种信任阁臣的形式,成为内阁官员政治地位的标志,进一步提高了内阁的地位,这一方式为后任皇帝所继承。中央公文处理中票拟权的赋予标志着内阁制度的形成,也标志新型公文处理模式的形成。票拟是指内阁大学士先对各级官员呈送皇帝的公文提出拟办意见,交由皇帝最终裁决。对待内阁票拟的意见,皇帝大多数情况下予以采纳,以表示对内阁的信任。票拟权意味着皇帝将中央公文处理权分割一部分交与内阁,一方面,这大大提高了公文办理效率;另一方面,内阁因票拟而成为中央决策的重要组成部分。票拟成为明代内阁的核心职能,也成为明代公文观中经常讨论的主题。

随着内阁制度的确立,大多数的政务公文经批红后交具体政务部门执行。大量的批红属于例行公事,导致皇帝产生怠政心理,皇帝开始委任宦官代为批红。明宣宗时,在宫内设立了内书堂,开始对宦官进行教育,打破了明太祖设立的禁止宦官读书干政的禁令。随后,设立司礼监、文书房及相关机构,职责分工逐渐完善,批红权逐渐成为司礼监的核心职能。将批红权委托于司礼监,拉开了明代宦官干政的序幕,司礼监也成为制约内阁票拟权一股新的政治势力。宦官参与公文处理的现象开始成为被否定和批评的对象,公文观开始呈现批判反思状态。

明朝自明太祖开始就非常重视吏治教化,明宣宗沿袭了这一做法,他亲自编写了《御制官箴》,以四言箴语的形式教化中央各类机构官员。《御制官箴》既对职官历史演变、职责地位予以阐释,也对为官的标准提出要求,还涉及了对政务公文的处理,对公文责任者职责素养的告诫。《御制官箴》成为中央各级官吏为政的教科书。

在公文思想方面,以吴讷等为代表的学者开始对公文文体进行理论的探讨,对公文文体进行了分类辨析,强调"文辞以体制为先"[①],梳理了各类公文文体的源流演变,使得明代文体理论趋向成熟。著名政治思

---

① (明)吴讷著,于北山校点《文章辨体序说》,第9页。

想家薛瑄，将所推崇的程朱理学融入其公文思想，提出公文"文不害道"，即公文表达应做到忠于事实，传达国家政策，传播儒家思想。对那些牧民的官吏，提出"不可一事苟且，如文移之类，皆当明白"①，即要求公文的语言明白晓畅、平易易知，便于实际管理操作。

该时期，公文观随着公文制度的完善而不断发展成熟，明代开始对新的公文运转模式进行思考和探讨，公文文体、公文创作及公文运转模式更是得到深入的研究和发展。

三　成化至嘉靖（1465~1566）：矛盾显现

明初期休养生息的经济政策，使得社会经济持续发展，商品经济开始萌芽，"治生亦是讲学中事"，"果能于此处调停得心体无累，虽终日做买卖，不害其为圣为贤"②。重利重商开始成为一种社会风气。成化年间开始，奢靡享乐之风开始盛行，宦官及权臣利用职权通过各种手段向底层掘取利益，由此也导致了社会矛盾的加深。

明宪宗继位，怠于政事，不见大臣，开始重用宦官，群臣奏事均经由内廷中官，宦官地位不断提高。同时，宪宗还越过吏官设置了传奉官，在用人制度上打破既定的制度。弘治时期，孝宗使朝廷暂时恢复了政治清明状态，即"弘治中兴"。然而，好景不长，明武宗继位，其行为荒诞，重用宦官刘瑾，使明代迅速进入了政治混乱的时期，社会矛盾加深。明世宗继位后，为打击宦官对政治的破坏，采取有效措施，抑制了宦官的权力。然而，一方权力被削弱，意味着另一方权力的扩大，内阁在中央政务中的权力加重。嘉靖中后期，明世宗宠信奸臣严嵩，造成了恶劣影响。文官集团在历次的政治斗争中发展起来，而且形成了一定的势力。文官集团势力直接表现在明世宗的"大礼仪"之争上。为强化皇权地位，世宗通过授予内阁密奏权力，加强了对内阁的控制。公文作为政治斗争的工具得到了强化。

政治腐败和种种弊端日渐暴露，明代人们对政治开始进行批判和反

---

① （明）薛瑄：《读书录》卷七，孔子文化大全编辑部编辑《孔子文化大全》，山东友谊书社，1991，第382页。
② （明）王守仁编著《传习录拾遗五十一条》，《王阳明全集》，红旗出版社，1996，第1134页。

思，开始从思想上寻找根源，心学思想异军突起。明代中期，心学思想的发展，促进了个性化发展。宋明理学所倡导的思想与时代发展矛盾越来越深，李贽的"童心说"就是这一时期思想的代表。这些思想直接影响着文章学理论的发展，也必然影响着公文观的发展。公文创作和公文文集的编纂，开始注重个人功绩，邀名市恩之风渐盛。

邱浚《大学衍义补》对儒家经典进行注释，以法律思想和典章制度为主要研究内容，从编纂帝王之学的角度，将儒家思想与历代治政经验相结合，并联系明代的政治理念，全面梳理和总结了治政经验。该书主要阐发了"天讨至公""应经合义""人法兼重""慎刑恤狱"等观点，其中涉及大量有关公文的思想观念。继其之后的心学代表人物湛若水作《格物通》，从心学角度进一步对公文做深入的探讨。

明孝宗勤于政事，励精图治，任用王恕、刘大夏等正直的大臣。他更正律制，对刑罚运用十分慎重，制定《问刑条例》。《明会典》是这一时期重大典章制度编纂工程的成果，整理了历代典章，其编撰者希望能重视自明朝建立以来的制度。

在公文领域，公文拟写技巧受到了普遍重视。不少文官已经不满足于道德修养等宏观的法则，开始对公文写作技巧、写作风格等进行探讨。如茅坤编纂《唐宋八大家文钞》，编选了唐宋著名文学家的文章，其中涉及了大量的公文，并结合明中期的实际对这些公文进行品评；如归有光《文章指南》、林希元《文章正论》等，主要探讨包括公文在内的文章写作技巧。他们的公文创作论总体上呈现出两个特征：一是采用评点的方式对公文进行评价并阐明对公文的看法；二是关注公文创作技巧，评析兼顾公文篇章结构法和字句修辞法。与此同时，公文文体理论继续发展，人们除了关注公文文本特点，更关注公文的现实价值和意义。

除对公文创作和公文思想的探讨外，人们开始注重对本朝公文的编纂整理。《皇明疏钞》是对自明朝建立到正德年间的奏疏进行的梳理，意在强调各代名臣奏议的重要地位。《秦汉书疏》《右编》等文集，则开始对历史上的公文进行编纂、总结和思考。

这一时期，伴随着公文观的多元推进和发展，政治和思想的矛盾斗争也反映在公文观中。一方面，公文的价值和意义被人们认识；另一方面，公文又成为斗争的工具，公文有益的功能被淡化。

四 隆庆至天启（1567~1627）：批判反思

高拱、张居正改革，考成法的实施，从治政管理的角度极大影响着公文处理观。行政管理的效率高低直接表现为公文处理效率的高低。面对明中期公文办理效率低下问题，张居正提出"尊主权，课吏职，信赏罚，一号令"①，目的在于重新树立中央政令公文的权威性，强化各级官吏公文事务考核制度，加强中央政令的贯彻执行力度。考成法是对历代监督考核机制的发展与完善，其实施达到了立竿见影的效果。

张居正离世，其改革成果随着明神宗掌权而付诸东流。从"国本之争"开始，神宗怠政，中央政府的运转陷入瘫痪，朝廷纲纪败坏，各种政治势力纷乱而起。政治危局为实学思潮的发展创造了空间。这个时期在公文观上呈现出两种情况：一种是在实学思潮影响下，对公文经世致用功能的追求，这是新变；二是在原有理论的基础上，对公文认识进行的深化拓展，这是完善。文官集团中的党派门户之争，使公文成为相互攻讦的工具，弹劾类公文大量涌现。公文作为政治工具，渐渐失去其用于解决政治和民生问题的价值和意义，变成抒发个人政见、排除异己的手段。于是，一批有识之士对恶劣的公文文风进行批判，开始反思公文存在的种种弊端，重新探讨公文的价值和意义。

明代的实学思想由来已久，万历年间，关注现实，追求"实念"成为社会实学思想的核心，而且这种思想迅速蔓延至社会各个角落。随之而起的经世致用思想盛行，在公文思想领域中产生了重要影响，主要表现为对公文"经济"功用认知的全面普及。一些文官奋发作为，创作和编纂了大量的专业公文集，明代公文编纂观日趋成熟，这进一步推进了公文观的发展。

五 崇祯至明灭（1628~1644）：经世致用

明思宗继位之时，晚明政府内忧外患，进入危亡时期。思宗虽大力铲除阉党，勤于政事，厉行节俭，然而在位期间，朝廷党争不休。内有李自成起义，外有后金崛起。危乱的时局下，许多有识之士，受实学思

---

① 王宏斌：《慧通韩非子》，九州出版社，2007，第109页。

潮影响，努力寻找救世良方，如徐光启、王士性等，他们科学务实的思想极大地促进了公文观发展。

　　这时期的公文观更多地表现为经世致用。《皇明经世文编》成为该时期公文观的典型代表。在实学思潮之下，对经世致用类文集的汇编也成为当时的热潮。经世致用类文集主要有以"经世"命名的文集和以"经济"命名的文集两类，其中以"经世"命名的文集有《增定国朝馆课经世宏辞》《皇明经世要略》《八编经世类纂》《皇明经世文编》等，这些文集都编选了具有代表意义的公文，其中《皇明经世文编》中公文占三分之二，公文也由此成为明末经世致用之文的主要代表。在这种认识的基础上，明人提倡公文撰制应崇尚内容的实用性，反对夸夸其谈，公文思想得到进一步拓展。

　　明代公文观深受时代的影响，按明代公文观时代发展特点，将其大致划分为五个阶段。粗略勾勒明代公文观的发展脉络大致如下：明王朝初建，公文随着政权机构的稳定而稳定，并借律法巩固了其地位，公文处理也在政权机构关系理顺的同时变得通畅，明代公文观规模初具；政治的清明，政权机构关系的完善，使得公文的工具性作用得到充分发挥，明代公文观日渐清晰；随着明代政治矛盾的凸显，明人对公文在政治中的地位和特殊作用给予更多关注和思考；随着明代政治矛盾的深入和加剧，明代公文观开始倾向于批判和调整，并且强化了对公文的思考和认识；明末，社会政局危倾，明人反而强化了对公文的认识，更全面又深刻地审视公文的价值和意义。

第二章 法制视域中的明代公文观

古代封建君主专制的维系通过建立"纲纪"实现。明代继承和借鉴历代法制成果和经验，通过制度的建立和法律的规范，理顺社会各个阶层的关系，同时也以此取信于民，协调统治者与被统治者之间的关系。公文作为管理社会的重要工具，其功能和权威性必须首先在法律中被明确和保障。一个制度建立的过程也是公文法制化的过程。明代统治者深刻地认识到这一点，公文建设与其法律制度紧密地交织在一起，共同维护高度集权的君主专制统治，因此明代公文观充分体现着公文法制化的观念和认识。明代统治者在公文法制化过程中充分认识到公文构成要素和运转程序的政治意义，注重公文载体的安全和内容的保密性，同时还强化公文真实性与执行效果，即公信力和执行效率。明代在公文法制化的过程中，注重公文构成要素并建立公文规范制度；提高公文的办理效率而产生了公文时效观；树立公文的权威性和公信力，保证公文真实有效、执行有力，形成了公文诚信观；从公文产生、传递到保管的过程中形成了公文文本安全和保密观。无论是法律典籍、典章制度，还是官员奏疏、学术专著，都以不同的形式，表达对公文法制化的认识和思考，其中公文法制化本身也是对公文观念和思想的直接反映，制度是从正面表达的要求，立法则是从反面加以约束和禁止，它们共同构建了明代公文法制观。

第一节 明代公文法制化概况

公文法制包括公文的法律和制度，是根据公文违法现象而确立并形成的一般性或普遍性的法规制度，对违法行为进行警戒或处罚，维护公文的权威性和公信力。公文是各级官吏使用的工具，违法者也多是官吏。公文法制化是一个历史发展的过程，先秦时期的"命""令"等文体就是默认的法定公文。管子等政治家提出，"凡君国之重器，莫重于令"①，这就已具备公文法制观的雏形。秦汉开始从公文文体规范和使用等方面进行立法，唐宋公文法制则趋于体系化，《唐律》《庆元条法事类》等已较全面地对公文各个环节进行立法，如《庆元条法事类》就专设"上书奏事"条，对公文上报程序及要求做出规定。

公文法制化进程至明代得到进一步完善和发展，明政权建立后，先后颁布了《大明令》《大明律》《御制大诰》《诸司职掌》《明会典》，以及皇帝诏令等。这些法律或公文颁布的重要内容之一是有关公文的法律，它们分别从公文办理权限、公文权威性、公文传递、公文阅办等各个环节进行立法，涵盖公文运转的各个环节，重点对公文责任者加以法制化约束。明代公文法制化的观念，一方面表现在具体的法律条文和司法解释中，如雷梦麟的《读律琐言》等；另一方面表现在各类诏令和奏议中，代表着杰出政治家和有着丰富治政经验的官员对公文立法的思考、观点及建议，突出表现明代公文法制观念的历史继承性、系统性和适用性的特征。

一 明代公文法制化进程

为巩固新政权，强化君主专制地位，明太祖亟须通过法律制度确立新的中央公文运转机制。"礼法，国之纲纪。礼法立，则人志定，上下安。建国之初，此为先务。"②"纲纪"，即伦理等级和法律制度，是维系政权统治必不可少的手段。为此，明政府吸取元代公文法制失败的教训，借鉴唐宋公文法制成果，结合公文发展的新情况、新问题，逐步建立起明代的公文法律体系。

明代公文法制化以较为完备的唐宋两代公文法制体系为借鉴对象，一是因为"元不仿古制，取一时所行之事为条"，古制即意味着对汉族文化传统的继承，明代统治者认为元代法律缺少古制的根基，仅以案例为法，缺少系统性、严密性，胥吏容易作奸犯科；二是因为唐、宋有《唐律》《宋刑统》等，已经具备"成律断狱"的经验，方便借鉴；三是因为元政权是敌对政权，是应被否定和推翻的对象，而新政权是重续唐

---

① 周瀚光、朱幼文、戴洪才撰《管子直解》，复旦大学出版社，2000，第186页。
② 《明太祖实录》卷一四，"甲辰春正月丁卯"条，第176页。

宋政权。为制定一套符合新政权的法律，明太祖为明代修法订立了两条原则。一是"立法贵在简，当使言直理明，人人易晓"，要求用语简明易懂，便于普及与执行。二是"务求适中"，即法条轻重合适、疏密合适，而若"一事而两端"，可轻可重就会给官吏作弊以可乘之机，起不到惩恶扬善的作用；若法条制定过于繁密就会伤及无辜，所谓"纲密则水无大鱼，法密则国无全民"[①]。在这样的立法思想指导下，公文法制化在明代得到了进一步发展。

早在吴元年（1367）十二月，明太祖就着手制定律令。洪武元年（1368）颁布的《大明令》中就涉及大量公文法条，按六部等机构对公文处理进行立法。吏部公文多为官吏管理，"吏令"将公文事务分为衙内小事、中事、大事及其他事项，明确了具体办理时限。为加强监管而设定期督查条文，"凡内外诸衙门公事，当该掾吏每日一勾销，首领官每旬一检举，各省检举校官每季一检校。迟者，随事举行。错者，依例改正"。分层级和周期性地进行监察，渐形成较严密的公文办理监督制度。"凡中书省吏房行止科置立文簿一扇，编排字号，当该掾典掌管。"[②] 明确了公文管理的方法和人员。"户令"则要求各衙署"置立勘合文簿"[③]，加强公文监管。"礼令"则规范礼仪性公文的书写、避讳和装裱等事宜；"兵令"则从行移关系角度规定了军事公文行文与权属关系。总体来说，《大明令》中一些有益的公文法规依然被《大明律》《明会典》等沿用。"平定之后，既已备其制度，故详载其法之所存律是也。"[④]《大明令》中公文法规还属于初创，存在混乱且不明晰的现象。

明太祖深刻认识到公文立法的必要性，在实际政务中逐渐形成了务实的公文立法理念。洪武十五年（1382）正月，颁布《命诸司遵奉勘合敕》，列举了一起典型的公文违法案件：朝廷在督查工部公文事务时，发现工部"擅生事务，行下诸司文书计一万九千件，虽然各有名色，似乎当理，其中斡旋作弊不可数目"。并且详述了工部种种公文违规细节。为治理类似公文违法现象，防止六部等擅自行移，逼扰基层政府、侵害百

[①] （明）余继登撰，顾思点校《典故纪闻》卷一，第15页。
[②] 刘海年、杨一凡主编《中国珍稀法律典籍集成（乙编）》（第一册），第9页。
[③] 刘海年、杨一凡主编《中国珍稀法律典籍集成（乙编）》（第一册），第13页。
[④] （清）孙承泽撰《春明梦余录（外一种）》卷四四，上海古籍出版社，1993，第783页。

姓,该敕推行"行移勘合"以强化公文监管,要求地方衙署设置"半印勘合",各部、都察院的行移要比对勘合后才可执行,"诸司亦当置六部、都察院册七扇,如勘合至日,即便附写缘由明白,满日差的当人员赴内府奏缴。若诸司不凭勘合,擅接无勘合行移及私与行移者,正官、首领官人各凌迟处死,吏处斩"①。类似公文法规,都是根据新政权在管理过程中出现的新问题、新情况而设立的,也是公文自身发展的必然结果。

随着政权的稳定和社会发展,明初统治者借鉴《唐律》,以《大明令》为基础修订了《大明律》,有关公文法规也得到进一步完善。如《大明律》仿《唐律》制定"接触秘密罪","若私开官司文书印封看视者,杖六十;事干军情重事者,以漏泄论"②。根据立法简明的原则,《大明律》删除了"机密大事"这样表述模糊不清的条文,也无"误看视"的规定。此外,明朝政府还借鉴了唐宋《诸司职掌》行政法成果,"唐、宋以来旧书,本朝因而损益之"③,于洪武二十三年(1390)修订了明代自己的《诸司职掌》,"必得删订增广成书,使一代之制,粲然明白,垂之万世,而足征可也"④。明确了各级政府的职责分工及公文处理的权责关系和要求。

为顺应中央机构调整,《大明律·吏律·公式》专门对各衙署公文处理进行立法,关于公文的法条有"增减官文书""同僚代判署文案""上书奏事犯讳""事应奏不奏""制书有违""弃毁制书印信""官文书稽程""漏使印信"等,这些构成明代公文的基本法规,后世公文法律都以此为基础进一步地发展和完善。

明太祖为强化重典的法制观念,于正规法律外又颁布系列《御制大诰》,用皇帝命令的形式,以案说法,将教化与严刑酷法相结合,以弥补法条抽象化、系统化的不足,同时也强化皇权至高无上的地位。其中,公文案例就充分体现了其公文法制观。如《御制大诰·奸吏建言第三十三》⑤等,用皇帝个性化的口语化描述、故事性叙事的方式介绍公文违

---

① 刘海年、杨一凡主编《中国珍稀法律典籍集成(乙编)》(第三册),第53页。
② (明)申时行等修《明会典》卷一六二《刑部四》,第836页。
③ (明)陆容撰《菽园杂记》卷一一,中华书局,2007,第132页。
④ (明)陆容撰《菽园杂记》卷一一,第133页。
⑤ 刘海年、杨一凡主编《中国珍稀法律典籍集成(乙编)》(第一册),第71页。

法事件，兼有情绪化的表达，以情感性说教来强化公文的法律地位。明成祖对公文违法行为的处罚也多是重典酷刑，以"匿名文书"为例，洪武三十五年（1402）九月，有人对朝政不满，于是用匿名方式将意见张贴在街巷墙壁上以制造舆论。成祖认为这是干扰朝政的恶劣行为，"谤人长短，欺君罔上，煽惑人心"①，对相关人员处以死刑。成化二十一年（1485）九月也有类似"匿名文书"，有人以匿名方式向皇帝举报刘翔贪财好色、沟通宦官，"纳王越贿，谋与复爵诸阴事"②，皇帝将此匿名文书交由内阁万安、刘吉等处理，万安建议焚烧掉，最终以让刘翔请辞的方式解决。同样事件做法不同，明初对"匿名文书"处罚较严厉，而后世皇帝则认可匿名文书的合理性，这也正符合明中后期公文法制相对宽松的特点。

明中期是公文立法的调整与完善期。为对《大明律》进行修订和补充，明朝政府于弘治十三年（1500）制定《问刑条例》，这是明中期最重要的法律建设成果。该条例以律条为正文，将案例附录于各相关刑名法条之后，法律条文和案例合刊，形成"例以辅律"的立法形式。嘉靖二十九年（1550）和万历十三年（1585）分别对《问刑条例》进行了重修，结合当时社会出现的新问题，适时补充新的规定，其中有大量关于公文法律的例法。明代公文法律正是在这样不断修正过程中变得更加细密，涉及公文违法规定的内容也是随时根据情况进行补充，甚至还有很多案例作为评判的参考。这一时期，《明会典》是明代公文法规集大成者，它根据《大明律》《诸司职掌》《御制大诰》《洪武礼制》《宪纲》等法律典籍，同时结合新颁行诏令汇编而成。《明会典》按职能部门进行分类编纂，对六部、通政司、翰林院等各部门法规进行分类整理，涉及不同部门公文的各个处理环节，可以说是明代公文立法最全面的法律典籍。《明会典》对前期法规中一些不完善、不明确的规定进行了补充和完善。此处，仅以《大明律·吏律·公式》与《明会典·吏部》相应内容做比较，了解明代前期和后期两个时期公文立法的变化情况（见表2-1）。

---

① 杨一凡、田涛主编《中国珍稀法律典籍续编》，黑龙江人民出版社，2002，第519页。
② （明）余继登撰，顾思点校《典故纪闻》卷一五，第277页。

表 2-1　明代前期与后期公文立法变化

法条	《大明律·吏律·公式》	《明会典·吏部》	前后变化说明
弃毁制书印信	凡弃毁制书及起马御宝圣旨、起船符验，若各衙门印信及夜巡铜牌者，斩。从重论。事干军机钱粮者，绞。 当该官吏知而不举，与犯人同罪。不知者不坐。误毁者，各减三等。 其因水火盗贼毁失，有显迹者，不坐。	凡弃毁制及起马御宝圣旨、起船符验，若各衙门印信及夜巡铜牌者，斩。若弃毁官文书者，杖一百，有所规避者，从重论。事干军机钱粮者，绞。 当该官吏知而不举，与犯人同罪；不知者不坐，误毁者，各减三等。 其因水火盗贼毁失有显迹者，不坐。	《大明律》"从重论"，语焉不详，可能是制定时的疏漏；《明会典》整理时则对此进行了补充完善，明确为"弃毁官文书"及"有所规避者"。
	凡遗失制书圣旨、符验、印信、巡牌者，杖九十，徒二年半。 若官文书，杖七十。限内得见者亦免罪。	凡遗失制书、圣旨、符验、印信、巡牌者，杖九十，徒二年半。若官文书，杖七十。事干军机钱粮者，杖九十，徒二年半。俱停俸责寻，三十日得见者，免罪。	《大明律》对官文书遗失"限内"时间没有说明；《明会典》则明确为三十天找回可免罪。
		若主守官物，遗失簿书，以致钱粮数目错乱者，杖八十，限内得见者，亦免罪。	《明会典》补充了遗失簿书和内容错乱的处理条款。
	其各衙门吏典考满替代者，明立案验，将原管文卷交付接管之人，违者，杖八十。罪亦如之。①	其各衙门吏典考满替代者，明立案验，将原管文卷交付接管之人，违者杖八十。首领官吏不候交割符同给由者，罪亦如之。②	《明会典》具体说明《大明律》中"罪亦如之"的具体所指，即"首领官吏不候交割符同给由者"。
上书奏事犯讳	凡上书，若奏事误犯御名及讳者，杖八十。余文书误犯者，笞四十。皆不坐罪。	凡上书，若奏事误犯御名及庙讳者，杖八十。余文书误犯者，笞四十。若为名字触犯者杖一百。某所犯御名及庙讳声音相似、字样分别及有二字止犯一字者，皆不坐罪。	《明会典》补充说明了"皆不坐罪"的具体内容；同时补充了犯讳的处理情形。
	若上书及奏事错误，当言原免而言不免，当言千石而言十石之类，有害于事者，勿论。③	若上书及奏事错误，当言原免而言不免，当言千石而言十石之类，有害于事者杖六十。申六部错误有害于事者，笞四十。其余衙门文书错误者，笞二十。若所申虽有错误，而文案可行无害于事者勿论。④	《大明律》此条对违法的处罚为"勿论"，应该是表达错误；《明会典》进行了更正，并予以完善。

---

① 刘海年、杨一凡主编《中国珍稀法律典籍集成（乙编）》（第一册），第 293~294 页。
② （明）申时行等修《明会典》卷一六二《刑部四》，第 835 页。
③ 刘海年、杨一凡主编《中国珍稀法律典籍集成（乙编）》（第一册），第 294 页。
④ （明）申时行等修《明会典》卷一六二《刑部四》，第 835 页。

此外，还有"漏泄军情大事""官文书稽程""擅用调兵印信""信牌""递送公文""盗制书""诈伪制书""诈传诏旨"等，《明会典》都根据当时政治发展需要进行了补充、修改与完善。从《大明律》和《明会典》相关涉及公文的法条的比较中，可以看出早期公文立法存在表述不清，甚至错误的现象，而后期进行了弥补和完善，使公文法条表述更加准确、公文法律体系更为完备。《明会典》涉及公文处理的各个环节，公文法规更为系统、更为严密，具体操作要求和处罚更为详尽具体，可以说是古代公文立法的典范。

普法是法律有效执行的重要前提，即需要对法条进行宣传和解读，从而让臣民做到学法、知法、懂法和守法。太祖对法律阐释解读有较为深入的思考，元代《通制条格》中的法律条文不可谓不繁密，然而违法犯罪现象并未因此减少，他认为关键在于"官吏弄法"而百姓知法者甚少，致使百姓在不知不觉中犯法。为做好法律阐释和普及工作，《大明律》颁布之后，又编写了《律令直解》，将"民间所行事宜""颁之郡县使民家喻户晓"，指出法律的关键不仅在立法，还要让天下臣民知法，这样不仅使百姓守法，"人人通晓，则犯法自少矣"①，也能有效防止官吏"弄法"。明代各类法律典籍多专列了"讲读律令"一项，并用案例形式明确"讲读律令"的内容和标准，如列举赵某在讲读律时"挟诈欺公，妄生异议"②，对随便更改法律内容、乱解法条行为的则处斩。"讲解律令"成为官吏基本素质要求，法律讲解一方面要忠实于原意，另一方面要忠实于原文，不许随意更改。后来，《皇明条法事类纂·吏部类》专门补充了"讲说《大明律》及御制书例"③等，增加对皇命公文的讲读。

明代除了中央重视通过宏观层面对公文进行立法，基层政府在管理过程中，一些有为官员也根据实际建立了一系列公文管理规章制度，作为中央公文法制化的操作性补充。佘自强《治谱》针对基层公文监管措施进行了总结，如"吏房之弊"条列举了吏房种种弊端，有曾被责问革职但没再给札付证明的，有赋税未缴纳和之前缴纳簿册未完成的，有超期毁弃公文的，等等。佘自强对此提出具体举措："非经申请，俱不许朦

---

① （明）佘继登撰，顾思点校《典故纪闻》卷一，第 17 页。
② 刘海年、杨一凡主编《中国珍稀法律典籍集成（乙编）》（第一册），第 673 页。
③ 刘海年、杨一凡主编《中国珍稀法律典籍集成（乙编）》（第四册），第 448 页。

脏起送。应参缺者，须照至公格眼簿，不许钻营越次。凡有差遣，不许偏累一人。应起送者，两日即送文书用印，违者各责治。"① 明确了公文办理时限，对违反者也制定了相应处罚规定。基层政府中的礼房虽被认为是清水衙门，但也同样存在诸多弊端，"礼房之弊"条列出防止公文作弊的措施，如日常回帖不能用残柬、破柬、草字，回柬不能有差错、颠倒或遗忘，防止吏书改换卷面谋取财物；如"上司票行送礼，不许隐匿来文，并将低假银抵换，科举起复、会试纳监文书，不许需索稽迟"②。这些公文违法行为是《大明律》等未触及的，是治理基层公文违法的死角，恰恰需要地方官员在具体管理过程中加以防范。又如"刑房之弊"规定："审录册内，凡经上司批驳审语，不许遗落一字。"③ 上司指示属司法公文办理的重要意见，因此公文案卷抄录须完整清楚。无疑，这些地方公文规制成为明代公文法制化的重要组成部分，为维护基层政务运转起到不可或缺的作用。

明代公文法制化是一个不断完善和发展的过程，如《皇明祖训》为皇帝告诫之语，是历任皇帝对继承者的要求，其中包括皇帝对中央公文处理的规则和要求，成为"一代家法"；《诸司职掌》则是一部行政法规，对各级政府机构的职责分工做了明确规定，其中包括各机构中公文处理的职责要求，为"一代治典"；《大明集礼》对各种礼节礼仪进行规定，其中也包括公文处理过程中的礼仪要求，为"一代仪文"；《大明律》是明代重要的法律典籍，其中涉及大量的公文法规，为"一代刑制"。所有这些法规制度，都围绕着维护皇权制度而设立，其内在逻辑是"自身而家而国而天下"④。《明会典》做了进一步的完善，充分体现了明代法律的系统性。在每一部法律典籍中都有公文立法，每部法律典籍都是公文立法不断完善过程的一部分，公文法制化是整个法律体系的重要组成部分。

---

① （明）佘自强：《治谱》，《续修四库全书》史部第 753 册，第 523 页。
② （明）佘自强：《治谱》，《续修四库全书》史部第 753 册，第 524 页。
③ （明）佘自强：《治谱》，《续修四库全书》史部第 753 册，第 525 页。
④ （明）程敏政：《篁墩文集·应天府乡试策问一》卷一〇，《影印文渊阁四库全书》第 1252 册，第 178 页。

二 明代公文法制化特点

明代公文法制化进程的推进以强化巩固皇权专制为目的，既借鉴继承前代公文立法成果，又根据本朝政治需要进行创新和发展。在明代二百多年的统治过程中，公文法制化始终在不断地调整和完善，在公文法制化建设过程中明统治者也注重公文法律的普及。

一是明代公文立法既继承了唐宋以来公文立法的成果，又结合自身时代特点和实际情况进行了发展和完善。在各代公文法律中，《唐律》是较为完备的，它对公文各个环节都制定了明确的法条。如"事直代判署"法条，规定公文应由主要负责人处理，代署者则"杖八十"，代判者则"徒一年"。《唐律疏议》对此做了详细解读和说明，明确了"公文"的概念，即官文书；涉及公文处理的概念有"本案""事直""唯须依行"等；公文文体有奏、状、符、移、关、解、刺、牒、牒等；公文办理程序分为"应判"和"应署"两步，"代官司署案及署应行文书者"则"杖八十"，若代为处理判定的则罪加一等；若公文由他人代替签署的则"杖九十"，可见"判"比"署"更为严重；若增减公文或内容有出入的则从重论处。公文办理时的签字画押也有明确规范，如五品以上官员画"可"，六品以下官员画"闻"，严禁代画，如有代画的则罪同"增减制书"。如皇命公文画押则由侍中注画"制可"①。该部法律典籍列举了公文处理过程中各种处理办法，详细说明了每一种违法行为具体处罚措施。

在维护皇命公文的权威性方面，《唐律》设有"奏事上书诈不以实"条，凡回复或汇报给皇帝的公文，若有欺诈则"徒二年"，不属于秘密而妄称秘密公文则罪加一等；若属皇帝特别交代审理案件的，未据实汇报的则"徒一年"。无论何种情形，所有汇报公文内容必须真实。再如"公事应行稽留"条规定了公文办理期限，若负责官吏故意拖延而未能按期完成，延迟一天则"笞三十"，每多三天罪加一等，若超过一百杖，则改为每多十天罪加一等，最高为"徒一年半"。若未依公文主题写错收文对象导致公文不能正常送达，也给予相应的处罚。为规范公文传递

---

① （唐）长孙无忌著，袁文兴、袁超注译《〈唐律疏议〉注译》，第302页。

时效设置了"驿使稽程"条，凡驿使传递导致公文稽迟的，每迟一天"杖八十"，每多两天罪加一等，最高为"徒二年"①。此外，还设有"漏泄大事""稽缓制书官文书""被制书施行有违"等条。

明代公文立法对《唐律》中公文法条或借鉴，或直接沿用，"上命刑部尚书刘惟谦更定律令，皆准于唐"②。相较于唐代，明代对公文违法的处罚力度更大。如同样有"事应奏不奏"法条，明代公文法律中按职务分为军官和文官，最高的处罚也不同，分别为"绞刑"和"杖一百"，而《唐律》中没有区分，所有违法者最高处罚一律为"杖八十"；又如同样设置的"弃毁制书印信"条，明代公文法规的最高处罚均为斩刑，而《唐律》中该条罪责则按盗窃罪论处，若属非主观原因导致公文毁弃则处罚再减二等，可见明代公文刑罚较重。

同时，明代还根据实际需要，增添了许多公文法条。对比《明会典》和《唐律》相近条目，《明会典》较《唐律》新增公文立法条文③如表2-2所示。

表2-2 《明会典》较《唐律》新增公文立法条文

《明会典》条目	犯罪行为	刑名
《公式·讲读律令》	官吏人等，挟诈欺公，妄生异议，擅为更改变乱成法者	斩
《公式·弃毁制书印信》	弃毁皇帝制书及各衙门印信	斩
《公式·事应奏不奏》	奏事规避增减紧关情节朦胧奏准施行	斩
《公式·漏泄军情大事》	近侍官员漏泄机密重事于人者	斩
《仪制·上书陈言》	百工技艺之人应有可言之事亦许直至御前奏闻有阻挡者	斩
《邮驿·邀取实封公文》	进呈实封公文至御前而上司官令人于中途邀截取回者	斩
《贼盗·盗制书》	盗制书、圣旨者	斩
《诈伪·诈传诏旨》	各衙门追究公事将奏准合行事理妄称奉旨追问者	斩
《公式·事应奏不奏》	军官犯罪不请旨论功上议	绞

---

① （唐）长孙无忌著，袁文兴、袁超注译《〈唐律疏议〉注译》，第310页。
② （明）张铨撰，（明）张道濬订，（明）徐扬先校，田同旭、赵建斌、马艳点校《国史纪闻》卷二，第98页。
③ 参见张显清《〈大明律〉的形成及其反映的时代特点》，《张显清文集》，上海辞书出版社，2005，第278页。

这些新增法条都是因明代特殊的政治结构及强化皇权的需要而增加的。

二是由于明太祖大力整顿吏治,强化巩固皇帝专制地位,明代公文立法以较为严厉的刑罚作为强制手段,通过公文关系的调整对所有行政关系和行政行为进行调整,督促官员在新的规范下履职,使之适应新政权需要,进一步巩固皇权地位。因此,明代各项公文法律重点对公文责任者进行监管,以此防止官吏腐败及破坏公文制度的行为。

为贯彻和落实"重典治吏"的思想,太祖在《大明律》编纂的同时结合自己实践中碰到的案例以生动说教形式编纂了《大诰》三编。重典治吏使得明初大多数官吏能做到"守令畏法,洁己爱民",在很大程度上改变了元代腐败风气的影响,"吏治焕然丕变矣"。这种政治风气一直持续到了明代宣德时期,史称这一时期"抚循休息,民人安乐,吏治澄清者百余年"①。公文立法是治吏的法律的重要组成部分,如"增减官文书"条:"不该入选人员,增减年岁,改洗文案,隐匿过名入选者,事发为民。"②虽然秉持重典治吏的原则,但具体的法律执行也有其灵活性,而非所有违反公文法规的都要处罚,要看所犯错误的严重性。如洪武时,曾有给事中弹劾地方官汇报公文存在"不称臣及不书月日"的现象,也即违反公文拟写的要求,请求将其逮捕处罚,太祖则认为这只是形式上的小事,并不影响公文内容的理解和具体执行,提出"此亦错误,其勿问"③。

三是明代推进公文法制化进程的同时,注重公文法律的普及。明初统治者的立法理念,是让天下臣民都能知晓并遵守各项法规,特别是治政的官吏更是必须知晓并遵守。汪天锡《官箴集要》就建议,凡居官为政者,在处理公文事务之余,应熟读《唐律》《刑统赋》等法律典籍和文章,了解立法的重要意义;对国家颁布的《大明律》更要"熟读玩味,务要讲明,通晓律意",这是为政的基本要求,官员只有这样,在遇有公事时才能依律处理;还要多读《宪纲》《为政模范》《牧民忠告》《吏学指南》《洗冤录》《疑狱说》等,了解其思想内涵,提高为政见识;

---

① (清)张廷玉等撰《明史》卷二八一,第4803页。
② 刘海年、杨一凡主编《中国珍稀法律典籍集成(乙编)》(第四册),第451页。
③ (明)余继登撰,顾思点校《典故纪闻》卷四,第67页。

另外，官员日常还应备存国家典章制度类的典籍，以便"备考详观"①。可见，熟知法律是为官者的必备条件，为官者不但要熟知各类法条，领会法律思想精神，更要掌握具体司法公文处理方法和技巧。

案例化是明代普法特有的形式，即以案说法，列举具体的违法事件，以通俗的形式宣传公文违法案例。《御制大诰》即列举了一些公文违法案例形式，以起到警示和说教的作用。如《御制大诰·奸吏建言第三十三》叙述了绍兴府余姚县吏叶彦彬的违法过程。为体现故事性，该案件中还交代了其诨号"小疾灵"，他以黄冠符篆印冒称县印，并用印制作假的批文诈骗百姓，被弓兵史敬德发现举报。相关部门受叶彦彬贿赂，淡化了其罪名，释放了他。后叶彦彬以吏役身份到京师任职，他对揭发其犯罪行为的史敬德等人怀恨在心，于是借机报复。最后官司打到法司，案件才水落石出。最终，涉案御史王式文被定为"徇情出妄告"之罪，"御史王式文因别事不公者多，由小疾灵因事发露，墨面文身，挑筋去指。书吏梁仲真亦然"②。整个案例的叙述，通俗易懂，前因后果，交代清晰，易于百姓接受。此外，还有《御制大诰·沉匿卷宗第六十》③叙述的案件，在案件叙述过程中，太祖阐释了公文违法所带来的危害，表达了对公文管理的重视。

公文法律的普及还融入日常科举考试，将一些公文违法案件放在试题中进行考查。如顺天府乡试策问就专门对一些公文违法行为进行了考查："古之人有入仕陈状，不妄增年者，有不令子弟冒籍他州者，有训子孙不得洗补官文书者……或条对得失称客所为，或荐详议官而不隐其事，或保郭积而不愿易名……私书僚佐勿令上知者有之。"④ 以假定方式将各种公文违法情形融入乡试试卷对应试者进行测试。明代以考试形式让应试者关注公文、重视公文，促使准备入仕者对公文的使用和管理进行思考和探讨。

最后，公文立法是对公文违法行为进行事后处罚的过程做出规定的

---

① （明）汪天锡辑《官箴集要卷下·公规篇》，刘俊文主编《官箴书集成》（第一册），第298页。
② 刘海年、杨一凡主编《中国珍稀法律典籍集成（乙编）》（第一册），第71页。
③ 刘海年、杨一凡主编《中国珍稀法律典籍集成（乙编）》（第一册），第84页。
④ （明）李东阳著，周寅宾点校《李东阳集》第二卷，第270页。

过程。为强化在日常政务中规范管理公文运转过程，提前预防违法行为，明代还建立了一系列监管制度。公文处理包括公文制发、传递、阅办和管理等一系列严密规范的程序。每一个环节是否规范直接影响着公文实际功效的发挥。明代统治者为保证公文在政务管理中高效发挥作用，分别从行移关系、传递时效、办理效率及保密等方面，通过法律和规章制度等手段加以规范。公文要在法律制度下运转，对公文处理过程的监管是公文制度化的重要组成部分。明代继承历代公文监管的经验，发展完善了照刷磨勘、勘合及簿册督查等监管制度，在一定程度上保证了明代公文体系的有效运转。

第二节 明代公文程序观

公文程序是指公文制作和办理都要遵守一定的标准和流程，主要包括公文文本格式、公文行移关系。公文格式是指制作公文的一定的标准，公文格式的合规合法是公文有效性的直观表现，遵守公文行移关系则是保证公文有效运转的重要条件。明代统治者为公文制定了一整套完备的程序，并将其上升到政治的高度，作为政治统治的重要组成部分。与此同时，明统治者对公文程序的价值和意义也有深刻的思考和认识，形成了明代公文的程序观。

一 公文要素规范

古代公文构成要素有用纸、文字书写与文本格式、签署、印章等。公文文本是公文权力最直接的表现，只有完整规范的公文才能保证真实可信，才能在政务管理中得到认可和执行。明代统治者深刻地认识到这些要素在公文运转过程中的政治意义。为此，明代统治者从法制层面对公文文体、格式、印信、签押等几个方面，出台规范和标准，表达相应的思想观点。

首先，关于公文文体的政治定位。在整个明代公文运转体系中，公文文体因对象、级别、事务等不同而有所区别。每一种文体都代表着特定身份、特定事项，更代表着特定权力。历代封建君主为凸显皇权的特殊地位，以制度或法律形式明确了皇帝公文的专有性。秦始皇为树立帝王的绝对权威，把周朝公文文体"命"改为"制"，把"令"改为"诏"，使"制""诏"成为皇帝专用的文体名称。后世各代又根据需要增加了"册""敕""谕"等皇帝专用文体。明初继承并强化了这一特权，明确了皇帝专用文种有诏、谕、制、诰、敕、册文等。在格式上，为突出皇命公文的政治理念，明太祖创制了"奉天承运"的开头语，"元时诏书，首语曰'上天眷命'，太祖谓此未尽谦卑奉顺之意，始易为'奉天承运'，见人言动皆奉天而行，非敢自专也"[①]。"奉天承运"成为新政权下公文政治理念的直接表达。在形式层面，皇命公文的权威性还表现在其保管、传递、书写等各个环节。皇帝密诏要用御前之宝封缄，派专人直接送交某大臣拆阅。明末崇祯皇帝对重要的公文"亲封黄绢小匣"[②]。诏书的颁布传递还有特定仪式，"旧制，颁诏皆置诏于楮，以绳悬之，自承天门颁下。成化四年秋，颁慈懿皇太后尊谥诏，执事者不悛，以致绳断楮毁。为御史所劾，竟宥之。人皆诵圣度之宽如此"[③]。承天门与诏书中"奉天承运"有着密切的关系，显示出皇帝诏书皆是秉承天意，其仪式也代表着皇命公文的严肃性。

官员上报皇帝的公文统称为"奏疏"。明代除沿用历代"奏本"，为提高公文办理效率还创制了"题本"；永乐二十二年（1424）专门颁布令，要求官员凡有紧急事务汇报且不能面陈时允许用题本投进给皇帝，若仅申诉私人事务或乞私恩的不许使用题本。"表"和"笺"均是于用于臣民向皇室庆贺的公文。"表"用于"百官陈事于皇帝"，"太皇太后、皇太后亦如之"[④]，而"笺"则给皇太子或皇后。明代规定，"表"均用黄纸袋封装，"笺"则用红纸袋装封，再用夹板夹护，然后分别用黄绫、红绫包裹，便于携带传递。臣僚给皇帝的其他公文，为表示庄重，要求公文拟制好后加密封装。进奏给皇帝阅办的公文也有一定的规制和程序，"朱字传帖者，奉天门朝罢驾兴，司礼巨珰持下丹陛，呼该衙门官与之。次日早朝，该衙门官具奏本御前，奏云'传奉事理补奏本'。鸿胪寺官接递，司礼小珰进览。墨字传帖则出自顺门，付该衙门奏行，不复面缴。

---

① （明）余继登撰，顾思点校《典故纪闻》卷一，第18页。
② （明）李清撰，顾思点校《三垣笔记》，第206页。
③ （明）余继登撰，顾思点校《典故纪闻》卷一四，第261页。
④ （明）朱荃宰：《文通》卷八《表》，王水照编《历代文话》（第三册），第2794页。

若事未稳便须执奏者，固不问朱、墨也"①。皇帝公文办理也被进行了分类，分为"朱字传帖"和"墨字传帖"，朱字传帖有相应的人员负责和相应的程序，仪式感强，而墨字传帖则较为普通。

其次，关于公文拟写格式的规范化。规范的公文格式一方面可以证明公文的真实性和权威性，另一方面可以防止公文作弊行为。明初吸取元代公文之教训，为防止官吏营私舞弊而颁布《文牍减繁式》，规定了各种公文写作格式及适用范围。如规定题本和奏本的写作及其运转程序，首先按受文对象区分奏本和启本，前者用于臣民上报给皇帝，后者用于上报太子；后按事务公私性质区分了题本和奏本，若臣民因私事上奏朝廷或皇帝用奏本，若是衙署公事则用题本。这三种文体的基本格式如下。

> 某衙门某官姓臣某等，谨奏为某事，备事由（云云）。
> 今将原发事由，照行事理，备细开坐。谨具奏闻。
> 某事（云云）缘由毕。
> 前件事理议拟依某律科断施行。
> 某事（云云）缘由毕。
> 前件（云云）伏候敕旨。
> （如有勾问职官或支拨钱粮之类则依此式写）
> 已上某字起至某字止，计字若干，纸几张。
> 右谨奏闻。（如一事奏请，则于此下，写伏候敕旨谨奏）
> 洪武　年　月　日　某衙门
> 某官臣姓某
> 　印

《明会典》以奏本为模板，题本、启本与奏本基本相同，在使用时仅将"奏"字分别写作"题"或"启"字；"若有请则敕旨字写作令旨，余皆同"②。对题本和奏本的纸张和书写也有相应要求，如题本用纸"高七寸一分，阔三十三分"③，奏本用纸"高八寸四分，阔三寸三

---

① （明）郑晓撰，李致忠点校《今言》卷一，第22页。
② （明）申时行等修《明会典》卷七六《礼部三十四》，第440页。
③ （明）雷梦麟撰，李俊、怀效锋点校《读律琐言》，法律出版社，2000，第560页。

分"①。由于明代公文书写篇幅长，常需要粘接纸张，"接纸须用缝印钤盖"②，《大明律》规范了对接纸的具体方法。除了规定上行给皇帝及太子的公文外，还规范了中央及地方各级衙署机构通用公文文体格式，主要分为三类十二种体式，上行公文有申状式、呈状式、牒呈式、牒上式；下行公文有札付式、照会式、下帖式、故牒式；平行公文有平牒式、平关式、平咨式等。将这些公文格式作为所有公文的基本规范，使得明代公文在拟制时有了统一的标准，便于公文处理和公文归档管理。

公文字体书写庄重既是美观的需要，也是公文严肃性的体现。明代为体现公文的庄重严肃与美观，对官员日常使用频率较高的公文文体书写做了规范，主要有表笺、题本、奏本及基层经济类簿册等公文。这些公文使用的文字，均以《洪武正韵》所规定的为准。字体的书写，表笺文要求用"小字真书"③，题本也用楷体，题本每面书写"六行，每行二十字，写十八字"④；奏本每面书写"六行，每行二十四字。写二十二字"⑤；黄册则用细字。公文修改的规范，公文一经缮写无误定稿，在运转和执行期间不得擅自修改，否则以犯禁论处，以笞杖处罚；若黄册等公文书写有误，则在错误处旁修改并加盖印章，以示负责，禁止贴纸覆盖修改。关于公文书写错误的情形，《大明律》中"上书奏事犯讳"条做了明确规定，书写错误情形分为"有害于事"和"不害于事"，前者指"当言原免而言不免，当言千石而言十石之类"，后者指虽有错误但"文案可行"；出现错误的处罚标准是按公文行移对象和危害程度区分，若上报给皇帝的公文写错则"杖六十"，若上报给六部的公文写错则"笞四十"，若上报给其他衙门的公文出错则"笞二十"，这些都是"有害于事"的情况，而公文虽书写错误但"不害于事"⑥则免予处罚。

公文的使用还要遵守避讳制度。公文避讳是维护皇权地位不受侵犯，是礼法制度的体现。公文拟写时，若遇到明代皇帝的名字、庙号或不祥字词，需要采用一定的形式替代，或改用他字，或缺字，或空字等。《大

---

① （明）雷梦麟撰，李俊、怀效锋点校《读律琐言》，第 564 页。
② （明）雷梦麟撰，李俊、怀效锋点校《读律琐言》，第 567 页。
③ （明）申时行等修《明会典》卷七五《礼部三十三》，第 439 页。
④ （明）雷梦麟撰，李俊、怀效锋点校《读律琐言》，第 559 页。
⑤ （明）雷梦麟撰，李俊、怀效锋点校《读律琐言》，第 563 页。
⑥ 刘海年、杨一凡主编《中国珍稀法律典籍集成（乙编）》（第一册），第 455 页。

明律》设有"上书奏事犯讳"① 条,"奏事而误犯御名及庙讳者,是无忌惮者之为也",明确了犯讳的具体情形,一种是送到御前的公文,"上书奏事,与申六部及其余衙门文书,各错误有害于事者,虽皆无敬谨之心,然奏事上书错误,为不敬之大者"则"杖八十",而"余文书误犯者,以其不至御前,不过失于检点而已"则"笞四十"。为体现等级尊卑关系,"衙门有尊卑之分,而不敬有大小之别,故罪亦异焉"。《读律琐言》具体列举了尊卑衙门类别,"六部衙门,官之尊者,言六部,则五府、都察院该之矣。其余衙门,官之卑者,自六部二品衙门以下皆是"。该法条也体现了"犯讳"用语的区别,"玩'申'字,是自申六部及其余衙门文书言,若上书奏事,虽无害于事,犹问不应笞罪"②。同样,《明会典》也规定了所有给皇帝的公文都尽可能避讳御名和庙号等,若是两个字则依古法"不偏讳",而若两字相连犯讳的则必须回避,其他情形"写字之际,不必缺其点画"③。公文书写避讳在明中后期趋于淡化,明人徐学谟记述:"自古临文不讳。嘉靖末,凡奏上册牍,即点画间尤多避忌,此或群臣谄事之过,而上未必屑屑计较也。"④ 总体来说,明代对公文中避讳违规的处罚相较于前代更为宽松,为公文创作减少了形式上的负担。

再次,关于印信的规范与政治意义。印信是公文文本格式的重要组成部分,其功用是证明公文内容的真实性和权威性,公文行移往来以印信为凭证。"印信者,衙门之公器,故长官收掌,同僚官封记。凡有文案,公同判署,用印以行之,则奸弊自无所容矣。"⑤ 说明了印信在行政过程中的属性及在公文使用中的作用和意义,"文书以印信为凭,若有漏使及全不用印者,则奸弊有所托,而文书不足凭矣"⑥。印信成为公文运转过程中公文真实性的凭证,"文书非印信不行"⑦。印信包括关防、符验、茶盐引、牌等,"起马御宝、圣旨、起船符验、各衙门印信、夜巡铜

---

① 怀效锋点校《大明律》卷三《吏律二》,第 38 页。
② (明)雷梦麟撰,李俊、怀效锋点校《读律琐言》,第 98 页。
③ (明)申时行等修《明会典》卷七五《礼部三十三》,第 438 页。
④ (明)谈迁著,张宗祥校点《国榷》卷五八,中华书局,1958,第 3642 页。
⑤ (明)雷梦麟撰,李俊、怀效锋点校《读律琐言》,第 108 页。
⑥ (明)雷梦麟撰,李俊、怀效锋点校《读律琐言》,第 109 页。
⑦ 怀效锋点校《大明律》卷三《吏律二》,第 43 页。

牌，皆国家之大信也"①。各类符印作为政权公信力和权威性表征之一，也同样为明代统治者所重视。弃毁印信是对权威的挑战，《大明律》设"弃毁印信"②条，"弃之而无存，毁之而有损，是皆慢上而无忌惮者之为也"③。此外，还设有"漏使印信""漏用钞印""擅用调兵印信"④"伪造印信"⑤等法条处罚违法者。明代对印信的制作、使用和保管都格外重视。明代的印信有相应标准，"伪造印信，本谓用铜私铸，形质篆文俱全者言之也"。而"用木、石、泥、蜡等项，描刻篆文，其文虽印，其形质非印也"⑥。明代官员一般将印信随身携带，若保存在衙署则由知印官保管。《大诰武臣·寄留印信第三十一》⑦讲述了镇南卫百户胡凤未按规定保管印信的违法行为。明代伪造印信、制造假公文现象频发，王恕的《议知府言芳升用科道官奏状》曾反映工科给事中唐希介、监察御史李葵征粮伪造关防事件⑧。明末，伪造印信的违法行为更为多见，左光斗以御史身份巡察时，破获了吏部书吏伪造假印案，逮捕涉案官吏一百多人。

公文权威性和可信度直接表现为公文印信的使用，这是公文生效的重要凭证和标志。洪武十五年（1587）规定，所有奏启等公文文本，官员都要在公文的"年月及正面上，俱用印信，毋致漏使"⑨。王恕曾对钱能等宦官乱用无印信的驾帖行为专门上《驾帖不可无印信疏》，认为"臣之所疑者无他，但为事体之不一。何则？事体一，则人皆尊信而无疑；事体不一，非惟起人之疑，且使投间抵隙者，得以行其诈而济其私。设若驾帖内有赐死重事而无印信可验，其人将死乎，将不死乎？果出于上意而不死，则是违君命而罪愈重。若非上意而死之，未免含冤于地下。由是言之，驾帖之出，诚不可无印信……今日钱能等所为之事，殆有甚

---

① （明）雷梦麟撰，李俊、怀效锋点校《读律琐言》，第97页。
② 怀效锋点校《大明律》卷三《吏律二》，第37页。
③ （明）雷梦麟撰，李俊、怀效锋点校《读律琐言》，第440页。
④ 怀效锋点校《大明律》卷三《吏律二》，第42页。
⑤ 怀效锋点校《大明律》卷二四《刑律七》，第192页。
⑥ 怀效锋点校《大明律》，第437页。
⑦ 刘海年、杨一凡主编《中国珍稀法律典籍集成（乙编）》（第一册），第273页。
⑧ （明）王恕著，张建辉、黄芸珠点校整理，张世民审定《王恕集·王端毅公奏议》，西北大学出版社，2015，第429页。
⑨ （明）申时行等修《明会典》卷七六《礼部三十四》，第440页。

焉。将来之祸，诚不可测"。① 反映驾帖没印信和关防有诈伪之嫌，继而论及公文无印信可能带来的危害，直指钱能"假公济私，需索搅扰，失夷人心"②，阐明了印信作为公文信用的标志，代表着公文公信力，是皇帝对臣民的一种承诺。

最后，关于签署的规范。公文构成要素中签署与印信相匹配使用。署名押字是公文负责人、参与人表达意愿、履行职权的行为标志，代表着官员对公文内容负责，赋予公文内容真实性与权威性。为强化公文办理各环节的主体责任，明确职责，明代各类法律中设有"同僚代判署文案"③ 条："各衙门应行官文书，皆须各官亲笔判署，以防诈冒。若同僚官代替判押署名而行者，虽无增减，已属诈冒。"强调公文负责人履行其判署职责，以保证公文的真实性和权威性。另一种情形，"若因遗失同僚经手文案，而代判署以补卷宗者"④，也是诈冒行为。除代为判署外，还存在一些公文办理人员假冒主官签字署名的行为。景泰时，内阁大学士王文等上奏反映，有内阁书办官假冒"直文渊阁知制诰职衔"⑤，售恩纳贿。此案除对书办官进行处理外，涉事的太常寺少卿王谦、礼部仪制司郎中蒋宏等也被贬谪。嘉靖二十二年（1543）四月二十四日，刑部等衙门就《大明律》中"诈伪制书"条，补充了关于署名押字的违法行为处罚规定，首先对诈伪违法情形进行界定，包括伪造各衙门公文、盗用印信、"套画押字"。为加强对印信违法行为的处罚，改变以前盗用印信和套画押字两个条件同时具备才按"诈伪制书"处罚的要求，凡盗用印信伪造各衙门公文的，不问有无押字，均按"诈伪制书"进行处罚，对套画押字的情形则根据违法所涉事情轻重进行处罚。此次补充规定强化了印信的重要性，增加了押字违法情形，将"盗用印信"和"有无押字"处罚同等视之，不再做区分，主要以"所犯事情轻重"定刑。明代公文立法最初只规定了衙门层面的违法行为，对所属部门的违法行为未明确，

---

① （明）王恕著，张建辉、黄芸珠点校整理，张世民审订《王恕集·王端毅公奏议》，第294~295页。
② （明）王恕著，张建辉、黄芸珠点校整理，张世民审订《王恕集·王端毅公奏议》，第294~295页。
③ 怀效锋点校《大明律》，第41页。
④ （明）雷梦麟撰，李俊、怀效锋点校《读律琐言》，第106页。
⑤ （明）余继登撰，顾思点校《典故纪闻》卷一二，第226页。

而现实中这些所属部门也有印信和行文关系，若无规定则易让违法者有机可乘。为此，该次会议补充了诈伪印信所涉及部门，六部所属司、各卫所属所等凡有公文往来使用印信的部门，若违法均以"其余衙门论罪"①。

联合拟写奏疏涉及公文署名的先后顺序，这代表着对公文责任进行分担的问题。成化时，六部联合弹劾汪直："初，项忠具奏草，令武选郎中姚璧持赴尹旻请署名。旻曰：'本兵部所撰，当以兵部为首。'璧曰：'公六卿之长，当以吏部为首。'旻怒曰：'今日才认得六卿之长。'既署名，即遣人报韦瑛曰：'本兵部所写，旻但以次居首尔。'"②可见，六部联合具奏有人主张署名由起草部门居首，有人则主张以级别高、权力重的部门居首。

二 公文运转规范

公文运转规范是指公文的发出、接收和办理等一系列运转过程必须遵守法定的程序、渠道和关系。明代统治者非常重视公文运转程序的构建，由此实现政体结构模式的调整和改革。在该思想指导下，明代通过立法和建立制度调整了整个政府的机构设置和职责分工，明确了他们处理公文的职责权限和官府机构之间的行移关系，建立了一套符合统治者需求的公文运转程序，充分体现了明代公文运转的政治理念。

（一）明代公文职权确立

明初，废除丞相制，重新确立了中央和地方各级部门权责。洪武二十六年（1393）颁行《诸司职掌》以明确各政府机构的尊卑等级关系，以制度规范各官府的职责，"乃命吏部同翰林儒臣，仿《唐六典》之制，自五府、六部、都察院以下诸司，凡其设官分职之务，类编为书"③。继承了唐代的做法，使官吏明确其职权与责任。《诸司职掌》规定了六部、都察院、通政司等机构及其所属部门具体政务，还明确列出了它们负责的公文办理事项，如吏部司封部有诰敕、勘合、到任须知等；礼部所属仪部有传制、颁诰、开读、表笺、印信等；兵部所属驾部有牌面、驿传

---

① 刘海年、杨一凡主编《中国珍稀法律典籍集成（乙编）》（第二册），第353页。
② （明）薛应旂撰，展龙、耿勇校注《宪章录校注》卷三五"成化十三年五月"条，第476页。
③ 《明太祖实录》卷二二六，"洪武二十六年庚午"条，第3308页。

等；都察院十三道监察御史职掌有纠劾百司、刷卷等；通政司职掌有出纳帝命、开拆实封、通达下情、公文勘合、月奏等。《诸司职掌》涉及各部门公文处理的方方面面。

随着社会的稳定和发展，明初的制度需要适应新情况进行调整，"事体更易，又多与国初不同"①。各部门关于公文处理职责在《诸司职掌》的基础上进行了适当的调整和补充。如明成祖曾因《诸司职掌》未明确皇后册文格式及仪制，对册立皇后及亲王等进行了补充，并制定了相应的公文格式。景泰六年（1455），对尚宝司、中书舍人、都给事中、行人司正官等一些参与皇命公文处理的非政务官吏的考核制度进行调整，原是"误依在京堂上官例"②，诏令依据《诸司职掌》所规定的对应职能部门对其进行考核。正统时，李贤任吏部验封清吏司主事，他认为《诸司职掌》虽然对任命官员诰敕条件做了详细规范，"可为万世法程也"，但许多诰敕授予的标准已不适应时代发展的需要，建议由"礼部会官议行"③，对其加以调整和完善，以便适用现实之需。天顺元年（1457），明英宗敕令都察院一切政务督查都要依据《诸司职掌》和《宪纲》所规定的内容施行，做到"言事必以直道而务存大体，治事必以正法而务循旧章"④。弘治五年（1492），通政司反映官员违反《诸司职掌》规定程序上报奏本，为此建议"建言、自陈或认罪等奏本，宜遵《诸司职掌》俱赴本司投进，违者请治以罪"⑤，目的是规范官员公文运转程序。

明代通过立法惩处不履行公文职责的行为。《大明律》设"上书陈言"条，"凡国家政令得失，军民利病，一切兴利除害之事，并从五军都督府、六部官，面奏区处，及听监察御史、提刑按察司官，各陈所见，直言无隐。若内外大小官员，但有本衙门不便事件，许令明白条陈，实封进呈，取自上裁。若知而不言，苟延岁月者，在内从监察御史，在外从按察司纠察。若百工技艺之人，应有可言之事，亦许直至御前奏闻。其言可用，即付所司施行。各衙门但有阻当者，鞫问明白，斩。其陈言

---

① （明）陆容：《菽园杂记》卷一一，第132页。
② 《明英宗实录》卷二五九，"景泰六年冬十月丙辰"条，第5557页。
③ 《明英宗实录》卷三九，"正统三年二月癸未"条，第767页。
④ 《明英宗实录》卷二七六，"天顺元年三月戊子"条，第5891页。
⑤ 《明孝宗实录》卷六五，"弘治五年七月乙亥"条，第1243页。

事理，并要直言简易，每事各开前件，不许虚饰繁文。若纵横之徒，假以上书，巧言令色，希求进用者，杖一百。若称诉冤枉，于军民官司，借用印信封皮入递者，借者及借与者，皆斩"。① 这与其说是法条，不如说是畅通言路的政治理念阐释，一是从官员的角度，要求监察官对政令"各陈所见，直言无隐"；要求内外官员就业务事件"明白条陈，实封陈呈"，为督促对"不便事件"进言，强调监察官的督查职责。一是普通百姓也可"上书陈言"，对他们上书提出了相应要求，即"直言简易""不许虚饰繁文"，更不许"巧言令色，希求进用"② 等，另外，不许借用封皮，这属于"冒从公式，欺君乱法"③，百姓仅代表个人，而不代表官府。

公文事务执行中职责分工明确，《大明律》所设"擅勾属官"条明确了上下级之间处理公文事务权限，"上司催攒理会一应大小公事，明立文案，著定期限，或遣牌，或差人，各量事情缓急，行移各属下司，督并完报"。发文督促是常用方式，建议不宜轻用"勾问"干扰下属办事，"庶官不扰而职业修，法不废而事功集"④。公文与现实事务有着密切关系，常由官吏共同协作完成，出现违规时涉及责任分担问题。"称监临主守"条明确负责文案之吏典与负责具体事务之吏胥的职责："凡称监临者，内外诸司统摄所属，有文案相关涉，及虽非所管百姓，但有事在手者，即为监临。称主守者，该管文案吏典，专主掌其事，及守掌仓库、狱囚、杂物类官吏……并为主守。其职虽非统属，但临时差遣、管领提调者，亦是监临主守。"⑤《读律琐言》做出简洁明了的阐释，"统摄所属，有文案相关涉，有事在手者，常时之监临。官吏、库子等役，并为主守者，常时之主守。临时差遣，管领提调，暂时之监临主守也"⑥。

明人于慎行结合宋代和本朝官职的设置情况，辨析了明代六科给事中与御史的公文办理权。宋孝宗时，将薛叔似所任的左补阙与宰相地位同论，孝宗认为补阙、拾遗等官名的本意是"规正君上"而非纠劾。他

---

① 怀效锋点校《大明律》卷一二《礼律二》，第93页。
② 怀效锋点校《大明律》卷一二《礼律二》，第93页。
③ （明）雷梦麟撰，李俊、怀效锋点校《读律琐言》，第220页。
④ （明）雷梦麟撰，李俊、怀效锋点校《读律琐言》，第87页。
⑤ 怀效锋点校《大明律》卷一《名例律》，第22页。
⑥ （明）雷梦麟撰，李俊、怀效锋点校《读律琐言》，第59页。

第二章 法制视域中的明代公文观

们隶属门下省和中书省的侍从官，不同于监察的台谏官。明代六科给事中是从宋代门下省补阙职能演变而来，"主于封驳"，而各道御史是从宋代台谏官演化而来，负责弹劾。因此，于慎行认为六科给事中"皆以纠劾为事，亦非设官意也"①。可见，六科给事中与御史在处理公文事务方面有明显区别，六科给事中主要负责公文处理过程中的监督审核，而御史是监察官员履职状况，包括贯彻落实公文情况，二者有着本质区别。

明代对基层政府各机构之间的公文权责关系也有明确规定。"府官不许入州衙，州官不许入县衙，县官不许下乡村。"② 这是各级政府权限基本原则。然而，明代基层经常出现一些衙署越权处理公文事务的现象。焦竑《玉堂丛语》记述了"顺德知府黎永明以殴公使人获谴"和"浙江布政使刘福等以督造段匹不如法致罪"两起典型的违法行为，王恕对此提出建议：一是按相关律令，若事涉军官或有承告官军违法行为时，按察司、布政使司等"须密切实封奏闻，不许擅自勾问"；二是各地镇守总兵等不得接受当地百姓诉讼，即地方政务与军务互不干预。案件涉及一定品级的官员或武官时不能随意"提问"，否则会"欲专大权"，"假以各官怠政为词，朦胧奏请，提问四品以下职官"。还有一些官员"许接军民词讼，不思祖训条章"等，这些都是违反正常权属关系的行为。王恕认为，"由斯人而变革，朝廷百年之纪纲，由斯人而废坏，臣窃痛心"③。每个部门都应明确自身权责和管理权限。一些官员越权行事直接表现为对公文办理权的干预。权责关系需要明确，否则机构之间会矛盾重重，内耗不断。杨一清《陈修省疏》反映基层出现由"掌印指挥让知府""佐贰又欲压众指挥"等文武官员相互压制导致的"轩轾太甚"的现象，在公文运转方面出现了"五府何以札付六部，三司之序何以先都而后布按也"④ 的现象。文官和武官常因权限而发生冲突，这种冲突直接表现为公文行移关系的冲突。各个部门虽有明确分工，但也需要协调合作，而不能各行其是。山东秦纮曾担任都御史总督漕运事务，认为巡

---

① （明）于慎行撰，吕景琳点校《谷山笔麈》卷一〇《建言》，中华书局，1984，第112页。
② 刘海年、杨一凡主编《中国珍稀法律典籍集成（乙编）》（第一册），第460页。
③ （明）焦竑撰，顾思点校《玉堂丛语》卷四，第111～112页。
④ （明）焦竑撰，顾思点校《玉堂丛语》卷四，第115页。

按御史所负责事务多与巡抚相关，因此不会随便向上呈报公文，而多是以会议形式与巡抚协商相告。这种形式得到王恕的肯定，并作为"行移体式"的一种被规定下来，然而没有被后世很好地遵循，"初巡抚官以六部卿佐奉敕以往，按察司以非统摄，文移偃蹇，不受约"①。公文行移所关联衙署缺少协调机制，因而导致公文处理效率低下。

机构权责的变迁也意味着公文行移关系的变迁，明代制定行移体式，以理顺各种情形下各部门公文办理权限及关系。《万历野获编》载，最初公文按公务的属性进行分类处理，题本用于公务，奏本用于私事，收发题奏有专门机构，先交通政司再转交会极门负责人报给皇帝；若投到通政司的题奏未上报，其原因或"事本窒碍"，或"情节矫诬"，对此类公文均要驳回且需要"存案备照"。这些是中央公文运转的常规流程。然而，随着明代中期的政治腐败，出现超出正常公文运转程序的特权行为。如正德时宦官刘瑾专权，上报公文出现了"白本"和"红本"，"入御前者名白本，送瑾所者曰红本"，用纸的颜色区分处理公文权力的高低；嘉靖时，又出现了"前朝本"和"后朝本"，"内外朝臣封事，直达大内者"，被称为"前朝本"，"他方士辈进药饵进秘法，以及斋醮诸鄙亵事，皆不复经由士人之手，竟从宦寺宫人传至御前，以其西苑出入"，被称为"后朝本"。这种公文运转特殊程序到隆庆初年才被废止。到万历时，地方官员为迎合皇帝私欲，奏请"开矿抽税"，不但假托"在京武弁为疏首"，而且还越过通政司直接到会极门上疏，除封驳机构外，其他机构不许过问；与此同时，皇帝懒政导致出现大量留中公文，为区别于留中公文，得到御批的公文被称为"红本"②。可见，明代公文运转过程中机构权责的变迁直接影响着公文类型的变化。

（二）明代公文行移关系

明代公文行移是各级衙门隶属关系的直接表现，是公文运转的前提。公文行文关系是否通畅，意味着各机构的关系是否协调，相互能否分工得当，配合是否合理有序，这些都直接影响着各衙署政务的办理。明代统治者非常重视公文行移程序的建立和维护，其中最重要的是中央公文

---

① （明）陈洪谟：《治世余闻》，中华书局，1985，第39页。
② （明）沈德符著，黎欣点校《万历野获编》卷二〇"章奏异名"条，第552～553页。

行移关系的规范。

明代在文官政治体系下，特别重视官员与皇帝公文行移关系的顺畅。上奏类公文是否要通报主官的问题，正是公文行移程序问题。于慎行结合唐代的经验阐述言官行文的特殊性，唐代皇帝为掌控权力、及时了解政务及处理一些紧急事项设立了门籍制度。所谓"门籍"即"出入宫殿门之籍也"①，是记录官爵的名牌或证件，持门籍者可直接面见皇帝汇报政务。明人陈良谟《见闻纪训》载："凡京官俱书名簿上，置长安门，谓之门籍。"② 作为入宫进奏的官员名册，可以对公文上奏进行有效的监管。然而到唐玄宗时，李林甫专权，对那些奏事不经由宰相的官员打击报复，但仍"未敢明禁百司之奏事也"，直到元载任宰相，整个制度被改变，"乃请百官论事先白长官，宰相定其可否，然后奏闻，则明为杜塞言路之谋，载之拒谏擅主，又甚于林甫矣"。谏官与六部之类的政务官不同，"谏官御史有所论列，先白宰相，非体也；六曹郎吏有所建白，不关长官，亦非体也"。谏官的主要职能是监察，既监察一般官吏，也监察宰相甚至皇帝，"台谏职在言责，于天下事无所不当论，如必先白宰相，则言责杜矣，故不可也"。而六部之类政务官负责日常行政事务，"郎官职在官守，其所守之官，即长官之职也，有所建白，当先咨之长官，长官不能行，然后闻之于上可也，如必越职有言，而不使长官与闻，则官守亦紊矣，故不可也"。必须严格地遵守行政级别的隶属关系，不可以越权行事。所以于慎行认为，"台谏不白宰相谓之尽职，郎吏不白长官谓之越职，相似而实不同。但以元载之奸，意在塞谏，非为官守言责计也"③。于慎行结合唐代元载专权事件，探讨谏官御史之类的监察官和六部政务官是否要通过主官向皇帝行文的问题，指出台谏职责是"言责"，即对包括宰相在内所有官员行使监察权，并及时向皇帝汇报，而衙门下属部门没有独立的行政权，是否向皇帝行文必须先交由主官决定，否则就是越权行文。可见，职责和隶属关系决定台谏与郎官适用不同的行文关系。

---

① （北宋）司马光著，刘野责任校对《资治通鉴》卷一六，吉林人民出版社，1997，第359页。
② （明）陈良谟：《见闻纪训》，楼含松主编《中国历代家训集成》，浙江古籍出版社，2017，第1967页。
③ （明）于慎行撰，吕景琳点校《谷山笔麈》卷一〇《建言》，第112页。

公文发出者与受文者的关系需明确,这是关系行文顺当的问题。明确行移关系是协调各个部门关系的重要依据。明初,为理顺各机构权属关系,保证各部门之间的责任与义务,明政府以制度形式确立了中央和地方各部门之间的行文关系。洪武十五年(1382)颁定了《行移往来事例》,将中央和地方各机构的行移关系制度化。这里以《明会典》中礼部和各部门之间的行移关系为例,如图 2-1 所示。(图 2-1 公文行移关系据《明会典》[①]有关资料整理)

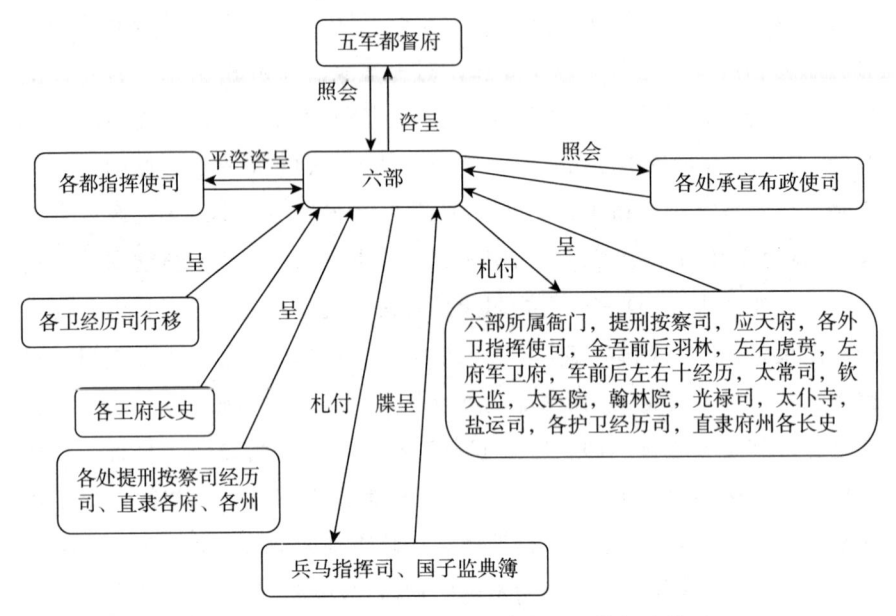

图 2-1 《明令典》中礼部和各部之间的行移关系

明初对各部所属机构具体的公文处理办法也予以明确。洪武十五年(1382),制定了六部所属部门对外行移的规则。六部凡有公文行移,先由六部各主事厅用牒呈报宗人府经历司,再由宗人府经历司用案呈报宗人府,处理完毕后再由宗人府经历司抄案用故牒发六部相应主事厅;翰林院、国子监、太常寺、光禄寺等衙门和各地布政司等公文行移交由六部转行。这是明初确立的各机构公文行移程序的基本框架,后来因机构调整而有所微调。地方政府遵循逐层上报制度,县申州,州申府,府申布政司,布政司转递六部,严禁越级行文。该制度一方面明确了六部与

---

① (明)申时行等修《明会典》卷七六《礼部三十四》,第 445 页。

其他部门之间的行移关系；另一方面明确了行文规则，即逐级行文，严禁越级行文，体现了隶属关系中上级部门对下级部门的管辖权。经历司是中央机构的重要部门，对办结公文都有相应的管理要求。经历为正五品，"典出纳文移"①，经历司是大多数中央机构设置的公文收管部门，也成为各机构对接行文的部门。如五军都督府与宗人府行文，由其经历司用牒送达宗人府经历司，宗人府经历司再案呈给宗人府，处理完毕，再由宗人府经历司抄送五军都督府经历司。在京卫所及在外各都司等所上报公文均由五军都督府转报，"若有行移，俱由该府转行"②。此外，《明会典》还规定了通政司、各王府、五军都督府、都察院等部门的公文行移关系。

　　明政府确定了各机构的隶属及权责关系，理顺了各机构之间的行移程序，同时还对各部门系统内部的公文处理程序做了规定。其中，六部是政务公文处理最为复杂的部门，六部凡收到五军都督府照会时，不管是否可施行，都必须于"堂上立案"集议，所有参与官员均于"年月下小字依次列衔"，佥押用印则由尚书侍郎负责，郎中以下官吏仅签名；若公文内容附有钱粮刑名等内容，则"合送该部磨算问拟者"，先由堂上正官批写，送该部磨算或送审理部门核查，经推算或问拟后由相关官吏在年月日期下"小字列衔佥名"，再一并呈堂施行。凡经六部批准的咨文、咨呈、申呈，相关内容已具奏汇报并照刷磨勘完毕的公文，可直接发各衙门立案施行；若需勘合回复各地布政司及直隶府州等衙门的公文，相关部门则须"从堂上立案判押，连送该部，移付类勘合科施行"；有关钱粮官物磨算收支类公文，"刑名厅合问拟印信关领，人材候到及虽有施行而不系出事公文者"，则由主要官员在公文上批办，再送对应部承办施行则不需判押，"其该部立案，则写奉本部连送某连文云云"，仅由负责磨算问拟的官吏在"年月下小字列衔佥名"，若可施行则"连案呈堂施行"，若不能施行也须"立案备照"。六部在承办有关铨选官员、调遣军马、赏赐物品、处决重犯、颁立制度及颁布律令等事务的皇命公文时，要求"必须文案上出事内钦写"，其他不重要事项虽奉圣旨，只要"文

---

① （清）张廷玉等撰《明史》卷七二《职官志》，第1156页。
② （明）申时行等修《明会典》卷七六《礼部三十四》，第445页。

簿及案验内钦录，不必出事开写"；处理由会议拟定奏准事项则在公文内注明"奏准"字样，若奉圣旨改拟的则需在公文内注明"钦改缘由"。六部所颁行事项则"合行各属部遵守者则从堂上札付各部。若属部该行事理，系干放支钱粮官物等项，及须经堂上定夺，亦从堂上札付各部，其余一应常行事理，及各类勘合行移各布政司、直隶府州者，止是各部自相往复移付施行，及札付移付公文，承行吏典另行置立承发勾销簿，附写名件，用使日时印记。各科承受该吏于簿上书名画字，由领承行毕，仍于前件项下勾销，以凭稽考"①。可见，《明会典》对六部处理公文的具体做法做了较为详细的说明，涵盖了公文往来、办理方法、签署次序等各个方面。

　　明代在确立稳定公文行移关系的同时，仍存在一些部门职责分工模糊不清的现象，这些现象影响了行文关系和公文办理。正统时出现由地方与中央巡视御史关系不清导致的公文行移不畅现象，"时议以镇守侍郎与巡按御史不相统属，文移往来，多窒碍难行，故改为巡抚都御史"②。明政府通过设立巡抚都御史来解决这种矛盾。景泰三年（1452）九月，左春坊左庶子兼翰林院侍讲周旋等奉圣谕，东宫官吏不必出吏部考核，后又要求按《诸司职掌》规定东宫官吏考核由东宫准备事迹材料送吏部。而掌詹事府事的礼部尚书章文言反映，吏部在对东宫主簿赵政等考满后，又移文东宫送河南道考核，章文言认为，"吏部辄反复不常，难于遵守"③，行文关系前后调整致使相关人员莫衷一是，无所适从。

　　隶属机构不同，官吏公文行移运转渠道也不同，京官被谪为地方官，公文行文关系也因隶属关系而改变。《三垣笔记》载，晚明郭贞一担任御史时被贬谪，为此郭贞一上奏疏为自己辩护，宦官认为被贬谪官上行公文应从通政司入，而通政使刘应宾认为郭贞一原职为御史，其奏疏"仍应从皇极门入"④，最终该申辩奏本未能上报。该事件正反映了行移关系不清问题，导致推诿扯皮使辩疏不得上报。这种情形，是由明代相

---

① （明）申时行等修《明会典》卷七五《礼部三十四》，第445页。
② （明）张铨撰，（明）张道濬订，（明）徐扬先校，田同旭、赵建斌、马艳点校《国史纪闻》卷八，第388页。
③ （明）余继登撰，顾思点校《典故纪闻》卷一二，第229页。
④ （明）李清撰，顾思点校《三垣笔记》，第106页。

关制度没有明确所致。

中央各部门行移关系需要明确，基层官府的公文行移关系更需要明确，衙门之间行文也有着相应的规范。嘉靖时，刘自强任应天尹，有南太宰某以荐书纳官封中，遣吏持往。刘自强认为："彼此衙门，不相干涉，何文移为？"① 所以拒绝办理。有效的文书管理工作方法，能够明确职责分工，防止推诿扯皮现象发生。《治谱》分析了地方政府中各机构之间公文办理推诿扯皮的原因。公文往来办理都有相应的负责人员，而基层经常出现公文处理分工混乱的现象，如上司来文催礼房事务，却交由户房承办，导致户房和礼房互相推诿，正确做法应该是由礼房承办；户粮征收事务均由户房负责，而不能交其他房办理。对此，《治谱》提出"革各房推调之弊"②，要求明确各房职掌内容，无论是上级来文，还是诉讼词状都要由相应的部门负责处理。

第三节　明代公文安全观

公文安全是指公文文本载体完整而不被破坏、公文内容秘密不被泄露，涉及公文文本和内容两个方面。公文只有安全才能保证其在政务管理过程中发挥作用，而任何一个方面出现安全问题都将直接影响公文效力的发挥。明代统治者通过出台法律、颁布诏谕、订立制度等，保证公文在整个运转过程中被安全传递和使用，同时也通过制度、诏奏等表达对公文安全的思想认识。

一　公文载体安全

公文安全的重要表现是文本安全。明代公文的主要载体为纸质文本，有卷轴或折叠的册页和封套，有牌票、符札等凭证，也有成册的簿本。

明代损毁公文的违法案件时有发生。洪武二十三年（1390）三月，就公布了一批破坏公文的违法案件，如福州府刑房吏员沈叔平等36人，因没有救火导致大量公文卷宗被焚毁，而知府张公勉、经历余凤等未如

---

① （清）张怡撰，魏连科点校《玉光剑气集》卷一〇，中华书局，2006，第432页。
② （明）余自强：《治谱》，《续修四库全书》史部第753册，第527页。

实汇报，仅供述黄册被烧；另有兵部职方司主事赵伯牧、李从善负责收管军籍等公文案卷，未立案登记审查，反而指使人员将其烧毁。这是两起典型的恶意烧毁公文事件，相关人员被严厉惩处。① 明代统治者为保证公文的安全，针对所有公文运转环节进行立法，体现了明代人的公文文本安全意识和观念。

明代公文文本安全意识，首先表现为公文文本使用的安全，即公文不被盗窃和毁灭。明代重点关注皇命公文和"官文书"文本。明代通过立法对盗窃皇帝和官府公文的违法行为予以打击。《大明律》设"盗制书"条，"凡盗制书及起马御宝圣旨、起船符验者皆，斩"。这里的制书泛指皇帝使用的公文，包括制、诏、诰、敕等，同时还有证明类的符验等，凡盗窃皇帝有关公文者均为死罪；该法条针对官府公文则规定："盗各衙门官文书者皆杖一百，刺字。"② 可见，皇帝专用公文的特殊地位，不同于一般官府公文。盗窃属常见的违法行为，但盗窃公文不同于一般盗窃行为。一般盗窃属于经济犯罪，其处罚相对较轻，如盗窃四十贯以下财物的则处以一百以内杖刑，盗窃一百一十贯以上财物的处杖刑一百、流放二千五百里，而盗窃公文影响政府政务的正常运转，损害公文的权威性，故刑罚较重。《明会典》规定，凡盗窃制书、御宝圣旨等代表皇帝权力的公文和信符等的则"斩"；盗窃一般衙署公文的则杖刑一百并刺字，凡为逃避处罚或隐瞒情况而盗窃公文的则从重处罚，若所盗窃公文事关军事机密或钱粮等情形的均处以绞刑。可见，盗窃公文的违法行为的严肃性要高于一般性盗窃犯罪行为，其处罚量刑要比一般的盗窃行为更重。簿书、卷宗都是管理各类公文的重要文书，是公文的重要组成部分，一些官吏常以焚毁手段违法作弊。明代政府时常出现因管理疏忽而导致公文案卷被烧毁的事件，甚至有官员结党勾结、隐瞒违法罪证故意烧毁公文和黄册的事件发生。明初，松江府户房吏顾德亮等，因篡改钱粮簿册，虚出实收，还烧毁连续几年的公文卷宗，最终被处斩。③

其次表现为公文传递的安全。公文传递是公文生效的重要环节，而

---

① 杨一凡、田涛主编《中国珍稀法律典籍续编》，第510页。
② （明）申时行等修《明会典》卷一六八《刑部十》，第859页。
③ 杨一凡、田涛主编《中国珍稀法律典籍续编》，第510页。

第二章 法制视域中的明代公文观

保证公文在传递过程中被安全送达，是公文立法不可缺少的内容。王恕《奏解诈伪犯人奏状》记载了成化十四年（1478）发生的公文在传递途中被盗案件，"本年七月内，（金）玉因窥见本司红油描龙筒一个。及有本司据奉祀所典吏曹迪告行原籍苏州府吴县优免差役印信、公文二纸，（金）玉不合偷取在手，私将残缺旧大诰半本装在敕书筒内，又将（金）玉姓名写在前项公文之后，欲往苏州图取银两"①。公文需要通过驿站传递，各驿站铺兵是负责公文传递的主要人员。为保证公文在传递过程中完好无损，明政府规范了公文传递过程中的行为。公文传递最重要的是安全送达，对急递铺在传递过程中的安全问题，《大明律》专门设置了"递送公文三条"，其中列举了"磨破封皮、损坏公文、沉匿拆动"等情况，其中"拆动，即私开矣"。《吏律》规定"私开官司文书印封看视，事干军情重者，以漏泄论"。两者所列情形相似但处罚不同，雷梦麟对此进行了详细解析，即"彼自常人先知有机密文书，因而私开看视者言之，此自铺兵先因拆动封皮，而后见是军机重事者言之"②。所以二者在主观动机上有着本质的不同，处罚自然不同。该法条创制者重点从公文管理者角度立法，如铺司知道违法情形未告举的则与犯人同罪；各县铺长负责各铺往来巡视事务，每个月派遣官吏到铺进行照刷磨勘，若检举不到位出现"公文稽留及磨擦破毁封皮，不动原封"达十件以上的现象，铺长"笞四十"，提调吏典"笞三十"，负责官员"笞二十"；若出现损毁及沉匿公文，或拆动公文原封的现象，铺长与铺兵同罪，提调吏典则罪减一等，负责官员再减一等。③

日常衙门内公文的安全使用和保管是相关官吏的职责所在。为保证公文的安全，对公文文本的保存、管理做了相应的规定。公文运转过程中的各主管官可能涉及违法公文的类型有制书、圣旨、官文书、簿书、符验、巡牌等，违法行为有毁弃、窥避、知而不举、遗失、交割失误或失时等。"官文书者，官府之信也，干系轻重不同"，明代针对各级官府毁弃公文的不同性质给予相应人员不同的处罚。毁弃公文是一种主观故

---

① （明）王恕著，张建辉、黄芸珠点校整理，张世民审订《王恕集·王端毅公奏议》，第309页。
② （明）雷梦麟撰，李俊、怀效锋点校《读律琐言》，第288页。
③ 刘海年、杨一凡主编《中国珍稀法律典籍集成（乙编）》（第一册），第542页。

意违法行为,按照所毁弃公文的级别进行处罚,凡毁弃制书等皇命公文的以"斩"论处,毁弃一般官府公文的则"杖一百",毁弃公文事关军事机密、钱粮等的则处以"绞刑"。在毁弃公文事件中,若主官故意隐瞒罪情则从重处罚,若相关官员知而不报则与犯者同罪,对毁弃公文不知情者免予处罚。毁坏或遗失公文,也根据所毁失公文的级别和违法者的主、客观情况给予责任人不同的处罚,若遗失皇命公文或所遗失公文事关军事机密或钱粮等均"杖九十、徒二年半";若遗失一般性公文则"杖七十";而因主管官员疏忽等非主观损坏公文的则"各减三等"处罚;若因水火、盗贼等致公文毁失且有充分证据的则主管官可免于处罚;若公文遗失后负责官积极寻找且在30天日内寻回也免罚。①

明代针对公文安全的立法涉及了公文文本的整个运转过程,考虑到违法行为的种种因素,以立法禁止或处罚的方式表达对公文文本安全的重视,体现了对公文文本安全的全方位认识和考虑。

二 公文信息安全

公文承载政务信息,有实施措施、人事任命、军国大事等,这些政务信息只能适时公开,而在其他时间段则需保密,因此保密是公文安全重要内容之一。公文保密与政治利益密切相关,《周易》就阐释了保密对政治和君臣的重要性。首先,保密的重要对象是语言,"乱之所生也,则言语以为阶"。这里的"言语"既包括口头言语,也包括书面语言信息,即公文。公文是君臣之间重要的沟通工具,因此公文保密格外重要,所谓"君不密则失臣,臣不密则失身,几事不密则害成"。泄密不仅会危及官员安危,也会导致政策措施的失败,为此强调"是以君子慎密而不出也"②,无论是君主还是臣僚都应有保密意识。《韩非子·说难》也有"夫事以密成,语以泄败"③,肯定了保密是事情成败的关键因素之一。

公文保密为历代君主和臣僚所重视。夏、商时期就设置了保密人员,西周时太宰负责公文保密等保密事务,并发明了"一合而再离,三发而

---

① (明)申时行等修《明会典》卷一六八《刑部十》,第859页。
② (唐)李鼎祚撰《周易集解·系辞上》,中国书店,1984,第9页。
③ 陈奇猷校注《韩非子集释》,中华书局,1958,第221页。

一知"①的保密方法。汉宣帝为保密则要求官员采用"封事"形式进奏，以便了解下情②。"封事"是指"密奏以皂囊封之，不使人知"，是汉代常用的保密方式，汉代一般性公文如章表只用"启封"，而涉密公文则"得皂囊盛"③，以体现保密公文的特殊性。

春秋时就开始立法对泄露王命公文行为定罪。《左传·襄公二十二年》载有"泄命重刑"④的案例。秦汉时有"泄漏省中语"罪，"盖汉法，漏泄省中语为大罪"⑤。唐代则制定有较完善的保密法规，《唐律疏议·职制》设了"漏泄大事"条，对涉密的"事"区分为"大事"和"非大事"，前者为"潜谋讨袭及收捕谋叛"之类，即与政权安全有直接关系的事宜；后者为"仰观见同风云气色有异"之类⑥，指谶纬天象等事项，二者保密性质不同，泄密定罪也不同。公文阅读权有专门的限定性，专属于受文办理者，无关人员不得看阅，否则也属泄密行为。宋代长期处于和辽、金等政权的矛盾冲突中，窃密成为其矛盾冲突的直接表现。宋代通过立法加强对日常公文的保密工作，首先，对所有公文实行实封制度，惩处未实封公文行为；其次，边事军情类公文均以保密的形式传达，"不得榜示"；再次，严禁雕印"时政边机文书"⑦、御书、本朝会要及各类律、敕、令等公文；最后，严惩疏于日常公文管理及藏匿、毁弃、拆换公文，盗窃公文等行为。此外，为形成保密意识和氛围，宋代还鼓励检举各类公文窃密、泄密等行为，并根据不同的检举情形给予检举者不同的奖励。元代沿袭发展了唐、宋的保密制度，"诸中书机务，有泄其议者，量所泄事，闻奏论罪"⑧。将公文保密范围扩大到宰相府。明代在继承历代保密立法成果的基础上，进一步发展完善了明代保密制度，形成了明代公文保密观。

---

① 将三支竹简竖放排列，横向书写文书内容，每行三字，分书三简，然后又分开，每简只包括三分之一文字内容，将三简分三次投递，称为"一合面再离"。收文者只有收齐三简，将其纵向拼合，才能横向阅知文书内容，称为"三发而一知"。
② （汉）班固撰，（唐）颜师古注《汉书·宣帝纪》，中华书局，1974，第256页。
③ （南朝梁）刘勰著，（清）黄叔琳注《文心雕龙》，上海古籍出版社，2015，第151页。
④ （春秋）左丘明著，李维琦等注《左传》，岳麓书社，2001，第422页。
⑤ （宋）洪迈撰，孔凡礼点校《容斋随笔》，中华书局，2005，第21页。
⑥ 钱大群译注《唐律译注》，江苏古籍出版社，1988，第108页。
⑦ 杨一凡、田涛主编《中国珍稀法律典籍续编》（第一册），第364页。
⑧ （明）宋濂等撰《元史》卷一二〇《刑法志》，第2615页。

（一）明代公文泄密现象

中央重大决策公文在未确定前属秘密事项，官员起草公文所提建议也属保密事项，因而无论是当面商议，还是以公文形式进谏，都需要全程保密。刘基作为明初重要谋士，非常善于处理参谋事务中的保密工作。洪都府知府叶琛为陈友谅所杀，出现"荧惑守心"的天象，为安抚民心，太史令刘基"密奏上，宜罪己以回天意"①。因所提建议未被确定，属保密事宜。明太祖接受该建议策略，终使人心安定。朝廷重要的人事安排属保密事项，如景泰时王文与商辂"密拟内批"②调石璞为兵部尚书。特别是在皇权独揽的情形下，人事任命权成为皇帝权力的直接体现。成化二十一年（1485）五月，有科道官"灾异言事切直"③，皇帝为此以密旨将这些科道官调离。可见，皇帝不便公开排斥忠直之臣，便以"密旨"达到个人目的。有些重要朝臣也常以"密封推荐"的方式得到任用，如弘治年间，杨守陈、刘健、徐溥、倪岳、余子俊等均以密封形式被举荐④，其意义在于避免结党之嫌，显示裁决权仍在皇帝手中。

封建社会复杂的政治斗争中，公文拟制中的泄密往往会酿成大祸。王锜《寓圃杂记》载"英宗复辟"一事即由泄密所致。天顺元年（1457）正月，明代宗重病，内阁王文集议太子监国事宜，经商讨拟定了题本，因正逢十四日灯假，于是改至十六日向皇帝汇报，便将题本留于礼部尚书姚夔家。两日间，"诸臣中有一人泄其议，其贪功喜事若曹、石诸人知之，遂亟造谋"⑤。可见，公文泄密引发了一场严重的政变。宦官靠近权力决策核心，常有窃密行为，如孝宗曾召刘大夏议政，"缀衣后一童阉伏地窃听"⑥，后致刘大夏谪戍甘州。

内阁票拟属保密内容，特别是未经皇帝批准事项，常是窃密重要对象。崇祯时，御史蒋拱宸与吏科给事中吴昌时互相攻伐、拉拢势力，蒋拱宸勾结宦官，吴昌时则沟通首辅周延儒，"每阁票一旨，必先知"，导

---

① （明）焦竑撰，顾思点校《玉堂丛语》卷四，第 101 页。
② （明）张铨撰，（明）张道濬订，（明）徐扬先校，田同旭、赵建斌、马艳点校《国史纪闻》卷八，第 397 页。
③ （明）余继登撰，顾思点校《典故纪闻》卷一五，第 276 页。
④ 《明孝宗实录》卷八，"成化二十三年十二月辛卯"条，第 179 页。
⑤ （明）王锜撰，张德信点校《寓圃杂记》卷一"英宗复辟"条，第 4 页。
⑥ （明）焦竑撰，顾思点校《玉堂丛语》卷四，第 110 页。

致"众论沸腾",于是吴昌时上奏提出退休,该奏本的拟票为:"吴昌时准回籍调理,病痊起用。"拟票者为周延儒,而票拟尚未宣布吴昌时又知晓并到处宣扬,"宣言于人,谓已得温纶"。最后与蒋拱宸在皇帝面前对质,"上取原票阅之,果是"①。这是一起严重的泄密行为,最终导致涉事阁臣及相关官员被罢退。

公文保密不但官员应负责,作为君主更有履行公文保密的义务。韩非认为,亡国征兆之一就是君主泄密,"漏泄而无藏,不能周密而通群臣之语者,可亡也"②。君主作为权力的执行者,不能在决策前就泄密,这极可能带来政治的失败。明万历时,内阁首辅申时行曾以保密形式就立太子一事表明支持皇帝立太子的裁定,并建议"勿因小臣妨大典"。然而,明神宗为表明自己有坚定支持者,违反公文保密程序将该奏本批答交礼科发抄,舆论哗然,时论申时行"阳附群臣之议以请立,阴缓其事以内交"③,最终导致其被迫辞职。

实际上,大部分公文都需要公开,而需要保密的只是特殊的少部分。公文公开让官吏与百姓了解朝政,是治政手段之一,"故事,章奏既得旨,诸司抄出奉行,亦互相传报,使知朝政。自成化时汪直用事,其党千户吴绶以为漏泄机密,请禁之。后之奸人恐不便己私,遂往往禁诸传报者。然卒未有不传,亦可笑矣"④。汪直之党为谋私利而泛化保密事项,传为笑谈。

明代还存在告密类密奏或密疏。告密多涉及他人所知的私密,事关个人利益。而保密则涉及国家安全或公共利益。明代经常将此混为一谈,从而影响了保密制度。景泰年间,于谦曾推荐王伟为兵部侍郎,后王伟忘恩负义,"伺于公过误密奏之"⑤,明代宗召于谦入宫将"密奏"交给他。该"密奏"即是告密文,而非政务性的保密事项。告密类"密疏"是政治斗争的一种工具,据《三垣笔记》载,"吴辅甡将出都,语予曰:'幸语龚给谏,弗言及首揆,人将谓吾教之。'及行后,鼎挚出疏纠劾,

---

① (明)李清撰,顾思点校《三垣笔记》,第69页。
② 《韩非子》校注组编《韩非子校注》,江苏人民出版社,1982,第145页。
③ (清)张廷玉等撰《明史》卷二一八《申时行传》,第3833页。
④ (明)余继登撰,顾思点校《典故纪闻》卷一五,第275页。
⑤ (明)陆容:《菽园杂记》卷六,第75页。

胪列六十余款，又密疏一封，力言王应熊为延儒私交。疏上，皆留中。周辅之逮，与应熊他日之至而旋斥，皆由此。噫，密疏已非体，又延儒行时，鼎挈远送，伛偻舆前，其叵测又如此。或云，鼎挈诸，皆得之给谏廖国遴、杨枝起往入幕时所记也"①。密疏的使用要根据事件发展而定。李清认为"密疏已非体"，告密类公文仅是攻击他人的告密工具。

（二）明代保密制度

为加强公文的保密工作，明代采用唐、宋两代的公文实封进奏制度。《大明律》规定："若私开官司文书印封看视者，杖六十。事干军情重事者，以漏泄论。"② 为强化军事公文的特殊地位，对军情公文汇报提出了具体要求，要求具本实封公文须御前开拆，各部门之间不得知会，各自向皇帝汇报，若有隐匿或未及时奏闻者则"杖一百"③并罢职。实封公文贯穿所有军情公文汇报过程，目的是防止军情泄密。为做好中央公文的保密工作，《明会典》对地方上报皇帝的实封公文程序做了明确规定：凡臣民实封入递公文，由专人送通政司于衙署公厅中共同拆阅；若公文事涉军情机密等事项，于簿册上誊写公文简要内容和缘由后将原件实封进奏，经皇帝批写后送该科给事中收管，再交相关衙门抄出执行。所报公文涉边境腹地盗贼等机密事宜，各巡按以题奏报通政司实封进奏，不许迟留，公文副本亦随本封实，咨呈等公文免于挂号，待施行后再开拆登记，"各该承行衙门，俱要慎密关防，如有漏泄，一体治罪"④。另外，递送公文时凡铺兵所递送公文事涉军情机密，递送途中公文若有损坏均予以处罚⑤。

公文撰拟者是第一涉密人，首先应有保密责任和义务。唐朝对公文起草者制定了相应的规范，要求中书舍人拟写诏旨、制敕及玺书、册命等必须遵守规定，拟写完毕立即签发落实，在此过程中严禁泄密。《明会典》针对"近侍官员"制定了"漏泄机密重事"条。"近侍官员"指在皇帝身边参与公文制作的机要官吏。"机密重事"不仅指"机密大事"

---

① （明）李清撰，顾思点校《三垣笔记》，第66页。
② （明）申时行等修《明会典》卷一六六《刑部八》，第851页。
③ （明）申时行等修《明会典》卷一六六《刑部八》，第852页。
④ （明）申时行等修《明会典》卷一六八《刑部十》，第860页。
⑤ （明）申时行等修《明会典》卷一六七《刑部七》，第857页。

"军情重事"，凡国家一切机密重要之事都在此范围内。为此，规定"近侍官员漏泄机密重事于人"和"漏泄机密大事"者均处斩；若近侍官漏泄非机密的"常事"①则杖责一百并罢职不叙。除近侍官员外，还有译员常接触保密公文。英宗时规定"敢有私自教习走漏夷情者，皆罪不宥"②。因外交文书属国家机密公文，所以要求译员遵守相关公文的保密制度。

《大明律》中"对制上书诈不以实"条规定"非密而妄言有密者，加一等"③。可见，公文成为秘密有一定标准，而不能任意设定保密范围，特别是皇帝敕谕只有得到公开才便于执行。于是，有官员提出，"使在外有司或有过举，将何所析理乎？因循久之，又安保其不变哉！如蒙乞敕三法司，查从洪武三十年五月以后所增条例，通行会议较量轻重，斟酌取舍，撮其要节，定为中制。如敕谕内所言，编写成书，刊布中外，永为遵守。如是，则典狱者有所持循，而刑法无不平矣"④。建议将有施行价值的皇命公文进行摘录刊刻颁行，让天下臣民知晓。

近侍人员是皇帝保密防范的重要人群，明代皇帝多次对近侍人员提出要求。正统八年（1443），明英宗敕谕宫内各监司宦官，"祖宗旧制，内官内使职掌内府事务，纤毫不敢透漏。今尔等有不遵法度，与在外各衙门官员私相交结，透漏事情，或因公务营干己私，或徇亲情请求嘱托公事，或借拨军夫役使，以致所司挪移选法，出入刑名，重劳军民，妨废公道。已往之事，悉置不问。自今宜相戒饬，谨遵法度。其有徇情违法者，必罪不宥"⑤。明英宗分析了他们窃密的原因及危害。为防止泄密采取了"禁朝臣交通"措施，有言官密奏石彪违法时，英宗"恐有漏泄于彪者"，认为"群臣党恶如此，不可不戒"，于是敕谕百官："今后文武大臣，无故不许往来，近侍官不许造大臣私宅，锦衣卫官亦然。"⑥

文渊阁属于重要保密机构，"深严禁密，百官莫敢望焉，吏人无敢至其地"。可见其保密的政治地位，因此日常管理较为严谨，"阁中趋侍使

---

① （明）申时行等修《明会典》卷一六二《刑部三》，第835页。
② （明）余继登撰，顾思点校《典故纪闻》卷一三，第235页。
③ 刘海年、杨一凡主编《中国珍稀法律典籍集成（乙编）》（第一册），第600页。
④ 刘海年、杨一凡主编《中国珍稀法律典籍集成（乙编）》（第四册），第462页。
⑤ （明）余继登撰，顾思点校《典故纪闻》卷一一，第202页。
⑥ （明）薛应旂撰，展龙、耿勇校注《宪章录校注》卷二九"天顺三年二月"条，第379页。

令，惟厨役耳，防漏泄也。禁密文书，一小匣在几上，钤之而不合"①。文渊阁有着一系列的保密程序和规范。

为加强对内阁等核心政务参与者的保密管理，明代历任皇帝采用一些特殊的保密手段，其中最具代表性的是授予专用印章，用以标识秘密公文向皇帝建言献策。永乐二十二年（1424），成祖首赐银章给杨士奇、杨荣、蹇义、夏原吉等，印文为"绳愆纠谬"，即纠正错误之意。成祖特意阐释其政治意义，一是军国重务需要有能臣"协心赞辅"；二是当皇帝在政策失当时，未必接受群臣建议，为此希望有人再次提出劝谏，"悉用此印密疏以闻，毋惮于再三言之"②。用此银章以保密形式进奏，以示此类公文的特殊意义。明宪宗在给李贤、陈文、彭时等重臣下达密旨时均以御前之宝封示，内阁若有奏本则用文渊阁印封进，实封直达御前。③ 无论下达诏旨，还是上呈题奏，凡保密公文都采取密封形式并用专门印章加封。嘉靖时沿袭此做法并将其进一步完善，一是为既做到保密又便于皇帝识别，对不同官员授予不同的公文封印，如杨一清用"持"字、张孚敬用"忠"字、桂萼用"秉"字、翟銮用"正"字等④，皇帝通过印字就可以辨识进奏人，获赠银章官员增加至十六人。二是对保密公文的书写格式也提出相应的要求，首先是公文封套书写，正面上写"进呈"，下写"臣谨封"⑤，封套背面缝合处钤盖银章字号，不用姓名和其他标志。其次是公文正文内容的书写，保密公文最后用小字书写。

明代佘自强《治谱》对基层州县公文撰写的保密问题提出解决办法，"凡套启套书，俱发礼房誊写。若密禀密事，全在内书"。"内门转桶（通）处，须要两层封锁。若一层，恐内书有钥私开，便可内外交通，亦可隔门说话。若自家通不料理，只聘掌稿进衙，凡事倚赖，亦不细心防闲，断未有不滋弊者，慎之。"⑥ 分析了基层官府中种种泄密的原因，同时针对公文撰写条件、人员及硬件环境管理提出相应的保密要求。

---

① （明）王鏊著，吴建华点校《王鏊集》，第 567 页。
② 《明实录》附录，《明仁宗宝训》卷一"求言"条，第 55 页。
③ 参见（明）沈德符著，黎欣点校《万历野获编》卷二《补遗》"内阁密封之体"条，第 887 页。
④ （明）杨一清著，唐景绅、谢玉杰点校《杨一清集》，中华书局，2001，第 994 页。
⑤ （明）杨一清著，唐景绅、谢玉杰点校《杨一清集》，第 992 页。
⑥ （明）佘自强：《治谱》，《续修四库全书》史部第 753 册，第 514 页。

在实际管理中总结了一些保密技巧和方法，形成了基层行之有效的保密规则。司法公文处理过程中也格外需要保密，林希元《居官说要》对此就提出，"上司批下或府堂送来词状，就摘紧关人犯出牌，封而藏之，待问完然后粘案。必封藏者，防吏书抄词换词之弊，且不令被告生情破调也"①。他介绍了处理司法公文时的保密方法，同时阐明了司法公文保密的目的和意义。

明末，社会危机四起，明思宗非常重视公文的保密制度。崇祯元年（1628）十二月，思宗谕旨告各衙门，所有题奏未经御笔批红不许报六科抄发，以免泄露机密；官员所上揭帖不许擅自抄传。② 明初，凡官员进呈公文装封要封缄，皇帝密诏均用御前之宝封缄，直接送大臣拆阅；而上报保密公文则用揭帖或题本。明思宗为保密专门设计了一套公文封装办法，"上每发本，俱先经览定，分为首票通票数套，其最重大者，亲封黄绢小匣，御题某日某时送阁。及票拟签上进，亦封原匣内，写某日某时某臣等谨封，余则分项入套，以文渊阁印钤送而已。及批红发下部科，复将亲批票签密封送阁，其慎密古未有也"③。可以看出，明思宗对公文保密的重视程度。

（三）明代关于保密与公开的思考

关于公文保密和解决公文处理过程中可能存在的泄密隐患，明代政治家进行了一系列的探讨。内阁大学士刘健就公文保密事项专门进奏，他首先肯定皇帝对保密的重视，"皇上委任腹心，慎重机务，开决壅蔽，防闲漏泄之意"，任用心腹可做到公文畅通和保密，以保证决策安全。其次，其指明参与决策的内阁官员不同于一般官员，"承德弼违，献可替否，辅佐朝廷，裁决政务"，常参与皇命公文拟写和处理，"中间事情诚为秘密"，故而其注意公文保密格外重要。最后，皇帝有公文先交司礼监传给文书房，再由文书房传给具体的官员，官员上报公文再按此路径回报，内阁起草公文则由制敕房中书舍人誊写，中央公文传递环节太多，存在泄密隐患，"经历太多，耳目太广，岂能保无漏泄"。刘健建议重视

---

① （明）林希元著，林海权点校《林次厓先生文集》，商务印书馆，2018，第336~337页。
② 参见（清）孙承泽著，王剑英点校《春明梦余录》卷四十九"通政使司"条，北京古籍出版社，1992，第1065页。
③ （明）李清撰，顾思点校《三垣笔记》，第206页。

内阁与皇帝往来公文的保密工作，这些公文多关系"得失利病"，属机密事项。由于内阁事务较多，"不敢阿顺缄默，未免有所陈奏"，为提高办文效率，刘健建议内阁大臣给皇帝公文不必全部亲拟，除"事理重大者"亲自书写封进，其他一般性事务可由中书舍人代写，内阁学士负责监管提醒保密。另外，刘健还建议，"皇上若有咨议，仍乞照祖宗故事，或召臣等面谕，或亲赐御批数字封下，或遣太监密传圣意，使臣等有所遵奉，庶情得通达，事无漏泄，实为便益"①。票拟属于未成熟和未经皇帝裁决的意见，不宜公布，刘健一方面对自己保密意识和做法提出要求，另一方面对皇帝保密提出建议，认为应减少公文传递的环节。

内阁负责拟写制、敕、诏、册等皇命公文，属官中书舍人负责公文誊写，其他非翰林人员不得干预，这是出于对重大事项保密的需要。杨一清《论东阁掌诰敕奏对》结合明世宗赐银章作为保密标识的做法，探讨了公文撰拟的职责和保密问题。他首先对其历史进行了梳理：

> 上意又欲赐臣等印记，以封所来帖子，及所赐御札用"政事文札"验记一颗封识，尤见圣虑渊深。我朝仁庙、宣庙之时，赐尚书蹇义、夏元吉，大学士杨士奇、杨荣等银图书各一，其文曰："绳愆纠谬。"能悉记。且谕之曰："朕有过举，卿但奏来，以此识之。朕不难于从善。"是时，君明臣良，蔼然唐、虞吁咈气象。天下太平，百姓安乐，实由于此。皇上是心，正合祖宗之意。近日后生不知典故，犹有谓祖宗之事不足法，而欲更张之者。此狂士之谈，谅莫逃圣明洞察之下矣。但先朝印章，除"绳愆纠谬"之外，多称美之辞。②

他充分肯定历任皇帝的保密做法，出于为臣谦逊低调的考虑，杨一清建议皇帝对所赐银章作"责望语"并以之为政治要求，如用"朝夕纳诲""事君以忠""事君勿欺""现难陈善"等语，希望皇帝能够根据不同人员使用的银章文字，提不同的忠告和要求。他重点讨论了内阁密封进奏言事的问题，公文保密关键要限定涉密人员范围，无关人员不能随

---

① 余来明，潘金英校点《翰林掌故五种》，第481页。
② （明）杨一清著，唐景绅、谢玉杰点校《杨一清集》，第991页。

便介入。公文多为集体创作而非个人行为，是集体意志的表达，因而公文制作需明确职责，建议严格控制拟写保密公文人员的数量。

杨一清曾因眼疾不能书写保密公文，请求由侄儿代写，世宗则希望重要保密公文还是由杨一清亲自拟写，一些保密性较弱事务较轻的公文可代写，但仍要告诫书写人增强保密意识，"泛及多人，则谋不成，事易泄"。明世宗将保密公文制度的建设上升到政治的高度，世宗曾说："虑时人最猾诈，倘一失之，我君相必被他人相间也。夫君者，天下之主，可亲者二：宗室支属，私亲也；忠良贤佐，公亲也。亲其私者，以夹辅王室也；亲其公者，以治理朝政也。"① 专门授予重臣银章，能够在君臣之间形成一种特殊的政治亲密关系，这种政治亲密关系不同一般宗室之亲，是应治理国家的需要而产生的。可见，明世宗对公文保密的重视程度，以及对泄密行为的深刻认识。夏言身为内阁大学士，给皇帝的保密公文常不遵守保密规则，时常随意修改文字，或忘记钤盖钦赐银章，世宗批评其"怠慢不恭""密疏既不遵式"的行为，并威胁"既不遵奉，原赐印记并历年御帖，可即进缴"②，夏言在谢罪疏中也承认其在上报保密公文时多次违反相关保密制度。

公文保密制度设计不严密，不仅会产生矛盾还会影响政体，《谷山笔麈》专门讨论了六部官员在公文处理过程中的保密问题。按照惯例，明代六部撰拟题奏涉事官员均需署名；而出谋划策类题奏，左右副职官员不能过问，即便在公文拟定后，左右副职官员要在公文纸尾署名，仍不得过问公文内容；人事任免属保密事项，公文拟写只由主官及人事官员负责，除在朝廷上知悉外不能公开，一般官员不能知晓。"正卿与郎吏为密，视同列为外人，及有不当上心，奉旨对状，左右二卿又难以不知为解"，导致副职官没有参与权却要承担责任，即"是不使之与其谋而使之同其谴也"，出现公文保密与泄密责任分担不对等现象。所以，于慎行认为这种保密制度不但于"政体有失"，而且不符合人情事理。这种情形也同样出现在内阁，"内阁本揭署名，体亦类此，往往复有密揭，则更无从与闻矣"③。这反映了明代在保密制度的设计上存在保密人员权责界

---

① （明）杨一清著，唐景绅、谢玉杰点校《杨一清集》，第994页。
② （清）张廷玉等撰《明史》卷一九六《夏言传》，第3461页。
③ （明）于慎行撰，吕景琳点校《谷山笔麈》卷四"相鉴"条，第34页。

定不明确的矛盾。

政务管理过程中，大多数情形下，公文只有公开才便于执行，才能体现公正。嘉靖时，范珠《修政弭灾疏略》就建议对公文实行公开制度。他首先批评了将应该告之天下的公文密而不传的弊端，"使其秘而不传，则书不得而载，诗不得而诵，史官无以记录，后世何以考据"。范珠结合现状分析了"一切旨意不许传报"的危害，将其概括为四个方面，一是"将合群下聩聋暗哑，面墙而立，赏不知其所从，罚莫测其所自"，即事事暗箱操作，不能公开透明；二是"若以为抄誊劳人，则各官自有操牍执翰之徒，未尝言己之病"，即不能被监督；三是"若以为漏泄机密，则朝廷必无远嫌避忌之事，未尝畏人之知"，即可以为所欲为；四是"不令传报，莫解其由，将恐小人乘此为壅蔽之计，肆奸罔之奸，塞下之耳目，蒙上之聪明，其患亦非小也"，不公开公文导致公文信息传递雍蔽，出现欺上瞒下现象，进而肯定了公文公开的重要意义，"是知人主一号一令，有目皆见，一赏一罚，有耳毕闻可以质诸鬼神，可以播诸夷狄"。朝廷颁布的诏令，允许各衙门传报，一方面可以实现"事无壅遏，情亦浃洽"；另一方面，若是用人不当或政策不可行，"大臣得以申论，谏官得以抗言"。为此，范珠建议"凡遇内降旨意，悉听各衙门官吏于午门前互相抄写，通行报知。示以大臣至正之道，不为琐屑较计之私，事既无壅，情亦获通，诚裨助化理之一端也"①。霍韬曾建议立法，要求所有公文必须当堂明谕，这样奸吏就无从下手。

为减少基层官府对百姓的侵害，明代将与赋税相关的公文公开，这无疑可以有效地加强对官吏营私舞弊的监管。然而一些官府吏胥往往侵匿《赋役全书》，佘自强批评这种行为致使乡绅士民不知赋税钱粮的真实情况，吏胥趁机渔利百姓，而将其公开后可有效防止官吏作弊。公开《赋役全书》让人人可以"逐一了了分明，刻出共见，自知一分额编必有一分支派，而比较全完"②，即便一些吏胥想从中作弊也无从下手。"钱粮刻册已成，催征总数已定，则应照粮起科。然起科有三宜知，一要

---

① （明）范珠：《修政弭灾疏略》，（明）陈子龙等选辑《明经世文编》卷一二二，第1179页。
② （明）佘自强：《治谱》，《续修四库全书》史部第753册，第556页。

知一条鞭，一要知有免无免之分，一要知用算法，今分款解注于下。"①公文公开也让钱粮催征事务便于解决，"凡投选及各项文移，吏辈多假驳查送问为骗局"②。

孙承泽《春明梦余录》对公文保密与公开进行了探讨。首先，阐述了保密与公开的几种情形，一类是"必当密者"和"不必密者"；一类是"可密于事先"而不能密于事后的；一类是"当密于今日，而不必密于明日"的情形，即从保密性质、时机和期限三方面区分。其次，结合具体事务分析了什么情形应保密、如何保密，什么情形应公开。如军机要事需要"动于九天，藏于九地"，须做好保密工作；而警报地方匪寇、侵扰情况，这些"动静之情，胜败之事"需告知廷臣，以便共同出谋划策，让各军事要员知晓才能共图防御，这些情形必须公开。而由邸报抄传或民间传言，"疑揣转甚，张皇孔多"，故而廷臣议论的均无须保密。"如制边之策，诸臣有密奏"则须保密，边境虽已安定，仍需廷臣为安边出谋划策，那么官员"剿寇之谋"之密奏就属保密事项；而匪寇尚未平定，仍需廷臣为剿寇出谋划策的公文就应在事前保密，而剿寇完成就可不用保密。若逮捕罪犯不保密则罪犯可能逃走，而人犯已捕获则须公布其被逮捕原因；在判决罪犯罪名前，若不保密则罪犯会自杀，而当罪犯已正法则须公布其被诛原因，这些就是"当密于今日，而不必密于明日"的情形。"人臣事君"本无不让天下知晓的信息，朝廷所推行的政策更无不可让天下知晓的，之所以保密是为保证事情成功，等事情成功而公布于天下，"所谓理本相成，变而不失其常也"。最后，阐明了正确区分保密与公开的关系有着重要的现实意义。一是如果朝廷事事都以慎密为借口，"因循沿为故例"，以至于像"科录史馆"也保密，那就不能"启什袭之藏而笔之"，各类档案资料就不能使用，修史也就无法进行；一是过度保密会导致"壅蔽纶綍"③。孙承泽对公文保密问题提出自己看法，深入地分析了公文保密的类型、时机和重要性，将公文保密上升到一定的理论高度。

对涉及关键人事任用的公文，钱一本抨击申时行等内阁专权的"密

---

① （明）余自强：《治谱》，《续修四库全书》史部第753册，第557页。
② （明）焦竑撰，顾思点校《玉堂丛语》卷二，第52页。
③ （清）孙承泽著，王剑英点校《春明梦余录》卷二五"六科"条，第402~403页。

启言事"制度，主张"公天下以选举"，主张人才的选任应该公开，反对"私启"，"墨敕斜封，前代所患；密启言事，先臣弗为"①。这种取消公文保密制度的做法，直接与君权相冲突，在一定程度上会削弱皇权。而强化神秘性和保密性是权力私有的必然要求，所谓"君不密则失臣，臣不密则失身，几事不密则害成"②。

第四节 明代公文诚信观

"夫诚者实有者也，前有所始，后有所终也。实有者，天下之公有也，有目所共见，有耳所共闻也。"③诚信既是治政的价值追求，也是公文的价值追求，一方面，公文承载的信息和表达的意图真实可信；另一方面，公文政策指令得到实现并一以贯之，由此建立公文公信力和权威性。皇命公文及各级官府公文的贯彻执行是政权公信力的直接体现。历代都将"诚信"作为公文权威性的重要准则。《尚书·康王之诰》载，"昔君文武丕平富，不务咎，底至齐信，用昭明于天下"④。只有致力实行"信"，才能真正地治理好天下。《周易·中孚》载，"中孚，柔在内而刚得中，说而巽，孚乃化邦也"，"中孚，信也"⑤。诚信是统治者化育万邦的必然要求。荀子强调令出必信的重要性，"政令信者强，政令不信者弱"⑥。政令公信力强则国家就会强盛，若出台政令不能守信则权力就会削弱，因此"制号政令，欲严以威，庆赏刑罚，欲必以信"⑦。唐太宗曾强调诚实守信是治理国家的关键，直接表现为公文守信义，否则就会"号令不信，则民不知所从，天下何由而治乎"⑧。可见，公文诚信对治政的重要意义。

---

① （清）张廷玉等撰《明史》卷二三一《钱一本传》，第4031页。
② （唐）李鼎祚撰，李一忻点校《周易集解·系辞上》，九州出版社，2006，第560页。
③ （清）王夫之：《船山全书》（第二册），岳麓书社，1988，第306页。
④ 《十三经注疏》整理委员会整理，李学勤主编《十三经注疏·尚书正义》，北京大学出版社，1999，第519页。
⑤ 《十三经注疏》整理委员会整理，李学勤主编《十三经注疏·周易正义》，第242页。
⑥ （清）王先谦集解《荀子集解·议兵篇》，上海书店，1986，第179页。
⑦ （清）王先谦集解《荀子集解·议兵篇》，第183页。
⑧ （宋）司马光编著，（元）胡三省音注，"标点资治通鉴小组"点校《资治通鉴》卷一九二《唐纪八》，中华书局，1956，第6027页。

明代统治者在治政过程中，充分认识到公信力对保证公文权威性的意义，一方面通过立法保证公文内容真实准确，打击伪造公文等违法行为；另一方面强化公文执行落实的公信力。明代在采取一系列手段和措施保证公文公信力和权威性的同时，也对公文失信进行了批判，对公文诚信提出了思考。

一 公文内容真实

真实是公文的生命，即公文所表达内容与现实一一对应，是可证实且可操作执行的信息。一般而言，官府公文由官吏制作，既要将政令下达，也要将民情上报，所有公文必须保证其内容真实有效，而不能出现错误。公文内容的不真实即"名""实"不符，明代公文"名""实"不符的现象时常发生。如成化三年（1467）三月，户部尚书马昂、都御史林聪等盘查京营，"视其名则案牍充盈"，实则队伍空虚，派兵时"累旬日不能得数万"，而支取钱粮或受赏则"填塞仓衢""溢满禁涂"，一些总兵等官"纵之归休，役之私用，受贿买闲，应付权贵"。皇帝要求"将见在军士点闸，且以十五万实数来报，有隐蔽不报，抗拒不服，即奏闻拿问削夺"[1]。公文作为凭证和依据，只有"文"和"实"一一对应才能真正发挥实效。

（一）常见公文内容造假行为

明代导致公文内容不真实的违规行为有诈为、诈传、篡改、增减和失错等。伪造公文的违法行为时常出现，李东阳《送荆庭春之云南按察副使序》载："荆君庭春之以御史按浙江也，有伪造布政牒、窜名胥吏者为所按。因尽发伪吏多至八百人，褫巾服，加桎梏者道相属。传闻京师，流播远迩，以为奇绩。"[2] 这是社会团伙伪造布政司公文的违法事件，案中人员伪造"布政牒"冒充官府吏胥被查获。除日常政务类公文外，各类业务公文也是违法重灾区，如涉及国家赋税、民生经济的鱼鳞图册、黄册等，如"偷抄洗改后湖广黄册"[3]。此类文书一般承载着重要

---

[1] （明）余继登撰，顾思点校《典故纪闻》卷一四，第255页。
[2] （明）李东阳著，周寅宾点校《李东阳集》第二卷，第99页。
[3] 刘海年、杨一凡主编《中国珍稀法律典籍集成（乙编）》（第四册），第451页。

赋税征收标准，篡改该类公文属于严重的经济犯罪。

"诈传"不同于"诈为"，元代徐元瑞在《吏学指南》中对其做了区分，一类是纸面的，"诈伪谓如伪造文书，见于纸笔之间者"，各类人等都有可能违法；一类是口头的，"诈传谓如虚传意旨，形之于语言之间者"①，属于用言语传递公文内容的造假行为，违法者多是有职务的官吏。明人雷梦麟认为，"传者，传说之谓，自内而传之也"，所传内容为"分付公事"②。永乐时，成祖曾派宦官李进采办天花，后要求停办。而李进却诈传诏旨、伪作勘合，继续召集军民以采天花为名假公济私、祸害军民，最后"械送京师，必置重法。若都司、布政司有干涉者，并鞫治之"。成祖严厉批评了宦官诈传诏旨行为，一方面指出历史上多有宦官弄权现象，"假朝廷之号令，擅调军马，私役人民，以逞威福，生事造衅"，导致国家灭亡；另一方面强调御宝公文是"明号令，调发军马"的凭证，并严禁所有政府机构接受宦官差遣。最后，对宦官李进的违法行为进行定性："此亦与胡、蓝、齐、黄欲坏国家事者何异？"③ 洪熙时，"太监马骐矫旨下内阁书敕，付骐复往交趾闸办金、银、珠、香"④。经翰林院官员复奏仁宗才知马骐假传命令。

无论诈为还是诈传均属"无中生有"，而篡改或增减则是有企图的故意改错，雷梦麟以制书为例对两类违法行为进行了区分。"本无制书，假撰词旨，谓之诈为；本有制书，更换词语，谓之增减。"⑤ 类似违法行为也常见，天顺时左都御史李宾上奏反映："假立文簿，虚作支销。"⑥ 崇祯元年（1628）九月，惠安伯张庆臻贿赂兵部刘鸿训涂改敕书，依规总督京营官员不能兼管巡捕军，而张庆臻却在任命敕书上添加了"兼辖捕营"四字，经查，张庆臻贿赂兵部刘鸿训，由其命令下属篡改敕书，刘鸿训和张庆臻被依法处置。这是典型的篡改人事公文案件。颜俊彦

---

① （元）徐元瑞著，杨讷点校《吏学指南（外三种）》卷七，浙江古籍出版社，1988，第111页。
② （明）雷梦麟撰，李俊、怀效锋点校《读律琐言》，第434页。
③ （明）余继登撰，顾思点校《典故纪闻》卷七，第123页。
④ （明）余继登撰，顾思点校《典故纪闻》卷八，第143页。
⑤ （明）雷梦麟撰，李俊、怀效锋点校《读律琐言》，第434页。
⑥ （明）张铨撰，（明）张道濬订，（明）徐扬先校，田同旭、赵建斌、马艳点校《国史纪闻》卷一〇，第463页。

《盟水斋存牍》载有多起篡改或增减公文行为，如书役黄应璋增减文书，"具稿送金之后，添注一名谢帝锠，而牒上改一字为二字，改三字为四字"①。另外，"失错"属于公文处理过程中因"怠忽"②而导致的公文制作错误。

（二）防范公文内容造假的制度

诈为公文，即假借官府名义或假借非职权内的其他部门名义伪造公文，以骗取财物或谋取私利的行为。这属严重危害公文权威性行为，历代都立法惩处此类公文违法行为。《唐律疏议》设"诈伪"条惩罚诈为公文行为，"《诈伪律》者，魏分《贼律》为之"，此条是对三国时期魏国已有法条的继承和发展，分别设"伪造御宝"③"伪写官文书印"④等。明代为打击伪造公文现象，《大明律》设"诈为制书"条，将伪造皇命公文和各级官府公文的违法行为分为几种不同类型，具体表现为"诈为制及增减者""传写失错者""套画押字，盗用印信，及空纸用印者"⑤等。雷梦麟认为无论是"已施行者"还是"未施行者"，都属于"匹夫而擅天子之令"的严重违法行为。而伪造各级官府公文，其恶劣影响在于"其文书皆足以动众"⑥。此外，在判署公文过程中也有相应规定，"若代判署应行官文书及原失文案，于内事情有增减出入"⑦属于增减篡改公文内容行为，也有相应的处罚。

皇帝的诏旨是最具权威性的文体，在整个公文体系中占有重要地位。明代"诈传诏旨"条中的"诏旨"多指皇帝口谕，虽是口头命令，但办理时须落实到纸面，因此也可归入公文一类。这类违法者一般为宦官或皇帝近臣。诈传诏旨是严重的损害皇命公文权威性的行为，《大明律》设"诈传诏旨"⑧条，主要包括皇帝的书面公文和口头命令，皇后懿旨、太子令旨、亲王令旨等。罪责有两类，一类是诈传皇帝诏旨的则处斩，

---

① （明）颜俊彦：《盟水斋存牍》，中国政法大学出版社，2002，第157页。
② （明）雷梦麟撰，李俊、怀效锋点校《读律琐言》，第48页。
③ （唐）长孙无忌著，袁文兴、袁超注译《〈唐律疏议〉注译》，第695页。
④ （唐）长孙无忌著，袁文兴、袁超注译《〈唐律疏议〉注译》，第697页。
⑤ 怀效锋点校《大明律》卷第二四《刑律七》，第191页。
⑥ （明）雷梦麟撰，李俊、怀效锋点校《读律琐言》，第434页。
⑦ （明）雷梦麟撰，李俊、怀效锋点校《读律琐言》，第106页。
⑧ （明）申时行等修《明会典》卷一七〇《刑部十二》，第872页。

各衙门追究钱粮、鞫问刑名等事务时，妄称奉旨追问的则处斩；另一类是诈传皇室懿旨或令旨的则绞。诈传诏旨均为死罪，只是以不同方式区分诏旨的等级，该法条旨在维护皇权的地位。诈传诏旨事件多有发生，如韩王内使李毅等不愿意到王府任职，于是伪造韩王令旨开城门逃往京师，后被捕押还。该事件中李毅等"诈传令旨"①。宣德时，曾有宦官诈传皇帝口谕到六科，并将该口谕发至各部执行，宣宗得知后，"即下法司治"②。为防止假传诏旨问题，对所有下发公文均要以簿册形式记录在案，以便随时查证备考。

《明会典》规定了各级衙署中诈传官员口头命令的行为，一是按诈传对象的品级加以处罚，如诈传一品、二品衙门官员命令并有所规避的则"杖一百，徒三年"；诈传三品、四品官员命令的则"杖一百"；诈传五品以下官员命令的则"杖八十"。二是根据违法行为中的性质处罚，如属从犯者各减一等处罚；若获得财物，"计赃以不枉法，因而动事曲法者以枉法"，则从重论处；相关官员明知是诈伪口谕仍接受命令的以诈伪罪论处，不知情者无罪；如有关衙门追究钱粮、鞫问刑名等事项，负责官吏应及时汇报，得到批准后执行，妄称奉旨索要钱粮或问刑名的处斩。这些罪责按诈传公文所送对象级别层次加以区分，同时也考虑违法性质轻重和违法的主观性等。除立法外，还从日常制度上监管诈传行为。凡有圣旨传达执行，得旨部门须以公文形式覆奏并送六科，再由光禄寺附录登记文簿，以备查验。口头诏旨记录虽没有严格形式要求，一般也要"具本覆奏送科"③，以便查验。为减轻督查压力，防止诈传皇帝命令，将皇帝口谕统一附录文簿。

公文制作是公文在政务管理过程中发挥作用的基础，增减篡改公文是导致公文失真的原因之一。为打击官吏篡改公文行为，《大明律》设置了"增减官文书"条，处罚增减公文官吏的基本标准为"杖六十"，再根据增减公文主观意图和客观危害程度予以不同处罚。如增减公文是为了隐瞒实情、逃避处罚的则再加罪二等，最高为"杖一百，流三

---

① （明）焦竑撰，顾思点校《玉堂丛语》卷二，第43页。
② （明）余继登撰，顾思点校《典故纪闻》卷一六，第288页。
③ （明）申时行等修《明会典》卷一七〇《刑部十二》，第872页。

第二章 法制视域中的明代公文观

千"①；如所增减公文未实施的则以"杖六十"为准，减一等处罚；如增减公文以掩盖其稽迟的则"笞四十"。明律根据增减文书是否实施和危害程度给予增减公文者不同处罚。同时还规定，"各处上司遇有印信申文，须抄案或箚付，不许简径批发施行"②，以防止增减公文行为的发生。如为规避处罚等而篡改公文且实施的则类同"增减官文书"而予以处罚，如未施行则"各减一等"③；增减军机类事务公文属非常重大事故，处罚最重，不论何种缘故皆处斩。若相关官吏属非主观有意为之而误写且未产生危害的则不处罚。当然，若公文虽有错但仍可行的且不会有误解或对公务实施无较大影响的则能够免于处罚。《吏部条例》专门对人事考核类公文的违法行为制定规范："给由知印、承差，批咨内洗，改紧关字样及多历少历者，参问充吏。若遇革，仍发重历。给由吏役内曾经犯有徒杖等项过名者，备抄原籍衙门问过印信、招由，粘连公文起送，看无干碍行止，方许入考。如无招者，不收考。若隐匿不报，查出通行参问……官作缺不明，无上司衙门印信执照，行查贴黄。关防诈伪册及开报明白者，免。无者，行查。"④

公文的真实性还体现在公文奏请中，若"当该官吏有所规避，增减紧关情节，朦胧奏准施行，则是有意于为欺也"，无论是"增减"还是"朦胧"都违背了公文真实性原则，也是对上司的欺骗，所以雷梦麟认为，"所奏公事不无小大之殊，然同归于欺罔而已矣"。与此同时，他还对"朦胧"的情形做了细致的阐释，"若将不合行事务，未曾禀请上司，妄作禀准，及窥伺上司公务冗并，乘时朦胧禀说施行者，照依上司衙门品级，以诈传各衙门官员言语科罪"⑤。可见，公文汇报过程中的欺罔包括内容的真实和处理结果的真实两个方面，这两方面出现问题便会造成严重的后果。

"公事失错"条常涉及公文处理事项，有"同署文案"和"官文书稽程"等。明代充分考虑到公文违法主体的主客观性，认为"公事失错

---

① 怀效锋点校《大明律》卷三《吏律二》，第42页。
② 刘海年、杨一凡主编《中国珍稀法律典籍集成（乙编）》（第四册），第451页。
③ 怀效锋点校《大明律》卷三《吏律二》，第42页。
④ 刘海年、杨一凡主编《中国珍稀法律典籍集成（乙编）》（第二册），第207页。
⑤ （明）雷梦麟撰，李俊、怀效锋点校《读律琐言》，第100页。

自觉举者，始虽怠忽，终能致察"，所以免罪。同时考虑到"文案"失错所造成的影响及后果，若"一人觉举，事已改正"，未造成严重后果，则"余人皆得免罪"，而若已经决断执行，则"业已论决，虽悔曷追"，此种情形就要处罚。对于"官文书稽程"等公文处理过程中的严重错误，明代对违法者的处罚也考虑到不同主体在整个违法过程中所分担的不同责任而加以区分，"若官文书稽程，皆主典之罪，而首领不行严督，亦应连坐。若一人觉举，余人亦得免罪。惟上典之吏承行其事，不免，以其所掌在此也。若上典自举，得减本罪二等，亦不全免。首领官、承发吏及同房吏典，不系承行者，仍依一人觉举余人免罪之律"①。日常公文归档管理是政务公文管理的重要内容。公文制发情况须清晰准确地记录，以便核验查对。《明会典》规定，对于凡因公文簿册登记或记录模糊导致公文卷宗不明，"研穷至极，别无规避，止是怠于清理，以致前后错乱，字样差讹，理改而后可清者"②，则"杖一百"并服役；如有将内府贴黄、户口黄册及钱粮刑名等公文档案毁弃或弄错，故意伪造篡改孳牧草料供给军需、军饷、军册等情形，违法人员处以斩刑，其家人发配边疆。

"磨勘卷宗"与"照刷文卷"属于从不同层次保证公文真实准确无误的监管制度。"照刷者，将各衙门有行文卷而照刷之，以发其弊之所在也；磨勘者，将各衙门已刷文卷而磨勘之，以观其事之所改也。"③ 照刷是初级层次，磨勘属于二次监管。《大明律》专设"磨勘卷宗"条，重点督察"各衙门未完文卷"。监察御史和提刑按察司负责照刷磨勘，磨勘公文案卷者有隐瞒错漏的，每涉及一宗则"笞四十"，每多一宗罪加一等，最高为"杖八十"，涉及钱粮公文案卷一宗则"杖八十"，每多一宗罪加一等，最高为"杖一百"；官吏知情后补写文案逃避错误，涉及钱粮的以"虚出通关论"，涉及刑名等事以"增减官文书论"；同僚知情不报的则与作弊同罪，"不知情及不同署文案者，不坐"④。对磨勘违法行为以是否为主观故意行为为标准而采取不同的处罚措施，所关联事务的性质及轻重不同，处罚也不相同。为打击宦官违法行为，防止宫内各

---

① （明）雷梦麟撰，李俊、怀效锋点校《读律琐言》，第48页。
② 杨一凡、田涛主编《中国珍稀法律典籍续编》，第510页。
③ （明）雷梦麟撰，李俊、怀效锋点校《读律琐言》，第106页。
④ 怀效锋点校《大明律》卷三《吏律二》，第41页。

监局篡改公文，明宣宗曾谕告左都御史刘观，就监管公文失错、增减、篡改等提出具体要求：不仅文武各类衙署的公文案卷需派御史照刷磨勘，司礼监等机构也有钱粮出纳等文卷，可能存在营私舞弊的现象，要派御史审核宫内各监局，"详加磨勘，有隐匿钱粮虚冒支给者，悉以闻"[①]。照刷重点是钱粮出纳类文卷，建议照刷和磨勘二者并用。

二 公文执行效力

公文执行效力是指公文所承载的措施、政策或命令在政务管理中得到有效的贯彻落实和施行。公文执行的效果直接影响着公文权威性，也即公信力的树立。公文具备执行效力首要条件即公文所制定的政策、方案或措施要具有可行性，是符合现实需要的对策。如何保障每一份公文被理解和不折不扣地落实是公文责任者所关注的问题。

（一）公文执行力的政治意义

公文作为政务管理的工具，必须有权威性才能被执行，其权威性树立靠的是国家法律制度的支撑，同时公文又必须在法制框架下按照法律规范运行才能真正发挥效力。公文本身也是法制体系的重要组成部分，在其自身的运转过程中不断树立其权威。明初新政权稳固的过程，是政治权威树立的过程，也是公文权威树立的过程。明太祖认为，政权初建应先正纪纲，元代正因"纪纲不立，主荒臣专，威福不移"，致使法律不行，人心涣散，"遂致天下骚乱"[②]。公文只有树立权威性，才能保证政令顺行，公文运转才能通畅，公文才能被切实执行。明代通过各种法律和政策树立公文的权威，然而在政治矛盾斗争中，又有诸多因素在侵蚀、削弱公文的权威性。

明代有识之士都强调公文可行性与现实相符问题，这是公文发挥实效的前提和保障。明初，解缙就曾上封事言："令出惟行，不宜数改。刑期于无刑，宁失不经。令数改，则民疑，疑则不信；刑太繁，则民玩，玩则不清。国初至今，将二十载，无几时无变之法，无一日无过之人，

---

① （明）余继登撰，顾思点校《典故纪闻》卷九，第154页。
② （明）何棅如：《皇祖四大法》卷三《治法》，《四库全书存目丛书》史部第51册，第496页。

良由诚信有间,用刑太繁也。"① 对频繁的政治改革所导致的朝令夕改的现象进行了批评,指出公文"数改"导致其"诚信"丧失。著名政治家王恕的《言诏令不可失信奏状》就充分论述了公文执行公信力对治国的重要意义,"信者,国之宝,民之所依以立者也。诏者,国之号令,敷恩泽、感人心,而示之以必信者也"。并引述了《周易》中"涣汗其大号"观点阐释"言号令如汗之出而不反也",引述《尚书》中"慎乃出令,令出惟行,弗惟反"论证"言号令之出不可不谨,行之不可不信也"②。邱浚摘录并评价汉宣帝的诏书,认为其为"信赏必罚之政",内容合理性给诏书带来了内在的权威性。但即便诏令合情合理,若未得到落实,出现"成伪增户口以蒙显赏"的状况,也会大大降低公文的威信。可见,公文实效性的实现是一项复杂的系统工程。邱浚认为,皇帝是落实"综核名实"的关键,"人君为治惟诚之为贵,不察察以求立名,不讦讦以求快意,则不为小人所窥伺而堕其术中矣"③。强调公文全过程的"综核名实"。

公文颁布落实属行政执法效力问题,公文是具体行政法规的直接体现。吕坤认为公文等"法"要"宽简",首先,"法""宽简"才能"使人易晓",避免百姓误蹈法网,而法禁烦多,犯禁者亦必多,诛不胜诛。他认为这与仁政背道而驰,会出现"暴虐之政,困己扰民"的状况,希望"明王戒之"。其次,"法""宽简"则可避免繁文所造成的矛盾和漏洞,防止猾吏钻法律漏洞而徇私。最后,吕坤将公文的颁布上升到政治的高度,"治道之衰,起于文法之盛。弊蠹之滋,起于簿书之繁"。普通百姓不会知道"文法簿书",甚至官衙也多未检阅,簿书烦琐,"或一事反复异同,或一时互有可否。后欲遵守,何所适从",致使基层吏胥趁机"谋利市权"。因此吕坤主张"为政立科条,发号令,宁宽些儿,只要真实行,永久行"。公文以简而易行为上。"若法极精密而督责不严,综核不至,总归虚弥,反增烦扰",甚至"后世之文法不省,而世终不治"④,

---

① (明)张铨撰,(明)张道濬订,(明)徐扬先校,田同旭、赵建斌、马艳点校《国史纪闻》卷三,第155页。
② (明)王恕著,张建辉、黄芸珠点校整理,张世民审订《王恕集》,第271~272页。
③ (明)邱浚著,林冠群、周济夫校点《大学衍义补》,第178页。
④ (明)吕坤著,王国轩、王秀梅注《呻吟语》卷五《治道》,学苑出版社,1993,第275页。

强调公文落实执行以发挥实效是依法行文的根本目的。

（二）明代公文执行的制度

明代皇命公文的执行代表着最高统治者权力的落实，良好的执行效果是政权稳固的基础。明宣宗针对"有司沮格"等不执行诏令的现象，于宣德二年（1427）秋七月颁布"禁有司沮格诏令"，他指出："治天下，以信为本。朕每出一诏令，必预度可行可守而后发。不然，恐失信于民。而臣反沮格于下，不忠孰大焉？"① 指出诏令得不到执行的严重后果是公信力的丧失。

公文承载的政策、措施等是否正确、是否合情合理，既影响其执行和权威，也是其是否具备公信力的表现。封驳是查核皇帝公文错误的制度，目的是解决公文中的"不便"问题，保证皇帝政令合情合理，从而树立皇命公文取信于天下的权威。历代都强调封驳在维护公文公信力方面的作用。白居易曾清晰地阐释封驳职能，一是皇帝制敕如有不合理的可封驳上报；二是刑狱类公文如有不合于法的可封驳改正；三是如有冤案，御史可提出纠正审理；四是官府人事选任有不当，侍中可裁决清退。汉代就有封还诏书之事，"汉哀帝欲封董贤，丞相王嘉封还诏书"。然而那时尚无封驳之名，也未设置专门职官，但"后世给、舍封驳本此"②。唐代才确立该项制度，唐宣宗时给事中萧仿喜直言进谏，曾因封驳敕书而致他事延误要被处罚，翰林侍讲孔德裕则进谏提出："给事中驳奏，为朝廷论得失，与有事奏事不类，不应罚。"再如唐元和年间，河东节度使王锷贿赂宦官谋求兼任宰相，后皇帝密诏给中书门下曰："锷可兼宰相。"给事中李藩对此封驳，直接在诏旨上划去"宰相"二字，并注明"不可"封还诏书③。唐代规定，所有诏敕须交门下省审查，凡诏敕有不当的即可封还，有错误的则由给事中封驳改正。元代覆奏制度与封驳相似，忽必烈曾对右丞相史天泽说："朕或乘怒欲有所诛杀，卿等宜迟留一

---

① （明）张铨撰，（明）张道濬订，（明）徐扬先校，田同旭、赵建斌、马艳点校《国史纪闻》卷六，第301页。
② （清）顾炎武著，（清）黄汝成集释《日知录集释（外七种）》卷九"封驳"条，上海古籍出版社，1985，第6页。
③ （明）朱国祯撰，王根林点校《涌幢小品》，上海古籍出版社，2012，第46页。

二日，覆奏行之。"① 明人梳理历史上的封驳制度，阐释了封驳的现实政治作用和价值。

明代统治者在强化皇权过程中，设置了六科给事中，授权其驳正皇命公文、官员题奏中不合理的情形。徐溥《论三清乐章疏》阐述了封驳的政治意义："近数月来，凡奉中旨处分，其合理者，自当仰承德意，不敢违越。问于民情有干，治体相碍，亦不敢苟且应命，以误陛下。未免封还执奏，至再至三，迹似违忤，情实忠爱。"② 明代除通过封驳皇命公文以保证公文正确，还有科参题奏，以防止一些不合理的请求事项，从而保证整个公文体系的公信力和权威性。后宫官干政，宦官为谋取私利以特殊形式规避公文审核，致使封驳权没有发挥其应有的效力。

（三）留中对公文执行力的影响

留中，即皇帝把奏章留在宫禁中不交议、不批答的一种公文处理方式。这是古代皇帝处理官员上奏类公文的一种方式，是使公文停止办理和执行的手段，也是使公文失去作用的重要因素之一。

公文留中的原因有两点。一是公文内容不符合要求，如明末沈涛民弹劾杨嗣昌，"寿民复约其语上闻，辞不达意，遂留中"③。一是延期发办，这是皇帝处理公文的技巧，不同于一般意义上的拖延不办。《三垣笔记》曾载崇祯皇帝在召对推知时，将相关公文留中处理，其实人员任命已定，后在无任何征兆的情况下送内阁阅办。袁恺上奏弹劾薛国观，"辅臣薛国观是忠是佞，更望详察，以听自裁，无令久妨贤路"。"越数日，竟留中。或云上是时已疑国观，故不处恺。"④ 明思宗留中袁恺弹劾公文，是其处理政务的一种手段。

明代公文留中现象更多是皇帝恣意妄为，停办不符合自己意愿的公文所致。正德时，南京六科给事中牧相、十三道御史陆昆等上奏："曩者，先帝上宾之时，内阁大臣刘健等亲命顾命。未及一年，抗章求退，至再至三。是岂无所激而然哉？窃闻近日以来，朝廷大体颇事纷更，政出多门，漫无统纪。诏旨颁示，有不经内阁径由中断者，有虽经议拟旋

---

① （明）宋濂等修撰，阎崇东等校点《元史》，岳麓书社，1998，第43页。
② 《明孝宗实录》卷一〇七，"弘治八年十二月甲寅"条，第1952页。
③ （明）李清撰，顾思点校《三垣笔记》，第12页。
④ （明）李清撰，顾思点校《三垣笔记》，第24页。

复改易者，有因事建明未蒙俞允及留中不出者，是使大臣具员充位而已，安得不求退哉？"① 这反映了武宗对诏旨等拟定程序的破坏，宦官干政、议定事项改易、留中不出等问题突出。如南京六科给事中李光翰等上奏指出："大学士刘健、李东阳、谢迁疏陈盐法、边功利害，留中不报。"② 明武宗时留中现象比比皆是，内阁大学士刘健曾上疏反映即位诏书因朝令夕改，致使各级政府仿效成文，建言提建议者反被诬"多言""生事"。皇帝对有益于民生国计的公文置若罔闻。对这种批评性公文，明武宗仍是"留中不报，视之若无"③。武宗时，各类题奏公文留中是常见现象，严重影响了行政事务的正常办理，加剧了君臣矛盾，致使政治更加腐败。

自张居正改革中断后，明神宗执政数十年，出现了"封章多滞，寮寀半空"④ 的现象，奏疏多留中处置。《万历野获编》载，神宗"厌臣下之屡聒"，许多须皇帝阅办的公义，上报后屡次催促也无回复，致使各级官员习以为常，政务只能"自行其意"，一些建议性公文上报后多是"云此本当条旨云云，政府即唯唯如命"⑤。

《谷山笔麈》记载了神宗对待朝臣公文的态度，他认为官员的公文多是"套子也"，即是俗套之语。对于"直言激切"批评皇帝的公文，神宗不为之动怒，却认为"此不过欲沽名尔，若重处之，适以成其名"，均留中不问。神宗的态度被群臣评为"痿痹之疾，全无痛痒，无药可医矣"，即使内阁"密揭"也是"不报闻"⑥，明神宗以罢工态度对待中央公文处理。时人郭正域批评道："章奏不答，先朝未有。"⑦ 对外宣称是留中，实则是未办，所以希望即便皇帝不处理题奏也可以将这些公文交由各部门处理。如此，即便君臣不见面，也不会有欺蔽。明神宗将公文留中危害甚大，后人评论说："明之亡，不亡于崇祯之失德，而亡于神宗

---

① 《明武宗实录》卷一二，"正德元年四月壬申"条，第383页。
② 《明武宗实录》卷一五，"正德元年七月壬午"条，第445页。
③ （清）张廷玉等撰《明史》卷一八一《刘健传》，第3203页。
④ （清）姚之骃：《元明事类钞》卷四，《影印文渊阁四库全书》第884册，第58页。
⑤ （明）沈德符著，黎欣点校《万历野获编》卷二"章奏留中"条，第71页。
⑥ （明）于慎行撰，吕景琳点校《谷山笔麈》卷五《臣品》，第60页。
⑦ （清）张廷玉等撰《明史》卷二二六《郭正域传》，第5946页。

之怠惰、天启之愚暗。"①

（四）宦官干政对公文公信力的破坏

明代皇命公文公信力经常受到破坏的重要因素之一是宦官越权。为防止宦官干政，明代历任皇帝多次采取措施限制宦官参与公文办理的权限，甚至设下禁令。明太祖对汉唐宦官乱政有着深刻的认识："中官有供事内庭、从容言及政事者，上即逐之。谓群臣曰：'自古明君，凡有政事，必与公卿大夫谋诸朝廷，未闻近习得与政者。阍寺之人，朝夕在人主左右，其小善小信，足以固结君心。一为所惑，将假威福、窃权势，为祸不小。此宦者虽事朕日久，决然去之，所以惩将来也。'"② 分析了宦官干政的原因和危害。于是，在洪武十七年（1384）秋七月，诏令禁宦官与群臣交通，同时对侍臣阐释了自己的观点："为政，必先谨内外之防，绝党比之私，后朝廷清明，纪纲振肃。前代人君，纵宦侍与外臣交通，觇视动静，贪缘为奸，假窃威权，以乱国家。间有奋发欲去之者，势不得行，反受其祸，延及善类。汉唐之事，深可叹也。智者见于未形，朕为此禁，所以戒未然耳。"③ 指出汉唐败亡的关键是纵容宦官与外臣交通，为防止悲剧重演，要"见于未形""治于未乱"，他构建了一系列的制度，严防内外勾结，结党营私，保证朝政清明，纪纲振肃。如其所料，明代宦官后来借助参与公文批红、传递等权力，"假窃威权，以乱国家"。明宣宗时，宦官已参与公文办理，主要负责公文传递。为防止宦官在皇命公文传递中加塞个人私利，加强对公文传递内容的监管，明宣宗曾要求由宦官传达官员任命类公文时，无论官职大小，有无敕命，授旨部门都要回复上报，"覆奏明白，然后施行"④。曾有宦官传旨到六科，六科就直接命令执行到各司，这是公文传递违规行为。六科具有封驳监管职能，明宣宗为此要求六科给事中，充分履行他们记录皇帝言行的职责，"凡朕一言一令，或令内使传出者，尔当备录覆奏，再得旨而后可

---

① 戴逸、李文海主编《清通鉴》，山西人民出版社，1999，第4997页。
② （明）张铨撰，（明）张道濬订，（明）徐扬先校，田同旭、赵建斌、马艳点校《国史纪闻》卷三，第116页。
③ （明）张铨撰，（明）张道濬订，（明）徐扬先校，田同旭、赵建斌、马艳点校《国史纪闻》卷三，第139页。
④ （明）余继登撰，顾思点校《典故纪闻》卷九，第162页。

行"①。凡由宦官传达的诏旨均要记录在案并及时覆奏核实，得到确认后才可执行，目的是防止欺诈作弊行为。明宣宗通过给事中随时记录以备查验的方式来防止此类作弊行为。

明代废止丞相，繁重的公文办理任务让皇帝选择让宦官参与批红，甚至将批红全权委托给了宦官，从而导致宦官干政之风愈演愈烈。正统时，云南五井盐课提举司为事吏目胡仲伦上奏疏，批评王振专权对朝政的危害："上皇在位，王振专权。忠谏者死于非命，鲠直者谪为边军。君子因廉而见斥，小以贪而骤升，凡有章奏悉出内批，不知果上皇亲批欤？抑奸臣擅权欤？遂使诸司政治，黑白倒置，邪正杂揉。"② 一方面，忠谏耿直者或死于非命，或遭贬谪，廉洁之臣被斥，贪酷者升迁；另一方面，各类题奏多由宦官批办，导致治政黑白颠倒。可见，宦官干政的影响到了底层，成为社会公害。天顺时杨守陈《讲学勤政疏》批评说："凡百题奏，皆付宦寺批答。臣恐积弊未厘，后患难测。"③ 成化时汪直也是宦官专权的代表，商辂曾上奏弹劾，直指汪直结党营私，经常"自言承密旨"④，残害良善，同样指出了权宦汪直等过多参与决策甚至矫旨违规。正是这些宦官干政导致了中央公文权威性被质疑和削弱。

武宗时，名臣李东阳作为内阁重要人员，属于中央皇命公文办理的重要参与者，对刘瑾专权干预中央公文处理的情状较为了解。因此在刘瑾被诛灭后，其《奏为自劾失职恳辞重任事》就罗列了刘瑾种种违规行为。如关于皇命公文的拟写，凡不符合其利益的则以皇帝身份驳回重拟，或自行篡改，或越过内阁交由他人代拟；有些事先拟好要求内阁照抄，"真假混淆，无从别白"⑤，内阁票拟公文在经司礼监批红后，已失去了其应有的权威性。王鏊《震泽长语》对刘瑾能破坏公文制度的原因进行了深入的分析，他认为刘瑾不通文义，开始内外公文运转依然要遵守规定送内阁才能处理，而后来之所以擅权是因为内阁没有坚守原则，屈从权威，违反制度，所拟公文事事顺承刘瑾意图，才导致刘瑾恣肆妄为。

---

① （明）余继登撰，顾思点校《典故纪闻》卷九，第 155 页。
② 《明英宗实录》卷一八六，"正统十四年十二月壬申"条，第 3760～3761 页。
③ （明）张铨撰，（明）张道濬订，（明）徐扬先校，田同旭、赵建斌、马艳点校《国史纪闻》卷一一，第 515 页。
④ （明）商辂著，孙福轩编校《商辂集》卷五，浙江古籍出版社，2012，第 83 页。
⑤ （明）李东阳著，周寅宾点校《李东阳集》第二卷，第 512 页。

王鏊认为，"若当时人人据理执正，牢不可夺，则彼亦不敢人肆其恶也"①，若内阁官员人人都能严守制度，刘瑾专权一事就不可能发生。其实，他忽视了皇帝纵容宦官、打压群臣这一关键因素。

为制约宦官公文办理权，明代文官集团常提出强化内阁票拟权。如正德元年（1506），六科给事中张文等和十三道御史李钺等各以星变天象上题本："内阁，典司政本。大学士刘健等，皆顾命老臣，宜数赐召对、咨访治道。臣民章疏、诸司覆奏，宜悉付看详，然后决遣。不可轻从中出，使不与闻，或遂改所拟，不复商略。"② 对诸多违反公文办理规制的行为提出批评，建议重用以刘健为首的内阁学士，发挥其参与决策、处理各类题奏的职能。刘蒨也表达了相近的观点，批评宦官干政导致"政事多乖，号令不信"，皇帝对各类题奏的处理结果却是"阁臣不得与闻"，宦官在处理公文时"以恩侵法，以私掩公"。这些都是宦官干政的结果，因此他希望皇帝无论政事大小都应咨询内阁，做到"庶事无壅蔽，权不假窃"③。

隆庆初，户部尚书马森针对宦官甚至皇帝有意滥用私权行为，提出强化内阁公文办理权："祖宗时，御札皆司礼监传之阁臣，转示各部院，无司礼监径传者。更望率由旧章，以示崇重命令之意。"④ 指出皇帝处理公文也应该慎重遵守规则，目的是保证皇帝公文的权威性。高拱《特陈紧切事宜以仰裨新政疏》提出相似的建议，重视内阁在处理各类公文过程中的地位和作用，希望皇帝能将各类题奏交内阁阅办，由内阁票拟后上报，皇帝不满意可退交内阁再议拟；即便不再发回重拟而直接批答办理，也希望由内阁等汇报明白后再执行。这样可防止宦官有"假借之弊"⑤，政务处理也会安全妥当。高拱希望皇帝及时视朝亲览章奏，自主裁决政务，将政事直接批交内阁，而非转由司礼监处理，目的是强化内阁的地位。

从本质上来说，宦官参与批红是对明初即定制度的破坏，也是皇帝

---

① （明）何良俊撰《四友斋丛说》卷八，中华书局，1997，第67页。
② 《明武宗实录》卷一一，"正德元年三月壬辰"条，第353页。
③ （清）张廷玉等撰《明史》卷一八八，第3309页。
④ （明）余继登撰，顾思点校《典故纪闻》卷一七，第326页。
⑤ （明）高拱：《高文襄公集》卷三，《四库存目丛书》集部第108册，第634页。

懒政导致的权力让渡，同时也是皇帝利用宦官牵制内阁的举措。随着宦官权力的扩张，更具破坏力的是"矫诏"行为。宦官矫诏属于一种特殊的公文违法行为，即未经授权假冒皇帝名义下达命令，这些诏令未经内阁等拟写、审核而被强制执行，是依附于皇权而产生的特权。明代宦官借助矫诏手段干政，对中央公文权威性破坏极大。明人郑晓《今言》对刘瑾窃取公文时多用"矫诏"[①]"矫敕""矫旨"[②]等违法行径予以揭露；明末熹宗朝，宦官魏忠贤是刘瑾的又一个翻版，继续通过掌控司礼监批红权，削弱内阁票拟权，矫诏结党营私。

（五）明代关于公文公信力的思考

公文属于行政法的组成部分，是行政执行的工具，因此公文的执行必须在法律的框架下进行。公文承载着政务信息，守法、合法是公文公信力的根本。公文的公信力体现在与法律及其他公文的关系上。封建君主专制时期，经常会出现皇帝以言代法，甚至言大于法的现象。法律作为维护统治的基本工具，更是社会公信力的体现，任何公文的颁布和执行都必须合乎法律，才能发挥其应有的作用。永乐十三年（1415）十月，因有法司上奏汇报有人冒支官粮，成祖震怒，命令对相关人员处以死刑，刑科对此覆奏封驳，认为诏令不符合法条，希望皇帝重新考虑。事后，成祖进行了反思，"此朕一时之怒，过矣。其依律。自今犯死罪，皆五复奏。著为令"[③]。皇帝公文与法律之间冲突时，应以律法为准。

明代公文特别是皇命公文，落实执行时常受到皇帝、宦官和官员的破坏，其公信力也因此被削弱，最具权威性的"诏书"也只是形式性的装饰。对此，明人姚叔祥《见只编》认为公文未得到执行，关键是政令不一，"京师不禁而欲禁四方"，对待"遍相贿赂以求迁补"的违法行为"不禁上官而禁小臣"，结果是没有官吏去遵守，"煌煌诏书，竟然被视为具文"[④]。张居正则形象地阐释了皇命公文的作用，他说天子号令如同风霆，风不动则霆不能击，"则造化之机滞，而乾坤之用息矣"。朝廷颁布诏令，若仅是"抄到各部，概从停阁"，仅是往来收发，"或已题奉，

---

① （明）郑晓撰，李致忠点校《今言》卷四，第148页。
② （明）郑晓撰，李致忠点校《今言》卷二，第93页。
③ 《明太宗实录》卷一六九，"永乐十三年冬十月壬辰"条，第1884页。
④ （明）姚士麟：《见只编》，王云五主编《丛书集成初编》，商务印书馆，1936，第171页。

钦依一切，视为故纸"，最终公文依然未被落实执行，那么就会"禁之不止令之不从"①。张居正指出明中后期皇命公文权威性被削弱的实况，这也促使他提出并推行公文改革措施。明末社会动荡，失去法律保障的诏旨，其权威性也一样丧失。"王齐抚燮、王东抚漤辞朝后，皆恇怯不行，观望淮上，虽疏纠旨催，充耳而已。"② 即便是具有命令性的诏令也只能"充耳而已"，这恰恰说明公文权威性来自稳定政权的有力支撑，而政权衰弱，公文也就日渐无力。

  公文的贯彻落实是公文公信力的直接体现，明代许多为政者多次探讨公文贯彻落实问题。何瑭《民财空虚之弊议》就指出，"盖出令在君，承君之令而致之民在臣"，皇帝发布公文关键在于各级官员的执行，因此"令贵必行，禁贵必止"，若公文颁布不能令行禁止，明君也管理不好国家。而令行禁止是有条件的，即公文执行忠实于内容，不能"言"行不一。何瑭所指"言"行不一，是针对处理检举揭发行为的方式，有人认为奖赏检举人容易兴起"告讦之风"，何瑭则认为官员在治政过程中，需要了解更多真实的情况，就需要有人反映问题，检举不法行为，如果实名举报的人不但得不到肯定奖励，反而会徒结仇怨，这样就无人愿意反映问题，那么官员就无法了解情况，"欲令行而禁止难矣"③。指出公文执行力在政务管理中的重要作用，强调皇帝颁布诏令需要令行禁止，并举例说明公文执行的效果，提出公文公信力关键在于各级官员不折不扣地执行公文。同样，邱浚也对诏令没有得到执行的原因进行了思考，他引述汉章帝诏书论证其看法。汉章帝曾下诏批评"俗吏"，认为他们是阻碍诏令实施的重要群体。所谓"俗吏"是那些"矫饰外貌，似是而非"者，他们对待诏书多是"不加理"，执行过程中则是"以苛为察，以刻为明，以轻为德，以重为威"，导致"下有怨心"④。邱浚认为汉章帝指出古今俗吏之弊，也反映了明代诏令在实际执行中出现的难以彻底落实的现象。可见诏令往往随着下发级层的扩大，其执行力会减弱，其

---

① （明）余继登撰，顾思点校《典故纪闻》卷一七，第 330 页。
② （明）李清撰，顾思点校《三垣笔记》，第 110 页。
③ （明）何瑭：《民财空虚之弊议》，（明）陈子龙等选辑《明经世文编》卷一四四，第 1438 页。
④ （明）邱浚著，林冠群、周济夫校点《大学衍义补》，第 179 页。

权威性也会随之减弱。

公文权威性的树立需要一以贯之地树立公信力。李东阳提出"议论贵公，法令贵一"①，也即公文的目的或价值指向是公务，事关国家民生，而非私利，同时其贯彻执行应一贯到底。因某一事务产生的系列公文需前后一致，避免朝令夕改，因为朝令夕改恰是对公文权威性的否定。永乐时，通政司请就包彝古《进楚王书》中有"干犯语"一事对包彝古治罪，成祖说："朕初即位，命百司凡建文中上书有干犯者悉毁之，有告者勿行。今复行之，是号令不信矣。"②阐明了朝令夕改导致"号令不信"的政治观点。成化四年（1468）五月，刑科给事中白昂题本《灾异六事疏》所提建议之一即是"谨命令以全大信"，针对皇帝颁布诏书朝令夕改的现象进行批评。当时已颁诏书停止兴土木修盖寺观宫殿，罢停地方进献奇珍异品，撤回负责织造官员，停止征收受灾地区马匹等，"然行之未久俱复如旧"，这些好政策未得到贯彻执行。为此，白昂希望皇帝能"俾遵成命"，继续实施既定的诏令，其意义在于"保此大信，坚如金石，信如四时"③，以此树立诏令威信，取信于民。基层政府公文的发布也同样需要守信，汪文盛《重明诏惩奸党以隆新政疏》就指出，"夫今之为郡守邑令者其始至也，必有号令以治一郡一邑之人，守而不变治乃有成，使朝令而夕改之，则一郡一邑之人，终不可得而治也"④。表达了地方官府公文一以贯之对公文公信力建立的重要意义。

公文失信的表现之一就是滥发公文，导致公文之间相互扞格，邱浚引述晋武帝时"杜预承诏为黜陟之课"："简书愈烦，官方愈伪，法令滋彰，巧饰弥多。"⑤阐释了官府公文会因公文过多过滥致使公信力降低的现象。

明代基层官员也在治政实践中，对公文公信力有过深入的思考和探讨，从不同角度探讨了"信"对公文权威性的重要意义。佘自强《治

---

① （明）李东阳著，周寅宾点校《李东阳集》第三卷，第534页。
② （明）张铨撰，（明）张道潜订，（明）徐扬先校，田同旭、赵建斌、马艳点校《国史纪闻》卷五，第243页。
③ 丁守和等主编《中国历代奏议大典》，哈尔滨出版社，1994，第960页。
④ （明）汪文盛：《重明诏惩奸党以隆新政疏》，（明）陈子龙等选辑《明经世文编》卷一七二，第1757页。
⑤ （明）邱浚著，林冠群、周济夫校点《大学衍义补》，第99页。

谱》就指出，信用是为官治政的根本，对百姓有信用则百姓就不会怀疑，真实民情就可反映到官员那里。信用的表现是什么呢？即"期会必如其约，无因冗暂违；告谕必如其言，无因事暂改。行之始必要之终，责诸人必先责己"①。承诺就要办到，这样时间长了事事就会自然融洽；不讲信义或可以一时欺骗获利，但会终生不被信任。他强调"与民信"的重要意义，即可以得到百姓的拥护，官民之间也就自然融洽，而"与民信"的表现之一就是"告谕"类公文的贯彻落实。一些官员只是新官上任三把火，滥发告示，最后没有真正地执行和落实，这些官员往往被称为"告示官"②。

明代从上到下对公文权威性和公信力都有着深刻的认识，形成了明代公文诚信观，这些思想认识及建立的相关制度，正源自明代现实政治的种种弊端和矛盾冲突。

第五节　明代公文时效观

公文时效指公文在一定时间内发挥其应有功能和效应。公文作为管理工具处于动态执行过程中，因此公文时效包括公文传递运转的时间限定及实现作用的时间和取得的效果。公文时效要求与实际政务处理密切相关，因此时效是公文观中的重要命题。公文传递是指将拟制生成的公文，由发文者传达给阅办者的过程，其方向有自上而下、自下而上和平行三种。公文传递是公文处理程序必不可少的环节，其传递时间和安全直接影响着公文处理效率，也影响着公文作用的发挥。为保证公文传递的迅速和安全，历代统治者都设有专门机构和人员负责，形成公文传递渠道。他们一般不参与公文的拟制与办理，只需按时、安全地将公文由发出者送达阅办者即可。公文在发出、接收和办理过程中，每个环节公文责任者都负责实现公文的作用和效能。明代统治者特别强调公文办理效率，因为它往往反映行政效率。为此，明代皇帝和杰出的政治家纷纷对此提出要求，并建立相应的制度、采取相应的措施提高公文办理效率。

---

① （明）佘自强：《治谱》，《续修四库全书》史部第753册，第632页。
② （明）佘自强：《治谱》，《续修四库全书》史部第753册，第519页。

无论是公文传递，还是公文办理，明代统治者都格外重视时间和效率，由此形成了明代公文时效观。

一 公文运转时效观

公文运转时效是指公文在传递过程中的时间限定和相关负责机构对传递环节的控制。公文传递经过不同环节，这些环节的负责机构存在筛选、截留等控制公文传递的行为，直接影响着公文运转的时效。公文运转首先要有相应的运转渠道，渠道是否顺畅直接影响着公文运转的时效。明代统治者非常重视公文运转渠道的建设，借鉴历代的经验成果，通过立法等手段，将其作为加强统治的重要组成部分，从中央到地方建立了系统的公文传递渠道网，从而实现上情下达，下情上达，保证了整个王朝政务信息和命令能够顺畅传达。就如何保证公文传递的安全迅速，明代历任统治者，根据政治的需要，有着自己的思考，形成了自己的观点。

（一）公文运转时效的政治意义

明太祖从元朝失败的政治中吸取教训，充分认识到公文传递时效性的意义，并将其上升至国家治理的高度。明太祖将国家治理比喻成人，清明政治如健康的人"耳目外通"，而昏暗的政治则"聪明内蔽"。所谓"外通"是对朝野上下都能知晓，无所"壅遏"；所谓"内蔽"是对政治利害一无所知，如同"聋瞽"，而皇帝"耳聪目明"是治理好国家的关键。太祖担心"下情不能上达，得失无由以知"，为此提出"广言路以求直言"，即希望底层臣民积极上疏皇帝反映问题。为解决"尚虞微贱之人，敢言而不得言；疏远之士，欲言而恐不信"两类不能进言的问题，他"令天下臣民，凡言事者，实封直达朕前"①，为所有臣民都可上疏皇帝创造条件。公文运转渠道的畅通问题，更多是强调皇帝的公文渠道，太祖指出影响公文运转的几个因素，提出将所有公文直达御前，目的是掌控所有公文知晓权、办理权。

在这样的政治理念下，明太祖废除了丞相制。明初侍臣严礼曾反映官员越过中书省给皇帝行文一事，太祖则认为元亡的原因正是委任权臣，"大臣得以专权自恣"，而皇帝被上下蒙蔽，"人君不能躬览庶政"，为此

---

① （明）余继登撰，顾思点校《典故纪闻》卷三，第57页。

要"下情通达于上"①。同时下谕旨给兵部官员，指出天下治理关键是中央和地方之间保持信息畅通，"若使君德下流，民情上达，有不便利，即与更张，天下岂有不治"②，将其公文传递的思想上升至天下治理的政治高度。公文运转通畅可将代表"君德"的政策传达到底层，可将民情反映给皇帝，即便有不适时用的政策，只要运转通畅，也可得到及时调整。太祖还曾对礼部重述了相同观点，认为君主之所以能够很好地统治天下在于可了解基层政务、把握百姓的状况，而元朝所有公文都先报中书省然后才汇报皇帝，加之皇帝"昏蔽"，以致"民情不通，寻至大乱"，而其中关键是"政专中书"，将政治失败的重要原因归于中书省的存在。为此，他命令礼部"定奏式，申明天下"③，要求礼部制定奏本形式，便于天下臣民向皇帝行文。把握"下情"，以强化皇权，疏通各级衙门与皇帝之间公文传递渠道，最重要的政治改革是去除中书省这一环节，这是明太祖废除中书省最直接的观点和理由。成祖也持类似观点，认为治政失败的主要原因是上下公文行移不畅，他希望官员能及时反映"朝野物议"，希望及时向皇帝反映和建议"军民中利有当兴，害有当革者"，并将其推行下去，"庶几少纾民困"④。该观点阐明了公文传递的通畅之于实现上下之情通畅的现实政治意义。

  邱濬结合历史经验，从个体角度分析了中书省存在的弊端，认为丞相的贤愚影响着公文运转的通畅。他认为朝政的弊端"莫大乎壅蔽"。首先，他探讨了"壅蔽"的两种类型，一是"贤才无路以自达"，不能实现天下臣民共治，这导致了国家治理缺少真正的人才；二是"下情不能以上通"，这致使皇帝对底层状况一无所知，也就不会有相应的解决措施，指出公文政令能将下情传达至皇帝是天下共理、共治的关键，要保证人才和信息上达。邱濬进而以唐代李林甫和杨国忠为例，认为李林甫担心天下举人"攻己短"，而对贤人"一无所取"，杨国忠则是"南诏用兵，败死者数万人，更以捷闻"，致使皇帝不用贤人、不了解军情。皇帝"用非其人"就不能"辟四门、明四目、达四聪之明效"。邱濬认为解决

---

① （明）余继登撰，顾思点校《典故纪闻》卷二，第38页。
② （明）余继登撰，顾思点校《典故纪闻》卷四，第72页。
③ （明）余继登撰，顾思点校《典故纪闻》卷八，第65页。
④ （明）余继登撰，顾思点校《典故纪闻》卷八，第140页。

"壅蔽"关键在于用人，奸臣在皇帝左右就会出现"一指在前，泰山不见"的弊端，一个奸臣看起来微不足道，但其危害甚大，可致朝政"壅蔽"。"凡布列之在近见，闻之可及者，且不能以自通矣，况夫疏远之侧微，遐僻之幽隐，而欲自通于九重之上，难矣。"所以希望皇帝能够在用人方面"留神省察"①。

公文文本在收发传递过程中顺畅与否直接影响着公文办理效率。公文传递时效经常受一些人为因素影响。宣德四年（1429），明宣宗闻知府军后卫有题本在夜里交递到北中门，而守卫不肯转达，为此命令锦衣卫官将相关人员交付法司处理，宣宗强调凡有紧急重大事项，所有人员应不受任何时限限制将事项以公文形式上报给皇帝，这既是"祖宗成法"，更是为了"通警急，绝壅蔽"②，而守卫拒绝传达是一种违反公文传递制度的行为。明代后期，政治腐败，官员以权谋私，极大影响着公文的传递时效。《三垣笔记》载，凡御史从会极门上报公文要给负责收文的宦官三钱银。翰林学士黄道周在"枚卜"阁臣之前拟定三疏，一份是弹劾"杨嗣昌不当夺情入阁"，一份是"方一藻抚北事与俺答不同"，一份是"不必又起复陈新甲为宣大总督"，将其交由班役投到会极门，"班役以道周方在枚卜，望其万一起用，则已即为中堂。班役又知此疏一上，必忤旨不用，乃架言会极门中贵索银八两，道周无以应。至枚卜既下，班役绝望，乃并投三疏"。在这个过程中，班役自作主张，未及时上报公文致使皇帝认为黄道周"当用新甲时，何不即言？直待枚卜不用乃言，明系挟私"。黄道周最后无奈感叹，"都是几个班役把朝廷大事误了"③。班役腐败阻碍公文运转的正常顺利进行，李清借黄道周之言批评这种恶劣风气。此事件反映了中央公文的传递运转受阻的现象，公文上下阻滞已到了皇权的核心层，可见明末政治的腐败程度。

（二）中央公文运转时效制度

明代为落实公文运转理念，特别是为保证中央公文运转的通畅，建立了一整套公文运转机构，主要有通政司和驿传体系，从而实现了中央

---

① （明）邱濬著，林冠群、周济夫校点《大学衍义补》，第2页。
② （明）余继登撰，顾思点校《典故纪闻》卷九，第166页。
③ （明）李清撰，顾思点校《三垣笔记》，第39页。

和地方公文的顺利传递。

通政司是负责中央地方公文运转最重要的一个机构。为保证公文运转的通畅，明代废除中书省后，建立了通政司等专门公文管理机构。太祖设置通政司"掌受内外章疏敷奏封驳之事"，目的是防止中书省专权，分解中书省收管公文的职能。通政司在接收到公文后的具体职责有五点。一是收到来自臣民的汇报或建议，以及申诉冤情、举告违法贪腐等内容的公文时，在专用底簿上誊写公文"诉告缘由"，然后将公文汇报给皇帝；二是针对实封进奏的公文，要在公厅上开启阅视，摘录重要信息，编写副本后再报给皇帝，即使是五军都督府、六部、都察院等机密公文，汇报给皇帝也要钤盖通政司的印信，以表明由通政司经收；三是辨验各机构报送的公文勘合，核对清楚允当后编写字号，在公文上盖"日照之记"，勘合上盖"验正之记"；四是一起收受地方和京城衙门的题奏，于早朝时汇总报给皇帝，有不经通政司直接封进者予以参驳，属机密的公文不受时限进奏，对违反耽误者一并记录汇总后上报；五是将有关抄发、照驳各机构的公文及勘合、讼牒等每月末归类进奏，每年终再通奏①。永乐时，通政司曾在拆阅汇奏公文时，对上报公文进行了筛选，未将一些认为不重要的公文向皇帝汇报，而直接送交六科办理。成祖知晓后立即批评通政司的做法，指出设立通政司的目的就是"欲周知民情，虽细微事不敢忽"，皇帝对所有公文，无论事务轻重大小，均有最先知情权，"自古昏君，其不知民事者多至亡国"，明确要求"凡书奏关民休戚者，虽小事必闻，朕于听受不厌倦也"②。

《明会典》明确了通政司在负责公文传递时"与诸司无行"，即通政司与其他机构之间没有隶属关系和公文往来关系，也即通政司没有公文办理权。凡与通政司有行文关系的则"以违制论"，"通政司与在外诸司衙门，别无行移，今后不许申禀"。一再强调通政司专门负责公文运转传递的专项职能。同时，还明确了皇帝近侍官员与外衙没有行移关系，"仪礼司并内府六科，俱系近侍官员，与内外衙门并无行移。今后不许申呈"③。这也意味着这些部门没有参与政务公文办理决策或指挥的权力。

---

① （清）张廷玉等撰《明史》卷七三《职官志》，第1780页。
② （明）余继登撰，顾思点校《典故纪闻》卷八，第140页。
③ （明）申时行等修《明会典》卷七六《礼部三十四》，第445页。

明代统治者设立通政司负责公文传递，且该机构没有阅办权，减少了公文阅办环节，从而加强皇帝对上下公文的掌控，即事无大小均告之皇帝，禁止通政司将公文分流六科，防止通政司干政，而这种设计，又因公文过多而导致"壅蔽"。

邱浚结合历代公文运转机构的发展情况，探讨了明代通政司设置的历史意义。他引述了朱熹的观点，探讨了历史上与通政司相近的机构，认为通政司接近于古代的"纳言"，一方面负责中央命令、政教类公文的审核，在审查允当后下发，以保证"谗说不得行而矫伪无所托"；另一方面负责各级官员奏疏的审核，在审查允当后上报，以保证"邪僻无自进而功绪有所稽"，周代的内史、汉代的尚书、魏晋以后的中书省门下省都是此职演变的结果。邱浚梳理了明之前的公文收发机构，摘引了明太祖任命第一任通政使曾秉正的谕旨内容，"壅蔽于言者，祸乱之萌；专恣于事者，权奸之渐。故必有喉舌之司，以通上下之情，以达天下之政。昔者，虞之纳言，唐之门下省，皆其职也。官以通政为名，政犹水也，欲其常通，无壅遏之患。其审命令，以正有司，达幽隐以通庶务。当执奏者，勿忌避；当驳正者，勿阿随；当敷陈者，毋隐蔽；当引见者，毋留难。毋巧言以取容，毋苛察以邀功，毋谗间以欺罔，公清直亮，以处厥心，庶不负委任之意"[①]。太祖以形象的说法，阐明了通政司作为公文传递渠道的作用和价值，以此告诫通政司官吏的职责所在。邱浚高度赞赏太祖的政治观点，认为通政司可"辅成国家太平之治，实亦有赖焉"[②]。

（三）地方公文运转时效制度

驿传是中央和地方之间公文传递的重要机构。历代统治者都非常重视驿传建设，众多思想者也都提出了自己的观点。公文的有效传递也即政务信息的有效传递，其中传递公文的"邮"的设置就像是国家的血脉，血脉能够流通顺畅才不会壅阏阻梗，重要公文传递都要用邮驿完成，因此"宣上德，达下情，防奸宄，诛暴乱，驭边疆等项机宜"，能够尽快传遍天下而不延误，"实于驿传是赖"[③]。驿传制度是保证公文顺利递

---

① （明）邱浚著，林冠群、周济夫校点《大学衍义补》，第48页。
② （明）邱浚著，林冠群、周济夫校点《大学衍义补》，第48页。
③ 谢国桢：《明代社会经济史料选编》卷三十四，福建人民出版社，1980，第305页。

送的重要制度，因而这一直是明代政治家所关注的问题之一。"驿传所以传命而达四方之政，故虽殊方绝域不可无也"①，驿传制度保证将公文等政务信息安全、迅速地传递给健全的公文传递机构是中央和各级政府公文及时准确送达的基础，驿递系统的法律制度建设是维系其正常运转的保障。明初，强大的驿递系统及时准确地传递皇命公文和各级政府公文，保证政务及时得到办理，从而使中央政令及时得到贯彻落实。为保证地方公文安全有效送达皇帝手中，《大明律》设置"邀取实封公文"条，以强化皇帝获取底层各级公文的权力，要求在京城外的各地各级衙门，对于实封呈报给皇帝的公文，若有官员派人于中途急递铺拦取，相关铺司和铺兵可告举，"随即申呈上司，转达该部，追究得实，斩"；若铺司、铺兵未及时举报则"杖一百"，若举报而所在衙署未及时受理则"杖一百"②；若被截取的实封公文被送到五军都督府、六部或都察院，各减二等处罚。《明会典》还设有"官文书稽程"③一条，以处罚耽误公文行程的传递者。这些法条都是为了减少公文运转的阻滞因素，避免一些妨碍公文直达皇帝的违法行为发生。

洪武元年（1368）正月二十六日，朝廷就颁布诏令，在各地关键地方设置了急递铺、递运所、水马站等机构，"建驿官，设驿卒、站马、站夫、红船、快船、铺程"④，配备相关运输设备及物资。

首先，规定了驿传官吏的职责。古代因工具落后导致交通落后，传递公文主要靠人、马或船只，公文传递机构须专门配备驿马和铺兵以实现快速送达。为保障公文顺利传递，《大明律》设"文书应给驿而不给"条，规范驿站在传递公文过程中的行为：其一，对传递朝廷调遣军马及报紧急军务给边关将领的公文，边关将领及各衙门飞报军情公文，故意不派遣驿站传递人员的"杖一百"，若因此贻误军机的则"斩"；其二，对传递有关赈救饥荒、申报灾异、取索军需等的重要公文，故意不派遣驿站传递人员的则"杖八十"，若属一般事务不应派遣驿员而却派给的

---

① 《明太祖实录》卷一六六，"洪武十七年冬十月丁卯"条，第2549页。
② 刘海年、杨一凡主编《中国珍稀法律典籍集成（乙编）》（第一册），第543页。
③ （明）申时行等修《明会典》卷一六二《刑部四》，第835页。
④ 《明太祖实录》卷二九，"洪武元年正月庚子"条，第502页。

第二章 法制视域中的明代公文观

则"笞四十"①。明确了驿站在传递公文过程中的各种处罚标准。

驿站是传递公文的机构，其规范运行程度直接影响公文传递的效率。宣德时，兵部尚书张本反映了驿站公文传递过程中出现的弊端，驿站马匹本专用于快速传递紧急军机公文，但一些符验官和镇守官常为普通事务滥派驿马。张本建议严令禁止，要求管理驿站人员每年将驿站派遣任务数量、事务内容、差遣人员，"造册奏闻，以凭稽考"②。张本一方面揭露了明代中后期日渐严重的驿传之弊，另一方面针对性地提出了对策。

其次，明代凡重要紧急的军事公文都须由急递铺专门派遣铺兵递送。急递铺是明代军事公文传递的重要系统，地方政府设有专门负责管理急递铺的官员，负责管理铺兵，接待或派遣铺兵传递公文，为铺兵提供食宿，办理各类符验及登记手续。为保证驿递系统正常运行及各级衙门公文能够及时准确地送达，明代规范了驿站铺兵的职责，要求铺兵传递的速度为昼夜行走三百里，中间停留三刻的"笞二十"，每多三刻罪加一等，最高处罚为"笞五十"，有公文到达一铺，不问公文角数是否齐完，必须立即继续递送，不许停留，违反者负责铺司将被"笞二十"③。明代对相关的公文传递机构管理做了规范，"文书应给驿而不给驿因而失误军机者，斩"④。于是，实现了中央公文拟良策而行万里，间阎情形顷刻而达九重的效果。

驿站是明代整个政务公文运转的重要系统，《大明律》设有"驿使稽程"条，一是凡出使驰驿超过规定期限的，一般性公文超限一天"笞二十"，每超三天罪加一等，最高为"杖六十"，若是军情类公文则罪加三等，导致贻误军机的论斩；二是驿站官若故意藏匿好马，导致公文传递超过规定期限的，查实后相关驿站官员连坐，如果因路遇水溪、道路阻碍等客观原因导致违限的不处罚；三是驿使承接官府公文，未根据公文主题内容而写错去处导致违限的罪加二等，若涉及内容为军情则照旧处罚，如果是公文拟写者写错地址的，则处罚公文拟写者⑤。该法条明

---

① 刘海年、杨一凡主编《中国珍稀法律典籍集成（乙编）》（第一册），第545页。
② （明）余继登撰，顾思点校《典故纪闻》卷九，第164页。
③ （明）申时行等修《明会典》卷一六七《刑部九》，第857页。
④ 刘海年、杨一凡主编《中国珍稀法律典籍集成（乙编）》（第一册），第343页。
⑤ 刘海年、杨一凡主编《中国珍稀法律典籍集成（乙编）》（第一册），第544页。

确了公文传递过程中驿使、驿官等人的责任，并且关注一些不可抗力因素所造成的"违限"情形。此外，还专门对皇族公文传递做了特殊的规定，皇族公文主要包括皇帝的制书、太子和亲王令旨，此类公文传递违限按照公文等级和传递稽缓时长处罚。稽缓制书或皇太子令旨的，耽搁一日"笞五十"，每多一日罪加一等，最高为"杖一百"，稽缓令旨的"各减一等"①。后来，又用具体案例情形进行了具体说明②，重点是维护皇室的权威性。

明代在完善公文驿传体系建设的同时，也形成了关于驿传的理论观点，其中具有代表性的是邱浚的观点。他梳理了历代地方公文传递的方法、邮驿传递机构的发展变迁及驿传公文的思想。《周礼》中就载有基层官吏的职责，当邦国有危险时，官吏发布民众守护闾门等命令，用旌节辅助命令实施。邱浚认为"旌"是外在的形式特征，"节"用来验证真假，用这两个来保证公文通畅地传达，后世用符验来辅助公文传递也正根源于此。同时，邱浚引述孔子的言论，"德之流行，速于置邮而传命"③。阐明邮驿不仅传递的是公文，更多承载的是事关民生的"德"，即符合百姓利益的政策。邱浚考证了历代邮驿的演变过程，最初"驿"称为"置"，主要用马匹作为传递工具，传递紧急公文；"驲"称为"邮"，主要以人力传递，传送一般性公文。汉代出现的"邮亭"，也被称为"书舍"，主要是传递公文人员休息的地方。"传"也相当于后来的"驿"，其以车辆作为传递工具，所用车辆被称为"传车"，而驿站所置马匹被称为"驿骑"。明代每个驿站配备的马匹分为上、中、下三等，汉代也是如此，三类马匹分别称"高足、中足、下足"。汉代公文传递使用符验，其做法是"两行书缯帛分持其一，出入关合之乃得过，谓之传。今除去关，出入无禁，不用传也"。邱浚认为这种"传"就是相当于明代的"符验文引之类"④，他对公文传递机构的历史进行考证，并联系现实加以比照。

明中期，政治腐朽使驿政混乱，公文递送受到严重影响。嘉靖、万

---

① （明）申时行等修《明会典》卷一六二《刑部四》，第 835 页。
② 刘海年、杨一凡主编《中国珍稀法律典籍集成（乙编）》（第一册），第 673 页。
③ （明）邱浚著，林冠群、周济夫校点《大学衍义补》，第 846 页。
④ （明）邱浚著，林冠群、周济夫校点《大学衍义补》，第 847 页。

历皇帝均采取措施进行改革，张居正为提高公文递送效率采取了一系列措施。曾在地方为官的海瑞，也对改革公文的驿传制度提出了建议和措施，其《驿传申文》指出驿传出现的一些弊端，"盖自近年不能裁革关文，多出牌票"[1]。为此，他结合自己的治理经验，分别从上策、中策、下策和无策几个方面阐述了解决驿传积弊的建议。上策中提出的"是故求复国初"[2]，体现了海瑞的法祖思想。其《杂议》则认为革除驿传种种弊端的关键是制定和颁布相应的规制，履行严格的登记制度，如"夫马廪粮本省某等样官用若干，乡士夫某等样官用若干，差遣人员某等样者若干，携家眷者若干，无者若干，参酌详明，毋使遗漏"[3]。将相关事宜一一记录清楚，可起到有效的监督作用，"宜凡给文牌明书某牌夫若干，至某驿止，某牌执至某驿，方起夫若干，前牌夫单即以后牌续填于上，明书顺差之故"[4]。他为制定地方公文递送制度设计了具体方案。

二 公文办理效率观

公文办理效率表现为公文责任者在职权范围内及时办理完公文并发出。公文责任者的职能不同于公文传递环节责任者的职能，办理效率往往涉及对公文的重视程度。政务信息和指令需要借助公文传递给社会每一个机构每一个臣民，如此才能保证社会有序运转，而任何一个神经传输系统的阻滞都将导致大面积的公文失效，社会组织也会因此失去秩序，中央权力在此方面也会被削弱。因而，公文办理时效在很大程度上影响着政权机构的运转效率。

历代统治者都非常重视公文的办理效率，也制定了相应的制度来实现公文效率的最大化。如唐代从公文办理时限、定期催办督办、逾期处罚等方面，保证公文快速办理。此外，还根据公文事务轻重、难易程度和路程的远近规定了公文办理时限。宋代在公文承办方面依据事情大小轻重分别规定了"办文程限制度"，对提高公文处理的效率无疑是大有好处。另外，宋代还专设催驱房负责催办事宜，保证公文办理的效率。

---

[1] （明）海瑞著，李锦全、陈宪猷点校《海瑞集》，第198页。
[2] （明）海瑞著，李锦全、陈宪猷点校《海瑞集》，第202页。
[3] （明）海瑞著，李锦全、陈宪猷点校《海瑞集》，第208页。
[4] （明）海瑞著，李锦全、陈宪猷点校《海瑞集》，第210页。

明代统治者也重视公文办理效率问题，不仅形成了公文办理效率观，还通过建立一系列汇报制度和办理督查制度来解决公文办理效率低的问题。

（一）汇报制度观

公文汇报是下级对上级告之重要事务的权责关系体现，及时汇报，也即公文及时发出是公文办理效率的直接体现。明初，为提高公文办理效率，明统治者于洪武二十九年（1396）限定了晚朝奏事的部门，主要有通政司、六科给事中、守卫官，其他衙门只有汇报重要军情事务时才可以进奏，其他情形均不许。永乐四年（1406）规定，"令六部及近侍官有事当商榷者，皆于晚朝陈奏"①，明确了公文汇报的具体时间。

公文汇报制度是政府机构权属关系的体现，公文履行请示汇报制度是公文处理过程中裁决权的体现。《大明律》设有"事应奏不奏"②条，《读律琐言》详细分析了应奏事项的原因，"盖军职朝廷世禄之官，其先世有功于国家者，而辄擅问断，故其罪特重焉"。"盖文职朝廷任事之臣，其本身有劳于国家者，而辄擅问决，故其罪稍次焉。"请示汇报是权力所限，需要得到批准才可施行，否则即为"专擅"，因此"不待回报辄施行者，则亦专擅而已矣，并同不奏不申之罪"③。公文汇报过程中，重要公文由于种种原因而没有及时上报，就很可能带来严重的后果。正统时，有福建邓茂七事件，"以按臣柴文显先匿不奏，后按臣王澄移文缓五日，致贼遁，澄弃市，文显籍家"④。"匿而不奏"和"移文"稽缓可导致贻误战机，可见公文时效的重要性。公文行移是一种必要行为，特别是事关重大的人事、军务、灾异等时，历代都有明确的汇报制度，这是强化中央和上级权力的重要手段和保障。公文办理完毕，及时汇报完成情况，是对公文执行情况的确认。为此，明律有"出使不复命"⑤条，雷梦麟阐释了该法条的政治意义。"奉制敕出使，承领朝廷制敕也；各衙门出使，承领各衙门割付及精微批也。既已出使，则使事为重，当专心极力以行之，事完告成，以终君上之托，庶称任使。若不复命而干预他

---

① （明）申时行等修《明会典》卷四四《礼部二》，第314页。
② 怀效锋点校《大明律》卷三《吏律二》，第38页。
③ （明）雷梦麟撰，李俊、怀效锋点校《读律琐言》，第100页。
④ （清）张怡撰，魏连科点校《玉光剑气集》卷四，第145页。
⑤ 怀效锋点校《大明律》卷三《吏律二》，第39页。

事，则心力既分，而本等职事未免于妨废，君上之所以付托我者何如而可不急于完报耶？"① 目的是提高公文的办理效率。

奏启是上报给皇帝及重要官员的公文，直接影响着中央的决策。明初一直在不断完善和强化奏启的汇报时效，《大明律》设"官文书稽程"②条，以保障日常公文办理的效率。"若各衙门上司官，遇所属有事申禀公事，即当详议可行与否，明白定夺，回报所属衙门，使其知所遵守，或行或止，不致耽误稽程。若不与果决，含糊行移，所属衙门互相推调，以致耽误公事，则上司无定处矣，罪在上司。"首先明确了上司对上报公文进行处理的效率要求。"下司将可行事件不行区处，作疑申禀，以致上司难于果决者，则下司无定论矣，罪在下司"③。阐释了下司所导致的公文稽程的情形。另外，明政府连续出台关于公文处理事项的规定，洪武二十五年（1392）明政府为区分公文事务的轻重缓急，规定除各王府和军队的紧要军务可奏闻外，其他各衙门催办的公事或正办理的未完成事务不必奏闻，只需同六科批写缘由送相关衙门整理，或各衙门一起编号以手本形式送六科即可。洪武二十九年（1396）明政府对朝班奏启事务做了分类规定，一是五府、六部、都察院、通政司、断事官、十二卫依例以用公文正式文本奏启；二是其余官员和军民等人员则由仪礼司负责接待，六科给事中各派一人，每天在午门外负责接待处理相关事务，收纳汇总各类奏状一起报给皇帝；三是安排监察御史一人，审查一些未经主官而将个人事务私自越级奏启的情况，责罚这些干扰正常奏启的人员。洪武三十年（1397）再次告诫通政司，允许早晚朝奏事及有军情重事可不限时入奏，其他衙门日常事务只可于早朝奏启，不许退朝后又将一些琐碎事务到右顺门题奏。永乐八年（1410）又规定，"各衙门行过事件，误违旧制者，许其改正，具本送该科，不必面奏"④。为提高办事效率，通政司将紧要的事务、未完成的事务及烦琐事务进行了区分，这种按事务轻重缓急筛选公文的方法，大大提高了公文办理效率。公文内容是在治政过程中产生的公务，公文办理也是对公共事务的处理，题本是处理

---

① （明）雷梦麟撰，李俊、怀效锋点校《读律琐言》，第100页。
② 怀效锋点校《大明律》卷三《吏律二》，第40页。
③ （明）雷梦麟撰，李俊、怀效锋点校《读律琐言》，第104页。
④ （明）申时行等修《明会典》卷四四《礼部二》，第314页。

公务的文体，各衙门机关有急切机务没有机会上报皇帝时，可用题本直接从宫门投进，以期快速将公文送达皇帝。明初一些官员公私不分，常用题本"诉私事丐私恩"，对此，明成祖批评这种情形为"掩奸欺众，以图侥幸，坏法乱政，莫甚于斯"。再次强调了题本适用范围，其他公私事项只许朝会上陈奏，"违者论以重罪"①。将事务按文体分类进行及时汇报可以提高公文处理效率。

灾害事关黎民百姓的生存和社会的稳定。明初统治者非常重视灾害类公文汇报的时效问题，出台政策的同时反复强调此类公文的特殊处理意义。洪武十八年（1385）规定，凡发生灾害和伤亡情况，地方政府如未汇报，允许地方吏员和名宿连名检举申诉，对相关负责官员处以重刑。为保证灾害公文汇报的真实性，太祖对灾害类公文提出要求，凡农田遭受水旱灾害，地方官须勘查明白、具实奏闻。一般程序是先申呈直接上司，再转达户部"立案具奏"②。差官前往灾区实地勘查，将受灾户姓名、田地亩数和应征税粮数目写明，并写明引发灾害的缘由，一起造册缴报户部立案具奏。地方政府为追求政绩或逃避救灾不利的责任，存在部分官员有灾不报、瞒报和迟缓上报的情形。如永乐元年（1403）六月，户部尚书郁新题请对未汇报河南郡县蝗灾的有关部门进行治罪。对此，成祖痛斥之。"朝廷置守，资其惠民几民疾苦，皆当恤之。今蝗入境，不能扑捕，又蔽不以闻，何望其能惠民也？此而不罪，何以惩后？"③ 为此，命令都察院派遣监察御史进行调查惩治。永乐十一年（1413）春正月，徐州地区发生饥荒，明政府免除百姓粮租六万三千八百石，对未汇报灾情的官吏进行治罪。④

仁宗对一些反映紧急重要灾情的公文非常重视，曾有官员反映地方奏报的水灾类公文按旧例是送到通政司收贮，提出将其送到六科收贮。仁宗反对简单的收贮，他认为太祖颁布的"令天下奏雨泽"等制度是为及时了解天下灾情，以便"施恤民之政"，而将反映灾情的公文收贮在通政司，或交给事中收贮，没及时汇报处理，这些公文也就失去了其应

---

① （明）余继登撰，顾思点校《典故纪闻》卷八，第141页。
② （明）申时行等修《明会典》卷一七《户部四》，第117页。
③ 《明太宗实录》卷二一，"永乐元年六月甲子"条，第389页。
④ 《明太宗实录》卷一三六，"永乐十一年正月壬寅"条，第1659页。

第二章 法制视域中的明代公文观

有的作用，仁宗要求"自今四方所奏雨泽至即封进，朕亲阅焉"①。实封进送皇帝知晓，一方面说明皇帝重视反映民间自然灾害的公文，另一方面提高了类似公文的处理效率。仁宗曾谕告鸿胪寺，凡朝会后各衙署有急切机务不能当面陈奏，允许具题本从宫门投进，以便快速送达皇帝。灾情及时汇报制度为历代继任者所沿用。明宣宗在收到通政司汇报各地"雨泽奏本"时，阐述了这一制度的政治意义，即"爱民之心、保民之道"，那些对民生疾苦不闻不问的君主，往往很难长治久安，"太祖皇帝令天下有司月奏雨泽，世世相承为成宪，岁之丰俭，民之休戚，靡不周知，其虑深矣"②。然而这种"月奏雨泽"的定期汇报制度后世并没有坚持下来。

万历九年（1581），张居正主政也采取了一系列政策，一是要求灾情公文如实汇报，地方凡有重大灾害及伤亡事件，地方官须亲自勘明灾情，从实奏报巡抚和巡按御史，如申报不实，则由巡抚、巡按等查处，若巡抚或巡按勘灾不实、"匿灾不报"等，则由六科"指明参究"。二是对重大紧急灾情公文要求以最快速度上报，凡此类公文申呈到巡抚、巡按，"巡抚不待勘报，速行奏闻；巡按不必等候部覆，即将勘实分数作速具奏，以凭覆请赈恤"，强调特殊灾情公文可不拘于常规行文程序，务必求得实效。三是对灾情公文汇报周期按地域进行了区分，中原腹地仍按旧例，于五月汇报夏季灾害，于七月汇报秋季灾害；对于较为偏远的地区，如延宁、甘固、宣大、山西、蓟密、永昌、辽东等地，夏季灾害则于七月汇报，秋季灾害则于十月汇报；巡抚报灾过期或巡按"具奏迟延"，则由相关科道官参劾。四是各自履行灾情汇报职责，地方巡抚和巡按各自汇报，如"报时有灾，报后无灾，及报时灾重，报后灾轻，报时灾轻，报后灾重，巡按疏内明白从实具奏，不得执泥巡抚原疏，至灾民不沾实惠"③。对汇报灾情类公文明确要进行"勘明"，规定了汇报周期及违法处罚的情形。

灾害属突发紧急事务，赈灾可随机应对，不必依常规公文程序。洪武二十六年（1393）诏有司："岁饥，先赈后闻。"太祖为此谕告户部：

---

① （明）余继登撰，顾思点校《典故纪闻》卷八，第141页。
② （明）余继登撰，顾思点校《典故纪闻》卷九，第157页。
③ （明）申时行等修《明会典》卷一七《户部四》，第117页。

"若岁荒民饥，必候奏请，道途往返，动经数月，则民之饥死者多矣。"①阐明处理灾情事务可在公文办理之前，过度依赖公文指令会导致救灾被延误，造成更大的灾害。洪熙元年（1425年）六月，仁宗就赈荒类特殊情形的公文办理谕告户部"先给后闻"，充分肯定河南新安知县陶镕先赈济后申报的做法，"知县所行良是。往见有司不体人情，苟有饥荒，必须申报，展转勘实，赈济失待，民多饥死"②。批评公文办理因形式主义的流程而延误急务的现象。马廷用在南京户部任职时正遇到歉收，社会出现了大量流民。南京各部门为此开会讨论拯救之法，有人认为应先向朝廷请示，马廷用立即反对，"若待奏请而后赈济，数万人将化为鬼物矣。古人固有矫制发仓者，吾请独任其罪"③。救灾如救火，奏请后再赈济就有数万人饿死，马廷用建议先开仓赈灾，因此救了很多百姓。焦竑《玉堂丛语》记录了这种特殊情况下的特殊公文处理方式，并给予了充分的认可和赞赏。

（二）公文办理的制度化

公文办理表现为裁决、执行、回复等政务行为。公文办理时效的延缓或稽迟直接影响着公文作用的发挥，因而公文具有较强的时效性。明代历任统治者都从实践中认识到公文时效性的重要性，因而也就通过法律和制度来确保公文运转的各个环节的通畅。同时，也根据发展中出现的新问题，提出了相应的改革措施。

为保证公文高效办理，《大明令·吏令》按轻重缓急规定公文事务的办理时限，将公文事务分为小事、中事和大事等三类，其办理期限小事为五天、中事为七天、大事为十天，要求在规定期限内处理完毕，"事干外郡官司追会，或踏勘田土者"④，则不受该时间限制。可见，明初对政务办理时效有迫切的意识，以及统治者对效率的要求。为加强监管，督促公文办理，于洪武二十八年（1395）六月，明政府专门颁布了《谕

---

① （明）张铨撰，（明）张道濬订，（明）徐扬先校，田同旭、赵建斌、马艳点校《国史纪闻》卷三，第166页。
② （明）张铨撰，（明）张道濬订，（明）徐扬先校，田同旭、赵建斌、马艳点校《国史纪闻》卷六，第290页。
③ （明）焦竑撰，顾思点校《玉堂丛语》卷二，第45页。
④ 刘海年、杨一凡主编《中国珍稀法律典籍集成（乙编）》（第一册），第9页。

司务敕》，对各衙门公文管理进行规范。首先是要求各衙门设立司务2名，安排在各衙门正堂东南角面西办公处，专门负责每天收发登记各类公文，并根据公文办理需要，"验其应速者速，应迟者迟，明白勾销下注"；若登记有误，不许涂抹，只需在旁圈注即可；每天登记公文，到晚上对卷数和字数进行统计，以便事后稽考。该敕特别强调公文时效确定的标准，即"若有可速者而迟之，耽误公事矣。若可迟而速之，施为不当矣"。强调公文办理时效的意义，或速或迟都不当，只有时机适当才能最大化地发挥公文的作用，这一规定直接影响着后世的考成法。此外，该敕还充分肯定了"司务"管理日常公文的重要性，即"司务之设，职专甚重，其所练劇也，其出非常"，因此司务不仅要对每天公文登记工作"勤于督责"，还要具备较强的专业能力，即"精于注销"，作为各衙门官吏，"其司务之才能已称堂上之任矣"①。高度肯定了从事公文管理事务的吏员的价值和作用。

明宣宗励精政事，唯恐各衙门不能及时批复公文，因此专门谕告六部和都察院，凡上奏公文批交六部或都察院"看详以闻"后，需"覆奏"的不得超过两天，需"看详以闻"的不得超过三天；若公文涉及其他衙门，须调查了解的则不得超过十天，"遇有军机重务及重大事情，宽五日"②。对公文办理时限要求按事务的类别和重要程度进行了区分。

为保证中央公文的办理时效，明政府规范了覆奏时限，督促官员在规定时间内完成相关公文处理任务。成化元年（1465）十月十四日，吏部尚书等提议，凡皇帝有专门批示的题奏，由六部或都察院衙门抄出，尽快将解决措施覆奏，严禁稽缓，凡超过五天未答复的，则责成其做出解释说明。"各该部院俱照递年常例，行查完卷，立限发落施行。今奏前因，合无将前项事例不覆奏事件，亦照该覆奏事例五日完奏。恐致烦渎圣虑，未敢擅便定夺。成化元年十月十四日，各官具奏，次日奉圣旨：是。其余不该奏的，也要五日发落施行。着司务依限催完，不许怠慢迟误。"明确了各种情形的公文办理时效要求。"今后民情事有紧要，半月内会议；若奏言利弊等项，系紧要，五日内会议。"③ 建言民情紧要事要

---

① 刘海年、杨一凡主编《中国珍稀法律典籍集成（乙编）》（第三册），第75页。
② （明）余继登撰，顾思点校《典故纪闻》卷一六，第288页。
③ 刘海年、杨一凡主编《中国珍稀法律典籍集成（乙编）》（第四册），第471页。

求于半月内议定，然后覆奏汇报，奏言利弊等紧要事五日内举行议决。

为提高公文办理效率，明代还专门建立一套监管体系，稽查、督促公文办理。《大明令·吏令》规定了各类衙署官吏的公文监管职责，要求直接负责公文管理的掾吏每天勾销一次，衙署首领官每十天检查一次，各省负责监管的检校官每三个月检校一次，对办理迟缓的要及时督促，对处理中有错误的要及时指出改正，即"迟者随事举行。错者，依例改正。……凡诸衙门官吏，照刷出迟错公罪，未曾决罚，或得代、改除、迁发者，皆听罚、赎。丁忧、致仕、黜革者，勿论"①。公文稽查以法律的形式固定下来。

基层吏书是公文管理主要责任者，佘自强等一些有经验的地方官为加强公文的落实执行，在规范吏书管理公文事务中积累了丰富的管理经验。他认为吏书经常不去完成上司交办的公文，并不是因为习性懒惰，而是"留此未完一次行提便有一番打点"，以此谋取个人私利。为加强对书吏的约束，他要求承发房对上司公文进行登录号簿并注明承办情况，六房吏书随即到后堂查对公文号簿，按照公文事务难易程度，"限定日期，申缴注销"，每隔三天于早堂时补上签字和押印；每隔三天于晚堂结束时再召集六房吏书上堂，按号簿记录进行查核，"过期不完者责，事可计日而完也"。对未按规定期限完成的进行责罚，"若在赦前，便不时申缴，一事完即查号簿，在原号上贴一浮签，注'申缴'二字，同金押用印公文投入，以便注销"②，每违误一天则按相应的标准责罚。佘自强详细描述了在实际管理中约束吏书管理公文的做法，为其他地方官提供了有益的借鉴。

海瑞针对基层公文办理存在的稽迟和隐匿问题，提出针对性解决措施，重点是根据记录公文的簿册进行比较稽查，"比较所以稽查未完，事不可已者。中有可损而不损者甚多，然比非下司所得专也"③。各衙门通过每个月按登记簿册后的公文完成日期比较检验，一方面不会耽误上司交办公文，另一方面吏书也不能隐匿要办理的公文事项。为此，还设计了"单月比较未完文簿"和"双月比较文簿"，规定承发房负责"单月

---

① 刘海年、杨一凡主编《中国珍稀法律典籍集成（乙编）》（第一册），第9页。
② （明）佘自强：《治谱》，《续修四库全书》史部第753册，第526页。
③ （明）海瑞著，李锦全、陈宪猷点校《海瑞集》，第273页。

比较未完文簿"核查:"布政局钱粮词讼簿,每月前五日差吏书比较。本府词讼簿,每月十六日差吏书比较。又批回簿,每月十六日差吏书随词讼簿比较。"户房负责"双月比较文簿",内容为"军门田地山塘并海防钱粮簿,每双月尽与兵房轮流差吏书比较。布政司田土银并海防钱粮簿,每双月尽与兵房轮流差吏书比较。又钱粮簿,每双月差吏倒换。本府钱粮簿,每双月尽差吏比较。又上中下盐斤,每双月尽差应捕比较"①。这使得基层政府公文核实制度得以常态化,从而保证了公文及时办理。

明代除重视各级官府的公文办理效率,还重视作为权力核心的皇命公文的办理效率。明代统治者如明太祖,虽强化了皇帝公文办理权,却忽视了皇帝办理公文的实际承受力和效率问题,后来内阁参与办理等一系列措施也证明,并非缩短办理渠道就能达到应有效果。明中后期皇帝办事效率低下,导致公文运转阻滞。如明孝宗只有开朝会时才面见群臣,而对题奏"或稽留数月,或竟不施行"②,导致公文事务不能及时办理,严重影响了治政。明武宗更是性情顽劣无度,对各类公文"不省"③,极大破坏了既定的政治制度。

明末,明思宗为提高行政效率,加快公文运转,他下令章奏限十日内题覆,不得拖延时日。他严厉批评了人们习以为常的官僚主义作风,他认为明初为各衙门确定的职责分工明晰且完备,然而由于官员腐败、政风废弛,导致公文处理效率低下,"即如各项章奏,或奉旨而科抄久不到部,或已抄而该部久不题覆,以致紧要事务率多稽迟"④。这些都严重地影响了公文和政务的运转。思宗对此虽采取了一系列措施,然而明末整个制度已经溃散,这些严厉的批评和措施也难以挽救危亡之朝局。

三 文牍及形式主义批判

公文在政务管理中发挥着工具的作用。因公文责任者的过度拔高,文牍主义和形式主义泛滥。明代许多杰出的政治家对公文在治政中的反

---

① (明)海瑞著,李锦全、陈宪猷点校《海瑞集》,第274页。
② (清)张廷玉等撰《明史》卷一八一《徐溥传》,第3198页。
③ (清)张廷玉等撰《明史》卷一八一《刘健传》,第3202页。
④ (清)孙承泽著,王剑英点校《春明梦余录》卷二五"六科"条,第391页。

作用进行了批判和反思。

君臣之间政务沟通究竟是使用公文，还是当面汇报或讨论，明代官员有不同的观点。何孟春主张多用面议，而少用疏奏，其《陈万言以俾修省疏》就建议："臣下之告君，见于疏奏，不如见于对陈之为切；疏奏之言，不如对陈之言易为功。盖疏奏者情每难尽，而对陈者从容出之。每有余，疏奏者以言期上之行，而对陈者得反复究竟利害之实，而上行之自勇。疏奏者人远，逸邪或蔽之，而对陈者下输其情，上获其益，公论具在，无扞格也。"① 将公文与面议优劣进行比较分析，主张面议反对奏疏。政务信息沟通的环境过多，公文所承载的政务信息受各种因素影响而变化。他批判奏疏存在的种种弊端，"不得民心，虽文案无隙于照刷，而旌异无所取"②。对公文持批判思想，反对公文的形式主义，反思在行政运转过程中公文存在的不足和缺陷。"凶荒之民，枵腹待哺如涸辙之鲋，望斗升水于旦夕，犹不足以救，而彼文书往复，动经数月半年，岂其所堪哉。"③ 指出公文运转效率的低下影响了政务效率。虽然有很多官员主张皇帝经常召见各级官员面询政务，但这只是一种理想的建议，事实上不能完全做到，"国家常朝于奉天门，未尝一日废，可谓勤矣。然堂陛悬绝，威仪赫奕，御史纠仪，鸿胪举不如法，通政司引奏，上特视之，谢恩见辞，惴惴而退。上何尝问一事，下何尝进一言哉。此无他，地势悬绝，所谓堂上远于万里，虽欲言无由言也"。君臣之间等级和特定场合决定着面议政事难以达到理想效果，"君臣相见，止于视朝数刻，上下之间，章奏批答相关接，刑名法度相维持而已"④。所以君臣之间的沟通主要是靠公文和颁布的制度维系。公文还常是集体的意志表达，因此仅是个人面议并不足以表达共同的意愿，相反会因个人面陈而导致人治出现问题。

公文文牍主义主要表现为将公文处理事务等同于实际政务，用公文

---

① （明）何孟春：《陈万言以俾修省疏》，（明）陈子龙等选辑《明经世文编》卷一二七，第1218页。
② （明）何孟春：《陈万言以俾修省疏》，（明）陈子龙等选辑《明经世文编》卷一二七，第1220页。
③ （明）何孟春：《陈万言以俾修省疏》，（明）陈子龙等选辑《明经世文编》卷一二七，第1224页。
④ （明）王鏊：《亲政篇》，（明）陈子龙等选辑《明经世文编》卷一二〇，第1158页。

代替实际政务的施行。公文一方面因其工具功能而不可或缺，另一方面又容易流于形式主义。基层衙门公文处理常存在严重的形式主义现象，叶居升《上万言策》就反映明初基层守官对待政务"必以簿书期会，狱讼钱谷之不报为可恕"，对待学校教育"未以教养为己任，徒具文案以备照刷而已"，对待上司的检查，也是"依纸上照刷，亦未尝差一人巡行点视"①。公文处理严重脱离现实，政务运转仅停留于公文的"照刷"，这是典型的文牍主义。

明代中后期公文文牍主义之风盛行，众多官员曾反复上奏批评文牍主义的危害。万历时，陆光祖专门上了《覆湖广巡抚李祯祛浮颇之习以振风纪疏》，批评"文具太冗"的问题，"惟世之治也，以质不以文，尚行不尚言。今天下之尚言，而入于文也极矣。诏旨太轻，人心太玩，即如简牍细事，屡奉明旨，尚沿旧习。至于条议覆奏，委为繁冗，甲可乙否，朝更夕易，悉布而下之四方，以致簿书填委，实无补于理乱之数"。将公文尚"质""行"和尚"文""言"上升到国家治理的高度，批评公文处理"尚言""尚文"导致"朝更夕易""簿书填委"等危害。为此，陆光祖就公文撰拟和处理提出，"务崇实政，无尚虚文，事有数言而可尽者，勿浮蔓其词；有节经建而方在奉行者，毋抄袭其语；有滞碍而必不可行者，勿辄议纷更，宁简毋繁，宁质毋华"②。列举了三种常见公文拟写情形并提出了具体建议。彻底改变文牍风气，还需要从监管方面加强落实，"如有仍饰空言，烦琐可厌者，臣等立案不行，因以殿最其人，期于言必可行，行必可久"③。以考核来革除形式主义和文牍主义。

公文文牍主义的另一个表现是"虚文"，即公文内容与事实不符，往往言过其实，甚至言中无实。冯琦所上的《铨部议核实政》批评人事考核类公文的"虚文"现象，"先年尝议核实政，毕竟所报多是虚文，久之则核实之言亦成虚文矣。近日吏习甚巧，虚伪最工。人事多而官事少，官事多而民事少。上官但考政于厨传，课绩于簿书且未问所察之官，

---

① （明）叶居升：《上万言策》，（明）陈子龙等选辑《明经世文编》卷八，第56页。
② （明）陆光祖：《覆湖广巡抚李祯祛浮颇之习以振风纪疏》，（明）陈子龙等选辑《明经世文编》卷三七四，第4057页。
③ （明）陆光祖：《覆湖广巡抚李祯祛浮颇之习以振风纪疏》，（明）陈子龙等选辑《明经世文编》卷三七四，第4058页。

但阅其所署之考"。分析了人事考核公文出现"虚文"的原因，进而列举了"虚文"现象的种种表现："推官知县以上考语皆是大圣大贤，川岳风云，冰玉麟凤，字面何关实事。甚而流离满眼，怨声在途，犹以绮语署为上考，署者当者宁无两丑。又如抚按论劾，多列奸贼，及至行勘，十无一二。"① 对此，冯琦对人事考核类公文管理提出建议，"各开其人，实才实政，务在肖其为人，尽洗历年骈俪浮泛之语，长短得失，不得相掩"②。提倡公文反映真实的内容，批判追求华丽辞藻的形式主义。

公文处理是各级官员政务管理的重要内容，官吏们的文牍主义表现为公文处理代替了实际政务管理。萧彦《竭愚忠陈三议以备圣明采择疏》认为官吏为政事关民生休戚，"守令所以寄民命者也"，而吏治的重要内容之一就是"文移"问题，"臣以为文移当裁也，物议之当核也，本原之当敦也。夫上之所以流通于下者文移而已，疏则玩，烦则扰其弊等耳"。公文行移是维系皇帝与臣民、衙门官员隶属关系的重要手段，公文行移关系到政务信息流通和权属关系的落实，有着实证性内容，而不仅是指行移本身。明代中后期公文行移烦琐复杂，"臣观之有司，所谓文例日增而不足吏议，日异而不定盖有之矣。如一钱粮也，所降发之册式凡几；如一狱讼也，所批发之词状凡几；如行一令也，应通详之衙门凡几；如遣一吏也，应倒换之循环凡几。盖名虽守令而其实簿吏不异矣。下之有司，日疲其精神于文移递速之间，而不暇行乎其志。上之监司，日用其精神于文移依违之间，而不暇先乎其大。有司既苦于烦，一一而经心不能也，势必授之吏书，而应之以文具；监司又惮于烦，一一而经目不能也，势必假之吏书，而行之以姑息。上下交受其病，而彼此俱失其职，坐此故也"。面对公文处理的文牍主义，萧彦并不简单地否定公文行移的作用，而是主张"省文移"，"欲吏治之复古，莫若明其职掌，省其文移，司刑名者不必兼夫钱谷，司钱谷者不必及夫刑名，专制者理其目，兼摄者理其纲"③。也即实现公文行移的专业化，厘清职掌关系，避免行移关系交叉混乱，最后分析了这样做的好处，"盖文约则简而易行，

---

① （明）冯琦：《铨部议核实政》，（明）陈子龙等选辑《明经世文编》卷四四一，第4838页。
② （明）冯琦：《铨部议核实政》，（明）陈子龙等选辑《明经世文编》卷四四一，第4838页。
③ （明）萧彦：《竭愚忠陈三议以备圣明采择疏》，（明）陈子龙等选辑《明经世文编》卷四〇七，第4419页。

力专则详而不漏。省一词讼则省一民害，减一册籍则减一吏弊，其视之徒烦而无益者，功相万也，文移裁矣"。萧彦清晰地认识到公文处理中文牍主义的症结，陈子龙认同萧彦的公文观，并评价说："人云为政不在多言，文移之多吏治之所以日敝也。"①

公文文牍主义发生的关键在于制度、在于公文处理的责任者，明代各级官吏往往借行使公文处理权徇私枉法、谋取私利。钟羽正《条议阅亲事宜以图实效疏》提出一系列改革建议，其中针对公文文牍主义则提出"革京书"，"京书"即京城衙门中的吏书等，他们主要负责各部门公文的办理事务，"差臣出也，所借以计算钱粮，行移作稿，书写本章，必有吏书矣"。而这些公文处理人员常借此索贿，"惟思诈骗，假以传泄语言，改移贤否册籍也。故使驳查申详也，索其差错，贿而入，即罪可为功；贿而迟，即功可为罪"。钟羽正罗列了吏书种种公文违法行为，为防止吏书借办理公文谋私，他建议由各衙门官员负责对公文的办理，"京中书办一人不许带领。书写本章，则取之抚按，书算行移，则取之司道有司"，另外，对公文管理进行调整，"至于题奏本章，即字样小差，亦望皇上宽宥，盖宁负小失，去此大奸"②。提倡淡化公文严苛的形式要求，注意公文的实际效能，回归公文的本质属性。

---

① （明）萧彦：《竭愚忠陈三议以备圣明采择疏》，（明）陈子龙等选辑《明经世文编》卷四〇七，第4420页。
② （明）钟羽正：《条议阅亲事宜以图实效疏》，（明）陈子龙等选辑《明经世文编》卷四一二，第4472页。

第三章 管理视域中的明代公文观

公文作为管理的工具，在管理视域下研究公文观是应有之义。公文应管理而产生，在拟制、运转、阅办、归档等一系列系统且严密过程中发挥作用。公文功用的实现由政府机构的管理者负责完成，这些管理者被称为公文责任者。公文责任者往往不是一个自然人，而是被赋予公文处理职权、参与公文处理的公职人员，包括公文的撰拟者、签署者、传递者、收发者、阅办者等。可见，公文责任者是一个群体，这个群体完成公文的管理使命，他们在公文运转的不同环节发挥着不同的作用，共同决定着公文效力的发挥。公文责任者不被称为作者，因为他们不是一般文章或文学作品的作者，而是具有法定身份和职权的个体或群体。公文责任者的职权、身份、素养直接决定着公文效力的实现，如一份公文有文本撰拟、签署、用印、传递、阅办、上报、回复等环节，需要由这些环节的责任者严格履行职责共同实现公文的价值，公文价值并非仅指公文语言文字部分，所以管理视域中关注的重点是公文责任者的管理。

古代公文责任者主要指皇帝及各级官吏，无论是集体还是个体，他们都被赋予一定的权力，行使所在机构的职权，通过公文和公文处理实现管理目的。明代重视公文责任者在各个环节对公文效果的影响，特殊的政治结构决定着公文特定的运转模式，从而产生了一些适应新政体需要的公文责任者类型，对不同的公文责任者也有着不同的素养观要求，如对通政使要求是"凡上书奏民事者，虽小必以闻"[1]。为提高公文责任者素质和选拔质量，明代建立了以科举教育为主、以实践培养为辅的选用制度。明代皇帝、政治家及官吏以诏令、奏疏或专著等形式，从管理理念方面提出并推行了对公文责任者的管理理念，形成了明代别具一格的公文责任者观。

---

[1] （清）张廷玉等撰《明史》卷六《成祖本纪二》，第56页。

第一节 明代公文责任者的类型

明代公文是政务管理的工具，明代公文处理包括发生、运转到落实等环节，不同管理机构及官吏分布于公文处理过程中的不同环节，至于其充当何种角色，履行何种职能，发挥何种作用，则受限于明代特殊的政治制度。

公文责任者处理公文的权责，一方面取决于其职责权限，另一方面取决于其行文对象的权属关系。在公文处理过程中，他们不是静态的而是动态的，往往随着公文处理角色的变化而变化。同一个处理主体可能因自身所拥有的多种职权而处于多个公文处理环节，这种职权的赋予性由不同时代的政权结构所决定。明代皇权集中，皇帝拥有在各环节处理中央各类往来公文的权力，如诏令的拟写、票拟、批红等，内阁学士时常被赋予票拟权和批答权等。成化十三年（1477）夏四月，商辂被任命为吏部尚书兼谨身殿大学士，"时近侍汪直权倾中外，设西厂行事。公具疏，乞照祖宗成规。语极切直，上可其请，遂罢西厂"[1]。"奉迎回銮于居庸关，对御草诏，无不称上旨意。"[2] 吏部尚书的身份，让商辂可以撰写奏疏弹劾汪直，内阁大学士的身份又可以代皇帝起草诏书，既有公文撰写权，又有公文阅办权。为清晰地梳理明代公文责任者情况，本章依据公文的运转过程将责任者按公文制作、运转、阅办及监管等环节进行划分，公文责任者处在不同环节，有着不同的要求和特点。

一 公文制作责任者

1. 主官主笔

公文撰写权由公文责任者的职权决定。主官主笔是指政府主官可以亲自撰写公文的行为，一方面他是公文内容责任担当者，负责签署或押印；另一方面他是公文制作环节中公文的拟写者。明代皇帝是最高最大的权力主体，因而也就拥有皇命公文的拟写权。朱元璋称吴王时，"手撰

---

[1] （明）商辂著，孙福轩编校《商辂集》附录一，第564页。
[2] （明）商辂著，孙福轩编校《商辂集》附录一，第575页。

书檄，汪射简峭，文士顾不及也"①。对一些有着特殊政治意义的公文，皇帝往往亲自拟写，"太祖之封十王也，亲草册文"②。目的是笼络人心，从而实现政权的稳定。明孝宗曾就兵部所推荐官员，亲自拟写任命敕书。《明孝宗实录》记述了这一过程：为确定兵部官员人选，孝宗专门召见内阁刘健、李东阳、谢迁等，出示兵部推举官员的题奏并询问情况，商讨后裁决推荐人选，"仍命司礼监具纸笔，亲书手敕，付兵部行之"③。再如任命保国公朱晖、镇远侯顾溥提督三千营，惠安伯张伟提督团营，新宁伯谭佑罢团营而专督神机营，这些重要的军事将领任命均由皇帝"亲书手敕令"④。这些公文由皇帝亲自拟写，一方面可以看出军事官员任命的特殊性，另一方面也可看出皇帝对这一类官员任命的重视。

　　成为公文主笔需要具备一定的条件，首先拟写主体职责身份要切合公文的主题内容，所谓"名不正则言不顺，言不顺则事不成"⑤。永乐时，翰林学士杨荣曾进奏疏论十事，主要列举了五府、六部、三法司的种种积弊。成祖朱棣对这些建议很满意，首肯这些建议都切中时弊，但因杨荣是翰林学士，没有监察和弹劾的职权。为此，成祖认为"但汝为心腹之臣，若进此言，恐群臣益相猜疑"，即杨荣拟写监察弹劾类公文不但不合身份还可能引发矛盾，提出由御史拟写奏疏进行弹劾比较合适，这是御史的职责，若由翰林学士上奏则有越权嫌疑。于是安排监察御史邓真对相关问题进行弹劾，致使"众皆股栗，免冠请罪"⑥，达到了应有的效果。可见，公文主笔受限于官员所具有的职责权限。

　　公文拟写主体要与公文事项相匹配，即职责履行界定要准确合适，过分或不及都不会达到应有的效果。弘治时，对一些重大事务，皇帝需要召见刘健等共同商讨，但由于他们职责身份受限，明孝宗为此提出"今后当罢行者，卿可写揭帖，密封进来"，授权以保密揭帖的形式向皇帝献计献策。刘健对此提出自己的看法，认为"揭帖显行"，公文应该公开上报，而像前代采用"斜封墨敕"这种非正常公文运转渠道，时间

---

① （明）谈迁著，张宗祥校点《国榷》卷二，第 325 页。
② （明）焦竑撰，顾思点校《玉堂丛语》卷一，第 17 页。
③ 《明孝宗实录》卷一六二，"弘治十三年五月丙辰"条，第 2912 页。
④ （明）余继登撰，顾思点校《典故纪闻》卷一六，第 292 页。
⑤ 李申译注《四书集注全译》，巴蜀书社，2002，第 277 页。
⑥ （明）焦竑撰，顾思点校《玉堂丛语》卷三，第 80 页。

久了就会有很多弊端。建议皇帝"事有可否,外付之府部,内咨之内阁可也"①,希望皇帝能遵守正常的公务处理程序,充分发挥各部门的职能,而不宜采用授权揭帖等这种特殊的措施来处理政务,该建议最后得到了皇帝的充分认可。

为体现对公文负责任的态度,明代许多官员都亲自拟写公文。李东阳《王端毅奏议序》评价王恕对待公文是"凡有会议,必手自属稿"。主官具有公文处理的决定权,但并不表示所有公文都要亲自拟写,很多时候公文由吏书等专门人员拟制,王恕则是"虽部曹所拟,官属所具,亦亲为改订"②。他拟写公文的态度是尽可能亲力亲为,如果不能也要改订,这既是一种为文的态度,也是一种为官的态度。王恕的奏议多由其亲自拟写,特别是谏言,此类公文都是个人正义之言,从中可以看出主官个人职责和品德,不同于一般由吏书代拟的例行公事的公文。张顶同样重视公文撰写,尤其对上行公文很重视,他担任南兵曹时,"凡章疏,必手录之。公独长揖,章疏下部,不手录",对下行文则认为是部属之事,"主事岂小吏耶"③。因为下发的具体政务公文的撰写则是所属官吏的事务。

明代许多官员都秉持亲自撰拟公文的态度。天顺时林俊以敢谏闻名:"初,俊之草疏也,自分必死,区处家事,其妻不敢谏,其友劝止之,不从。通政阅其疏曰:'君能言人所不敢言,吾辈愧死。然雷霆之下,恐有不测,惟君再思之。'俊曰:'吾思已三,宁云再也?置疏于案而去。'"④由此可见林俊勇于担当的品格,也可见此类公文的政治意义。弘治时,曾有各部以灾异上疏言事,吏部请求皇帝视早朝、勤听政、节侈费、省游幸、止贡献等事宜,其中对皇帝耽于淫乐批评最为激烈。事后,曾有人询问吏部尚书耿裕该公文的主笔,耿裕回复"吾为尚书,不宜他诿"⑤。耿裕言事以实的拟写公文态度,充分体现了他敢于担当,撰文以

---

① (明)焦竑撰,顾思点校《玉堂丛语》卷三,第70页。
② (明)王恕著,张建辉、黄芸珠点校整理,张世民审订《王恕集·王端毅公奏议》,第246页。
③ (清)张怡撰,魏连科点校《玉光剑气集》卷一〇,第417页。
④ (明)张铨撰,(明)张道濬订,(明)徐扬先校,田同旭、赵建斌、马艳点校《国史纪闻》卷一〇,第497页。
⑤ (明)焦竑撰,顾思点校《玉堂丛语》卷二,第41页。

"实对"① 的精神。

主官拟写不但要敢于直言,更要坚持个人主见,不与别人苟同。《玉光剑气集》载有葛守礼事迹,"立朝数十年,绝不伺他人意旨有所附丽。隆庆初,新郑以藩邸旧臣当事,华亭积不能平,百计逐之,自九卿六官之长,至台省庶司,交章论奏"。葛守礼时任工部尚书,左右侍郎都请他出示奏疏,他拒绝说:"人之所见不同,有者自有,无者自无,何可强乎?"② 意在坚持个人的政治观点,不愿顺从别人的意见。

2. 公文代拟者

代言即代替主官拟写公文正文,且不对公文效力负责任的专职人员。公文代言由主官授权而产生,将主官的思想意图准确忠实地表达出来。自公文产生就有代言者,如先秦的史官,汉魏的记室、主簿,唐宋的翰林学士、中书舍人等。明代各级机构中都有专门的公文代言人员,叶盛的《圭斋题彭氏程文》言:"今明诏复饬中书举行。玄叨尘从臣,初议阙下,力赞其成,又适秉笔代言,播告海内矣。"③ 叶盛称赞了彭氏为中书舍人代言的成就。

诏令体现着皇帝的权威,其主题和内容是严肃庄重的,因而需要优秀的人员撰写,以保证其言辞典雅,正符合"言之无文,行而不远"④的道理。明惠帝时,方孝孺是皇帝重要的代言者,每次皇帝临朝听取官员上奏汇报事务,与官员商量政策时,"必命孝孺就扆前批答","靖难兵起,日召谋议,诏檄皆出孝孺手"。方孝孺最后的死亡也是因其拒绝代拟诏令。公文代拟者不仅要有文章创作的能力,同样需要具备处理政务的能力,"日侍经筵,备顾问,凡将相大政议辄咨孝孺"⑤。这些公文代拟者不仅要具有优秀的公文撰写能力、娴熟的政务处理能力,还要具备优秀的人格魅力。

公文起草拟写一般有严谨的程序,从而保证公文的正确和公正,其中大多数的公文由专门的代拟人员拟写。余继登的《典故纪闻》记载了

---

① (清)张廷玉等撰《明史》卷二四五《李应升传》,第4254页。
② (清)张怡撰,魏连科点校《玉光剑气集》卷一〇,第440页。
③ (明)叶盛撰,魏中平校点《水东日记》,中华书局,1980,第95~96页。
④ 杨伯峻编著《春秋左传注·襄公二十五年》,中华书局,1981,第1106页。
⑤ (明)焦竑撰,顾思点校《玉堂丛语》卷四,第138页。

这样一则故事：

> 工部尚书吴中，有才能，然惟声色货利是好，宠妾数十，甚畏其妻。尝领诰命，妻命左右诵之毕曰："此文天子自为乎？儒臣代草乎？"曰："亦儒臣代草耳。"妻曰："代草甚当。今诵之终篇，何尝有一清有一廉字？"中不敢怒。夫居官不廉，乃为妇人所诮，亦足羞矣。①

诰命虽是皇命公文，以皇帝名义发布，但由翰林院专门人员拟写。大多数公文不必由主官亲自拟写，特别是一些例行公文，一般由相关人员遵循固定模式代拟，此故事反映了皇命公文代拟的情形。

内阁官员就是明代皇帝专门设置的代言人员。草拟诏旨是内阁大学士的重要职责之一，实为代皇帝言。代拟诏旨意味着要秉承皇帝的旨意拟写各类诏令，这些意图有时是皇帝亲自传达，有时则由宦官代传。内阁撰拟者根据皇帝的意图拟好初稿，再交由皇帝审定，如果皇帝不满意则需发回重拟，经同意后按程序颁布。阁臣最初的代言是一种临时授命行为，后逐渐固定且成为一种制度，也成为明代中央公文运转中的重要组成部分，在整个政治斗争中发挥着重要的作用。代拟皇命公文，意味着能参与中央最高决策的制定过程，进入权力的核心，拥有炙手可热的权力和地位。

内阁大学士因代拟皇命公文而成为明代政坛一股重要的政治势力，既发挥着辅佐皇帝的作用，又有着制约皇帝的功能，因此被认为承担着历代宰相的职能，可见其作为皇帝公文代拟者的意义。明仁宗每次朝会结束后，凡有机密政务需要计议，都要亲自起草诏旨召见杨荣，"或用御押封出，付公规画"。这种特殊的政治地位让当时翰林侍讲王珏称赞杨荣"真可谓为社稷臣也"②。刘健传记中也称"凡朝廷大制作，皆出公手"③。内阁往往负责一些重大诏令的拟写工作，如孝宗遗诏是由刘健

---

① （明）余继登撰，顾思点校《典故纪闻》卷一一，第199页。
② （明）焦竑撰，顾思点校《玉堂丛语》卷三，第80页。
③ （明）焦竑：《国朝献徵录》卷一四，《续修四库全书》史部第525册，第463页。

等人集休拟写颁布，该诏中提出刑法、军事、钱粮、赈济等"宽恤十五事"①，这些正是皇帝和内阁对现实政治的思考，希望借此革除当时政治上各种积弊，"凡孝宗所欲兴罢者悉以遗诏行之"②。李东阳拟定的武宗即位诏书也同样产生了重大影响，"是岁之诏，兴利革弊，禁治奸宄最为严止。盖刘健属李东阳代草。天下快诵之"③。刘健等希望借机彻底整顿旧弊、刷新朝政。尤其当皇权处于弱势或真空状态时，内阁大学士尽管是以代拟者的身份起草诏书，以皇帝名义发布诏书，但其仍在明代特殊的政治时期发挥了重要的作用。

内阁作为皇帝公文的代拟人员，为了更好履职，对皇帝公文拟写还具有审核权力，以此制约皇帝，防止政策失衡。正德元年（1506），明武宗刚登基不久，要废成法，给予崔杲特准盐引敕书。④ 对此，内阁刘健、李东阳、谢迁亲自出面上书反对，不撰写相关诏令并要求皇上收回成命。内阁除拒绝皇帝不合理的撰文要求，还要对有问题的公文提出可行的建议。崇祯末期，由于战事纷起，军饷匮乏，于是有人建议命令各王府捐数十万金作为军饷，等战事结束后再补还，于是崇祯皇帝将令蒋德璟拟写诏谕准备实施此建议。蒋德璟立即提出反对意见，认为各王府都有固定的藩地，已经捐钱守城，他们做自己应该做的其实也就是一种助饷，似乎也不必再另以助饷之名令其捐舍。况且现在各府自守不暇，即便助饷也不会有多少收获。至此这类诏谕才没有再拟。⑤ 内阁代拟人员正是通过提出不同的建议，从而起到辅助参谋的作用。由此可见，公文代言者并非仅是公文文字撰写者，也可以充分利用公文撰拟的机会发挥进谏、审核等作用。

其他各级机构和部门也有大量的公文代拟者，他们协助主官拟写公文。吏部侍郎的职责是辅助尚书处理各项事务，也常代尚书拟写重要公文。李东阳的《送吏部侍郎周先生使秦诗序》对周侍郎在公文起草方面的成绩给予了高度评价，"载笔史局，分掌礼馆，朝廷大典式，多其所

---

① 《明孝宗实录》卷二二四，"弘治十八年五月辛卯"条，第4245页。
② （清）张廷玉等撰《明史》卷一八一《刘健传》，第3202页。
③ （明）涂山：《新刻明政统宗》卷一八，《四库禁毁书丛刊》史部第2册，北京出版社，1997，第88页。
④ 《明武宗实录》卷一七，"正德元年九月戊子"条，第512页。
⑤ （明）李清撰，顾思点校《三垣笔记》，第207页。

书；及佐礼部，册封贺庆之事，又其手出。此既试而已效者，自足以宣德意，陈典章。由是以往，非特所谓不辱君命者，而言语仪度，殆不必论也"①。周侍郎在礼部专门负责公文事务，礼部重要公文都为其所拟写。

明代各级官府机构中都有掾吏、经历、都事等专门负责公文拟写的人员，他们均属代言人员。公文以主官或整个部门的名义发布，该部门的主官拥有审核和认可的决定权。代言人员经常借撰写公文之机营私舞弊，所以他们也是基层管理的重点对象。

3. 集体制作

有时一篇公文不是由一个人完成，为了追求恰当的表达效果，需要集体共同协作完成。明太祖非常重视文辞对公文的作用。李善长北征时，唐之淳在其军中任职，主要负责拟写露布等公文。太祖非常欣赏他所拟的公文，曾以特殊方式将唐之淳请入宫中为其修改公文，在将一篇封王的册文交给他时说："少为弘润之。"唐之淳因敬意而不敢在册文上直接修改，太祖即让他在册文旁边注明如何修改，再由宦官一一上报给皇帝斟酌改定，如此修改了十篇，"每奏辄嘉悦"②。从整个册文的完成过程来看，该册文是以太祖为主要作者，由唐之淳协助修改润色，属于二人共同完成的册文。

每个人都有各自的特点和优势，公文创作也正是集体智慧的结晶，而集体制作公文正是各取所长、集思广益的过程。弘治时，刘健、李东阳、谢迁同为内阁大学士，但每个人的特点不同，各有所长。刘健敢于任事，李东阳善于拟写公文，谢迁则介于二人之间，任事善于谋断，为文能严守典章法则，善于"典则"。当时许多重要的诏令均由三人共同协作拟定。三位大学士辅成盛治，反映了内阁成员集体创作中央重大决策公文的政治意义。

明代还通过集体拟写奏疏，传达奏疏制作者共同的意愿，制造一种政治舆论，从而达到一定政治目的。成化时，为罢西厂、除汪直，大学士商辂及万安、刘珝、刘吉等拟写奏疏劝谏，集体向皇帝表达意愿，批评皇帝所宠任的汪直等以韦瑛、王英等为耳目，"蠹众害人"，严重扰乱

---

① （明）李东阳著，周寅宾点校《李东阳集》第二卷，第128页。
② （明）焦竑撰，顾思点校《玉堂丛语》卷一，第18页。

朝政，"因条列其不法事以上，谓如此不已，国之安危或未可知"①。迫于这种群体进谏的压力，明宪宗接受了商辂等人的建议。他们明白个人表达往往不能实现进谏的效果，于是在重要的政治事件前，往往组织成集体势力，以同一份奏疏表达共同意愿。隆庆初，皇帝派遣太监吕用等分监团营兵，内阁大学士徐阶立即率领同官进奏疏②，指出兴起于汉景帝时的宦官监军在嘉靖朝已被革除，希望皇帝能遵守祖宗制度，以免导致兵政隳废；随后，皇帝欲修建内教场，由宦官学习骑射，有御史上奏疏进谏，徐阶再次率同官进奏劝谏，促使皇帝放弃了这些做法。

弘治时，为营救刑科给事中庞泮、监察御史刘绅等数十名官员，中央多个部门以集体名义撰写奏本给皇帝。《明孝宗实录》记载这篇公文的题目是《五府六部都察院通政司大理寺等衙门吏部尚书屠滽等奏》③，由标题可知，该公文涉及了中央各重要部门，主要负责人为吏部尚书屠滽等，而实际上该奏本是由吏部郎中储罐所拟，其文集所载该公文题为《题赦言官亦光圣德》④。可以看出，一些公文是由某一部门官吏负责起草，最终由相关机构负责人共同签署的。天顺时，监察御史高明率领诸御史弹劾兵部尚书陈汝言怙势乱法，"下狱死，声益振。忽午刻台囚五十余人劫狱走，众相顾骇愕。公驰片纸报九门毋出行者，使号诸途，得卒百余，袭捕之。庚辰，劾天下述职官，御史赵明为疏首，实出公笔，辞颇激。上诘主笔者，公请独任，不以累赵都御史。上曰：'是能御史也。'置不问"⑤。集体拟制的公文经共同讨论，由一人主笔，其他人员署名以示此为共同意愿。可见公文签署者与撰写者不可等同，公文往往是由一人主笔，由其他人员签名。

在集体创作的同一份公文的生成过程中，不同责任者发挥着不同作用。公文属名有先后顺序。一般来说，居首者即对该公文负责，但未必是撰拟者。据《菽园杂记》载，成化时，南京刑科给事中王徽等上奏本，弹劾宦官牛玉干政专权、置立私宅等事，并建议皇帝革除牛玉。该

---

① （明）余继登撰，顾思点校《典故纪闻》卷一五，第 270~271 页。
② （清）张怡撰，魏连科点校《玉光剑气集》卷二，第 89 页。
③ 《明孝宗实录》卷一一二，"弘治九年四月乙未"条，第 2041~2042 页。
④ （明）储罐：《柴墟文集》卷一二，《四库全书存目丛书》集部第 42 册，第 528~530 页。
⑤ （明）李东阳著，周寅宾点校《李东阳集》第二卷，第 234 页。

奏本"其言谠直,切中时弊",王徽因此被贬谪任地方判官,但这篇奏本使其名扬天下,"天下之士,莫不慕其风采"。陆容在犒师宁夏路过宁州时,宁州李判官介绍了该奏本的生成过程:"始谋于王渊、志默,志默恐同僚有进止者,乃焚香告天以为盟。奏本则各草一通,俱送尚文,以备采取。若为首,则六科以次列名,不容退避。盖旧规也。"由此可看出,该奏本主要策划者为王渊和志默二人,但由于为集体所撰之文,一般按照官员的机构和级别署名,王徽署名居首。因此事发后王渊被贬为茂州判官。所以陆容认为,"以此举徽擅其名,而渊之力居多,故表著之"①。这是有组织的弹劾公文拟写,一人主笔,其他官员署名成为惯例。陆容通过记述,还原了每位官员在该次公文撰写中的地位和作用。

公文反映的是集体意志,也代表整个统治集团的政治观念。谥号是古代对个人的政治评价,较为慎重,此类公文多由集体讨论而定。嘉靖十四年(1535)二月,群臣于东阁集议大行庄肃皇后定谥号事宜,郑晓的《今言》详细地记述了该册文讨论生成的过程。

> 大学士张孚敬首曰:"庄肃皇后与屡朝事体不同,其谥只该二字、四字。"
> 尚书言曰:"今各庙元后俱十二字,恐二字、四字未称。"
> 大学士时曰:"二字、四字太少,须得八字。"
> 都御史廷相曰:"庄肃作配武宗,谥宜一体。"
> 吏部侍郎韬曰:"谥者天下之公,非天子自行之,宜备陈以请。"
> 及上议言:"古人尚质,谥法尚简严,故称美之言无几。后世帝后之谥始有不一其书者,亦臣子尊崇之情。生今之世,则当行今之礼。我朝列圣元后谥皆十二字,盖大行盛名,帝后媲美,妻以夫尊,礼宜与并。今武宗庙谥既与列圣相同,则庄肃谥号似亦不宜稍异。且今日加谥,只以表行尊名。其于服制有无,名分尊卑,本不相涉。"
> 上曰:"事嫂如事母,人道有此乎!非朕自尊,两宫在上,昭圣皇太后有母道,宜再会议。"②

---

① (明)陆容撰《菽园杂记》卷一,第6页。
② (明)郑晓撰,李致忠点校《今言》,第49页。

经讨论上报结果，建议据谥法先用两字，等事后再加徽号。明世宗认为，用六字谥比较合适。嘉靖十五年（1536）四月，明世宗又与夏言商讨："皇嫂孝静皇后谥用六字，于礼未备。还用全谥，庶合典礼。"九月，明世宗再次面授夏言拟写要求，最终确定孝静皇后的谥号为"孝静庄惠安肃温诚顺天偕圣毅皇后"①。在这份公文的拟写过程中，每个人都发表了自己的意见，世宗根据群臣意见并结合自己的想法，最终确定了皇后谥号。

皇帝有时也指示相关部门集体商讨重要事项，并形成公文上报。嘉靖初年，北虏经常侵犯陕西花马池等地，镇巡急切请兵策应。于是，朝廷召开九卿会议，兵部尚书王宪认为必须发兵支援，不然恐怕会失去这些地方，众人都没有不同的意见。在形成的题本上，只有吏部尚书王琼不肯署名，他认为："吾意以为兵不必发，我当别有一疏。"②

然而面对晚明不可逆转的败落，集议拟定公文沦为一种形式。明末，中原战事吃紧，警报频发，皇帝命令兵部和兵科到内阁集中商议，在会议上，"诸臣相顾，寂然良久"。内阁首辅周儒提出："上令诸君议，今无一言，何以复命？"③ 最终还是没任何人提出建议。第二天，兵部尚书拟好一份题本，其他部门官员只在题本后署名。在危急时刻，本应共同出谋划策，然而却没有官员给出有效的方案和措施，最后只有陈新甲一人给出建议，其他官员只是附和，这便没有体现集体在公文创作中共同出谋划策的价值和作用。

二 公文阅办责任者

阅办是公文产生效果的关键环节，是公文落实施行和接收反馈进而执行的前提。阅办公文是官员履职的重要内容之一，官员必须严格按规程阅办所收发的各类公文，否则属违法行为。明初，"广东道御史汪麟，初在北平道，不押公文，特使涉历诸事"④。对公文没有履行办理职责，推卸不办，即是渎职违法。宣德时，夏原吉"尝夜批文书，抚卷太息，

---

① （明）郑晓撰，李致忠点校《今言》卷一，第49页。
② （明）何良俊撰《四友斋丛说》卷三，第51页。
③ （明）李清撰，顾思点校《三垣笔记》，第187页。
④ 刘海年、杨一凡主编《中国珍稀法律典籍集成（乙编）》（第一册），第89页。

笔欲下而止者再，他说：'此岁终大辟奏也，笔一下，生死决矣，是以不忍。'"① 此语表达了其作为阅办者的使命和责任。

公文阅办是明代基层政府具体职能部门日常工作的重要内容。《明会典》就各地衙门隶属部门人员的公文办理职责做了规范，详细规定了各级公文办理人员工作的具体做法。一是将公文办理状况分为"承行事务已完""已施行未完""未施行"；二是明确公文管理部门对公文办理的管理规则，由六房吏典逐一将所承办上司来文和照行事件，按"已完""已作施行未曾完结""未作施行"等进行分类并分别汇报；三是除已完成的公文事务外，对未完成的公文等事务，按事项轻重缓急进行催办，以免"致沉匿稽迟，以致耽误公事"②。若有类似情形将予以严惩。这些公文阅办规定大大提高了公文办理效率。

封建政权中公文阅办最具代表性和影响力的是中央公文的阅办。本节重点讨论明代中央公文的阅办责任者。明代上行题本、奏本、揭帖等由皇帝办理，被称为批答或批红。明代为提高阅办效率，先由内阁票拟，再交由皇帝裁决。后因皇帝使用太监代替其批红，形成"内阁—司礼监—皇帝"这种新型的中央公文阅办模式。内阁和司礼监是最能代表明代公文阅办的两个群体。公文阅办权往往决定着公文责任者在整个权力体系中的地位。明代权力的斗争多表现在争夺公文的阅办权上。

1. 票拟

票拟是指内阁代皇帝用"票签"对内外臣工上报给皇帝的公文拟写批复或批办意见，供皇帝审阅定夺。③ 票拟的形成是一个不断发展成熟的过程。明初，太祖独揽了所有中央公文的办理权，"洪武中批答皆御前传旨，当笔即所书天语"④。永乐时，内阁承担"代言之司"和"出纳帝命"之责，主要负责起草各类皇命公文。

自明宣宗开始，为了发挥内阁为皇帝出谋划策和参与政务的作用，皇帝将需要其亲自审批的题奏类公文，先交由内阁提出初步处理意见，

---

① （明）陈建著，钱茂伟点校《皇明通纪》，中华书局，2008，第567~568页。
② （明）申时行等修《明会典》卷九《吏部八》，第54页。
③ 参见朱金甫《明清内阁票拟制度的来历与演变》，《历史档案》1981年第2期，第132页。
④ （明）黄佐、廖道南：《殿阁词林记》卷九"拟旨"，《影印文渊阁四库全书》第452册，第272页。

最后再交由自己审核批准。这即是"票拟",又被称为票旨、条旨、拟票等,成为内阁辅助皇帝办理公文的重要职责。皇帝只要审核内阁票拟意见即可,"上或亲书或否"①,从而降低了皇帝公文阅读量,大大提高公文的办理效率。这一时期,票拟并没有专属于内阁,各部尚书也有参与。从正统开始,"始专命内阁条旨",明英宗对内阁李贤等人愈来愈信任,凡朝廷大政令涉军情邦计的公文均交由李贤议定而后决,李贤"所言皆见听"。《天顺日录》中李贤自陈,凡是推荐人才任免时,皇帝必征求他的意见,"贤以为可者即用之,不应者即不行"②。明英宗将票拟职权明晰化,票拟制度逐渐确立。首先是票拟对象,主要是各衙署及官员上报的题本等,官员给皇帝的保密公文不由内阁票拟。其次是票拟有规范的做法,票拟书写有固定的要求,用墨书小票,贴于题本封面上,而不能写在公文原件上,崇祯时"(方)逢年尝醉,误以拟票直书本上,具揭请罪,上虽暂宥,心不宁也"③。再次是票拟内容,内阁针对题奏公文内容提出具体的处理建议和措施。最后是票拟结果,理论上最终交由皇帝批红裁决,后皇帝委托给司礼监代为批红。④ 天顺始,内阁明确实行首辅负责制,负责公文的票拟是首辅的重要职责,但即便如此,皇帝仍然牢牢地掌控着公文最终决定权,如明英宗仍是"躬理政务,凡天下奏章一一亲决,有难决者,必召李贤商议可否"⑤。随着票拟和批红两个重要公文处理环节的形成,中央公文处理更为高效,皇帝和内阁在一定程度上也形成了相互制约的关系。对中央诏令和题奏公文的处理要经过"票拟(代拟)—批红"这一联系紧密的程序,因而形成了明代独具特色的中央公文运转与处理模式。虽然有票拟环节,但那也只是在一定程度上分割了阅办权,各类诏令和题奏的阅办权还是归于皇帝一人。本质上来说,票拟提高了批红的效率。嘉靖时,严嵩任内阁首辅,阁臣许赞、张璧"皆不预闻票拟事,政事一归嵩"⑥。票拟成为政治斗争的手段,成为内阁专权的标志。明末为削弱内阁权力,统治者对票拟权进行分解。

---

① 傅璇琮、施纯德编《翰学三书》卷二,辽宁教育出版社,2003,第17页。
② (明)薛应旂撰,展龙、耿勇校注《宪章录校注》卷二九"天顺二年六月"条,第377页。
③ (明)李清撰,顾思点校《三垣笔记》,第4页。
④ 谭天星:《明代内阁政治》,中国社会科学出版社,1996,第44~46页。
⑤ (明)李贤:《天顺日录》,《续修四库全书》史部第433册,第200页。
⑥ (清)张廷玉等撰《明史》卷三八〇《严嵩传》,第5300页。

崇祯时,"御史倪元珙疏请分票,其后,本下即令中书分之"①,票拟才由多人负责,此举扩大了参与人员范围,稀释了票拟权力。

对题奏的处理初步意见,虽然不是最终结果,但也事关重大,牵扯各方利益,因而对内阁票拟有着保密的要求。明孝宗就要求内阁大臣办理公文必须亲自拟写,"后凡有拟票文书,卿等自行书封密进,不许令人代写"②,充分考虑到票拟秘密的特点,同时要求以保密形式上报。票拟属保密事务,不宜代拟,翰林学士文震孟进入内阁,曾在处理某一公文时犹豫不决,秘密派遣家仆将该公文送由兵科给事中姚思孝代拟,姚思孝对此大为吃惊:"若泄,祸立至矣。"③ 道谢后推辞遣回。这是一起严重的违规行为,票拟在公文处理过程中属于尚未最终决定事项,因此属于保密事宜,交由他人代拟极易泄密。

票拟是否符合要求由皇帝决定,如果票拟不符合皇帝的意图,就发还内阁改拟;如果始终不能达到皇帝意图,票拟者就有可能去职。崇祯时,吴希哲按季将刑部公文摘录进报属常规做法,但皇帝四次发回内阁改票。崇祯皇帝欲处置刑部尚书刘之凤,但阁臣方逢年并没有领悟,最终被诘责去职。皇帝肆意妄为,凌驾于阁臣之上,轻易否定票拟,致使票拟失去了参谋辅助的功能,逐渐流于形式。

明末政治的衰败,也直接反映在票拟上,在票拟需要给出明确办理意见时,一些内阁官员却无能为力。后金将攻打高唐,"适江西解官以银至,逼知州出库银,并借此项解银合十万馈敌,因免攻。事闻,下刑部,州之正佐官无不拟辟"。江西的进士王正中上奏此事,"以知州姻娅过从,又主簿同里人朱佳毅,以青衿馆谷衙内",要求将相关人员定罪为"不能谏正拟徒",而内阁对该题本的票拟却是"王正中、朱佳毅还确拟具奏",并没有给出明确的答复,只要求再拟奏,然而刑部也不知如何处理,"遂援教诱人犯法律以辟拟"。李清遂又上疏汇报此事,阁臣姚明恭票拟仍没有给出具体处理意见,只拟写"该部知道"④。这种票拟只是含糊其词等待皇帝批示。无论是皇帝、内阁,还是具体的办理部门,阅办

---

① (明)孙承泽著,王剑英点校《春明梦余录》卷二三"文渊典故"条,第341页。
② 《明孝宗实录》卷一五四,"弘治十二年九月丙戌"条,第2756页。
③ (明)李清撰,顾思点校《三垣笔记》,第163页。
④ (明)李清撰,顾思点校《三垣笔记》,第15页。

都出现了含糊其词的现象。票拟也开始由中书代拟,"故阁部台省讹舛,靡不订正者,乃阁臣多假手深年中书"。这些中书舍人往往是浅学庸才,所作票拟也是照葫芦画瓢,一旦要求重新改票,便是"模揣周张"①,最终为皇帝所轻视。这反映了明代内阁票拟应付差事的现象,这些不负责任的票拟也加大了皇帝的工作量,大大影响了公文办理效率,降低了票拟的权威性,使公文处理中重要的阅办环节沦为一种例行公事的敷衍。

内阁大臣是皇帝重要的辅助人员,因参与票拟等公文的撰拟,所以对其素养有很高的要求。弘治时,内阁首辅徐溥在任二十年,后人曾评价其为人"以仁厚养国体,以名节励士风",评其为政"匡救将顺,恒以正君德为先",评其参谋决策"必欲慎守成法"②。选取内阁大学士的重要标准之一是对公文的处理能力,特别是对题奏公文的处理能力。臧懋循《贺叶少宰入相序》载:"我朝置相,未有不自翰林入者,或谓当宣庙时。……而大学士为之师,间召诣阁中,出百官章奏示之,令议所当罢行,以试其才,果达于政否;而又阴察其行,必颙然负时望者然后得陟宫坊,膺大拜,盖其慎重如是。"③ 可见选任内阁大臣的慎重程度。

票拟需有很强的政事判断与处理能力,善读书或学识丰富并不一定能票拟。内阁大学士郑以伟,喜读书,但并不擅长票拟,曾将题奏中的"何况"二字,误以为是人名,票拟作"何况按抚提问",皇帝驳回让其改拟才明白。又有一次拟票,郑以伟一直拟写不出而被周延儒等讥笑。郑以伟不禁慨叹:"吾富于万卷,而窘于数行,致为后生所薮。"④ 遂挂冠辞职。为此,皇帝决定内阁人员必须经过推选,选择任用有丰富从政经验者。

2. 批红

批红是皇帝批答公文的阅办方式。明代批红主体是皇帝,后由宦官参与并负责,这也成为宦官干政的重要手段和标志。明代是君主专制时期,皇帝大权独揽,最直接的表现就是皇帝拥有对臣僚公文的审批权。批答题奏等成为皇帝处理政务的主要方式,正如明臣沈鲤所言:"章奏即

---

① (明)李清撰,顾思点校《三垣笔记》,第27页。
② (明)焦竑撰,顾思点校《玉堂丛语》卷二,第43页。
③ (明)臧懋循撰《负苞堂集》卷三《序》,古典文学出版社,1958,第41页。
④ (明)李清撰,顾思点校《三垣笔记》,第160页。

政事，停章奏即停政事，缓章奏即缓政事也。"① 即皇帝批红是整个中央公文处理系统阅办的关键环节。

明初，批阅奏章是皇帝处理国政的主要手段。朱元璋称帝后，每天都要处理批阅大量公文，据《洪武实录》载，"自九月十四日至二十一日，八日之间，内外诸司奏札凡一千六百六十，计三千三百九十一事"②。面对如此繁重的公文批阅任务，永乐、洪熙时开始增加辅助人员，"造膝密议"，但每份公文批红还是由皇帝亲自拟写，"未尝委之他人也"③。

明世宗非常重视公文阅办权，虽不御殿，但对所题奏公文"批决顾问，日无停晷"，深居宫内仍"张弛操纵，威柄不移"，通过批答各衙门上报的公文，牢牢掌控整个国家的核心权力。谈迁回忆他在徐阶手下任职时，曾捧读过明宗亲自拟写的谕札和改定诏旨底稿，"人尝谓辅臣拟旨，几于擅国柄，乃大不然"。明世宗对所拟写的批红，均是一一详细阅看并修改，"有不留数字者，虽全当帝心，亦必更易数字示明断；有不符意，则驳使再拟，再不符意，则谯让随之矣"。可以看出，明世宗对中央公文办理的重视程度，所以内阁官员无不惴惴而惧。嘉靖时期，朝廷凡有"大张弛、大封拜、大诛赏"④ 等重大事件均由皇帝决断，以至于其他官员都不能揣度。明世宗认真审批票拟内容，根据需要拟出自己的最终办理意见，特别是事关重大的公文，更是独立裁断。皇帝办理公文是君主专权的直接体现，虽然内阁会进行票拟，但最终办理意见均由皇帝决定。如崇祯时，对推选出来的人员任命，思宗也亲自召对一一加以考核圈定，然后再交由内阁拟旨，"数日旨下，皆上亲定，阁拟并不允"⑤。皇帝对内阁拟写的公文有着最终决定权，这也正是明代皇权专制的特点。

有些弹劾公文由皇帝亲自办理，直接取消了票拟。如崇祯时，御史蒋拱宸曾弹劾吏科吴昌时与宦官私通，思宗亲自批阅此弹劾奏疏后装入袖中，以免宦官看到。直到诏旨下达，才知道该公文没经过内阁而由皇帝亲自批办。御史黄耳鼎曾在蒋拱宸之前也有相关弹劾奏本，却没有批

---

① 《明神宗实录》卷三八九，"万历三十一年十月甲申"条，第7317页。
② 《洪武实录》卷一六五，"洪武十七年九月己未"条，第2544页。
③ （明）黄佐：《翰林记》卷二"传旨条旨"条，中华书局，1985，第18页。
④ （明）谈迁著，张宗祥校点《国榷》卷六四，第4037页。
⑤ （明）李清撰，顾思点校《三垣笔记》，第1页。

办下发。① 可见，崇祯皇帝处理弹劾类公文时，一方面注重保密，另一方面善于操控复杂的政治斗争。

司礼监从洪武十七年（1384）始设置，最初只是皇宫内的后勤机构，一些皇帝懒于政事，遂将公文批红交由司礼监负责，司礼监后来成为宦官机构的第一署。正统时，皇帝年幼，批红"委政中官王振，一至于此"②，由此司礼监批红成为常例。随着司礼监处理公文人员分工的完善，批红也就为宦官所掌握。司礼监参与批红的宦官有掌印太监、秉笔和随堂太监、典簿太监，分别负责掌管内外公文的勘合印玺、朱批票拟和公文号簿登记，具有一套完整的公文处理程序。其中最核心最重要的权力是批红，初期的批红要求秉笔太监或随堂太监"遵照阁中票来字样，用硃笔楷书批之"，"间有偏旁偶讹者，亦不妨略为改正"③。主要依照内阁票拟内容照批，即不得随意更改，只有语言文字等形式上有错误时才可以"改正"。但随着皇帝懒政、司礼监权力的扩大，这一限定被打破。为防止公文在运转过程中被篡改，内阁拟写诏令或票拟均要保留底稿，以便事后查验核对，此底稿即"丝纶簿"，同时也起到了监督司礼监按票拟批红的作用。然而，这一监督措施于正统时因内阁名臣杨士奇个人私利而被破坏，"（杨士奇）以子谡故，欲媚王振，以丝纶簿付之"。随着这一监督宦官批红工具的移交，"内阁之权，尽移中官"，这也即意味着监督权的丧失，司礼监真正控制了对票拟的裁决权。"内阁之拟票，不得不决于内监之批红，而相权转归之寺人。"④ 神宗朝大学士朱赓也感叹："今日政权不由内阁，尽移于司礼。"⑤ 事实上，武宗朝刘瑾、熹宗朝魏忠贤等宦官都是通过掌控批红权侵夺了皇权和阁权。李东阳的《奏为陈情乞恩恳祈休致事》就反映刘瑾专权时的公文违法行为，刘瑾对待内阁的票拟或拟写的敕书，"或驳下再三，或径自改窜，或带回私宅，假手他人，或递出誊黄，逼令落底"⑥。刘瑾种种行为甚至打破了司礼监既定的办文规则，严重地破坏了中央公文处理程序，这成为明代宦官破坏公文

---

① （明）李清撰，顾思点校《三垣笔记》，第70页。
② 傅璇琮、施纯德编《翰学三书》卷二，第17页。
③ （明）刘若愚：《酌中志》卷一六，第93页。
④ （清）张廷玉等撰《明史》卷七二《职官志》，第1155页。
⑤ （清）张廷玉等撰《明史》卷二一九《朱赓传》，第3855页。
⑥ （明）李东阳著，周寅宾点校《李东阳集》第二卷，第518页。

制度最典型的案例。

明代中后期一些急于想解决现实政治困境的官员，对公文处理制度采取脱离现实的盲目的复古主张。如赵贞吉的《三几九弊三势疏》希望完全照搬明初太祖等定下的公文制度，"每日群臣奏事面奏领旨毕，书写本后，送该科覆奏施行。原无票拟而事治政善"。建议皇帝收回批红和票拟权，由皇帝一人完成所有公文处理事务，"凡章奏要须面议，批答亦须亲笔，即命票拟，亦须令议尽天下之公"。这也代表着当时一些文臣的观点，"臣见邸报有辅臣乞票拟亲裁发下之请，此固因职效忠之义。我皇上诚当俯从所请，更因此知大权不可下移"①。他们未能认识到这种由皇帝包揽所有公文处理事宜的做法属于脱离现实的幻想，这是一种盲目的恢复祖制的思维，忽视了历史发展的必然规律。

3. 集议

公文是某一机构政务的表达，更多公文需要集体商讨拟定。而公文阅办更需要集思广益，保证公文得到公正有效的办理。唐代"五花判事"是集体办理公文的典范。明代继承这一公文理念，国家重大事项多通过集体讨论形成公文办理决议。宣德二年（1427）十月，黎利遣人进前安南陈王三世嫡孙暠表，请求册立陈氏后人。对此，皇帝召集众臣拟定对策，先后向张辅、蹇义、夏元吉、杨荣、杨士奇征求意见，最后接受了杨荣和杨士奇的建议，册立陈氏后人以免征战。②该诏册的形成分别经历了三次讨论，征求了不同人的意见，最后才决定了对安南外交公文的处理方案。

明代一些开明的皇帝，经常主动召集内阁等中央辅助大臣集体拟写阅办意见，一些历史笔记多次记载了皇帝集体处理公文的事迹。曾被罢黜的威宁伯王越，倚仗有亲属当权，希望能够再次被起用，于是上奏乞复爵位。明孝宗将该公文交由吏、兵二部会议商讨，最后在吴文定的反对下"事遂寝"③。明孝宗退朝后，常在御文华后殿或前殿，养心穷理，裁决庶政。每天安排内阁官员一名、讲官两名，协助其处理官员题奏百

---

① （明）赵贞吉：《三几九弊三势疏》，（明）陈子龙等选辑《明经世文编》卷二五四，第2679页。
② （明）焦竑撰，顾思点校《玉堂丛语》卷二，第56~57页。
③ （明）焦竑撰，顾思点校《玉堂丛语》卷二，第45页。

官覆奏,"若有疑难,或录示之,或召使对";"午朝则御文华门,府部六卿堂官,各轮班列侍。其御史、郎中等官,有事已具本者,略询其事情,条例而裁决之。镇巡方面及府卫正官,有自任所来见者,皆使条列地方之事,亦略节口奏,令诸司承旨议行"①。对那些重大的政策,则在文华殿召集内阁诸大臣会议,共同参谋决断;对那些处理不当的公文,允许谏官驳覆,重新审议后再执行,其他具本进奏的公文都与阁臣面议批答。明孝宗召见群臣共同批办公文,成为后世楷模,具有深远的影响。余继登《典故纪闻》和焦竑《玉堂丛语》都详细地记述了弘治十年(1497)三月皇帝于经筵结束后集体处理公文的场景和细节:

> 上召大学士徐溥、刘健、李东阳、谢迁至文华殿御榻前,上出各衙门题奏本曰:"与先生辈商量。"溥等每本议定批词,录于片纸以进。上览毕,亲批本面,或更定二三字,或删去一二句,皆应手疾书。有山西巡抚官本,上曰:"此欲提问一副总兵,何如?"溥等对曰:"此事轻恐不必提。止提都指挥以下三人可也。"上曰:"然边情事重,小官亦不可不提。"又礼部本拟一"是"字,上曰:"天下事亦大,还看本内事情。"因取本阅之,曰:"是只须一'是'字足矣。"又一本,健奏曰:"此本事多,臣等将下细看拟奏。"上曰:"就此商量,岂不好?"既又指余本曰:"此皆常事,不过该衙门知道耳。"命左右赐茶而退。②

明孝宗亲自参与各类题奏公文的办理,不仅认真阅看内阁大学士的票拟,而且还阅看题奏本内容,对一些公文提出自己的看法。这种集体办文的方式成为皇帝勤政和君臣关系和谐的体现,也是古代对封建制度下"民主"的赞美,"宣召顾问,蔼然有都俞一堂之风"③。司礼监发阅、徐溥和刘健建议、李东阳和谢迁拟写等一系列程序,体现了严格的民主式的阅办规程。《典故纪闻》还有多处类似的记载,如弘治十三年(1500)四月,北虏入侵,京师戒严,明孝宗即召大学士刘健、李东阳、谢迁至

---

① (清)张怡撰,魏连科点校《玉光剑气集》卷二,第66页。
② (明)余继登撰,顾思点校《典故纪闻》卷一六,第288页。
③ (明)余继登撰,顾思点校《典故纪闻》卷一六,第288页。

平台，"出各官疏，亲赐顾问，以次裁决"；到五月，再次召集三位大臣，"出兵部推官疏，逐名访问，面加裁决"①。这同样反映了孝宗组织群臣集议的情形。杨守陈的《讲学听政疏》对这样集体阅办公文的做法给予了高度评价。一方面凡有需批答的题奏均召集内阁大臣面议决定；另一方面对文武大小官员奏事、见辞时，明孝宗"必俯降颜色"，询问具体情状。因此杨守陈疏言："言有忠悫切实者辄议行之，其谗佞谄谀者则斥逐之，愚蠢狂直者则容恕之，謇讷不能言者令具本奏之，俾贤才常集于目前，视听不偏于左右，合天下之耳目为一己之聪明，则陛下之资于外者博如尧舜，而致治之纲举矣。"②他认为皇帝能虚心向官员询问时政，从而使贤才集聚，营造一个清明的政治氛围。

除了皇帝经常组织大臣集体阅办公文，阁臣也会组织人员一起商讨如何票拟。崇祯时，文震孟进入内阁，首辅温体仁每有票拟都与之商讨，文震孟之改动和建议也能被接受，可见内阁票拟也多由集体商议决定。但明末的政治斗争，使阁臣对一些重大问题和矛盾冲突经常难以形成统一的意见。如后来文震孟与温体仁发生矛盾冲突，温体仁篡改了文震孟的票拟，文震孟坚决不从并径直将被改内容抹去。"未几，许给谏誉卿为谢冢宰升所纠，体仁拟旨为民，震孟力争之不得，曰：'科道为民，非天下美事。'体仁奏其语，遂罢。震孟每语诸同志曰：'诸君子见予当国。放胆作事，无复前者兢业，遂为奸辅所窥，乘机相中。'先是，周辅延儒被纠将去国，体仁与闵冢宰洪学深谈，历指某疏比某疏尤甚，笑声彻外。后浪催前浪，其相嫉固然也。"③内阁的矛盾冲突反映在集体票拟事务中，表现出明末政治斗争的复杂性。

三 公文传递责任者

公文传递是在对公文文本内容不做任何改变或执行情形下，将其在各级机构之间进行有序传达的过程，这是公文处理的重要组成部分。为保证公文有效运转，明代设立了通政司、驿站等各种机构，并建立相应的传递制度，同时对公文传递责任者，主要包括中央和地方传递责任者，

---

① （明）余继登撰，顾思点校《典故纪闻》卷一六，第 292 页。
② （明）杨守陈：《讲学听政疏》，《续修四库全书》史部第 462 册，第 615 页。
③ （明）李清撰，顾思点校《三垣笔记》，第 165 页。

提出了相应的要求。负责公文传递的责任者由负责公文传递不同环节的官吏组成，他们共同完成传递公文的任务。

1. 中央公文传递责任者

中央公文有序传递是整个政权运转的重要保证。明初建立了通政司等机构专门负责公文传递。通政司人员编制有通政使1人（正三品），为主官，负司务总责；左、右通政各1人（正四品），负责受理内外题奏、密封申诉等公文事务；左、右参议各1人（正五品），辅佐主官受理地方公文等事务；经历1人（正七品），负责收发公文及鉴印等事务；知事1人（正八品），负责本司公文传达等事务；成化时增设誊黄右通政1人（正四品），负责武官贴典、卫所官袭替缘由等事，万历时撤销。其间虽偶有变化，但人员组成基本稳定。

明初皇帝重视通政司的地位，选任通政也较为慎重，通政司首任通政使为曾秉正，刘仁为左通政[①]，二人均为当时名臣。如通政使茹瑺，"勤于职，太祖贤之"[②]。同样是通政使的向宝，"九年无过，擢通政使，以不善奏对力辞，改应天府尹"[③]。仁宗时擢黄淮为通政使兼武英殿大学士，顾佐为通政使。随着政治斗争的加剧，宦官和权臣专权，影响通政使履职，正德十四年（1519），武宗又下诏准备南巡，遭到臣民一致反对，"下诏禁言事者，通政司遂格不受疏"[④]。在群情激愤之时通政使却放弃了履行职责。同时通政司仅负责公文收发而没有参与公文办理的权力，致使该司政治地位下降，不受官员重视，"通政为大九卿之一。然两参议以读本为职，皆选仪貌整而声音洪者。其选时以大珰同大臣莅之，跪一香案前，震喉疾呼。间亦有不中选者，且一转参议，须满三考始一迁，俱在本衙门。即加至尚书，亦无出局者"[⑤]。从通政司官员的选任标准可以看出，对其才能的要求不高，其升迁较慢，同时通政司不像六部等有下属部门，因权力有限没有人愿意担任通政司官员，通政司也就不受重视。此外，再加之公文或由官员亲自投递，或投到鸿胪寺，通政司

[①]（清）龙文彬纂《明会要》卷三五《职官七》，第602页。
[②]（清）张廷玉等撰《明史》卷一五一《茹瑺传》，第2775页。
[③]（清）张廷玉等撰《明史》卷一五〇《向宝传》，第2769页。
[④]（清）张廷玉等撰《明史》卷一八九《夏良胜传》，第3342页。
[⑤]（明）沈德符著，黎欣点校《万历野获编》卷二〇"通政司官"条，第551~552页。

职权被进一步削弱。嘉靖时郑晓曾提出"民间词讼非自通政司转达，不得听"①，希望能恢复通政司相关职权，但没有得到批准。

明代对公文传递渠道有了相应的规定，以此来防止公文作弊。商辂《修政弭灾疏》就进谏皇帝一事，首先，提出希望皇帝能遵守祖宗成宪，不宜改变既定的制度；其次，严守公文运转程序，"旨意必经于六科，防将来之假冒。奏诉必由于通政，杜滥受于他门"；最后，将具体公文政务处理权力交由各部门，"责政事于府部，而严课功核实之权。付刑狱于刑司，而申三覆五奏之令"②。重点加强对整个公文运转过程的监督和考核，理顺公文运转关系，明确在公文拟写和办理方面的职责；建议皇帝加强对中央公文传递部门的管理，希望皇帝能够充分地发挥各职能部门的作用，选用好官吏。

公文传递各环节责任者直接影响着公文运转的效率。湛若水充分肯定了负责公文传递官吏的重要性，"夫纳言之官，今之通政司与夫六科十三道皆其类也，如朝廷之喉舌。然喉舌壅塞，言语不通为身之大患，为人君者岂不惧乎"。一方面，他们是保证公文正常畅通传递的枢纽；另一方面他们还需要做好公文的审核，保证所运转公文的正确性。

宣德七年（1432），明宣宗朱瞻基撰写《御制官箴》，专门对负责公文传递的官员提出了要求。如其所作的《通政司官箴》，阐明了通政司的职能与历史变迁，认为通政司即是古代"纳言"之官，主要负责"出纳政令"，最初的官员为"厥官"，同时列举了后龙和仲山甫两位代表性的官员，称他们任职是"亦谨朝夕"；阐述了通政司官员的作用，君臣关系犹如"元首"与"股肱"，但二者之间的关系需要维系，"崇卑一气，流贯无间，有遏弗流，体乃为患"，而通政司官吏则起到维系这种关系的作用；阐明了通政司官员的职责要求，"尔职于斯，必敬必忠。命必下究，情必上通"，而且要防止谗言，需要通政司官吏严谨清明；提出了对通政司的希望和要求，"维枢维机，维喉维舌，尔饬无怠，庶儆在列"③。另外，对传递公文的行人司也根据其历史源流和职务的特点，对其相关

---

① （清）张廷玉等撰《明史》卷九四《刑法志》，第1546页。
② （明）商辂著，孙福轩编校《商辂集》卷五，第81页。
③ （明）朱瞻基撰《御制官箴》，刘俊文主编《官箴书集成》（第一册），第251页。

职责和素养提出要求。①

2. 地方运转

驿传是明代地方公文传递的机构,"自京师达于四方,设有驿传"。在京城的机构称"会同馆",地方机构称"水马驿"和"递运所"②,主要便于公差人员往来。在传递军情重务时,必须有符验作凭证,以防止诈伪公文。这些机构设置有铺舍和杂役,为传递公文提供物资等方面的帮助。为防止公文传递稽迟,规定了相关负责公文传递人员的职责:"各衙门勘合发送,俱已明注年月日期。所至司、府、卫路程远近,俱有定限。凡官文书稽程,官吏耽误公文,俱有正律论罪,不须更立限期,别拟其罪。所付公差人顺赍行仰完报,固为良便,亦有公文停久,不遇公差人便者,其公差人赍至中途,或有事故稽迟者,难执一定之论。欲为久远可行之计,须是该衙门将所行勘合公文,量事缓急,或差人专赍,或遇公差人顺赍,或入递程送,俱要时加催检。本部通行各司、府、卫等衙门知会,今后府州县提调官,依律每月一次亲临该管铺分刷勘一应接递公文,如有稽留及磨擦破坏无封者,就将铺长、司兵人等拿问。若承行衙门稽迟者,该管上司即便究问,赍令完报。都察院通行各巡按御史并按察司分巡官,一体督察各该衙门,务将勘合公文随即完报。"③ 明确了公文传递中各个环节责任者的权责及违法处罚规定。管理基层公文传递责任者的重点是公文传递的时效问题,其次是公文的安全问题,多方面保障传递责任者完成公文传递任务。

四 公文监管责任者

公文处理是庄重严肃的,任何错误都可能直接影响公文的实效,从而影响公文的权威性。《三垣笔记》曾记载明末皇帝批阅公文出错的现象,"时部覆不可行,上已批暂调,竟于疏中批免调"④。皇帝将"暂调"批成"免调"。可见,为保证所颁布公文内容的准确无误,监督审核是处理公文不可缺少的重要环节。

---

① (明)朱瞻基撰《御制官箴》,刘俊文主编《官箴书集成》(第一册),第253页。
② (明)申时行等修《明会典》卷一四五《兵部二十八》,第735页。
③ 刘海年、杨一凡主编《中国珍稀法律典籍集成(乙编)》(第四册),第473页。
④ (明)李清撰,顾思点校《三垣笔记》,第189页。

为加强对各个部门权力的掌控，明太祖等通过设立科道、监察机构来管控各级官吏权力。为此，针对不同部门分别设立了六科和都察院。六科给事中和都察院御史皆可以"言责"，对皇帝可言"朝政得失"，对各级官员可言其"是非邪正"①，庞大的监察体系是弹劾类公文成为明代数量较多的一类公文的原因之一。

1. 六科给事中

六科给事中是负责联系六部与皇帝往来公文的官员，同时承担监管和纠察公文办理与落实的职责。明初六科人员编制和职属的确立是一个不断调整和变化的过程，洪武二十四年基本定型。每科都给事中1人（正八品），左、右给事中2人（从八品）。给事中（正九品）各科人数不同，根据各科公文事务差异定额，吏科4人，户科8人，礼科6人，兵科10人，刑科8人，工科4人。六科最早为通政司属官，后专门负责监管六部，权力变重，地位加强，也备受重视。"闻之前辈博洽者，如临朐冯宗伯、交河余宗伯辈云：'六科乃通政司属官，以承内旨封驳，故列署于内府，以后事权渐重，仅有文移往还，其文犹用呈字。'"② 职权地位的提升直接从公文的用语方面表现出来。

明代历任皇帝都对六科给事中提出了相应的要求。明宣宗《御制官箴》对六科官吏提出了具体标准。一是阐明六科设置的特点，"国家建官，内外有制"，六科官员是联系皇帝与六部的辅助官员，"给事之臣，密迩廷陛"，参照六典而相对应地分科设置人员，"各司其务，有简有繁"，各科分工负责，使政务繁简清晰。二是阐述六科给事中的职守，"命令之出，于汝纪之"，即皇帝的各类公文均报经六科给事中进行记录审核，"章奏之入，于汝度之"，各衙门上报公文必须由六科给事中审核，目的是"考其得失，举其愆戾"，审查这些公文的得失，检举错误，以便"厘革欺蔽，以赞予治"。三是对六科人员素养提出具体要求，首先是勤慎，"敬共朝夕，无纵以逸，无易以忽，必慭以密"；其次是贤明公正，"达夫大体，由乎至公，维汝之贤，光奋于庸"。四是明宣宗希望六科任职者能"正人是资，邪佞必斥""毋苟充位，往端乃志，以懋乃

---

① （明）胡世宁：《知人官人疏》，（明）陈子龙选辑《明经世文编》卷一三三，第1312页。
② （明）沈德符著，黎欣点校《万历野获编》卷二〇"通政司官"条，第552页。

事"①。明确了六科给事中的职责内容，对他们的素养和任职态度提出希望和要求。曾有宦官假称奉旨传命到六科，又直接发布到各衙门。宣宗知晓后，立即将相关宦官下法司处置。为此，进一步明确了六科给事中履职要求，提出"尔官近侍，职在记注"，强调六科给事中职责之一是"记注"，规定凡是皇帝的"一言一令"，或令宦官口头传达的命令，六科给事中均需要"备录覆奏"，在得到确认后方可执行，"庶几关防欺弊，不然必有诈伪者"。同时，还告诫六科给事中要"恪谨乃职"②，不许随附阿谀。从而有效保证六科履行监管职责。天顺时，明英宗曾要求给事中"必公、必正、必廉、必勤，知无不言，言则必当"③。明宪宗对各部门公文办理时效提出要求，赋权六科给事中督促公文办理效率事宜，规定各衙门"一应奏题旨意，即明白覆奏发落"，不得拖延稽缓，凡五日不能及时覆奏的情形，由六科负责弹劾。④

中央公文运转有一定程序要求，须经六科审核方能执行。明末，凡派遣巡按御史出巡皆使用精微批，巡按御使必须先到刑科签押，用朱笔画注"直隶巡按监察御史某准此"；如果巡按御史负责"推知法"，则在批文后书写"候回还日缴"⑤，再送司礼监用印。公文在交具体部门议后需要回复，因此六科给事中要参与部议，全程参与公文办理。明末，正值明政府应对农民起义，"中州频失事，台省弹陈司马新甲者猬集，上于措置兵机疏，多云'部科议了来说'。覆疏于本兵名后即列兵垣，两少司马不及，不惟责科臣重，亦所以息其后言也"⑥。由于科道监察权重，因而奏疏署科道官员名，以减少封驳弹劾的可能性。

明代许多政治家也对六科给事中的地位给予了充分肯定，许多重要官员都曾任过给事中。商辂的《都门送别诗序》对户科右给事中何文达提出希望，"读书学问，所务者忠与孝而已。方天下多事，章疏填委，所赖以驳正违失，维持公道者，惟六科。而文达摅诚尽情，知无不言，言

---

① （明）朱瞻基撰《御制官箴》，刘俊文主编《官箴书集成》（第一册），第252页。
② （明）余继登撰，顾思点校《典故纪闻》卷九，第155页。
③ （明）萧彦等：《掖垣人鉴》卷二《两朝谟训》，《四库全书存目丛书》，第126页。
④ （明）余继登撰，顾思点校《典故纪闻》卷一四，第251页。
⑤ （明）李清撰，顾思点校《三垣笔记》，第41页。
⑥ （明）李清撰，顾思点校《三垣笔记》，第187页。

无不力，其有裨于治大矣"①。面对大量的公文事务，如何才能保证公文准确高效，商辂认为六科驳正违失的职能非常重要。叶盛曾担任兵科都给事中，商辂对其任职表现给予了高度评价，人品上是"学甚富，才甚敏，操行甚端洁，议论甚平正"；在具体政务处理方面，"凡政务之出，章奏之入，由兵科者十常六七，与中处之裕如，间有所参驳，有所论谏"，充分肯定了叶盛的公文处理能力，"务存大体，略细故，要之有益于时与事"②。商辂评价天顺时刑科给事中陈世用，"时方多事，君立朝正色敢言，封驳弹劾不避权势，英庙深器重之"③。充分肯定他们履行封驳职责的表现和政绩。给事中重要的职责是进言劝谏，毛贞甫提出了此类公文撰写的困境，"或有不容尽言言之有不能尽行，吾其若之何？患其不可行而不言则旷，不顾其不可行而言，人将以为近名"。王鏊则给出了具体解决办法，"夫谏有体、有宜、有文、有信。理有回护，无损乎其大之谓体。审缓急先后，见可而言之谓宜。言足以发其意之所至之谓文。文不浮乎其事之实之谓信。谏有体、有宜、有文、有信，而存乎己者有直，是谏之成也"。从四个方面阐释了劝谏类公文的拟写原则和方法，最后强调贯穿这四个方面的是为官任职者的正直。毛贞甫和王鏊讨论的"言"即是公文拟写，所以他说："今之为文也，犹昔之为言也。"④

2. 御史

明代中央监察机构为都察院，长官为左、右都御史（正二品），各1人，左、右副都御史（正三品）各1人，左、右佥都御史（正四品）各2人，经历司（正六品）1人，都事（正七品）1人，司务厅（从九品）2人，所属机构照磨所有照磨、检校、司狱司司狱等。地方有浙江、江西等十三道监察御史（正七品）各7~11人。御史群体人员最多，负责全国各地监察事务，其级别虽为七品，但地位颇重。所谓"以小制大，以内制外"⑤，明代皇帝通过他们对各类政务进行监察，实现对皇权的控制。十三道御史与六部各司之间公文往来是平行关系，所用公文"谓之

---

① （明）商辂著，孙福轩编校《商辂集》卷六，第99页。
② （明）商辂著，孙福轩编校《商辂集》卷七，第116页。
③ （明）商辂著，孙福轩编校《商辂集》卷一六，第289页。
④ （明）王鏊著，吴建华点校《王鏊集》，第189页。
⑤ 吴晗：《朱元璋传》，百花文艺出版社，2000，第179页。

手本"，一些御史"有欠谨厚""以言路自恃"，导致署名"字文寸许"①。从御史所用公文文体和公文署名的字体大小可见其权重。

监察御史和按察司分别监督京城和地方官员，"凡风宪任纪纲之重，为耳目之司"。监察御史主要负责监察在京城的中央衙门官员的违法行为，按察司主要负责纠举地方衙门官员的违法违规行为。他们对所监察纠举的案件，必须清楚记录年月时间，并有确凿的证据，然后"明白具奏"；若涉机密重大事项，必须"实封御前开拆"。监察御史"若挟私搜求细事及纠言不实者"，则以"抵罪"处罚。因纠察而需拟写弹劾类题奏，于是统治者对此类公文撰写提出了明确要求，即"不许虚文泛言"②。为提高监察效率，凡事关国家政令得失、军民利病及一切兴利除害等事宜，由监察御史、按察司官各陈所见，真实反映具体问题，要求"直言无隐"；若所提内容属于建议或革新的主张、措施等，"必须公同评议，互相可否，务在得宜，方许实封陈奏"③。对提出的具体建议方案等主张共同商讨，充分考虑，若具有可行性，再"实封陈奏"。此外，都察院和按察司对所有监察负总责，都察院负责磨勘经监察御史审查照刷的公文案卷；按察司负责磨勘经按察分司照刷审核通过的公文案卷，随时检举更正迟延差错的监察行为，"中间果有枉事理，应请旨者，具实奏闻"④。强化了监察系统的多级审查制度。

御史监察地方公文事务有明确的职责要求。对地方未完成事务开列清单发文督促，限期依规完成，"欲将各道查出各该衙门承行未完事件，开单通行陕西等按察司并各该衙门，俱以文书到日为始，各限半年之内，务要将原发去勘合事件，逐一对款完报。及今后遇有本院行去勘合札付，一应词讼，自文书至日为始，务要遵依《宪纲》事理，亲自从公勘理明白，依律照例发落。亦限半年以里报，以凭查销。如分巡等官并各司、府、卫等衙门承行官，以前牵于私情，故行推避，有妨治理，听巡按御史纠奏拿问。并巡按御史、按察总司仍要每岁年终，通将一年发去勘合到彼日期，备开承行官员职名，已完未完数目，各造文册呈缴本院。事

---

① （明）陆容撰《菽园杂记》卷五，第 58 页。
② 刘海年、杨一凡主编《中国珍稀法律典籍集成（乙编）》（第二册），第 34 页。
③ 刘海年、杨一凡主编《中国珍稀法律典籍集成（乙编）》（第二册），第 42 页。
④ 刘海年、杨一凡主编《中国珍稀法律典籍集成（乙编）》（第二册），第 43 页。

件数目多寡，斟酌参究久稽，其行事勤惰，备行吏部查究，候考察之日，以凭黜陟。若巡按御史、按察总司官徇情依阿，不行纠奏，以致误事，本院一体参奏提问"①。御史对各类公文事务要按时、据实纠察，同时御史监察有严格查究的任务和责任要求。

3. 地方监管

公文是各级官吏处理政务、汇报情况的重要工具，明代各级政务官须掌握一些常用公文的写作办理技能。明初，六部等衙门凡是差人有事公干，府、州、县只用奏本或启本交付差人复命，由所属衙门办理并明确交代"批解官物"的办理程序，防止乱用奏启申领官物。六部所署机构的官吏也要熟悉日常公文事务处理情况，如吏部辖管的四子部，"付到合行各布政司直隶府州事件，通类具手本"②，再到吏科填写相关勘合，同时附写在公文底簿上，注明公文相关情况，以作为凭证，在回复时注销。具体事务的落实情况由吏部负责，规范了涉事官吏公文处理的具体程序和方式，从而减少"奸弊"的发生。

布政司的职责使命，直接体现在其公文的拟写与处理上，统治者要求地方各布政司设立公文登记簿册，将公文往来办理情况一一登记，每季轮流派遣吏员一名，送交六部所属上司进行查考。布政司审核府衙，府衙考审州衙，州衙考审县衙，层层审查，要求"务从实效，毋得狂惑繁文"。每年年终，布政司将本部门的公文办理情况，所属府、州、县送审考核过的文簿，一并递交至京城相关部门进行通考。布政司对府衙报送的公文，只进行上报而不做任何审核办理，府衙对州衙递交的公文也仅是报送，这些均属于地方政府的渎职行为，"自布政司致府州，皆不异邮亭耳"③，对此类渎职行为应给予相应的处罚。

地方公文管理组织和公文监管是必不可少的。《明会典》对各级官员在任职时的公文监管提出建议，凡新官到任首要任务是任命首领官和六房吏典，并规定在十日内完成机构人员组建，并将各房负责承办和管理的各项事务，逐一分配清楚，按照规定样式登记编成文册，如实上报。"如有隐漏不实，及故不依式，繁文紊乱，并十日以里迁延不报者，该吏

---

① 刘海年、杨一凡主编《中国珍稀法律典籍集成（乙编）》（第四册），第476~477页。
② （明）申时行等修《明会典》卷九《吏部八》，第53页。
③ 刘海年、杨一凡主编《中国珍稀法律典籍集成（乙编）》（第三册），第74页。

各以违制律论罪。所有规避，从重论。"① 要求选任吏典随时监管各类公文责任者。

第二节　明太祖等公文责任者的管理观

明太祖朱元璋是明代开国之君，其特殊的人生阅历，丰富的军事斗争和管理经验，使他在公文责任者的管理方面形成了独特的理念，并制定了措施。以明太祖、成祖、宣宗等为代表的明代历任皇帝在强化皇权过程中，建立了一套相互牵制、严密的官僚体系，使得明代文官集团迅速发展起来，内阁、六科、通政司等成为服务于皇权的公文运转机构。整个政权机构也通过控制公文的运转办理，维系、强化皇权。为此，太祖等历任皇帝逐渐树立了较为完善、系统的公文责任者管理观。

一　明职责

权责明确是公文责任者行使职权的前提，目的是贯彻落实皇帝的命令，这也是维护皇权的基础。明太祖深谙此理，于是在政权建立时就颁布了《到任须知》，明确到任官吏的职责，特别是负责公文办理的官吏的职责。公文是政府官员执政的工具，具有法律性和权威性。各级政府发布政务公文，其首要条件是公文内容必须和国家政令和法律相统一，这样公文才有公信力。"夫号令不信，则民不知所从，天下何由而治乎？"② 缺少诚信的公文会使政权失去威信，也会有损君德，使得臣僚矫伪，百姓生疑，政治败坏，人心动摇。

（一）中央公文责任者职责观

明初中书省是中央公文的重要拟制机构，后为内阁等所替代。太祖对中书省公文处理职责提出两条建议：一是强调中书省的政治身份，中书省作为政权的核心机构，是"法度之本"，也是"百司之所禀承"，是政治的代表，更为重要的是"凡朝廷命令政教皆由斯出"，因此不可不

---

① （明）申时行等修《明会典》卷九《吏部八》，第55页。
② （北宋）司马光著，徐寒注译《资治通鉴》（全新校勘精注版），线装书局，2017，第1100页。

慎；二是所发布的政教命令若有不合理的应直言改正，不可阿意曲从，否则会"言既出矣"① 而追悔莫及。通政使不仅负责传递公文，传递的同时也应有所作为，"卿其审命令以正百官，达幽隐以通庶务。当执奏者勿忌避，当驳正者勿阿随，当敷陈者勿隐避，当引见者勿留难"。发挥审核、传达、执奏、驳正、敷陈、引见等公文处理职能，即"掌受内外章疏敷奏封驳之事"②。

明代初期的翰林学士品级并不高且没有所属的专门机构，只是皇命公文的代言者。成祖认为翰林是"代言之司，机密所寓"，时刻于皇帝左右辅助皇帝处理政务，其政治地位不亚于尚书，所以才给予其与六部尚书同样的赏赐以示嘉奖，同时希望翰林学士"必求称其事功"③ 而不拘品级。他明确翰林学士"代言之司"的属性，希望他们能尽职尽责。

作为负责皇命公文的翰林学士也有着相应的素养要求，明宣宗的《御制官箴》就专门对翰林学士任职拟定了相应的标准。首先肯定了翰林学士的重要地位，"廷有司言，自周则然，后世袭用，愈密而重"，进而明确了其职责内容，"策命所出，讲学所资，几务之严，于度于咨"。其次，对其职业道德素养提出了要求，一方面是对翰林学士的能力要求，即"博闻明识，克励翼之，用光厥职"，翰林学士需要有广博的学识才能很好地履职；一方面是要有较高的道德修养，"朝夕左右，必端乃志，必慎乃守"，辅助皇帝时宜谨慎守法，在为皇帝起草诏令时，"启沃之言，惟义与仁，尧舜之道，邹孟以陈"，要有正确的政治观念。再次，在公文拟写方面提出具体的标准，一是在语言表达方面要求"词尚典实，浮薄是戒"，这继承了明初所倡导的公文文风，提倡质朴务实，反对浮薄繁文；二是对公文保密要求做到"谋议所属，出毖乎外"，皇命公文在起草阶段均属于保密内容，参谋讨论都有职责分工，因此要格外缜密防止泄密。最后，对翰林学士提出了总体要求，一是"必存大公，罔役于私"，即能够大公无私；二是以唐代中书舍人"四禁"为标准，"四禁"即漏泄、稽缓、违失、忘误，严格要求自己；三是经常向皇帝献计或劝

---

① （明）余继登撰，顾思点校《典故纪闻》卷二，第28页。
② （清）张廷玉等撰《明史》卷七三《职官志》，1138页。
③ （明）余继登撰，顾思点校《典故纪闻》卷六，第114页。

谏，"献纳论思，以匡以益"①。可以看出，明宣宗对翰林学士的职责提出了较为全面、较为明确的要求，为翰林学士明确了任职的标准。

明宣宗痛斥都察院"风宪耳目非不闻之，亦略不纠举"②。宣德十年（1435），明宣宗再次对监察系统御史队伍进行整顿，强调监察机关的重要性，"重耳目之寄，严纪纲之任"，要求"凡政事得失，军民休戚，皆所当言"。监察御史的队伍出现各种腐败现象，"或道理不明，操行不立；或法律不通，行移不谙；或逞小才，以张威福；或搜细过，以陷善良。甚至假其权位，贪图贿赂，以致是非倒置，冤抑无伸"。御史滥用监察权破坏了监察的本意。对此，宣宗要求都御史和各道御史对凡有贪赃枉法、滥用职权及失职渎职的御史人员进行纠察检举黜退；命令按察使及同僚对按察司违法不称职的官吏进行审查清理；要求吏部不得安排初任官员担任御史等监察官职；凡补任监察御史人员，都由都察院官员和各地方官员保举，经吏部审查没有问题后奏报任命，"其后有犯赃滥及不称职，举者同罪"③。明宣宗较全面系统地对监察机构官吏进行了整顿治理，对御史进行监管。正统六年（1441）诏："中外风宪系纲领之司。须慎选识量端宏、才行老成任之。其有不谙大体用心酷刻者，并从都察院堂上官考察降黜。"④

风宪官是明代特殊且重要的政治势力，为历任皇帝所重视，明朝历任皇帝反复对他们提出要求。明代中后期对风宪官又制定了十五条意见，明确了其具体的职位特性和作用。首先明确了风宪官的职责任务，即"宣上德，达下情"，所到之处，必须访问军务民情，"及利所当兴、害所当革者，随即举行"，对发生的水旱灾伤等情形，及时具奏汇报。其次，对其树立了较高的职业道德要求，包括要明白正大，"不可任一己之私，昧众人之公"；心地忠厚，处理案件"尤须详慎"；日常生活需要"持身端肃，公勤详慎"，勤俭节约，不得"亵慢怠惰"；由于其身份特殊，因此言行举止必须循理守法，"在我无瑕，方可律人"；处理公务时，事事谨慎，"未行事之先，不得接见闲杂人"，严防窥伺作弊；对待诸司

---

① （明）朱瞻基撰《御制官箴》，刘俊文主编《官箴书集成》（第一册），第251页。
② （明）余继登撰，顾思点校《典故纪闻》卷九，第166页。
③ （明）余继登撰，顾思点校《典故纪闻》卷十，第186页。
④ （清）龙文彬纂《明会要》卷二六，第561页。

官吏,"廉勤公谨者,礼待之,荐举之。污滥奸佞者,戒饬之,纠劾之"①,做到公正无私,处事公当。要求他们既能够认真勤恳地履行监察职责,又能立身正直,廉洁执政。

行人是皇命公文传递的专职人员,传递的是制诰等公文,因此使命特殊,也拥有着一定的特权,一些行人借此狐假虎威、为非作歹。明太祖专门对他们提出了要求:一方面强调公文传达的重要性,"受命而出,四方之所瞻视,不可不谨",行人传递的公文承载着君命,代表着皇权的威严,"行己有耻,使于四方,不辱君命,可谓士矣",引述孔子的话告诫行人,"或捧制书,或奉命出使,或催督庶务,所在官吏淑慝,军民休戚,一一咨访",强调他们在公文办理中所承担的责任;另一方面对履职道德提出要求,即不可"纵情肆欲,假使命而作威福,虐害下人"②,希望他们认真完成任务。

(二) 基层公文责任者职责观

基层官吏常利用公文繁杂难懂和百姓不知情,随意解读,牟取私利。朱元璋在《谕群臣务公去私》中批评类似违法行为,认为"不才"官吏"巧以舞文,奸以弄法,紊乱条章"③,借着被赋予的权力和对公文法规的阐释权鱼肉百姓。

为防止各级官吏在公文事务中营私舞弊,朱元璋在《谕天下有司》中对公文制发提出要求:一是向地方发"丹符",作为地方公文行移的凭证;二是规定各衙门将每年秋夏税粮、税收情况"从实具陈无隐",奏本内容清晰简洁,"不以文繁";三是对"舞文弄法,窥探朝政"者从重处罚;四是将每年各类钱粮数据及时上报;五是严格遵守公文行文关系和程序,"务要县不通州,州不通府,府不通布政司"④,公文行移遵守层层汇报和管辖制度。朱元璋对各级官吏拟写公文都提出相应的要求,他在《大诰三编》提出,凡有公事需拟写成公文的,或亲自交代首领官拟写,"或亲笔自稿"并遵照行移格式撰写,再由吏书誊抄清楚,署名签押发出;由吏书处理的公文粘连卷宗,务必要"点检新旧,验看迟速,

---

① 刘海年、杨一凡主编《中国珍稀法律典籍集成(乙编)》(第二册),第47页。
② (明)余继登撰,顾思点校《典故纪闻》卷四,第64页。
③ (明)朱元璋撰,胡士萼点校,刘学楷审订《明太祖集》,第135页。
④ (明)朱元璋撰,胡士萼点校,刘学楷审订《明太祖集》,第140页。

知数目之精";另外,所有重要公事不可以"主谋在乎吏"①。

公文责任者撰写公文的态度,既是政治清明与否的表现,也是为官者个人操守的体现。正统六年(1441)六月二十五日明政府颁布《戒谕百官敕》,告诫言事官员:"凡言事者,必察的实,勿诬是为非,勿毁直为曲。理刑者,务存公平,推究情实,毋枉非辜,毋忽人命。如或怀私妄言,其纵情滥刑,国法在所不宥,鬼神亦有阴诛。其悉勉之!掌风纪者,尤须秉公持正,振肃纪网,激浊扬清,扶植善类。有实犯者,必公言之,勿惮权贵;有屈抑者,必辩明之,勿忽卑职,用称朝廷耳目之寄。各属官中,或有庸劣不任、贪婪无守,及轻薄生事枉人者,堂上官具名以闻,将降黜之。庶几所用皆贤,治平可望。"② 从"情实"、公平、正直等方面告诫他们撰写公文的态度和原则。明代常出现不据实劾奏而诬陷官员的事件,景泰时,刑部郎中陈金、户部郎中陈汝言被御史弹劾。陈金等上疏申辩,代宗诏令吏部调查取证,而十三道御史弹劾陈金等人为妄辩,请求依法处置。代宗认为:"言者朝廷固所不禁,然人有枉,岂可偏徇,不为辩耶?"后经吏部查证,十三道御史所弹劾事项均不属实。于是,皇帝下诏敕监察部门:"今后言官劾奏,必究实无妄。"③ 为此,代宗要求加强公文查究核实,以保证公文反映的内容真实可靠,而不能子虚乌有,随意捏造,诬陷弹劾。

掾吏是各部门负责公文撰写的主要人员,拟写公文是其主要职责,而首领官对公文不能做到明察秋毫,以致这些人员趁机营私舞弊。《御制大诰续编·用囚书办文案第二十八》就列举了此类违法案例:五军都督府首领官掾吏陈仔等,自到任从未亲自起草公文。凡有公文需书写都交由典吏或囚人拟稿,然后由其押字施行。直到案发,五军都督府各首领官对陈仔等所"创作"的公文只知大概,对公文产生过程及内容细节一无所知,掾吏陈仔等还结交兵科给事中孙勖等,支取出征官军盘缠等,数额达数十万锭白银。"经历都事陈仔等,却乃盘桓曲折,用尽机谋,幽微其情,妄出钞锭,亦不下数十万,于此等却乃善能。平昔不务公而务

---

① 张德信、毛佩琦主编《洪武御制全书》,第911页。
② 刘海年、杨一凡主编《中国珍稀法律典籍集成(乙编)》(第三册),第316页。
③ (明)余继登撰,顾思点校《典故纪闻》卷一二,第225页。

私，计至杀身而后已。"① 这是一起典型的违法撰写公文同时利用公文违法作弊案件。

元代地方衙门公文责任者素质低下，管理混乱，这种风气在明初依然盛行。为克服顽疾，朱元璋不辞烦琐，亲自为新任地方官撰写详细的政务指南——《授职到任须知》。为防止作弊而规定了办文时限，明确了政务汇报方式、地方官府的办文要求及相关处罚，罗列了官吏所需要处理的一些公文事务："凡新官到任，其先任首领官六房吏典，限十日以里，将各房承管应有事务，逐一分豁，依式攒造文册，从实开报。如有隐漏不实，及故不依式，繁文紊乱，并十日以里迁延不报者，该吏各以违制律论罪。所有规避，从重论。"②《授职到任须知》明确新官到任公文处理方法，成为为官任职的工作指南。所有官员到任都要通过公文管理来掌握职内事务，各类文册的使用成为其了解民情和事务的重要工具。

朱元璋重视对人才的培养，认为人才直接影响着朝廷治政能力和政治清明。他曾诏令国子监生员，"孔子作《春秋》，明三纲，叙九法，为百王轨范"，将儒家经籍作为治政根基，"修身立政，备在其中"，认为所有官吏修身治政的道理都在其中，"未有舍是而能处大事决大疑者"，希望他们能认真研读这些作品，"以求圣人大经大法，他日为政，庶乎有本"③。朱元璋强调《春秋》在教育中的重要价值和意义，国子监生作为官吏人才储备力量，应该掌握这些经籍的内涵，拥有扎实的学识修养是他们从政的基础。

二 严监管

公文的价值在于施行，是否有效及时地落实和执行公文承载的内容是官吏公文办理考核是否合格的重要标准。明太祖《御制大诰》列举此类案件：户部尚书茹太素，户部左侍郎张易，户部右侍郎张文质，户部郎中吕士威、王士廉、刘景颜，员外郎蒲如直、黄安及主事传友文、王毅、李益、王肃、方彦逸等官，借故未办应该施行的公文，被督责时却

---

① 刘海年、杨一凡主编《中国珍稀法律典籍集成（乙编）》（第一册），第122页。
② （明）申时行等修《明会典》卷九《吏部八》，第55页。
③ （明）余继登撰，顾思点校《典故纪闻》卷五，第94页。

称事务烦冗没有时间落实。为此，太祖责令户部人员将所办理公文汇总备查，报称十月十八日呈报十七日事共有143件。太祖令给事中张衡、监察御史胡昌龄"比日考对所单之数"，发现所报公文都不是十月十七日当天处理的公文，而是十月初三日至十七日共15天的公文事务。经查，他们是将半个月沉滞的公文，假作十七日一天接纳，谎称公文事务冗繁。经仔细查验，十七日当天只有6件公文行移，当面欺骗多说了137件。对此，太祖愤怒地说："海内智人观之，奸顽无藉之徒，擅敢肆侮如上。"[1] 他对渎职的公文处理人员进行了处罚，并将此事列入《御制大诰》作为典型案例。又如户部主事王肃"藏匿锦衣卫力士支赏册"、广东道御史汪麟"怀己私上言"，他们常"不押公文"[2]，因严重违反公文办理规定被处罚。为加强对专门负责公文收发环节部门的监管，洪武二十八年（1395）六月颁布《谕司务敕》，对各衙门公文办理监管人员提出了具体的公文管理方法和措施，以便加强对公文办理效率的监管。对于一些只犯有轻微罪行的官员，因为他们"多明经老成，练达政务，一旦废黜，不得展尽其才能"，还有可用之处，明太祖向吏部官员提出重新起用他们，"凡罢免官通经术有才干者，悉起送京师，擢居显职"[3]。明仁宗很重视对公文责任者的监管，洪熙元年（1425），御史谢瑶推荐人才的题奏上写错了相关人员的姓，仁宗就此事对吏部谈御史的素质问题："古人奏牍皆存敬慎。石庆书'马'缺点，惧及死。今荐贤不知其姓，岂能知其才？轻率如此，岂称御史之职？"[4] 通过公文办理就可以窥知官员政务处理能力，谢瑶因此被贬谪。

对中央公文处理的监管是皇权的核心，明太祖从历史上汲取经验教训，对宦官干政的历史弊病格外重视，宦官干政直接表现形式就是参与公文办理。《石匮论赞》载，太祖"虽久居西内，顾阅章奏无虚日。异日书旨奏牍，中官窃跂而睇"[5]。为防止内外交通，禁止宦官与各政府部门间往来公文，洪武十七年（1384）七月明太祖颁敕令规定，所有各司

---

[1] 刘海年、杨一凡主编《中国珍稀法律典籍集成（乙编）》（第一册），第88～89页。
[2] 刘海年、杨一凡主编《中国珍稀法律典籍集成（乙编）》（第一册），第89页。
[3] （明）余继登撰，顾思点校《典故纪闻》卷四，第69页。
[4] （清）龙文彬纂《明会要》卷二六，第560页。
[5] （明）张岱著，栾保群校点《石匮论赞》，故宫出版社，2014，第187页。

衙门严禁与内宫宦官有公文行移往来,以此防宦官干政。他认为严防内外结党勾结,朝政才能清明,纪纲才能振肃;历史上汉唐的很多君主都因为没有以此为鉴,反而纵容"宦寺与外臣交通",致使宦官"觇视动静,夤缘为奸,假窃威权,以乱国家";宦官干政不但会导致皇权得不到执行,而且会使朝政"反受其祸,延及善类"①。

永乐八年(1410)十二月,明成祖对御史与"刀笔吏"进行了比较和批评,他认为御史是"国之司直",体现的是治政中的公平公正。因此,对御史的任职素质有着较高的要求,即"必有学识达治体、廉正不阿",既要有能够胜任监察职位的学识,又要有胜任监察职位的道德品质。"刀笔吏"则不同,成祖认为文吏"知利不知义,知刻薄不知大体",批评他们德与才都不能胜任御史一职,如果"用此徒任风纪,只使人轻视朝廷",为此提出御史的选任,"不得用吏"②,对御史的素养和职责及任用提出了具体要求。

三 顺关系

君臣是古代政治中一对重要的关系,二者虽经常就政务进行面对面的交流,但更多时候公文才是维系他们之间政务信息沟通的重要载体。在整个封建政治中,君臣之间产生的公文占整个历史文献公文的绝大多数。除了君对所有臣民发布的诏令外,最受关注的是臣给君的公文。透过君如何对待臣的公文,可观察古代君主专制下"民主"模式的状况。皇帝如何处理进谏类公文能够表现君臣关系的状态,这也往往被视作一朝政治清明与否的标志。如唐太宗之于魏徵就成为历代的典范。同样,明代历任皇帝也格外重视君臣关系。

在公文处理体系中,君臣是进谏公文的两个核心主体,臣是提出者和发文者,君是阅读接受者与实施者,有着最终决定权。进谏是臣对君就政务或君的做法提出建议的一种方式,公文是这种行为的呈现形式。明代君臣就二者关系提出了自己的看法,就如何处理好二者关系提出了自己的观点。明太祖总结了历史上两类导致进谏失败的原因,一类是臣

---

① (明)余继登撰,顾思点校《典故纪闻》卷四,第70页。
② 《明太宗实录》卷一一一,"永乐八年十二月壬子"条,第1421~1422页。

方面的原因,"聪明之君乐闻忠谠,而臣下循默奸谄不尽其诚者有之",臣下或是循默,或是奸险而谄媚,不能真诚以待;一类是君方面的原因,"君上昏愚骄暴饰非拒谏者有之",君主昏庸、愚蠢、傲慢、残暴、文过饰非,导致臣下不敢"抗颜直谏"。他分析了导致进谏失败的关键是君臣都没有尽到职责,臣没有尽到臣的职责表现为"臣不谏君",君没有尽到君的职责表现为"君不受谏",而君不尽"君道"就会导致拒谏,即便臣进谏也只会带来不幸,即"言不见听,而反受其责"。在君主失道的情形下,他还是鼓励臣下勇于进谏,因为臣尽职最根本的目的是"功于社稷人民",虽然会因得罪昏君而受罚,但没有失职。太祖认为理想的君臣关系是君主乐于听谏,"而臣下善于进谏",但是这种彼此融洽的关系十分难得,"乃知明良相逢,古今所难"①。这种君臣关系的本质是公文信息的传达与落实的关系。明太祖从传统儒家君臣关系的角度发表了自己的感想,但无法从根本上解决这一矛盾。尤其在封建皇权高度集中的时代,皇帝的个性私欲会凌驾于法律之上,进谏类公文的接受与落实,只能由皇帝的个性喜好决定。

对于最高统治者来说,应该如何辨识臣下所上奏疏是忠还是谗呢?明太祖提出了自己辨识的方法,首先将奏疏分为"忠谏者"和"谗佞者"两类;其次分析这两类公文的特点,忠谏类公文开始让人难以接受,但却是有益的,"如药石之能济",也即良药苦口,而谗佞公文却能让人愿意开心接受,但最终是有害的;再次,重点分析这种谗佞类公文产生的原因,一是小人"设心机巧,渐渍而入",二是先用细微小事取信于君主,"以探其浅深","人主苟信之,彼他日复有言",君主面对着这些公文,"尝言者可信,将不复审察",这样进谗佞公文者就可以"肆志而妨贤病国";最后,他也不得不感慨,"昏庸之君卒莫之悟"。他既总结了这种谗佞公文撰写者的心理特征和危害,也分析了其容易被接受的原因,即"由其言甘而不逆于耳故也"。所表达内容符合或顺乎君主意图。在此基础上,他向自己和侍臣提出警告,"惟刚明者审择于是非,取信于公论,不偏信人言,则谗佞之口可杜矣"②。作为君主这一特殊读者,应

---

① (明)余继登撰,顾思点校《典故纪闻》卷二,第20页。
② (明)余继登撰,顾思点校《典故纪闻》卷二,第22页。

该阅读和辨识公文，辨别不同的进谏之言，这对君主提出了很高的要求。明仁宗继承了太祖这一思想，他在批阅京官诰词时，请大学士杨士奇、杨荣、金幼孜对他进谏，"有未尽善，皆当尽言"。对历史上君主的败亡进行了分析，"前代人主，有一履帝位辄自尊大，恶闻直言"，看到了君主获取权力后的变化，导致了左右"虽素所亲信"的人也开始"畏威顺旨，缄默取容"。仁宗探讨了权力使人性和社会关系变化这一类普遍的现象。虽然还是有贤良之臣敢于上疏进言，但是"言之一再而不见听，亦退而绝口以图自全"，表面上看是"各谓永享富贵"，然而不久则是致祸败亡，所以明仁宗在诰词上增批"勿谓崇高而难入，勿以有所从违而或怠"[①]，鼓励群臣要敢于进谏。

对待重要官员公文的处理态度，则直接影响着君臣关系。洪熙时，大理少卿弋谦因进谏言事而被免朝参，导致无人敢进谏言事，后仁宗因灾异屡见才下诏求言。在这份诏书中，仁宗介绍了处理弋谦谏疏的情况，他认为大理少卿弋谦的奏疏"所言过于矫激，多非实事"，由于仁宗拒谏的态度，群臣开始迎合皇帝的意思，"交章奏其卖直，请置诸法"，仁宗没有听从，而仅给弋谦"免朝参"的处罚。该事件还是导致了没有人再敢上奏疏进言，臣下都是"怀自全之计而退为默默"。仁宗认为这种君臣不和的局面表现为天有灾异。为此，仁宗一方面表示"愧咎"，另一方面希望大臣不要"惟念保身"，针对国家军民"利有未兴，弊有未革，及政令有未当"[②]等情形，勇于上疏直言进谏。

御史是明代重要的监察人员，负责各级衙门的政务监察、审核，也是创作弹劾类公文较多的群体。明太祖就御史职责曾向御史大夫文原吉谈了自己的看法，首先肯定了御史进谏的重要性，"以言为职"，弹劾进谏，"忠言日闻，有益于天下国家"。然而，常有"君有过举而臣不言"和"能直言而君不纳"的现象。于是，明太祖深入地分析了为什么臣不愿直言进谏。一是等级地位的差距，直接影响了进谏的效率，上疏进谏者即便有官职，在"万乘之尊"面前也不过是"一介之士"，权力和地位的悬殊、公文撰写者与阅办者的不平等关系，导致大臣"或畏怯不能

---

① （明）余继登撰，顾思点校《典故纪闻》卷八，第143页。
② （明）余继登撰，顾思点校《典故纪闻》卷八，第148页。

尽其词，或仓卒不能达其意"①。这仅是御史等一方面的心理因素，而根本原因是奏疏劝谏后的政治危险。太祖结合案例分析了历史上政权衰亡之时的君主，"护短恶谏，诛戮忠直"，导致"人怀自保，无肯为言"，劝谏奏疏往往带来杀身之祸，导致了人心涣散，"积咎愈深"，最终导致政权的灭亡。明代后世的政治斗争也恰恰证明了这一观点。因此，太祖提出君主要常以"霁色"面对各种的"言"，"至于言无实者，亦略而不究"。君主在面对和批阅这些公文时要有包容的胸怀。"有其实而人言之，则当益勉于善；无其实而人言之，则当益戒于不善。但当纳其忠诚，何庸究其差错？"②

关于朝廷或皇帝对待臣僚公文的处理态度和方法，明太祖曾就张冲的一份公文对中书省官员提出了自己的建议，他认为张冲上书所言时事中有三条内容可以取纳，一是面对朝廷官员上书反映的政治得失，皇帝和上级官员应该根据情况"用其所长"；二是建议中书省每个月选用落实三份奏疏，选用标准是"言贵简当"；三是对那些敢于"陈事剀切不避忌讳"上疏的官员"量加擢用，以养忠直之气"。太祖借张冲公文的内容表达了自己的政治观点，即不但要善于用言，还要培养那些敢言的人才。"听忠直则正人多，正人多则朝廷清明矣。自古治世之君，皆由是道。"③ 充分肯定了"每月用三人言"的做法及其政治意义。

明初的几任皇帝都重视官员进谏的价值和意义，希望官员能多通过公文等各种形式向皇帝提出建议。宣宗借侍臣言"为政在人，知人为要"，发表了自己的看法。将人臣按"君子"和"小人"分为两类，君子有"爱君之心"，对君主"随事规正"，最终"以利国家"；而小人则"不念君德，不恤国家"，对君主"阿意曲从"，目的是"以求容悦"④，牟取私利。明宣宗将人臣对待君主的言行上升到做人为政的修养的高度进行探讨。

为鼓励身边的臣僚积极协助皇帝理政，明成祖基本沿袭了太祖朱元

---

① （明）张铨撰，（明）张道濬订，（明）徐扬先校，田同旭、赵建斌、马艳点校《国史纪闻》卷二，第52页。
② （明）余继登撰，顾思点校《典故纪闻》卷二，第23页。
③ （明）余继登撰，顾思点校《典故纪闻》卷二，第25~26页。
④ （明）余继登撰，顾思点校《典故纪闻》卷九，第166页。

璋的公文责任者管理思想，对各级衙门公文责任者提出了许多更为切实和具体的建议。皇后经常提醒明成祖朱棣："陛下日与共图政理谁何？"朱棣的回答是："六卿治政务，翰林职论思典词命，皆朝夕左右者也。"①明确了翰林等官员协作制作公文的职责，也肯定了他们在治理朝政中的地位。

明代皇帝还通过各种方式，赋予一些官员特殊的公文处理权。翰林学士是皇命公文的重要草拟者，也参与了中央核心政务决策，拥有不同于一般官员的特殊权力。仁宗非常注重处理君臣关系，经常会同重要官员共议朝政，成为一时之典范。仁宗即位后，专门赐蹇义、杨士奇、杨荣、金幼孜等刻有"绳愆纠谬"的银印，希望他们"协心赞辅""再三言之"②。洪熙时，皇帝在给杨士奇的诰词上亲题"勿畏崇高而难入，勿以有所从违而或怠"以示告诫和激励。当时皇帝的"命令诏教多主公言"，"凡章疏批拟未毕者，或携出至家进之"，由此可以看出皇帝对杨士奇等翰林学士的倚重。不但明仁宗对他们"委任尤切"，明宣宗也同样重视和厚待翰林学士，"廷降手敕，受寅亮天工之寄"③。

整个政权是一个复杂的政治体系，每一个公文责任者都有着不同的职权、不同的利益，如何才能集思广益、共同治理政务，明太祖提出了集议的管理方略。政令的拟制和办理方式之一是会议。洪武二十四年（1391），太祖要求六部官员，凡重大事务均要由会议议定。太祖看到个体在重要公文政策拟定或政务执行过程中的弊端，"人识见不同，决断之顷，各执一偏，故难尽善"。为实现"天下事体"合乎"至当之理"，提出"自今凡有政令，必会官详议，所论佥可，然后施行"，即集思广益，细致充分地讨论，形成共同的观点和决议，以保证"事皆善"。对每个参与的个体提出"卿等其各尽乃心，毋阿比以为同。毋矫讦以为异，久执厥中"的要求。希望群臣能"厥中"，既不要"阿比"，也不要"矫讦"④，太祖朱元璋充分看到会议议事对拟制公文和执行落实政策的重要作用。

---

① （明）余继登撰，顾思点校《典故纪闻》卷七，第124页。
② （明）余继登撰，顾思点校《典故纪闻》卷八，第140页。
③ （明）李东阳著，周寅宾点校《李东阳集》第二卷，第220页。
④ （明）余继登撰，顾思点校《典故纪闻》卷五，第85页。

官府衙门内部公文也经常由集体共同拟制，这往往涉及参与者或主官之间关系的协调。对此，明初就明确规定了公文集体负责处理的方式及相互之间的职责。洪武十六年（1383），颁令给刑部等衙门，要求凡有行移判押的公文需集体处理的，"首领官引吏典就赍印信手本，开具几件，于正官处亲行禀复可否。从公署押定夺，仍各照事件，逐一附簿，以凭查照相同。不致违错"①。明确了部门内部首领官、正官等在公文拟写中的职责。对于正官与佐官在公文处理中的关系协调问题，英宗的《敕谕文武百官》就指出，朝廷在各级官衙都设立了正、佐官职，目的是由正、佐官共理政务，希望正官与佐官能够"以诚相与，有善相辅，有过相规，彼此协和，事乃有济"，告诫他们不可以"专恃己见，不采众善"，正官对待属官也应该"贤者须礼之，不及者须教之，不肖者须明其罪黜之"②。无论是负责主官，还是代拟办理者，都需正、佐官员在处理过程中坚守自身的职责，互相配合协调好关系。

四　正风气

公文责任者的思想风尚直接通过公文表现出来，形成了公文文风。公文文风是政风的直接表现，也影响着政风。明初，新政权刚建立，急需正确的文风。洪武二年（1369）二月，明太祖对詹同说："古人为文章，或以明道德，或以经世务，如典谟之言，皆明白简易，无深怪险僻之语。近世文士不究道德之本，不达当世之务，辞虽艰深，意实浅近，即使过于相如、扬雄，何俾实用？自今翰林为文，但取通道理、明世务者，无事浮藻。"③ 太祖的文章观主张文章价值在于两个方面，一是明道德，一是经世务。认为典谟类公文的"明白简易"才是值得倡导的，批评内容不达"当世之务"，语言形式上追求"艰深"而"意实浅近"的风气，强调"实用"。为此，在具体措施上，要求翰林学士的公文创作以"通道理、明世务者，无事浮藻"为尚。向皇帝献祝颂之词是常见现象，特别是有祥瑞、战争等情形出现时，此举更甚。也许是身经苦难太

---

① （明）申时行等修《明会典》卷七六，第446页。
② （明）余继登撰，顾思点校《典故纪闻》卷一一，第193页。
③ （明）张铨撰，（明）张道浚订，（明）徐扬先校，田同旭、赵建斌、马艳点校《国史纪闻》卷二，第64页。

多，体会了创业的艰辛，也许是所见溢美之词滥多，明太祖对表笺之类的颂贺公文提出批评，"适观群下所进笺文，颂美之词过多，规戒之言未见"。认为这是君臣之间不真诚的表现，建议那些拟表笺的官员要向古人学习，即便公文"祝颂其君"，也要重视"寓警戒之意"。为此，对表笺的创作提出严格要求，即"今后笺文只令文意平实，勿以虚词为美"①。政风与文风密切相关，文风是政风的直接体现，是各级官吏对待公文的态度，明初太祖对阿谀奉承的文风提出批评，希望"君臣相告以诚之道"。阿谀文风的典型代表是祥瑞类贺表，在永乐时期较为多见。永乐六年（1408）春，福建二司就以柏生花而上祥瑞贺表。成祖逐渐对这些泛滥成灾的贺表有了清醒的认识，他曾就苏州、扬州以柏桧生花为祥瑞所进贺表，专门颁敕进行了批评，"于军民疾苦，一毫不言，而今言柏花为瑞"，严厉地指出树木开花属常见现象，将这些所谓的祥瑞和国家民生相联系是牵强附会，要求官员对此进行反思。同时，他认为任命地方官是为了让他们"镇抚藩方，以图安辑"，及时反映军民疾苦，公文应该多关注与民生休戚相关的政事，而不是奇闻逸事，祥瑞的标准应该是"时和岁登，物无疵疠，生民足食，四夷顺安"②。成祖认为民富国强才是地方官员应关心的，但官员经常以嘉禾瑞麦进贺表，他曾对礼部尚书李至刚等批评这一现象，认为瑞麦可否算是祥瑞，关键在于是否让百姓没有愁苦，否则面对此类贺表，"览表只益惭愧"，批判该类公文的谀佞之风，要求对各种祥瑞始终保持清晰的认识，否则这种谄媚文风可能会导致"谀佞"政风的盛行③。在山西代州进献嘉禾时，礼部进了贺表，成祖批评道："今苏、松水患未息，保定、安肃、处州、丽水皆雨雹，浑河决于固安，伤禾稼。且四方之广，尚有未尽闻者，不闻群臣一言及弭灾之道，而喋喋于贺嘉禾。"④罗列了种种现实中给百姓带来严重伤害的灾异，揭露了官员公文中无视民生而刻意吹捧奉迎的丑恶文风。

官吏的公文关注点应该是民生之事。为要求官员奏疏多反映基层民生事务，洪武五年（1372）十二月下诏，要求各地方公文应反映"农桑

---

① （明）余继登撰，顾思点校《典故纪闻》卷一，第10页。
② （明）余继登撰，顾思点校《典故纪闻》卷七，第125页。
③ （明）余继登撰，顾思点校《典故纪闻》卷六，第115页。
④ （明）余继登撰，顾思点校《典故纪闻》卷七，第128页。

衣食之本，学校理道之原"，针对公文"往往不书农桑之务、学校之教"的情形，太祖特敕中书省考核地方官员时"必书农桑学校之绩"①，强化公文与民生的关系。明成祖也对一些地方公文未如实反映基层情况而愤慨，曾有河南郡县"荐罹旱涝，有司匿不以闻"，上报公文却称"雨旸时若禾稼茂实"，事实是"民所收有十不及四五者，有十不及一者，亦有掇草实为食者"。当报不报是违法行为，针对重大事项拟写公文是职责要求，成祖为此下诏谕："自今民间水旱灾伤不以闻者，必罪不宥。"②

作为公文审查者，六科给事中具有题奏审核权和封驳权，其究竟该如何行使权力？成祖召六科都给事中马麟等，针对重形式轻实效的封驳提出了自己的看法，"为治贵得大体，比尔等疏驳奏牍，一字之误皆喋喋以言，琐碎甚矣"。批评六科给事中只纠缠于审查个别字句而封驳题奏的工作方法。事实上，一些公文出现个别字句不当的情况实属正常现象："吏治文书，丛脞积累，其精力有时而敝，岂免错谬？"对于"奏内有数目日月等字错谬者"，成祖建议"从傍改注，用印盖之"即可，而不必当成重大错误封驳或汇报。希望给事中多关注公文中国家民生之大事，"凡天下何弊当革，何利当兴，何处军民未安，何人奸邪未去"，才是需要"历历言之"的；对于细枝末节的小事，"若此细故，可略也"③。主张六科给事中在审查公文时分清主次，重点关注民生大事，而对于公文形式方面的小事可以忽略。

永乐间，给事中柯暹、御史何忠等以应诏上奏疏言事，由于所言讦直，对工部尚书李庆等批评有些过度，李庆等因此愤愤不平地希望皇帝惩处言辞过激的给事中和御史。对此，成祖认为，"敬天故求言，今罪言者，是逆天"。希望李庆等人也像古代君主一样包容直言，"彼所讦汝等过失，若诚有，即因而改之，岂非善德？果若无之，于汝何损？今罪之，将重其名，而益朕与汝等之过矣"④。表达了对直言者的褒奖，同时阐明作为君臣应如何正确对待批评性公文。

真实是公文发挥管理作用的生命，公文内容必须以事实为依据。洪

---

① （明）余继登撰，顾思点校《典故纪闻》卷三，第45页。
② （明）余继登撰，顾思点校《典故纪闻》卷七，第123页。
③ （明）余继登撰，顾思点校《典故纪闻》卷六，第109页。
④ （明）余继登撰，顾思点校《典故纪闻》卷七，第136页。

武初，曾有御史上疏弹劾陶安"隐微之过"。太祖就此追问信息的来源和证据，该御史回答却是"闻之于道路"。御史的职责是纠察弹劾，证据确凿是根本。太祖对于这种"取道路之言以毁誉人"①的做法给予了严厉批评，他一方面鼓励御史勇于进谏，另一方面也反对"取道路之言"等不正确的进谏，但这种恶劣的文风随着明代中期党争愈演愈烈。

皇帝倡导的公文文风往往影响整个统治集团的文风和政风。宣德二年（1427）三月，宣宗就科举取士对儒臣说："惟考其文学，欲得真才，难矣。然文章本乎学识，有实学者，其言多剀切；无实见者，其言多浮靡。唐虞取士，亦尝敷奏以言，况士习视朝廷所尚，朝廷尚典实，则士习日趋于厚；朝廷尚浮华，则士习日趋于薄。此在激励之有道耳。"②指出朝廷在整个政风、文风中的主导作用。

嘉靖时，明世宗热衷于修道，喜爱祥瑞，一些地方官员为讨好皇帝，大献贺表。如胡宗宪"每报捷献瑞，辄为四六表，以博天颜一启"。世宗因喜爱青词，所以重视"四六体"的文字。"上又留心文字，凡俪语奇丽处，皆以御笔点出，别令小内臣录为一册。以故东南才士，缙绅则田汝成、茅坤辈，诸生则徐渭等，咸集幕下。"③而此类公文风气正是明初太祖所批判的"俪语奇丽"，像茅坤、徐渭等著名文学家都不得代主官创作这类公文。明初朱元璋、朱棣等倡导的简实的公文文风并没有被很好地继承。

以明太祖朱元璋为代表的明代历任皇帝，从治国和巩固皇权的角度和立场，以诏令等形式，阐明了他们关于公文责任者的管理观，并建立了相应的制度。他们这些思想观念是一脉相承的，同时也体现着符合治政需要的务实性。

第三节 邱浚等公文责任者的管理观

明代一些皇帝的癖好影响着公文文风的发展。

---

① （明）余继登撰，顾思点校《典故纪闻》卷二，第26页。
② （明）张铨撰，（明）张道濬订，（明）徐扬先校，田同旭、赵建斌、马艳点校《国史纪闻》卷六，第299页。
③ （明）沈德符著，黎欣点校《万历野获编》卷十"四六"条，第288页。

儒家思想是明代政治意识形态的核心。明代以邱浚、湛若水等为代表的儒学思想倡导者，将儒家典籍阐释与历史或现实政治相结合，对公文责任者的管理提出了自己的见解和看法，形成了独特的公文责任者管理观。

邱浚（1421～1495），成化、弘治年间的政治家、史学家、思想家，曾任翰林院编修、侍讲学士、国子监祭酒、礼部尚书、户部尚书、内阁大学士等职。长期的仕宦生涯使他熟谙历代典章制度，尤精于明代国事掌故。他花费十余年精力辑录历代治平之言编成《大学衍义补》，"竭平生之精力，始克成编"[1]，显示出他以儒术治国的宏大抱负和博赡才学，为当时和后世所重。邱浚作为政治思想家，从历史中总结的公文责任者的管理思想，成为明代吏治思想的典范。

湛若水是明中叶著名的学者，历任吏部侍郎、礼部侍郎、兵部尚书等职，政绩卓著，深得明世宗倚重与信任。其《格物通》是仿邱浚《大学衍义补》所作，他结合当时的社会现实和儒家思想对公文责任者提出自己的看法。

一　皇帝修养观

皇帝作为封建社会最重要的公文责任者，应该以什么样的态度对待诏令，从哪些方面提升公文处理能力，又应该如何保证诏令的落实，邱浚、湛若水等从儒家思想角度提出了自己的观点和建议。

（一）慎诏令

古代君主用政治权力来发号施令、支配臣民的至尊。《说文解字》释"君，尊也。从尹、口，口以发号"[2]。尹为治者，口发号令，可见"君"字是支配者发号令的象形。"君"与"威"古声相通，故训为尊，为君当号令天下，这是传统政治思想中的基本认识。邱浚摘疏《春秋穀梁传》："为天下主者，天也。继天者，君也。君主所存者，命也。"认为君主施命发令是君主权威存在的标志，"君不出令，则失其所以为君"[3]。

---

[1] （明）邱浚著，林冠群、周济夫校点《大学衍义补》，第5～6页。

[2] （汉）许慎撰，（清）段玉裁注《说文解字注》卷二"口部"，上海古籍出版社，1981，第119页。

[3] 屈守元、常思春主编《韩愈全集校注·原道》，四川出版社，1996，第2663页。

号令不再仅是个体君主之言，而是关系到天下百姓之利害。正如他疏解《礼记》之语，"其在中也，惟细如丝而已，及其出也，乃如宛转绳之大焉"，比较形象生动地说明了君主之言的特征；君命事关百姓切身利益，也即关系天下安定问题，"人君居九重之上，为万方之主，一言一话，在人君虽若其微者，及其施之于外，天下之人仰之如日星之明，畏之如雷霆之震"。个体之间沟通可以通过言语实现，而君主和臣民之间等级距离高深不可逾越。君主是最高统治者，臣民是处在社会底层的被统治者，"人君尊居九重，与下民本无相遇之理"，实现君之德与民之心的衔接，承载政令的公文是最直接最有效的工具，"惟王言一布，则万民争先快睹，莫不鼓舞于其下，而君民之心，如遇也"。公文就成了联系君主与臣民的纽带，成了君向民发布德政的载体。"由是观之，人君命令之颁，所以布君之德，感民之心"，君主公文的"命""鼓舞万物"，诏令具有"感"和"鼓舞"功能，即可以被理解接受和执行，真正地实现了君主之德的时空超越，是臣民了解感知君主仁德的主要媒介。在实现"机括之在，转移之妙"的过程中，君主公文起到承载"君之德"的作用。公文的另一作用是凝聚人心，君主就是在人心涣散时，通过利于百姓的公文号令收聚人心。"故当涣之时，必有号令之颁，如身之出汗，无处而不浃洽。然后可以免咎也。"① 唐德宗《奉天诏》和宋高宗《中兴诏》都是在历史的关键时期发挥了"浃洽""免咎"作用的公文。

  公文是君王管理国家的重要工具，"风行天下，在号令而已"②。湛若水则从《易》之《姤》卦之象，阐释君王发布公文的重要性。他说："夫风者，天之号令，鼓舞万物者也。"各类顺应民心的皇命公文，就是君主的号令，是用来鼓舞万民的。如果这些公文没有顺应民心，或官员没有执行皇帝颁布的命令，那臣民也就不会顺从。对此，君王不可以不慎重。"本吾心之诚，以达诸政教焉，则置邮之传者，德之流行也。命斯达矣，其君民协心，所感岂不深哉。"③ 君王的诏令就像风行天下一样，

---

① （明）邱濬著，林冠群、周济夫校点《大学衍义补》，第23页。
② （明）湛若水：《格物通·慎言动上》卷二三，《影印文渊阁四库全书》第716册，第209页。
③ （明）湛若水：《格物通·慎言动上》卷二三，《影印文渊阁四库全书》第716册，第209页。

以此来鼓舞万物，才能调动整个社会运转。如果作为君王违背了顺应历史潮流的"命"，那么臣民就可能有反对的言论。因此，作为君王需要认真地对待所发出的"命"，这样才能施于政教，才能通过邮驿把诏令传递到臣民那里，最终达到君民协调一致的效果。湛若水从《易》中《姤》卦之象，阐发君王需要慎重地对待所发出的诏令问题。他强调了诏令的重要性和所发诏令的原则，一方面指出君王诏令公文的重要作用在于鼓舞万物；另一方面要求君王不可以违背"命"，即"命"要符合臣民万物的心意，君王自己也不能违反已经发出的"命"。再者，君王发诏令要心诚，即政令要符合儒家治国的思想。君王的诏令公文是治理国家的工具，是"人君鼓舞万民之具"，因此需要君臣谨慎对待。《周官》载："凡我有官君子，钦乃攸司，慎乃出令。令出惟行，弗惟反，以公灭私，民其允怀。"对公文运转通畅进行强调，宋代蔡沈做了进一步的阐释，"反者，令出不可行而壅逆之谓。言敬汝所主之职，谨汝所出之令。令出欲其行，不欲其壅逆而不行也"。说明公文效力的实现在于其执行和运转的通畅，其中有两个重要的因素，一是公文能得到很好的运转、传递，到达相关执行者手中，一是公文要具备可行性，并在政务实践中得到落实，其中任何一个环节有问题均属于"反"，也即意味着公文效力的削弱。公文效力实现的关键是公文的制定要出于天下之公心，"以天下之公理，灭一己之私情，则令行而民莫不敬信怀服矣"。不为一己之私利，才能得到百姓的信服。因此，蔡沈认为"谨汝所出之令"。君王意图，多数是以诏令等公文形式表现出来的，"宣其意而达诸政令者也"①。君王诏令是国家的枢机，"枢机之发，荣辱之主也。故一或轻出，大则启祸，小则召侮，人君之发言，可不慎乎"②。强调君王诏令的下达需要慎重，事关荣辱，严重的可能会有祸患，轻则受侮，为天下人所笑。这一点明代有典型的案例，如正德皇帝给自己下诏封将军，为天下所震惊和耻笑。

君王的诏令公文就像丝纶，"发之者小而播之者大"，虽仅表现为一

---

① （明）湛若水：《格物通·慎言动上》卷二三，《影印文渊阁四库全书》第 716 册，第 209 页。
② （明）湛若水：《格物通·慎言动上》卷二三，《影印文渊阁四库全书》第 716 册，第 210 页。

篇公文，但其事关天下臣民。那么，皇帝应该如何慎重地对待所下达的诏令呢？湛若水认为，首先要考虑所发布的公文目的和可能产生的效果，即"他日可行于臣民乎"。公文的政策内容如果不能在日后被落实执行，则不必发布。其次，所发布的公文政策"可对臣民言之乎"？这里涉及两个问题，一方面是与臣民利益相关的问题，另一方面是让臣民理解明白的问题。如果不能做到让臣民理解和接受，那么这样的公文也不能发布。"言必虑其所终，行必稽其所敝，则言行相顾而天下化之矣。"所下达的诏令需要考虑其是否对臣民有利，是否可以得到臣民的信服和执行。也有君王往往以自己地位高，认为政令虽悖于理，仍可依靠手中权力推行，而结果却是"天下之臣民已议其后而莫肯信从矣"，表面没有人违抗，但不会真正地服从。因此，湛若水反复强调公文的制发要"顺人心""言得其心"，"命令教诫必允而后出，则令出如流水，以顺人心，其行也沛然，莫之能御矣"[①]。如果不能慎重地解决顺民心的问题，那么将会"令不行"，从而导致"政不立"的后果。

（二）守天道

儒家的核心价值是伦理政治观，本体是天道观，实体是伦理政治观，邱浚继承宋代二程的天道观，"君出命，固不可违天之道"。天道核心价值是诚，所谓"诚者，天之道也"[②]。邱浚反复强调公文表达天道之诚的重要性，公文只有传达天道才能树立君主的权威性，也只有通过传达天道才能证明君主统治的合法性，"吾所以继天道，而主天下者，其威命不至旁落而下移"[③]。因而主张公文发布时，君主既然是"继天以出治"，那么就要做到"恒必兢兢业业，敬以存心，明以烛理，刚以制欲"，只有这样才能让"臣下知所凛畏"。荀子也认为，"君子养心莫善于诚"[④]。同时，公文是君主表达天道所专有的工具，所以要防止"君失其命"现象的出现，否则就会"不足以继天，而君非君矣"[⑤]，邱浚把公文所表现

---

① （明）湛若水：《格物通·慎言动上》卷二三，《影印文渊阁四库全书》第716册，第210页。
② （战国）孟子著，弘丰译注《孟子·离娄上》，中国文联出版社，2016，第156页。
③ （明）邱浚著，林冠群、周济夫校点《大学衍义补》，第25页。
④ （清）王先谦撰，沈啸寰、王星贤点校《荀子集解》，中华书局，1988，第46页。
⑤ （明）邱浚著，林冠群、周济夫校点《大学衍义补》，第24~25页。

出来的天道之诚提升到至关重要的地位。

邱浚没有把公文所遵奉的天道观停留在二程等传统儒学的形而上层面，政治家的务实思想使他把形而上的天道观转化为形而下的具体的公文观。针对程颐的"上顺道以出命"，邱浚在疏解时把"顺道"落实到实际的公文处理中，"人君体巽之象，顺人心以行事……而不拂逆人心"。君主的"诚"表现为所发布的公文顺乎民心，所公布的政策符合民意。君主所颁布的刑赏规则应以百姓利益为标准，"人君之刑赏，非一己之刑赏，乃上天之刑赏"，这里的"上天"代表着刑赏的公平正义，所以刑赏"非上天之刑赏，乃民心之刑赏。是故赏一人也必众心之所同喜；刑一人也必众心之所同怒"。为百姓利益着想，才能得到百姓的信服、顺从，公文才得以执行，"唯在浃洽于人心，则顺从也。当使号令洽于民心，如人身之汗浃于四体，则信服而从矣"①。

那么，君王的诏令又该如何才能顺民心呢？湛若水从儒家的经典出发，认为其关键是君王要"常道"和"树德"。所谓的"常道"，即符合儒家的治国思想，仁政爱民，只有"令之以常道，则上令而下从"，而"令之不以常道，则所令反其所好而民不从。夫民不从令，上必危矣"。做到"常道"就需要君王"树德"，修身立诚。他指出"惟圣明于敕旨命令之发，必审当于道，以顺民心，然后发焉天下"②。顺民心的诏令，是需要认真贯彻执行的。它既对天下臣民进行约束，同时又要求君王认真遵守。湛若水举唐德宗的例子说："德宗当播乱之时，人心怨詈，悔过引咎之辞，此其体要也。赖有陆贽之言，下罪己之诏宜乎，民之感泣矣。使非其言出于至诚恻怛，何以动人耶。虽然事变甫定，德宗遂忘前日之诏，纵恣愈甚。虽以贽之贤，忠言在耳，犹不能安其身，人心惟危有如是。"③唐德宗曾下诏书让天下振奋感泣，但不久他自己就不再按照所说的执行，自然也就失去了人心。因而，湛若水建议只有将君王这种"树德"的意识贯彻始终，才能保证诏令真正地发挥其巩固政权的作用。

---

① （明）邱浚著，林冠群、周济夫校点《大学衍义补》，第51页。
② （明）湛若水：《格物通·慎言动上》卷二三，《影印文渊阁四库全书》第716册，第210页。
③ （明）湛若水：《格物通·慎言动中》卷二四，《影印文渊阁四库全书》第716册，第222页。

公文运转的最终目的是施于政，因此要做到言行一致，不可以言而无信。湛若水专门摘录了宋代杨时《上渊圣皇帝书》中的内容，表达自己的观点。宋钦宗颁布诏令，打算恢复旧赋，以此减轻百姓的负担，百姓本来应该为此欢欣鼓舞。然而事实却是，诏令颁布数月，"未有一事如祖宗之时者，赋外征敛率由旧贯"。这一举措反而造成了百姓更沉重的负担。为此，杨时提醒宋钦宗，"守神器尤宜慎，始诏令如此，是亦文具而已，后虽有德意，人谁信之"。下达的诏令要做到"信"，即要严格地按照诏令的内容执行，言出必行，讲求信用。这样才能取信于民，否则就会"宣之通衢，而人不听，挂之墙壁，而人不视，以其文具而实不至故也"①。因此，公文作用能否充分发挥，关键是在于它的落实执行，而不仅在于"文具"，否则就会对其他公文产生不被信任的影响。公文不是文学作品，公文制作的目的是施之于政，否则就失去了价值，而且公文文本之间有着密切联系，相互之间需要保持政策上的一致性和连贯性。公文信用是国家强大的重要因素之一，所谓"政令信者强，政令不信者弱"②。公文是统治者治国的措施，"信，政之常也，不可须臾去之也"③。统治者只有赢得信任才能去动员百姓，"君子信而后劳其民"，才能使公文转化为臣民的实际行动；"未信，则以为厉己也"④。否则百姓会以为你在折磨他。皇帝诏令就代表着国家的最高信用，君主失信则会导致整个统治阶级公信力的丧失，"人君之言，亦不可以失信。言一失信，后虽有言，人莫之信矣"⑤。

君主诏令与法律的冲突一直是君主专制社会的重要矛盾之一，权法矛盾也是信用的另一种体现。皇帝的特权往往凌驾于法律之上，出现皇帝的诏令取代现行的法律的现象。法律与皇帝旨意的矛盾冲突，实则是权与法的矛盾冲突。这是封建君主专制时代统治者经常面对的问题。邱濬则认为法是政权稳固的基础，"法者，所以布大信于天下"，只有法律才是天下的"大信"；而帝王的诏令，往往夹带着皇帝个人的情绪和私

---

① （明）湛若水：《格物通·慎言动下》卷二五，《影印文渊阁四库全书》第716册，第226页。
② （清）王先谦撰，沈啸寰、王星贤点校《荀子集解》，第271页。
③ （唐）柳宗元撰，尹占华、韩文奇校注《柳宗元集校注》，中华书局，2013，第3223页。
④ 常谦和：《论语诠释》，复旦大学出版社，2016，第375页。
⑤ （明）邱濬著，林冠群、周济夫校点《大学衍义补》，第959页。

欲,"一时喜怒之所发",在代表"大信"的法律面前诏令只属于"小忿"。"陛下发一朝之忿而许杀之,既知不可而置之于法",逞"小忿"实为皇权对法律的挑战和破坏,是对既定法律制度的否定,也是对治国"大信"的否定。法律是国家的大信,不应因君主一时之"小忿"而改变,因此,邱濬提出"忍小忿而存大信"①,皇命公文的颁布首先要遵循已经颁布于天下的法律。君主的诏令等公文时效性短,经常变化,"人主好宽则宽,好急则急",最典型的就是每一代帝王继位都会有新的诏令出台。而制定的法律时效性较长,不是随意可以变更的。"为刑官者执一定之成法,因所犯而定其罪,岂容视上人宽急而为之轻重哉?"② 建议刑官不能以"君言"为标准,而应该以法律为标准判案。这正切中皇帝以言代法,以术代法,甚至法外生法的弊端。

（三）诚正意

皇帝自身要做到心诚,早在《尚书》中就有"允执厥中"的观点,帝王的言行要符合中正之道,而之所以能够做到"执其中"就在于"知人心、道心所以分"。邱濬认为,"既知其所以分,又能精察而一以守之,则信能执之矣。是知唐虞圣君,为治之要,不出乎一心而已"③。由于古代政治是君主专制,君主主观因素难免会影响公文的颁行,而作为政务管理工具的公文的使用是理性的,由此对君主个体修养就提出了很高的要求。

首先,君主所处特殊地位和所持身份,要求他履行发布公文的责任。邱濬引《易》中《涣》卦中"九五"之爻"涣汗其大号",阐明君主权力与职责,"阳刚中正,以居尊位",则言明当其位,符合其身份需要,"君臣合德,以刚中正",君主的身份决定了他应当发号施令,"当涣之时,能散其号令,则可以济"④。因而,邱濬希望君主能亲制公文。这种建议与明代特定政治背景有关,明朝取消了丞相制度,中央各类公文都由皇帝把关,明中后期的皇帝疏懒于朝政,一些宦官和阁臣借撰制公文

---

① （明）邱濬著,林冠群、周济夫校点《大学衍义补》,第959页。
② （明）邱濬著,林冠群、周济夫校点《大学衍义补》,第966页。
③ （明）邱濬著,林冠群、周济夫校点《大学衍义补》,第629页。
④ （明）邱濬著,林冠群、周济夫校点《大学衍义补》,第23页。

之机徇私枉法，贻害天下。为此，邱浚引光武帝"以手迹赐万国者"[①]事迹，称赞亲制公文是示诚的表现。

其次，从公与私角度，君主的个体欲望应服从公理。专制制度下君主出于私欲往往会凭个人好恶滥发公文。政务管理的理性行为需考虑到客观矛盾和规律，公文制发者与执行者之间达到协调和平衡才能保证公文的有效运行，也即"然其所出之令，一惟以公理而灭私情"，否则"又何以使民咸敬信而怀服也哉"。君主公文的制发意图和内容应是出于公心公利，而非私心私利，即"以天下之公理，灭一己之私情"，在为民为天下的公理面前，君主能够克制个人的私欲，这样皇帝的诏令发布执行，天下百姓"莫不敬信怀服矣"。同时也要求君主应"敬以存心，明以烛理，刚以制欲"。为此，邱浚提倡的是"上有由中之诚，下有感孚之效"，从而保证公文得到天下百姓的信任，百姓"一见其诏书之下，欣欣然，相率以听"。邱浚主张公文应出自君主的真实意图，他以《史记》中汉文帝的诏书为例，汉文帝的诏书都称"上曰"，而其他帝王的诏书则没有，这意味着这些诏令都是"文帝之实意也"。邱浚认为"上以实感，故下以实应"，所以汉文帝的诏令得到百姓的响应，"意必其真有此实惠，然后为此实言也"[②]。希望君主的公文都能有这样的"实意"和"实言"。

邱浚从主观意愿和事理关系角度，探讨皇帝如何将"诚"落实到具体的政务管理中。邱浚认为，"诚"是天下万事万物之"理"，"实理"表现为"实有是形则实有是影，实有是器则实有是声"，通过这样的理论阐释，提出"实有是声"，"是声"可以"发扬昭著于外"，"无远而不至"，其原因在于"有是实事于中则有是实声于外，诚之不可掩也"。邱浚阐明皇命公文要出于"实诚"，这样的公文颁布天下才会达到其应有的效果。为让这些重要的公文体现"实诚"，作为帝王还要明白清楚地知道"可言"与"可为"的关系，即"天下之事有可为者、有不可为者，可为者必可言也，不可言者必不可为也，可为而不可言则非可为者"。怎么样才能正确地做出判断呢？邱浚认为，君主要在"一念之兴、几微

[①] （明）邱浚著，林冠群、周济夫校点《大学衍义补》，第25页。
[②] （明）邱浚著，林冠群、周济夫校点《大学衍义补》，第25页。

方动"时"反思于心",要反思"为此事可以对人言否乎"。如果是可对人言说的则落实执行,如果不可与人言说则不"为"。邱浚所讨论的"言"与"为"即是公文的制定发布和落实执行问题。所以最后他认为,"则吾所为者,惟恐人传播之不远矣。尚何事于钳人口,而罪人之议已也哉"①。邱浚对皇帝提出的建议是以"诚"治政,这是与公文处理密切相关的素养,将"诚"表现在具体公文处理中,即公文应关注民生,解决现实问题,反对仅凭"一念之兴"发布诏令,而提倡"反思于心"。

纲纪是封建等级社会的伦理制度,公文既在纲纪的指导下运行,又维系和强化纲纪的地位,邱浚阐释了公文与纲纪的关系。首先他将"纪纲"分开讨论,认为"纲"是指那些事关重要方针政策或制度类的公文,"纪"是指那些具体的行政事务类的公文。二者对治政都有着重要的影响,"纪纲既乱则上无道揆、下无法守,其底于灭亡也"。对于一国君主来说,"道者君天下之本,纪纲者维持天下之具",因此要善于建立好并执行好纲纪。邱浚认为要用道来维持纲纪,而"道"应顺民心,以民为本,"修德"是其根本。"人君诚能修德以立道,立道以正天下之纪纲,则可以保祖宗之基业,诒子孙之远谋矣。"② 强调公文要推行纲纪、落实纲纪,将纲纪具体转化为对天下臣民的治理,而君主修养和远谋直接影响着道与纲纪的实现。

纲纪在具体政务管理中的表现之一是君主诏令的执行。对于如何保证君主德音、诏令得到天下百姓的信任,一是诏令要出于君主的善意,"故人君一言之善,虽于深宫之中,九重之上,四海之远,莫不应之"。君主的善是出于对臣民利益的考虑。二是诏令要出于君主的诚,这种诚是包括善的诚,如光武帝的诏令对自己错误检讨的诚实,又如唐德宗的《罪己诏》,只有这样才能获得天下臣民的信任,"蠢愚之夫,骄悍之卒,桀骜之虏,亦无不感动者,而况愚直之民,循良之吏乎"③。因此,只有出于"诚"而颁布的诏令才可能真正得到臣民的拥护,抽象的"纲纪"才能具体转化为臣民所接受的统治理念。

---

① (明)邱浚著,林冠群、周济夫校点《大学衍义补》,第13页。
② (明)邱浚著,林冠群、周济夫校点《大学衍义补》,第11页。
③ (明)邱浚著,林冠群、周济夫校点《大学衍义补》,第1395页。

二 君臣关系观

君臣关系不仅是皇帝重点关注和处理的问题,也是许多政治家所关注的政治话题。邱浚结合历代政治管理思想,以摘录和评析的方式,表达了关于正确对待处理君臣关系的观点。

首先,君臣关系融洽在于沟通畅通,也即君臣公文能够及时送达。君臣沟通不畅,即意味着政治"壅蔽","壅蔽"不但使贤才之路堵塞,底层官民的思想和情况也无法上达。前者会导致"国家政事,无与共理,天下人民,无与共治",后者会导致"民间利病,无由而知,官吏臧否,无由而闻"。产生"壅蔽"的原因多是存在奸佞之臣,指出皇帝可能会受奸臣蒙蔽而致天下败落,希望皇帝以史为鉴,"留神省察"①。

君臣关系畅通的难点究竟在哪里?邱浚摘录了唐代名相陆贽给唐德宗的公文来阐明自己的观点。君臣沟通是双向互动的,"下之情莫不愿达于上,上之情莫不求知于下"。在政治运转中,双方都有着强烈的主动性,然而现实中却存在着"下恒苦上之难达,上恒苦下之难知"的现象,其原因是什么呢?陆贽从君主和臣下两个层面分析了九个方面的因素。君主方面导致君臣沟通不畅的因素有"好胜人、耻闻过、骋辨给、炫聪明、厉威严、恣强愎",这些个性的因素导致他们在与臣下沟通时"甘于佞辞""忌于直谏""剿说而折人以言""臆度而虞人以诈""不能降情以接物""不能引咎以受规";臣下方面的原因有"谄谀、顾望、畏懦",这些心理和行为也导致他们在与君主沟通时"下之谄谀者顺旨,而忠实之语不闻""下之顾望者自便,而切磨之辞不尽""下之畏懦者避罪,而情理之说不申"②。陆贽的分析细致且深入,准确地切中君臣双方沟通产生障碍的原因,邱浚充分肯定了陆贽的分析。陆贽是历史上善于进谏的名臣,其公文多得到皇帝的认可和接受。那么,如何才能使君臣沟通畅通呢?邱浚同样引述了陆贽所给出的建议,认为关键在于君主,因为治政沟通中在上的君主占据主动。因此,一是希望君主能吸取历史上的经验和教训,引以为戒。二是主动采取措施,包括奖善、激励等,

---

① (明)邱浚著,林冠群、周济夫校点《大学衍义补》,第2页。
② (明)邱浚著,林冠群、周济夫校点《大学衍义补》,第37~38页。

在言行上做到"六不",即"不御人以给,不自炫以明,不以先觉为能,不以臆度为智,不形好恶以招诒,不大声色以示威"。三是端正面对进谏的心态,"谏者多,表我之能好。谏者直,示我之能贤。谏者之狂诬,明我之能恕。谏者之漏泄,彰我之能从"①,能将进谏的建议作为自己改过修养的重要内容。希望皇帝能在面对官员进谏时"高抬贵手",表达了一种对英明君主的殷切期盼。

关于皇帝该如何正确对待官员的进谏公文,邱浚摘录了宋代蔡襄给宋仁宗的公文表达自己的观点。首先将皇帝对待进谏类公文的举措分为三个层次,从低到高依次为任谏、听谏和用谏。所谓任谏是允许进谏,所谓听谏是接受进谏,所谓用谏是将谏议真正地落实。然而现实中却存在着歪曲进谏的现象,认为进谏者不过是"好名也、好进也、彰君过也"。对这种现象,邱浚认同蔡襄的看法,指出这是"小人欲蔽人主之聪明,恐其耳目之官攻己过、发己私,不得久安其位者"的恶意之举,他们害怕进谏者危及他们的私利,所以用这三种观点来"逛惑其君"。邱浚建议君主在面对诸多进谏公文时,可以从以下几个方面追问和反思:"彼之言当欤,否欤?己之过有欤,无欤?彼之言果当,用之而有益于国,则其得敢言之名,进显要之位,乃所固有者也,岂谓好哉?己之过果有焉,因之而不陷于恶,则彼有进忠之益,而我有从谏之美,乃所谓善补过也,岂谓彰哉?"②这样反复地追问与思考,就可以破解对进谏类公文的顾虑。

要维系好君臣关系,保证国家体系的良好运转,邱浚认为台谏之官,即监察体系最为重要。"朝廷之纪纲,专在于台谏",希望台谏之官都能是"有志立纪纲以正朝廷,安天下者"。台谏官员的职责即是通过公文向皇帝提出建议,对各级官员进行弹劾。因而对这些公文责任者有着特殊的要求,一方面是任台谏者需要"禀性刚正",否则就很难长久,但这样的人才是少的,即便有也总有些不足,或不善于言辞,"或短于章疏",指出该类人才的难求;另一方面是即便侥幸能够得到这样的人才,这样的人才又常会"不得久居其位,而迁之于外"③。所以希望帝王能够

---

① (明)邱浚著,林冠群、周济夫校点《大学衍义补》,第38页。
② (明)邱浚著,林冠群、周济夫校点《大学衍义补》,第71页。
③ (明)邱浚著,林冠群、周济夫校点《大学衍义补》,第72页。

重视台谏人才的选任和培养。对于台谏之官，邱浚希望他们不但有敢于任事的刚正态度，还要善于拟写公文，以便更有效地实现进谏的效果。

毫无疑问，君臣关系直接影响着中央公文处理实效，明代公文处理中"劝谏""留中"等行为，都是君臣关系的直接体现，这一对公文责任者关系决定着国家的政治状态。

三 翰林等责任者管理观

中央决策公文并非由皇帝一人完成，而是一个群体共同努力的结果，翰林学士是皇帝公文的重要撰拟者。邱浚系统梳理了翰林院发展的历史，认为翰林之职最早起源于"内史"。内史主要负责任命诸侯、公、卿、大夫等公文的拟写，与明代的翰林院负责拟写制诰本质上是相同的。另外，以"史"命名是因为其"掌文书赞治"，类同于明代将编修历史的部门归入翰林院。他分析了明代与唐宋两代翰林学士的相近关系，唐宋时期的翰林学士是代言之官，分为翰林讲读、翰林侍书、翰林待诏、翰林供奉等，分别负责经筵讲读、管理典籍、诏制拟写、记录皇帝起居等。明代的翰林学士兼有唐宋翰林侍书、待诏、供奉等职务，事务更为集中，政治地位更高。永乐时，成祖开始诏翰林学士进入内阁，"专知制诰，备顾问，参预机务"，那时品级只有五品；到明仁宗时，又在翰林学士本官上"加以卿、佐、师、保"等称号，其权力和地位进一步提升。翰林学士具有撰写皇帝诏令的特殊职能，邱浚梳理了这种职能的历史变迁。唐玄宗时，设立翰林待诏一职，由张说、张九龄等担任，主要负责"四方表疏批答"处理；随着中书省公文事务增多，公文办理效率低下，又增设翰林供奉，由一些文学之士担任，与集贤院学士共同分掌制诰书敕的撰拟。后来将翰林供奉改为翰林学士，专门成立翰林学士院负责皇帝的诏令拟写，"凡拜免将相、号令征伐"等政令的拟写均使用"白麻"，翰林学士因地位特殊被称为"内相"，地位在宰相之下、一品之上。唐代翰林学士是独立的，不隶属于任何机构。可见，其作为皇命公文代言者的重要性。

进而，邱浚对明代翰林学士相应职责做出思考。由于政治运转的特殊性，代帝王拟写皇命公文人员是不可或缺的。"《汤诰》《微子之命》之类，其体制言辞类非人君所自言者。"可见上古君王的公文也不是亲自拟写的，很可能有代言的撰写者存在。汉代设立了尚书郎一职，主要负责皇帝各类公文的起草，"五日一美食，下天子一等"，虽然还没有"代言之名"，但其职能和地位已非常重要。唐代设立了翰林学士专门负责皇命公文的起草，"居禁林深严之地"，成为皇帝亲信之臣。邱濬进一步探讨了翰林学士应该如何为皇帝拟好诏令类公文。首先，翰林学士要能够了解和揣摩透皇帝的真实意图，把握好皇帝的"七欲"，即"欲有所言，欲有所为；欲有所谋献于庙堂，欲有所施设于朝廷；欲有所播告于天下；喜其人，欲有以奖之；怒其人，欲有以责之"，皇帝的这些意图需要借助翰林学士之手表达出来，所拟出的皇命公文要能"宣其心、传其意"。其次，翰林学士应该具备非常高的综合素质，一是翰林学士要是"颖敏开通之士，谙练该博之才"；二是在皇帝传达命令时，要有很高的领会能力，"授旨即得其心，听言即知其意"；三是要有非常强的公文写作能力，做到"言又足以成文，文又能以成章，举理而不遗其事，通今而不悖乎古"，只有具备这三个条件的人才能胜任翰林学士。最后，翰林学士要撰写好皇命公文，还要掌握治道和民情，不能仅追求公文创作技巧，"徒以其才藻之艳丽，言辞之捷给"，对"君德治体，略无所补"[①] 也不能被选用。邱濬阐释了翰林学士作为皇帝代言者的作用，明代皇帝诏令多由他们撰写，而这些内容是皇帝思想和政治意图的表达，因而有着特殊的地位和要求。

除了撰写好皇命公文，邱濬认为，"学士之职，不止于代王言，而又以备顾问、资献纳焉"。对宋代翰林学士职能进行了介绍，他们主要负责掌管内制、制诰、赦敕、国书等皇命公文，此外，"侍从以备顾问。有所献纳，则请对或奏对"。邱濬认为，德才兼备是成为优秀翰林学士的重要条件。"夫然则所用者，不独以其能文辞而已，非道足以贯天人，学足以通古今，才足以适世用者，不足以膺此选也。"虽然翰林学士的首要条件是"文章之士"，但必须是"有道德仁义之人"，唯如此，方能"处清切贵重之地"。正如孔子所说"有德者必有言"，韩愈也曾说过"仁义之人，其言蔼如"，德行对拟写皇命公文者必不可少。为此，邱濬列举了宋代皇帝选择翰林学士重德行的事例，一是窦仪，为人清介谨厚，曾由翰

---

① （明）邱濬著，林冠群、周济夫校点《大学衍义补》，第61~62页。

林学士升迁为兵部尚书，但宋太祖认为"禁中非此人不可"，又将其调任翰林学士；二是张洎，宋太宗将其迁任翰林学士，并说"学士之职清切贵重，非他官可比"①。这些都表现出皇帝对翰林学士品德修养的重视，邱浚以此表达明代翰林学士的选用思想。

湛若水充分肯定了作为帝王公文的辅助办理者的"纳言之官"的重要地位，他们是"命令之所由出者"，如果他们是"谀说之人，以非为是，以邪为正，窥伺间隙，迎合主意"，那么其带来的直接后果就是"人君惑之，则赏以私喜，罚以私怒，命令由之而不正矣"。因而"必慎重于纳言之命也，以为命令政教由纳言而出，必使审之，既信，然后出之；否则谏止之，不必出可也"②。公文的制作人员负有重要的责任，为君王拟写诏令的官吏需要严格地审核公文，以保证所颁布的公文内容正确，否则要阻止其发出。不仅对下达公文要认真审核，对于上报给皇帝的公文也需要认真审核。"敷奏复逆，由纳言而入，必使审之，既信，然后入，否则斥逐之可也。"③要保证其信息的正确性，不至于对领导产生干扰。因而，明代把上奏公文分为题本和奏本，这样在很大程度上把公事与私事分开，保证正常公务的高效办理。

唐代"五花判事"是集体办理公文的典范，湛若水极为赞赏这一做法，"凡有命令尤宜询之辅臣，采其众论而后行，则三代之隆可复"④。这种办理公文的制度可以保证君王公文的正确性，湛若水认为政令公文的下达需要集众人的智慧，并且要加强对公文的审核，保证其正确性与可行性。

中书舍人是明代中央机构重要的拟写人员，邱浚梳理了这一官职的历史，并结合史料对明代中书舍人的职责进行了比较分析。"唐武德二年，改内史舍人为中书舍人。臣按：此中书舍人设官之始。然是官也，故隶于中书省，故以中书舍人为名。我朝罢中书省，沿仍其旧名，名虽

---

① （明）邱浚著，林冠群、周济夫校点《大学衍义补》，第62页。
② （明）湛若水：《格物通·慎言动上》卷二三，《影印文渊阁四库全书》第716册，第210页。
③ （明）湛若水：《格物通·慎言动上》卷二三，《影印文渊阁四库全书》第716册，第211页。
④ （明）湛若水：《格物通·慎言动下》卷二五，《影印文渊阁四库全书》第716册，第226页。

同而实则异也。盖前代之中书与翰林学士，分掌内外制诰，以为两制。盖属文之官也。我朝之中书舍人，则专以书写为职耳。"①政体的调整也影响中书舍人职权的变化。虽然中书舍人在明代权力衰微，但由于皇命公文代表着最高权威，中书舍人依然需要有较高的素质。由于皇命公文代表着最高权威，其抄写人员也需要有较高的素质，"必得夫素通经术，深明六书之义，心正笔正，如柳公权所云者居之"。只有这样才不会玷污公文的严肃性。邱濬不轻视任何一个公文责任者，他们都是公文处理过程中不可缺少的环节，是保证公文有效性的重要人员，"中书舍人之职，虽有专科，然所书者，学士所草之制，况今内阁亦有舍人，别书诏敕云"②。

　　明代科道之臣经常创作大量弹劾类公文，这是整个明代监察体系公文为政观的反映。邱濬专门对这类公文责任者提出了自己的见解。他首先分别梳理了六科给事中的历史源流和职责。在宋之前没有针对弹劾之责专门设置职官，其职能是由其他官职兼任，宋代元丰时开始确立专门职位，主要负责封驳公文。明代才开始设置六科，地方与中央往来章奏公文都必须经过六科，由其负责封驳"有所违失抵牾、更易紊乱"的公文。除此之外，针对朝廷政策和官员品行，六科给事中可以"联署以闻"，兼有了唐宋的谏议、补阙、拾遗的职能。明代没有设置专门谏诤类官职，目的是允许所有臣民谏诤，由于没有专职人员，导致谏诤泛散，为此就由给事中负责此事，所谓"于泛然散处之中，而寓隐然专责之意"③。邱濬进而对六科人员在公文处理过程中的职责和人员选用进行了探讨。六科给事中是六部公文行移的必经之路，"矧列署内廷，侍班殿陛"，轮流值守殿庭，可以直接接触皇帝，虽"上无所于属，下有所分理"，却占据着得天独厚的地位，所以在政治格局中有着重要的作用，"天下之政，四海之众，得失利病，萃于一官"。邱濬借用司马光择言事官必备素养的观点，即"不爱富贵""重惜名节""晓知治体"，认为只有具备这些条件的人才可以担任给事中，"上而君德必有所助，下而朝政必无所缺矣"④。肯定了他们对帝王和政治的作用。

---

① （明）邱濬著，林冠群、周济夫校点《大学衍义补》，第66页。
② （明）邱濬著，林冠群、周济夫校点《大学衍义补》，第66页。
③ （明）邱濬著，林冠群、周济夫校点《大学衍义补》，第70页。
④ （明）邱濬著，林冠群、周济夫校点《大学衍义补》，第70页。

在先秦就设有类似御史的职位，后世发展为监察人员。明代借鉴历史经验，"振肃纪纲而防邪革弊者"，为加强对官僚集团的监督，建立了完备的监察系统，设置了都察院，设都御史六名，主职负责"纠劾百司，照刷文卷，问拟刑名，巡按郡县"[1]。御史在对官吏进行监察过程中创作了大量的弹劾公文，这些弹劾公文往往是政治走向的风向标，对政治风气有着直接的影响。怎样的弹劾公文才是正确的？邱濬首先探讨了历史的"风闻言事"问题，"武后以法制群下，许谏官、御史得以风闻言事"。风闻即是道听途说，大多没有真凭实据，武则天为打击政敌，首开"风闻言事"之风，"兴奸蠹，来谗谮，害忠良，伤公道"，制造了大量冤假错案，武则天的"风闻言事"为后世诬陷之风之始。邱濬引胡寅的言论来批评此事，认为朝廷代表着天下公平正义，"是非所仰以决，谮诉所望以明，毁誉所赖以公"，是顺服人心之所在。邱濬认为一般泛泛地讨论事情风闻是可以的，但若是"讦人阴私，不究其实，而辄加以恶声"，则有失忠厚诚实道德修养。在弹劾时，只有以事实为依据才可以定罪名，若还没有知道事情真假虚实，"一闻人言，即形之奏牍，置于宪典"，天下人就不会信服。所以，邱濬高度肯定了明初制定相关法律的做法，明确规定御史弹劾有违法行为官员时，必须"明著年月，指陈实迹，不许虚文泛言，搜求细事"，目的是防止"言事者假此以报复私仇，中伤善类，污蔑正人"[2]。御史弹劾公文还有一种恶劣的倾向是邀名之风，邱濬认为，"凡其在任之日，所以形于言论，见之章疏者，乃其职分之所当为，非好为是以求名也"[3]。这种好邀名上疏弹劾的风气在明中后期愈演愈烈。

四　公文责任者选任观

邱濬非常重视科举选才制度，科举教育与考试是提高公文责任者素养和能力的重要手段。明代科举考试沿袭宋代的做法，"专考文移"，将公文处理作为考查的主要内容，"设为假如以试之，以观其判断处置"，考查应试者的公文撰拟和处理能力。科举考试中的"试策"和"试论"部分，则是考查应试者的学问和才识水平。邱濬认为每个人各有所长，

---

[1]　（明）邱濬著，林冠群、周济夫校点《大学衍义补》，第67页。
[2]　（明）邱濬著，林冠群、周济夫校点《大学衍义补》，第68页。
[3]　（明）邱濬著，林冠群、周济夫校点《大学衍义补》，第69页。

"有能有不能",有的人擅长公文撰写,有的人善于具体的政务处理,在人才选任方面应该"取其所长,皆可任用"。因此建议科举考试应该"论、策、文移"三个一并考查,区分水平高下的标准是,"三者俱通为上,通二者为中,通一者为次中,俱不通者为下"。对这些内容的考查应该不拘规定时间经常举行,各部在闲暇间隙就可安排僚属担任监试官,招集监生进行考试,考试程序依照科举考试模式,有弥封、巡监等严格规程。根据所考成绩,按等第分别授职,成绩上等的授予"京朝府贰州守之职",成绩中等的授"县正府倅之职",次等中善于撰写论策的授"闲散之职",善于处理公文行移的授以"烦剧之职",末等则安排其"为流外冗杂之职"。邱濬充分肯定科举公文的教育和考查功能,并专门对文移做了说明,"文移,如判断词讼、处置事宜、问拟罪名、催征钱粮、禁革奸弊之类,俱依行移体式立为案卷,或申呈,或关牒,或具本,或出榜,或作招拟弹章"①。这些都是各级衙门具体办理的公文事务及使用的文体,需要为政者熟练掌握。科举教育对公文能力的培养对提高公文责任者的写作能力有很大的帮助。为选用具有较强公文撰拟与处理能力的人员,邱濬提出了具体操作办法,建议从吏部中挑选一些"有文学风力者"副职官员,派遣到地方布政司,会同巡抚和按察一起考选监生,考试形式和程序与每三年的科考相似,"初日于经书中出论一道试之,次日试时务策及行移各一道",其中主要重视文章写作能力,并将应试者分为上、中、下三等,"三题全通者为上,通二者为中,通一者为下,全不通者为不中"②。将中者登记造册汇报交吏部,依次选用。

  此外,邱濬还注重对其他公文责任者的管理和选用。如译官,这是专门负责与各民族各国往来公文翻译事务的官员。他首先介绍了译官的发展概况。译官自古有之,主要是翻译语言,从佛教进入中国开始有天竺文字,后来有女直、蒙古、缅甸等文字,在与这些民族往来时都使用国书,因此需要将这些国书翻译成汉语。唐宋设立了润文和译经使职衔,主要翻译佛经。明代开始设置八馆,分为西天、鞑靼、回回、女直、高昌、西番、缅甸、百夷,后改名为四夷馆。开始由举人担任其中职务,

---

① (明)邱濬著,林冠群、周济夫校点《大学衍义补》,第90页。
② (明)邱濬著,林冠群、周济夫校点《大学衍义补》,第92页。

选拔方式是由礼部主持考查,"以蕃书译其所作",对其中"经义稍通者得联名于进士榜",授予"文学"职,职责仍然是翻译公文。后来,主要选择优秀的平民专门进行培养,六部大臣主持考试,"通者冠带,又三年授以官"。邱濬重视公文翻译人员的培养,认为其职虽微但责任重大,译官负责翻译"外夷"公文,稍有不慎很可能酿成大事故,"非惟失远情,而或至启边衅者,亦有之矣"①。

一些基层公文责任者也是不可或缺的,对这些人员的考选直接影响着基层政治。邱濬摘录了吴澄的言论,列举了各级衙门中级别较低的吏胥,他们主要负责保管部门各类公文档案及器物等。如"史",主要负责各类公文拟写和记录事务,"官书,谓史所述者;赞治,若今文书起草也"。他们在各级衙门中的地位较为重要,发挥"赞治"主官的作用。"胥治文书",主要负责人事文书档案等。此外,还有"官令",即"官府之令,征令即上所召也"。负责各类公文处理的人员,在基层管理中发挥着重要作用。邱濬对他们的职能进行了评述,"府如今世掌库藏之吏,史若今吏典掌文案者也,胥若今之都吏,所谓一胥则十徒,才智为什长者也,徒若今隶卒之属"②。他们虽然地位不高,但也都共同参与公文办理,所谓"掌其政令,正之则有政,使之则有令也"③。其在各级衙门的运转中不可或缺。

邱濬、湛若水等关于公文责任者的思想涉及面较广较宽,既从历史的层面做纵向的梳理,又从儒家思想层面做深入的评析和思考,形成了较全面深刻的公文责任者管理观。

第四节　张居正等公文责任者的管理观

明代一些杰出的政治家,在政治治理和改革过程中无不关注对公文责任者的管理,因而形成了独有的公文责任者管理观。代表人物有张居正、吕坤等。

张居正(1525~1582),政治家、改革家,历任吏部左侍郎兼东阁大

---

① (明)邱濬著,林冠群、周济夫校点《大学衍义补》,第1262~1263页。
② (明)邱濬著,林冠群、周济夫校点《大学衍义补》,第840页。
③ (明)邱濬著,林冠群、周济夫校点《大学衍义补》,第842页。

学士、吏部尚书、内阁首辅等。万历初，他主持政局，实施了一系列政治改革，通过"考成法"整顿吏治，强化了对公文责任者的考核，使得明代政体为之肃然。吕坤（1536～1618），思想家、文学家，万历时历任大同知县、吏部文选司主事、按察使、巡抚、布政使等职，有着丰富的治政经验，著有《实政录》《去伪斋文集》等，对于地方公文责任者的管理形成了一套理论。此外，还有开济、王廷相等杰出的政治家，他们都在实际的政务管理过程中积累了丰富的吏治经验，形成了务实的公文责任者管理观。

一 重诏令

诏令是皇命公文的泛称，是皇权最高代表，也是皇权执行的工具。历代统治者都首先将其作为最高权威，在政权统治中占有重要地位。明初除通过立法维护诏令的权威地位，许多杰出政治家也提出相应的观点，成化朝彭时《灾异陈言疏》提出："夫命令之出，不可不慎。祖宗以来，凡传旨必专任人。故责有所在，事无虚假。近来旨意，行光禄寺内府各衙门者，传奉不一，政出多门，人多诈伪，将来之弊有不可言。皇上凡百事宜，惟令司令监官传旨，庶几命出于一，事有可稽而无弊矣。"陈子龙专就"传奉不一，政出多门"批注为"此事于平日有关政体，若有大故，便系安危"①。宪宗肯定该奏为"事皆切实"②。政治家王恕的《言诏令不可失信奏状》对"明诏不信于天下"等现象提出了批评："设或此事传播四方，使惧罪逃躲，反侧不安者闻之，谁肯自首求免乎？臣恐由是幅员之内，人怀危疑。倘有不虞之事，发咫尺之书，求济一时之急，谁复肯信？不信则不从，不从岂不误朝廷之大事乎？议者以为，生杀予夺由朝廷，臣下岂宜妄议？"分析了诏令失信可能带来的危害，进而建议诏令颁布要守信立威，"发一号令，出一诏旨，亦宜熟思审处，求合人心，然后付之有司，行之天下"。并进一步阐明了公文公信力的政治意义，"如金石之坚，如四时之信，使万姓咸悦，远近归心。又何患中国之不安，四夷之不服哉！若赏罚过，当号令不一，曰治曰安，非臣之所能

---

① （明）陈子龙等选辑《明经世文编》卷四八，第373页。
② （明）薛应旂撰，展龙、耿勇校注《宪章录校注》卷三三"成化七年十二月"条，第450页。

知也"①。但明中期一些皇帝的任性,导致诏令的威信和执行力度大不如前,"即位之初,诏书一下,天下延颈想望太平,而朝令多改,迄于宁日,百官庶府,仿效成风,惟废格不行,抑且变易殆尽"②。直接使整个社会文风政风渐趋颓败。加之宦官干政,诏令往往多由宦官所为,皇命公文的权威性大大降低,整个明代的政体受到重创,社会危机日趋严重。

嘉靖末隆庆初,张居正经过长期的思考,撰拟了代表其政治思想的《陈六事疏》。他首先对代表中央权力的诏令提出思考,诏令对臣民有强制性权威性,不容漠视曲解、敷衍延搁,执行落实不得阳奉阴违打折扣。事实却是"朝廷诏旨多废格不行"。究其原因,一是武宗、世宗等常以"内降"和"中旨"等形式发布诏令,如武宗曾下诏册封自己为"总督军务大将军总兵官镇国公朱寿""大庆法王",甚至以"朱""猪"同音犯讳为借口,诏禁天下臣民食用猪肉;世宗好青词,谕旨曾有"擒叛销氛,俱朕祷玄之功"③ 等语,庄重严肃的皇命公文变得荒诞不经。隆庆御极两年,曾相继颁下苛责言路、屡索金银珠宝、多收官人的诏书,甚至隆庆帝唯知"拱默",既不亲裁章奏,又不主理政事,一切交由"阁臣拟令代答,以致人心生玩,甚非事体"④。此种情况下,诏令不受尊重乃是势所必然。

《陈六事疏》对此有着清醒的认识,诏令尚且如此,各级衙门风气更恶劣。首先因互相牵制的政体导致官僚体系中职、权、责、利重叠不明,推诿扯皮现象严重。其次,行政效率低下,"每见旨意之下,内外多不尊奉,如勘功罪,不惟公私难知,而且动至经年之久",官员以软磨慢拖、阳奉阴违的方式应对诏令;具体政务"官司猥多,浮冗严重",如所征钱粮常超期完成且"寂无一字之报"。再次,各级官吏腐败横行,有诏令禁止贿赂"则潜行于昏夜以售欺",有弹劾贪污"则聊及于孤寒以塞责",等等。最后,张居正认为各级官吏之所以敢于公开违抗诏旨,"是主权未尊也"⑤。

---

① (明)王恕著,张建辉、黄芸珠点校整理,张世民审订《王恕集·王端毅公奏议》,第271~272页。
② (明)刘健:《论初政纷更疏》,(明)陈子龙等选辑《明经世文编》卷五三,第411页。
③ (明)谈迁著,张宗祥校点《国榷》卷五八,第3663页。
④ (明)高拱:《高文襄公集》,《四库全书存目丛书》集部第108册,第44页。
⑤ (明)谈迁著,张宗祥校点《国榷》卷六四,第3996页。

张居正以政治家的视角，指出皇帝的首要任务是"振纪纲"。他认为，君主诏令不能被严格执行是最大的政治危机，根源在于"纪纲不肃，法度不行"。没有纲纪，上上下下就会姑息纵容；法度不严，对待政务就会委徇应付，致使"科条虽具，而美意渐荒；申令虽勤，而实效罔获"①。张居正认为其原因是官吏怠惰积习，无视朝廷和君主的权威，拖拉敷衍致公文滞壅。《陈六事疏》中"重诏令"条主张不仅要恢复皇权威望，而且要以诏令推动全副国家机器的有效运转，务必达到令行禁止的目的。在该疏中，既建议严厉责成各级官僚重视执行诏令，也含蓄希望皇帝慎下诏令并遵守之。他推崇明初六部处理诏旨御批的效率：若章奏上御批"某部看了来说"，即该事务为紧急重大事项；若题奏上批有"某部知道"，即该事务可稍缓但必须执行落实；"关系各地方民情利病"的公文则各衙门"自宜参酌缓急"再题本回复。这些都表明明初诏令威重，能被高效地执行，"特降敕谕者，又与泛常不同，尤宜上紧奉行，事乃无壅"。所以，张居正强烈主张要重塑天子号令的权威，"若风不能动而霆不能击，则造化之机滞，而乾坤之用息矣"②。希望诏令能恢复如"风霆"一样的威力。

历朝政治家都重视诏令的重要性，正统时刘定之就提出："号令之出，宜求大公至正，久而无弊，信赏必罚，不为苟且。"③ 希望公文的发布"大公至正"，考虑长远，发布的公文能被严肃郑重地贯彻落实。为保证诏令的权威性和有效性，其拟写往往需要集体议定，这样的诏令意味着其内容代表着某一政治团体共同的政治观点和利益。而只由某个人拟写则可能出现专权的弊端。徐阶担任内阁首辅后，曾向皇帝请求允许同为内阁学士的袁炜共同拟写诏旨。他认为，"事同众则公，公则百美基；专己则私，私则百弊生"④。集体拟写诏令表达的是集体政治意志，可有效地防止个人专权。

---

① （明）张居正撰《张太岳集》，第85页。
② （明）张居正撰《张太岳集》卷三六《陈六事疏》，第456页。
③ （明）张铨撰，（明）张道潜订，（明）徐扬先校，田同旭、赵建斌、马艳点校《国史纪闻》卷七，第341页。
④ （清）张怡撰，魏连科点校《玉光剑气集》卷二，第87页。

二 考成法

公文是官员行政意志的表达，是传递政务信息和执政的手段，因而公文责任者能力和实绩如何，也由其对公文的执行情况决定。明确公文责任者职责，加强考核，为历代统治者所重视。战国时申不害提出"正名责实"，唐代魏徵从政治角度论述"名"，"昔者尧之治天下也以名，其名正则天下治；桀之治天下也亦以名，其名倚而天下乱"。将"名"上升到治理国家的政治高度，"是以圣人贵名之正也。主处其大，臣处其细，以其名听之，以其名视之，以其名命之"。虽然魏徵没详细阐释"名"的具体内涵，但其所指主要是国家宣布的治国理念及政策，落实到具体的政务中就是各级官吏的职责任务，"操契以责其名"①，即先正名，然后依照官吏的职责，检查、考核他们的公务执行情况，分清优劣，以论赏罚。宋代王安石变法，针对吏治改革比较系统地提出了"考绩之法"。

关于公文处理的考核制度考成法，早在明初名臣开济就开始实行了，最初称为"综核"。开济"以综核为己任"提出一系列具体的措施：一是建议各级衙门机构，"设文簿，日书所行事，课得失"；二是在六部设立勘合文移，用以监管各类公文行移处理，"立程限，定功罪"；三是加强惩处各类公文处理违法行为，"军民以细故犯罪者，宜即决遣"②。开济初步建立了一套较完整的公文考核制度。嘉靖时政治家王廷相"申明宪纲，雅有澄清天下之志"③，进一步完善公文考核制度。嘉靖十二年（1533），王廷相任都察院左都御史，掌管院事，先后呈上《遵宪纲考察御史疏》《再拟宪纲未尽事宜疏》《定拟巡按御史及按察司造册疏》等，对御史出巡的履职情况进行考核。御史对地方进行监察并以弹劾题奏形式上报监察事项，王廷相为此提出，"止言赃犯乖违，未曾明具条件，使御史无所据守，以之尽职，本院无所凭借，以之核实；漫言指摘，似为未便"④。要求御史缘情求实上奏，勘合大事必须依期完报。王廷相的系

---

① （唐）魏徵等撰《群书治要》卷四八，中华书局，1985，第839页。
② （清）张廷玉等撰《明史》卷一三八《开济传》，第2642页。
③ （明）高拱：《浚川王公行状》，（明）王廷相著，王孝鱼点校《王廷相集》（四），中华书局，1989，第1492页。
④ （明）王廷相：《浚川奏议集》，《四库全书存目丛书》集部第53册，第535页。

列奏议经过明世宗的批准得到了实行,这是考成法雏形。经过改革后,"自是台政改观,内外肃然"①,弹劾奏疏妄进之风得以改善。

明代中期出现大量的公文违法事件,嘉靖时吏科给事中王治曾上奏,"寇屡盗边,边臣多匿不奏;小胜,文臣辄冒军功"②。隆庆时工科给事中陈吾德曾上疏反映,"两广多盗,将吏率虚文罔上"③。这些多属虚文上报情形,反映了公文内容与事实不符的现象。除了这种以虚文牟利的违法行为,还有一类公文空发议论而无实效以致干扰决策。张居正严厉批评"议论太多"现象,指出一些督府等官刚上任就上题奏,"或漫言数事,或更置数官",述说施政方针,公文辞藻"烂然","览者每为所眩"。每有推选官员时,则多用"此人有才""此人任事"等浮夸词语,其实对该人为政能力、品行贤否等多是"采听于众口耳",因此这些公文"究其指归,茫未有效"。地方公文如此,中央官员公文也是如此。张居正以具体的事例说明这一问题。"即如昨年,皇上以房贼内犯,特敕廷臣集议防房之策,当其时众言盈庭,群策毕举。今又将一年矣,其所言者果尽举行否乎?其所行者果有实效否乎?"可见,群臣所奏公文只是空发议论而毫不关心是否有实效;还有关于"蓟镇之事",最初建议者报称"吾欲云云",当事者也报称"吾欲云云",事后证明则毫无实效。针对公文空发议论而无实际作为的现象,张居正向皇帝主张,一要消除"多指乱视,多言乱听"的大患,建议皇帝"扫无用之虚词,求躬行之实效",如果想做一件事情,在开始就须审慎,"务求至当",当考虑计划周密了,"即断而行之",就像唐宪宗讨伐淮蔡,虽然很多人反对,但其不为所动,仍旧落实;若要任用一人,"须慎之于始,务求相应,既得其人,则信而任之",就像魏文侯任用乐羊,不必在乎旁人毫无依据的批评而应坚定自己的选择。二要诚谕中央各部院所有章奏公文"务从简切",汇报内容"是非可否,须明白直陈",落实时不得互相推诿,"徒托空言"④。

---

① (明)高拱:《浚川王公行状》,(明)王廷相著,王孝鱼点校《王廷相集》(四),第1492页。
② (清)张廷玉等撰《明史》卷二一五《王治传》,第3783页。
③ (清)张廷玉等撰《明史》卷二一五《陈吾德传》,第3790页。
④ (明)余继登撰,顾思点校《典故纪闻》卷一七,第328页。

张居正从公文工具性角度出发，要求公文责任者处理公文须内容与事实相符。隆庆二年（1568），倭寇侵扰福建，当地将领却掩败为胜，兵部尚书霍冀不但不做核实，反而将错就错给予褒扬奖赏。张居正要求纠正处理结果并严正地指出，面对贼寇猖狂蔓延的事实，"当事者张皇奏捷，本兵据揭题覆，遽行赏赉，俱为大谬"①。这些公文制发者和承办者所处理公文都属严重的违法行为。隆庆三年（1569）正月，辽阳副总兵李成梁，率军突袭俺答，歼敌一百六十余人，报到兵部霍冀那里，竟勒不予赏，后经张居正坚持，才改为给李成梁以功进秩一等的赏赐。张居正给辽东巡抚魏学曾的信中论及此事："遏虏之功，大于斩获。往者本兵淆于群议，功赏不明，乃仆辈亦有过焉……近年以来所仅见者，文吏又可以法绳之耶？俟核勘至，当请旨优录，兹先行薄赉耳。"② 要求严格核勘类似错误处理公文的现象，一方面要求公文内容真实地反映客观事实，另一方面要求公文处理要严格公正。

《陈六事疏》提出"核名实"，这成为"考成法"的先声。张居正认为，吏治败坏是造成"国匮民穷"的重要原因。现实中选拔官吏不是"试之以事，任之以事"，"更考其成"，而是大言无当、善于逢迎者窃居官位，"士大夫务为声称，舍其职业，而出位是思"③。所上题奏自以为是"建白条陈"，虽连篇累牍却无实质内容，"至核其本等职业，反属茫昧"。不仅如此，那些主管钱谷之官不知出纳之数，司刑法之官不了解国家律例，"名与实爽"，其公文自然也不能反映客观事实。张居正建议，以审名实，考课官吏。务求在其位，必谋其事，必奏其功，反对空谈务虚。

公文责任者管理的建议关键在于实施，而落实需要具备一定的政治条件。隆庆时张居正因还没主政，许多的政治观点只停留在建议层面，万历时张居正任内阁首辅，实施考成法的条件已经成熟。他借鉴历史经验并结合现实的需要，为防范官员怠政、渎职等建立了一套严密的考核制度，由吏部负责实施考成法，即通过询事考言，严格遵循职责标准，定期评定官员的勤惰。公文和公文责任者是考成的重点，考成法大多是通过对公文落实情况的核实来检验官员的执政成果。

---

① （明）张居正撰《张太岳集》卷二一《答闽中巡抚》，第248页。
② （明）张居正撰《张太岳集》卷二一《与魏巡抚》，第252页。
③ （明）张居正撰《张太岳集》卷三六《陈六事疏》，第456页。

万历元年（1573）十一月初四日，张居正正式提出了考成法的具体方案。首先，明确法与行、言与行之间的关系，"天下之事，不难于立法，而难于法之必行；不难于听言，而难于言之必效"。公文正是政务的言与法的直接表现形式，无论是法还是言，对其加以落实施行才是最重要的。进而分析了当时的种种弊端，主要是各级衙门的公文事务越来越多，以致"章奏繁多，各衙门题覆，殆无虚日"，繁忙的公文事务往往致使公文处理流于例行公事的形式主义，"然敷奏虽勤，而实效盖甚少"。上下之间存在虚与委蛇的情形，"上之督之者虽谆谆，而下之听之者恒藐藐"。为此，张居正对不同衙门的考成法提出了具体措施，一是建议六部、都察院对奉明旨的题本、覆奉钦依的章奏转行时要估算公文传递远近、缓急的情况，确定处理日程期限，设置公文登记文簿以备查对，同时另造公文登记簿册两本，一本送该科注销，一本送内阁查考。二是建立层层考成核查制度，对地方巡抚、按察官员承奉执行的公文，如果有稽迟延搁的由相关部门检举；各部、院注销公文簿册时，有"容隐欺蔽者"由六科给事中负责检举；六科给事中缴本汇报的内容有隐瞒欺蔽的，由内阁官员检举。三是形成定期考核制度，"月有考，岁有稽"，不仅为政者"声必中实，事可责成"，即便建言立法者也要考虑所提建议和所立制度的实效性，使他们"不敢不慎其始矣"①。借助明初已有制度，重新申明，并将其加以完善，切实推行，要求公文上奏的当天即奉到谕旨，对批示完全同意的著令立即遵照执行。皇帝肯定了张居正的建议并进行了补充，要求各部选取近年未完成的紧要公务另立期限责令完成，对那些不属于钱粮等非紧要和年久难以完成的，"明白奏请开除，毋费文移烦扰"②。从实际出发，切实解决公文的效率问题。

六科给事中等虽为正七品或从七品的低级官吏，但职责重大，主要负责皇帝侍从、拾遗、规谏、补缺，同时稽查六部等部门公文事务，"凡制敕宣行，大事覆奏，小事署而颁之；有失，封还执奏。凡内外所上章疏下，分类抄出，参署付部，驳正其违误"③。六部与皇帝往来公文均由他们负责审核传颁。这样增强了公文运转程序的严谨性，可以减少失误。

---

① （明）张居正撰《张太岳集》卷三八《请稽查章奏随事考成以修实政疏》，第483页。
② （明）张居正撰《张太岳集》卷三八《请稽查章奏随事考成以修实政疏》，第483页。
③ （清）张廷玉等撰《明史》卷七四《职官三》，第1204页。

六科给事中还具有单独上奏言事、监督弹劾百官之权。张居正考成法要求恢复六科的原有职任并进一步强化考核职能，规定各部、院的题奏和所奉御旨情况都专门登记簿册，分别送给六科和内阁。六科给事中参照公文簿册对各部院的公文处理情况按规定进行核查，如有"隐欺蔽者，科臣举之"①，从而加大了对六部等官员公文处理的监督力度。

司法公文处理不同于一般行政事务，对其考成有专业性的要求，考成法为司法人员制定了专门的考核办法。负责司法的官员，在审录案件须援引案例时，必须书明全例，不许掐头去尾，断章取义，各取所需；判决文书必须分列首从，区分轻重，避免"滥词""滥拟"，防止出现"滥刑"②的冤假错案。从加强法律公文管理方面来解决官吏营私舞弊的行为，对法律文书写作格式和内容等方面加以规范。"近来居是官者，不知本职所在，舍其当务，而漫求他事以塞责……不知法律为何物，而反以吏为师。"张居正与都御史陈瓒为纠正这种情况，召集这些人员当堂考试，考试内容以司法业务为主。张居正还亲自"取其试卷观之，一一亲批，其所殿最，咸以招拟为准，不论章奏之通否。盖章奏议论，人人能之，若招拟刑名，则非素究心于此者，不可以虚言饰也"③，注重从治政实效方向对公文创作文风加以引导。

考成法的实施很大程度上改善了公文责任者务虚名、不讲实效、文牍主义的习气，"一切不敢饰非，政体为肃"，公文处理效率大大提高，朝廷诏令实现"虽万里外，朝下而夕奉行"④。从某种程度上来说，张居正所推行的考成法，正是对明初开济治政理念和措施的继承与发展。以"尊主权、课吏实、信号令、肃赏罚、一号令"为政治目的的考成法，提高了中央颁布的公文的执行效力，"万里之外，朝下令而夕奉行，如疾雷迅风，无所不披靡"⑤。采用治标先治本的做法，主要是由公文自身特点决定的，公文责任者创作公文的目的是落实或反映事实，公文的可行性和真实性是公文价值所在。考成法通过强化对公文责任者的管理来保

---

① 《明神宗实录》卷一九，"万历元年十一月庚辰"条，第530页。
② （明）王圻：《续文献通考》卷一三六，浙江古籍出版社，1988，第4012页。
③ （明）张居正撰《张太岳集》卷二八《答南总宪吴尧山言法律章奏》，第341页。
④ （清）张廷玉等撰《明史》卷二一三《张居正传》，第3763页。
⑤ （清）张怡撰，魏连科点校《玉光剑气集》卷二，第93页。

证官府公文发挥实效。

当时，在上中层官僚中流行着一种"溺于故常，务为姑息以悦下"①的庸俗风气，公文来，公文去，照转照批，以文牍代替政治。考成法也得到了同时代官员的支持，如申时行的《辨御史张文熙条陈疏》就对考成法的实施提出了具体补充建议："今考成文簿与精微文簿相同，但详略稍异耳。然则各衙门事体，未尝不使阁臣与闻也，且先年题奉钦依，凡抚按官，奉到勘合，过限未完者，六科上、下半年一次查参，其每月送阁文簿，止备查考。"②这使得公文考成法更为具体可行。

三　其他政治家的管理观

公文责任者的担当体现在在政事面前敢于发表个人意见，勇于履行自己的职责。天顺年间，内阁大学士李贤借"空中有声"的异象上奏疏进谏，将天显异象与治政民生相联系，"上不恤民，则有此异"，因此指出不利于民生的十件事宜，得到皇帝的认可和接受，李贤又趁机请求罢江南所造段匹瓷器、清理锦衣卫所押囚犯、停止各边疆守臣进贡、停止派遣使臣中外买办采办等事宜，皇帝没有接受，李贤多次坚持仍然被拒绝。众官员见李贤力争失败，既寒心又为他担心，李贤则认为："古之大臣，知无不言，今虽不能尽然，至于利害系国家安危者，岂可默默以苟禄位？"③他认为为官者身在其职，进言应尽忠尽职，为国家利定安危，不应只顾及个人安危，表明了一个臣子应尽的责任。

内阁票拟处于权力的核心，也就成为关注的焦点，"盖密勿之地，易生嫌疑；代言之责，易招议论"。所以嘉靖时张孚敬不无感慨地说："臣历数从来内阁之官，鲜有能善终者。"④纠缠于政治斗争中，其辅政职能渐弱。内阁首辅叶向高曾在《条陈要务疏》中慨叹任职内阁的难处，一是明代废除中书省，将权力分解到六部，而"阁臣供票拟之役耳"；二是内阁对具体政务执行没有参与权，所有政事决定于各部，也即"非下部必不可行，不能行"，如吏部的官吏任免，兵部军马调动，刑部案件审

---

① （明）张居正撰《张太岳集》卷二一《答中丞谷近沧》，第256页。
② （明）陈子龙等选辑《明经世文编》，第4126页。
③ （明）焦竑撰，顾思点校《玉堂丛语》卷四，第103页。
④ （明）孙承泽著，王剑英点校《春明梦余录》卷二三"代言不易"条，第345页。

理等，内阁官员除兼尚书者都是不能参与的；三是内阁的拟旨往往流于程序和形式，一般票拟写的是"某部知道"，紧急的则是"该部看了来说"，最紧急的则票拟"该部上紧履行"。票拟的形式主义让内阁难以发挥其辅政职能，"亦自知其虚文而厌苦之矣"①。叶向高反映了内阁票拟成为一种例行公事的行为，不能再如以前那样发挥参谋决策的作用。

明人于慎行就明代公文责任者在治政中的职责提出了自己的观点，他认为官员素质直接影响着公文创作，特别是高级别的官员，"大臣之义在于体国，小臣之分在于守官"。一方面，"大臣位尊寄重，与君国同其休戚，非一官之守能尽"，皇帝不会只责问守官，凡是有大赏罚、大典礼都要与六部尚书一同商讨。另一方面，如果每个官员只负责自己的事务，国家危难时都不敢直言上奏，这种做法就不符合一个真正大臣的身份。臣子不论级别高低都应敢于履行自己的职责，而不是"嗫不出声"，"后世士风日漓，趋名嗜进，往往舍其官之所当守而忧其责之所不及，非小臣之事矣。此何以故？大臣以长厚为体，而不思义所当重，小臣以建白为名，而不思职有所专也。夫使大臣不忧国而小臣不守官，国家之事，必有难言者矣"②。此言指出了士风"日漓"的关键在于官员缺失了"忧国""守官"的责任感，提倡为官者应敢于履行自己的职责，直言其事。

就皇帝组织官员集体阅办公文模式的实施，隆庆初，礼部尚书高仪等提出了自己的看法。首先，他列举了上古盛世君臣关系和谐的表现，即"唐虞君臣，萃聚一堂，都俞吁咈，情意罔间"，强调君臣道合就像血脉流通一样，可以"致盛治"。然而，在朝堂之上，"体貌森严，势分悬隔"，权力和地位造成的心理压力使"上有怀而不得下问，下有见而不敢上陈"，造成了彼此沟通的障碍，即便是"诸司奏牍中外事机"，也不能"尽白"。因此，他们希望皇帝能在罢朝之后，除召见内阁辅臣，再多召见六部、都察院等官员，共同斟酌详议那些涉及大军机、大黜陟、大典礼、大会计、大赏罚、大刑狱等的题奏；对内阁辅臣的票拟批答，有疑难的要再三商量确定。另外，建议每次轮流安排两名六科给事中掌

---

① （明）叶向高：《纶扉奏稿》卷二，车吉心主编《中华野史》，泰山出版社，2000，第3934页。

② （明）于慎行撰，吕景琳点校《谷山笔麈》卷六"瑱言"条，第183页。

印官员和各部大臣一同随进,"陈述未详议拟未当者,许公同评正"①。就为什么要君臣集议办理公文、如何组织办理,高仪等阐明了君臣共同办理公文的重要作用,提出了相对具体的实施建议,指出正式场合和非正式场合商讨效果的差异,希望皇帝能召集群臣共同参与公文的办理,这也是促使君臣关系和谐的重要方式。

明代很多官员都对公文作弊事件有所反映,对公文责任者违法现象深恶痛绝,提出批评并给出解决对策。明人袁宏道在《摘发巨奸疏》中就揭露了猾吏利用公文营私舞弊的事件,其疏曰:

> 所谓效劳者,曰上本官,上纳章疏者也;曰本科,书写本章者也……夫都吏、当该,其本分职役也。平日瞒天作弊,招权纳贿,无所不至。未几而乞考中、乞复考矣,又未几而京卫经历、州判官矣。……昨职等仰奉堂谕,因本司当该、已除万全都司经历郭元,公论久愤,致令言官形之奏牍,此番推升,遂拟劣转。方职等拟官之时,本司都吏朱国梁率诸当该排闼而入,再四乞免郭元,职等不应,国梁悻悻而去。及榜出,国梁遂令坊间暗去郭元名字。今推升报中,竟无元名矣。盖卫官原系扣缺,多有一人两除者,而外间所凭,止据一纸刻报。报既无名,则郭元为见任之官,而后除者为候补之官。一二年后,职等皆去,则郭元侥幸他转,亦未可知。是元虽去,而实不去也。询之,则郭元因见科疏,令家人持重金,商同国梁等为幸免之策。国梁因见本司执法,决意劣转,遂纳其重金,出此奇计,坏一定之铨规,改已奉之明旨,此岂复知有朝廷乎?……伏乞参送法司,严加究问,仍将考核警省吏书之法,与前效劳官一并议处,庶铨法清,而明旨不为故事矣等因。该臣看得司官某等,因议革效劳并议处吏书一节。②

此疏作于万历三十七年(1609)一月。据行状,当时吏部负责人事选任的老吏在公文处理中作弊:"属当急选之期,故事,掣签时,凡琐尾

---

① (明)余继登撰,顾思点校《典故纪闻》卷七,第325页。
② (明)袁宏道著,钱伯城笺校《袁宏道集笺校》,上海古籍出版社,1981,第1503~1505页。

事皆曹郎躬为之，吏无敢近者。一老吏（朱国梁）忽排闼而入，曰：'每次大选，例与都吏一二美缺，今有某驿缺已予都吏百金矣，幸以见与。'"① 朱国梁是一名都吏，负责人事公文书写，因私愤而不满郭元，在推荐公文中将其名字删除，后受贿赂才又推用郭元。整个事件中吏书舞文弄墨，通过在公文中做手脚，破坏用人制度。

万历三十七年，袁宏道主陕西乡试，其《策·第一问》曰："今天下虽无危乱之形，然地天之不交已极，而人心之幽抑亦已甚矣。所谓不交者：一曰窍塞而不通，如浓寐之不晓，章疏是已。……嗟夫，汉之衰也以意气，晋之衰也以清虚，宋之衰也以议论。夫意气、清虚、议论，三者皆非致衰之道也。然意气不已则为标目，标目不已则为悍激，是故有戈矛剑戟之象焉。清虚不已则为任诞，任诞不已则为弃蔑，是故有被发左衽之象焉。议论不已则为分竞，分竞不已则为牵制，是故有削弱局促之象焉。……是故综名实以课功能，虚嚣可杜也。"② 策文指出当时公文不能正常办理的弊端，批判了历史上三种文风弊端，暗指万历时三种文风状态。同时指出明后期的党争中互相弹劾的公文体现出了"意气"和"议论"的风气，并就此提出了解决办法，即"综名实以课功能"，这是对张居正考成思想的继承。

明末，崇祯元年（1628）二月明朝政府规定，一切发行内外章奏，各衙门必须在十日内题覆，而且建立考成制度，要求所有章奏在部科之间互相查勘。这种雷厉风行的做法，与当年张居正的考成法颇有异曲同工之妙。然而，这种好的策略并不能挽救病入膏肓的明朝政府。

第五节 基层公文责任者的公文管理观

任何社会的基层治理都是社会稳固的基石，基层治理有赖于公文的有效运转，而基层公文处理效率则体现在对公文责任者的管理方面，也即吏治。基层公文责任者往往是一个群体，他们在公文制发过程中具有不同的职能，发挥着不同的作用，其中主官是公文制发的主体，其他人

---

① （明）袁宏道著，钱伯城笺校《袁宏道集笺校》，第 1504 页。
② （明）袁宏道著，钱伯城笺校《袁宏道集笺校》，第 1511~1513 页。

员影响公文的制发效果。面对复杂的基层治理情况，公文责任者监管是基层官员关注的重点。佘自强《治谱》、蒋廷璧《璞山蒋公政训》、吕坤《实政录》等官箴书通过总结经验，阐释了对基层公文责任者管理的理念和措施；以海瑞、林希元等为代表的具有丰富基层管理经验的官员，以《教约》等形式阐释了对基层公文责任者进行管理的观点和建议。

一 《治谱》等管理观

明代基层治理涉及大量公文，许多政书都不可避免地对公文事务工作进行了归纳和总结。佘自强，万历二十年（1592）进士，历任知县、户部主事、按察使、布政使等，官至右佥都御史，其《治谱》是明代关于基层官员的治政之书。官员治民理事能力关系民生和自身的事业，为此，佘自强提出"凡事关吏治民生，又一一留心"①，这需要"一一留心"的吏治民生之事多需要通过公文责任者的管理实现。基层公文处理事务中有主官、吏书等负责人和参与者，佘自强在《治谱》中对他们设计了一整套管理方法。

（一）州县主官的管理观

州县是基层官府，其政务公文多与民生息息相关。《治谱》开篇就强调了州县官员对民生的重要意义，"服是官者，不惟关系民生"，为官者如何，直接关系民生疾苦。州县官的修养影响其为政能力，"然非仓卒可至，必平时以苍生名教为己任，躬率妻孥，崇尚俭朴，则资于官者必少"。说明官员持身存洁，为政才可做到"能清、能练、能平"②。

明初，太祖对各级官员包括州县官制定了《授职到任须知》，明文规定官员到任后须处理的各项公文事务。《治谱》对初仕官到任应从哪些方面了解政务，做出了详细说明。初任官首先要了解地方民情，一是要向前任官了解，将"民情吏弊"和"某以何事有声，某以何事敛怨"一一记录下来；二是向本地"士夫及邻封游宦者"询访。佘自强认为，在访询和处理日常政务中要善于记录信息，所谓"纸笔即我师也"。记录有一定的方法，佘自强建议根据各地情况分类记录，如田粮，有的论

---

① （明）佘自强：《治谱》，《续修四库全书》史部第753册，第511页。
② （明）佘自强：《治谱》，《续修四库全书》史部第753册，第511页。

亩、有的论石，田价有贵有贱，田地产量有肥有瘠，"一婚嫁也，有数十金不能婚，数金以内可得婚者；一栽田人也，有称庄家受财如奴，有称佃户不相属者，诸如此类"。有关民生的方方面面，要求认真了解做记录，"即问本地方人，笔而记之，以便后来方好断事"①。同时，还要学习法律知识，"须向刑部相识者，讨问刑条例，及刑部招议一本。又请熟于律令招情者，将要紧律意与招体一一讲过，不惜数日之力，将来庶不至差误无主"②。这些都是在从政和处理公文事务过程中必须了解和掌握的基本知识。

公文处理工作是基层管理的首要任务，"凡套启套书，俱发礼房誊写。若密禀密事，全在内书"。因此，初任官选好值得信任的公文拟写者格外重要。佘自强认为由"善书通文义"可托付心思的"书仆"担任最好，其次是不通文义但善于书写的。如果本家没有则建议尽早物色，一般新入衙门的为好。佘自强还特别提醒，曾入过衙门的人员"或心术倾险，状貌光棍，皆不可带"③。"善书通文"是从事公文处理的基本要求，要用心腹之人，警惕慎用"心术倾险，状貌光棍"者。

基层治理不同于中央政务，不必事事均要通过发文解决。基层公文更注重实效，因事而发文需考虑其必要性。如果发文形式过于复杂，发文数量多过事项，或发文频率过高就会影响其威信，"多出告示谓之告示官"。另外，公文权威体现在落实执行和一系列公文内在的统一性与延续性方面，为政者为安民革除弊端之初"颂声大作"，"后来渐不如初，谓之有头无尾，又在有恒"④。为防止公文泛滥而无实效，最终流于形式，《治谱》针对这些情况一一提出告诫。

(二) 监管吏书

《治谱》重点关注基层吏治，其中涉及对各类公文处理过程中吏胥的监管，形成了一套独有的基层公文办理经验，成为明代官吏公文事务管理的重要参考。

吏书是明代基层治理的重要对象，吏书之弊为众多官员所批判。《治

---

① （明）佘自强：《治谱》，《续修四库全书》史部第753册，第512页。
② （明）佘自强：《治谱》，《续修四库全书》史部第753册，第513～514页。
③ （明）佘自强：《治谱》，《续修四库全书》史部第753册，第514页。
④ （明）佘自强：《治谱》，《续修四库全书》史部第753册，第519页。

谱》认为，"衙门自吏书而下，无一事不欲得钱，无一人不欲作弊者"。直指吏书之弊的根源，即牟取私利，进而给出了应对之策。佘自强认为，要革除吏书之弊就要"禁之使不得行"，为官者先要"识房科事体"，如果各项事体都不明白，空言革弊，"徒恐为吏书笑耳"。由于各房事务琐碎繁杂，"一毫不知便为所卖，待其犯而治之亦已晚"。而且在责问吏书时，奸猾的吏书则会反问："不知所作何弊，愿得一言而死。"以此试探主官浅深，如果主官说不出来，作弊者会更多。为此，主官不仅要了解各房事体，还要颁布条约或告示，"令人人知所遵守甚便，即此便是堂规"①。作为地方官吏，不仅需要智慧，还需要能力，更需要有效的方法，从根本上去解决吏书之弊。

在公文运转的各个环节上，《治谱》有针对性地给出了具体管理措施。首先是做好公文收发的管理工作，由承发房吏书将收到的所有上司公文和"禀呈本县"公文的日期，清晰登记在公文号簿上；其次，分派各房公文事务时，采用"轮序信手"随机分发方式，"不许分难易肥苦"，分发时在公文号簿对应的文件下注写"承行书手某"，以便事后查核；再次，规定每件公务的完成期限，由承发房"即开号禀官责比，违者并责"；最后，针对州县铺长司吏书，要求"凡上下往来文书，有迟延时日者，禀明责治"②。吏书经常欺瞒主官已成为地方衙门的恶劣风气，甚至还有地域特点，"南方吏书极狡，或一事已禀官行，后为人买嘱，即束之高阁，追州县寻起，便抵死不认"。为此，佘自强给出了具体的对策，如吩咐各房若想禀告事务，就用一张纸写上"某房吏书禀某事密存之"，留存以备查考；其他面禀事项，如果是紧要的事项，"亦密记之手折"，对违犯规定的重惩一二以儆效尤，这样"人自不敢欺"③。通过登记等措施查验核对，防止作弊。公文处理作弊中还有"混申文书"或"乱写牌票"的行为，佘自强建议，如果有不该向上申告的公文就立即涂抹并且注上"不申"二字；如果公文上已用印或已写牌票的，取消作废的也要将其涂抹；等等。④《治谱》将种种作弊的表现和行为罗列出

---

① （明）佘自强：《治谱》，《续修四库全书》史部第 753 册，第 522~523 页。
② （明）佘自强：《治谱》，《续修四库全书》史部第 753 册，第 526 页。
③ （明）佘自强：《治谱》，《续修四库全书》史部第 753 册，第 527 页。
④ （明）佘自强：《治谱》，《续修四库全书》史部第 753 册，第 528 页。

来，一一给出对策。余自强对吏书进行管理的观念更多体现为具体方法上的设计，针对公文处理的每一个环节上可能出现的漏洞，给出具体的操作办法，充分体现了官箴书的参考价值。

在整个基层公文管理过程中，主官的职责很重要，"上司不察，信手准行，有司漫不加意，辄凭吏书一概抄写，又甚有本县吏书私添暗入者"，放任吏书任意所为，其后果是"此票一行，加以虎快作祟，不论被告干证，不论曲直真伪，动称上司人犯愚民惧怕"①。为此，主官作为各类公文的责任者，要充分发挥监管职能，时刻加强对吏书等群体的监督。

（三）新官金押用印的方法

金押用印是公文行文的标志，也是基层治政权威性的标志，因此对金押用印要格外慎重。基层官衙旧规是将各类公文于早堂金押后立即办理，"各房科用印后，每将各项文票，大家翻拆，或搦手中，或入封筒，奔走挤拥，更不便于观瞻。若新官顾惜体面，怯口羞问，止听书手点标，其中弊病多矣。若新官琐碎，能一一问之，为时已久，伺候者多，又嗔新官出堂太晏，无不窃笑才短。此无他，只未先期料理金押故也"。由于人多事杂，难以详细查问，依此旧规容易疏漏，给书手等可乘之机。《治谱》建议，凡是第二天需上报的公文或下发的牌票，以及其他应金押或用印的文书，都在前一天晚上"申时候晚堂事毕传进"，以此防止作弊。具体做法是，"先期所送金押，每房各用护书别之"，在每一张票的时间下签承办者姓名。初任官"每一文票，盼咐用一小帖"，将可执行原因"写贴在本文本票上"，该小押就贴写上"小押"，该点的就贴小红金以便点画，该用印一颗的就贴上一金，写上"应正印"或"应斜半印"或"背印"。初任官于前一天在衙中将原粘贴公文原委查看明白，然后按所标记的，该用小金就用小金，该需要大小押的就用大小押，该标的就标，该用印的就用印，一一照做即可。公文盖印后立即装封筒，牌票盖印后立即放入护书，第二天由主官传出后堂。对公文和牌票等有可疑的、不太确定是否需盖印的则"不印不标"，等到第二天早堂后按承办者姓名依次询问，"凡理不应行有弊者，即量责无赦"；若理由充分仍须执行的

---

① （明）余自强：《治谱》，《续修四库全书》史部第753册，第536页。

一起补印补标。这样操作"文书既无隐弊"①。《治谱》具体介绍了基层佥押用印的作弊手法，佘自强结合每一个可能作弊的环节做了具体说明并提出了应对之策。

此外，还要监管公文处理不同环节上各种佥押程序。官员每天佥押公文时需防范奸猾的吏书，"照依隔日所开公文件数，挨次佥押"。具体的做法是，先佥押给上司的申呈，次佥押本衙门牌票，登记后执行，"毋得后时才补，虚抬月日，非惟误事，亦以长奸"。佥押时查对公文原件，看是否应施行、应佥押，并高唱佥押及该公文为某事、应如何处理及理由，并指出关键词语"以便简阅"。所有收到的公文，主官须亲自拆验封条上所列公文份数和封内发文时间，据公文批示，"应留看者留看，应发房者发房"，重要机密公文应带进衙内，"待计定而后发行，慎毋轻泄，以致败事"。与承办令吏当面点封应办理公文，"以防夹带洗改情弊"。常有吏书将没有错误的公文故意涂改来迷惑上司，如将原公文中"甲"字改作"乙"字，又将"乙"改为"甲"，"虽明辨者却于甲字生疑而不知来文是甲，固已中其奸矣"。不便由吏书等传递的紧急保密公文，应秘密差专人或亲自投递，"以防停阁开拆之患，不可不察"②。对主官来说，掌握公文情况尤为重要，"见上司，须将各批来词状等项，一一理会过，或上司问及，便随事问答"③。如此，以及时应对上司各类公文督查。

《治谱》对基层公文处理人员利用公文作弊的行为进行了细致的分析，并列举了九种典型的情形：一是吏书侵占官府银两，以前任官支用造假，通过补改公文补领银两；二是负责公文的书吏为得钱财而趁机申缴前任官未申缴的疑难公文；三是有些吏胥以一般事务索要牌票去敲诈勒索；四是有吏书用契书或各项执照公文盗用印信；五是有公文责任者篡改未发出的公文，乘主官事务烦冗时插入盖印；六是有书手借口用印紧急，谎称上司官衔没写，或字句错落未改正，或留空缺没填等，以此作弊；七是私自改作照验应报上司裁决定夺的公文，"系应照详文书，却改作照验混缴者"；八是将巡抚公文放入按察公文筒内，将各衙门公文放

---

① （明）佘自强：《治谱》，《续修四库全书》史部第 753 册，第 530 页。
② （明）佘自强：《治谱》，《续修四库全书》史部第 753 册，第 634 页。
③ （明）佘自强：《治谱》，《续修四库全书》史部第 753 册，第 597 页。

入巡抚或按察公文筒内，或给上司申文未粘执行牌票，使红笔内容与号簿不符等，用此混乱公文手法作弊；九是吏书愚弄官府，"将自理纸赎册票，入上司封筒"。新任官遇到此类情形立即将浮签粘在公文上并注写"有弊"，然后查问责治，"又须要先设长条桌二张，令承行者仔细查对，务令纤毫不错，方许入筒封口。若上司驳回，除问罪申解外，仍重责不饶"①。《治谱》罗列了种种基层吏胥利用公文做手脚的违法行为，为基层官员监督管理公文作弊行为提供了有益的参考。

余自强将基层公文管理中治吏的经验进行总结，不仅分析吏书等公文责任者的特点和作弊手段，而且还针对每一种作弊手段设计出应对之策。其管理思想体现了公文处理程序的繁杂，强调作为主官应该具备在管理过程中主动记录的意识和方法，加强对金押的监管。

（四）专业类公文处理管理措施

明代基层衙门中处理司法和钱粮等公文是主官常规事务，这些公文责任者具有很强的专业性，州县衙门主官需要掌握这些公文的管理技巧，《治谱》对此进行了详细的介绍和解读。

州县官常审理法律案件，处理各类司法公文，通晓相关法律是其必备素养，"今州县懵然问理申详，上司又不察而允之，岂当事诸人，俱读书不读律耶"②。州县官对各类案卷作弊情形更要了解并采取有效监管措施。官员在处理词状时，词状属谎词，或属调和撤诉不用再审的，或属不必罚赎的，均不再分行各房。若将其分各房办理，吏书必借此渔利。凡当堂批准通过的词状，即便在当天由值班书手写票送印，也建议等第二天早上唱名发给原告，只需将词状在公文号簿上记下时间和姓名即可，不必每件词状都审理，也不必每件都交房科承办。"惟事情重大者，轮流承行，周而复始，与轮承上司词状同，另制一簿。"③

司法公文是各级官吏公文处理的重要内容之一。关于办理司法文书的技巧，《治谱》对几类常见情形分类讲解了具体办阅方式：一是重大案件则看整个案卷摘要，小案件看状词，与其他原告状词相同的一般是

---

① （明）余自强：《治谱》，《续修四库全书》史部第753册，第531页。
② （明）余自强：《治谱》，《续修四库全书》史部第753册，第549页。
③ （明）余自强：《治谱》，《续修四库全书》史部第753册，第534页。

实情，看原告和被告词状相矛盾之处，可揣摩出真情；二是强盗类案卷较复杂，有真盗和假盗、久拿和新拿、盗口供和捕役供、真赃和假赃、捕获和牵连、某衙门入和某衙门出等，"新任当之，有脚慌手乱而已。此等大招，若止据卷混审，纵审十次，何能碧水分鱼，令此心快悏"。《治谱》就此给出处理办法，"须要分付招书，将文卷预送呈览"，将上司批示和听审人犯名字用大字写粘在单上。本衙中则用纸按顺序横写各犯姓名，姓名间隔四五寸。然后亲自从招头细看到招尾，摘录其中重要情节、时间、姓名及供词、赃证等可疑及矛盾之处，并查验核对，然后再出堂逐一审问。"只问此摘出情节一单，别将新供者，据案录出一纸，回衙又将上司新驳情节，再想再审，圄土始无冤民，且上司亦见吾辈心苦，此审大招最妙最要法也。"① 处理司法类公文的方法是余自强在基层为官经验的总结，为新任官处理司法类公文提供了借鉴。

钱粮类公文处理是地方官日常政务内容之一，也是基层吏胥作弊的重灾区。一些吏书造钱粮簿册时，"每用长勾格式册，写'某项仓口若干'，第二勾则写'前件'二字以注完欠。平排长写，一片模糊，殊不耀目"。这种旧制存在漏洞，《治谱》建议采用上下两截法，形如经学讲章集注模式，上截刻印定额派钱粮数目，若此项已押送则在此项下半截亲自注写"云某年某月某日，批差某人赴解"，若批销未到公文就据此查证比照，若押送到的就掣批回销，在下半截只注"云某月某日批销讫"，并用朱笔大写一个"完"字，"其或有领俸领工食，填注亦然。如此，则解否一目了然，其未支未解者，下面朗朗然一片白纸也，不但可免溷淆，且欠数亦可触目警心"。《治谱》中对造册和具体使用方法也做了详细讲解，"钱粮支发不同，如乡饮只春秋二季耳，刻止用二勾。民壮一项，有总领者，有独远行单支必须者，有追此与彼，临时酌发者，支发零顿，难以预定，上下两截，须多空留几勾，恐勾少后无注处也。如发其人多少，即刻注明多少，以后总算找发极便，如钱粮一总起解，随上面字行为则，不必多留空勾"②。将使用过程中的注意事项，一一阐明。

无论是处理司法公文，还是处理钱粮公文，其专业性都要求公文责

---

① （明）余自强：《治谱》，《续修四库全书》史部第753册，第544页。
② （明）余自强：《治谱》，《续修四库全书》史部第753册，第557页。

第三章　管理视域中的明代公文观

任者遵循专业的规律和特点，余自强对其基层专业公文管理经验进行了总结，既体现了专业的态度，又显现了一定的科学管理精神。

（五）其他基层管理思想

蒋廷璧《璞山蒋公政训》是一部重要的官箴书，其管理思想涉及公文责任者的修养、管理对象、管理方法等各方面。对年轻的初任官吏，他提倡"凡事须要勉强奋发"，建议他们对待政务"勉强干事，分毫无取，则声誉自达"①。在公文处理方面，强调要"务着实"，"如涂擦文字，追改月日，重写押字，万一败露，得罪反重"，要慎重细致处理公文；公文执行要讲究依据，"凡有宜行事件，一时无问处，或人言之未可信，务须令该房寻各年已行过文案来看，斟酌而行，庶事有依据，人不敢欺"②，充分发挥公文档案的参考价值，保证新的政策有据可依；对负责公文事务吏员的管理则主张"远主文"，"凡承上发下文移，只问该房取稿，不必管他央何人作，只要好便罢，不可偏听一人行移，偏则彼在外作弊矣"③。蒋廷璧建议采用任唤某一人的做法，防止某一吏专权。事实上，这种做法导致职责分工不清和推诿扯皮等现象发生。此外，还从"稽用印""立号簿""慎牌票""定状式""清投文""慎申呈"④等方面，完善对公文处理程序中各个环节的管理。

吕坤在基层为官多年，《实政录》是其为政经验的总结，吕坤分别就明代地方督抚、布政使司、按察司、道台，以及府州县等各级官员，探讨了对公文责任者进行管理的重要性和具体措施。如布政使司，"一省之政教号令雷厉风行，一民一物无不得其所，一政一事无不得其宜者也"⑤。吕坤批判官吏腐败、公文废弛的现象，许多官吏忙于"奔走揖拜"，结党营私、奉迎攀附，而"公务填委"，政务废弛。地方官吏为政不为安民，反而"扰民以相奉"⑥。虽然看似各级衙门公文行移事务繁多，事实却是"虚文日盛而实政亡""人事日精而民务疏"⑦。各级公文

---

① （明）蒋廷璧撰《璞山蒋公政训》，刘俊文主编《官箴书集成》（第二册），第2页。
② （明）蒋廷璧撰《璞山蒋公政训》，刘俊文主编《官箴书集成》（第二册），第3页。
③ （明）蒋廷璧撰《璞山蒋公政训》，刘俊文主编《官箴书集成》（第二册），第5页。
④ （明）蒋廷璧撰《璞山蒋公政训》，刘俊文主编《官箴书集成》（第二册），第8~9页。
⑤ （明）吕坤撰，王国轩校点，王秀梅整理《吕坤全集》，中华书局，2008，936页。
⑥ （明）吕坤撰，柯继铭编译《呻吟语》卷五《治道》，第275页。
⑦ （明）吕坤：《实政录》《四库全书存目丛书》子部第164册，第526页。

责任者更是不负责任，或懒于处理，"大抵今之有司，贤者十一，而惰不事事者常九也"；或是造假应付，"以造册虚文为壅蔽之具，以点查虚套纵科罚之私"①。所需的各类公文簿册造假成风，不法官吏对上应付核查，对下用虚套纵容侵渔百姓。

无名氏《新官轨范》也是对基层公文责任者进行管理的经验的总结，如新官见到上司，须先了解各房事务，"将钱粮、狱囚等件，已未完数目，开一小揭帖"②，并随身携带以便回答上司查问；安排书吏答复上司询问时，须选择"厚重有才者"③，不厚重者在上司询问时则会信口胡应，而无才书吏则会手足无措；慎重地处理上司各类公文，须仔细阅读后才可下发各房，若事属紧急重要公文须从速办理，随即将公文中关键话语用小纸抄下来粘贴在书案上，"常看自公文，不致迟误"④。此书从各个方面对加强基层公文责任者的管理给出了具体对策。

此外，无名氏的《牧民政要》介绍了基层衙门"由票""限簿"等的使用和管理方法。类似的各类官箴书多关注基层衙门的管理，其中涉及的对各类公文责任者进行管理的内容都是从经验出发，注重实际的可行性和可操作性，少有抽象的道理。

二 海瑞等管理观

海瑞（1514～1587），历任知县、通判、司丞、大理寺右寺丞、右佥都御史等职，对基层公文责任者的管理有丰富的经验和独特的观点，"天下有望治之人心，不见有行治之官吏"⑤。明代基层官吏中一直存在着利用公文营私舞弊的现象。如成化十一年（1475），礼部等题本上报宁津县县丞"革吏弊"的建议，书办是重点关注对象之一。各府州县吏典不但免其徭役厚其俸给，而且派给役使，目的是使其"在房专心书办"；

---

① （明）吕坤：《去伪斋文集》卷一《摘陈边计民艰疏》，《四库全书存目丛书》集部第161册，第56页。
② （明）无名氏：《新官轨范·公务第五》，刘俊文主编《官箴书集成》（第一册），第745页。
③ （明）佘自强：《治谱》，《续修四库全书》史部第753册，第529页。
④ （明）无名氏：《新官轨范·体立为政事情》，刘俊文主编《官箴书集成》（第一册），第733页。
⑤ （明）海瑞著，陈义钟编校《海瑞集·借山亭记》，第491页。

然而一些府州县掌印官接受百姓词状时，"不知用心钤记，防范将来"，致使一些吏典"有先行勒要钱物而兴施行，有受贿授词而灭迹无存，有无钱而经月不行，以致民之理直者衔冤无词，理曲者肆为得志"。可见，吏典作弊根源是掌印官未负起监管职责。对此类违法行为，礼部建议"今后凡遇民间告理大小词讼等项，经该官员编其号簿，用印钤记，以凭查掌，即兴次第分理，销其号簿，庶使吏弊止息，民冤得伸矣。仍将各房吏典，不时点闸，命读律算等书，毋得纵容在外游荡扰民。违者依律究治"[1]。成化十四年（1478）八月二十二日，吏部吴鹏等上题本"禁革吏弊事"："有等无籍之徒，立心奸宄，遇该两考役满，所据承行文卷，见奉事例，三年一次照刷，别无粘滞，自合随即起送。合却指以清卷为由，潜住公廨，营谋听缺农民或考退生员顶补，希求贿赂。"[2] 这些题奏针对基层公文责任者利用公文作弊现象提出解决对策，也反映了对基层公文责任者的监管成为吏治的重点。

海瑞认为吏胥是缺少自觉性的群体，因而需要制度管理约束。副职官在公文办理中往往不能发挥其应有作用，《县丞参评》引韩愈之言，"涉笔占位署惟谨，惟长官之听，漫不可否事"[3]，较为真实地反映了县丞处理公文事务中的常态。

主簿是地方官衙中主管公文处理的首领官，海瑞曾专门撰写《主簿参评》，"主簿者，掌一县簿书之事也。虽位有崇卑，职有详要"。对主簿种种渎职违规行为进行批评："苟不尽分称职，金玉其外而败絮其内也，即陟巍科，登肮仕，徒玷官常耳。余无容赘缕。如钱谷一书，宜出入明允，无悖孔子会计当之说。苟勾稽错乱，追呼朦胧。有钱则宽征，无钱则急比。且计粮数之多寡，而茧丝之有大封、小封，以为常规之入焉。是凭家兄为驱使，了不能以自主，徒老死于簿书间也。又何异于王恂辈唯唯诺诺，仅供公之喜怒也哉！非主簿也。"[4] 现实中主簿没有履行职责，面对一些吏书在涉及钱谷等的公文上"勾稽错乱"的行为不闻不问，海瑞痛斥主簿这样的公文责任者只是"唯唯诺诺"之辈。

---

[1] 刘海年、杨一凡主编《中国珍稀法律典籍集成（乙编）》（第四册），第430页。
[2] 刘海年、杨一凡主编《中国珍稀法律典籍集成（乙编）》（第四册），第431页。
[3] （明）海瑞著，李锦全、陈宪猷点校《海瑞集》，第165页。
[4] （明）海瑞著，李锦全、陈宪猷点校《海瑞集》，第165页。

吏书是明代基层政府的重要人员之一，也常是基层公文腐败的主要群体。海瑞专拟了《吏书参评》对吏书进行了评价：一是明确吏书的职责，即主管公文撰拟和公文往来处理、管理各类簿册、参与县政事务；二是阐明古今吏书的社会评价，在古代是"庶人之在官者"，吏书是受百姓看重认可的人员，而现实中他们却"每以得利为夸"，故多被呼之"狗吏"；三是海瑞认为，"一为吏，而天之所以生人，仁义礼智之道同于圣贤者，丧之尽矣。非吏书也"①。他从儒家道统的观念上，分析了吏书弊端产生的原因。

虽然吏书群体有诸多弊端，但他们仍是各级衙门公文处理不可或缺的人员。无论是六部、寺、院，还是地方巡抚、按察，衙门愈大吏书愈多，"官府中内面文移是官府为主、吏书为主"，衙门中吏书负责各类公文行移事务，但他们常"执偶中之事以愚小民"。海瑞认为吏书腐败受到整个官场腐败风气的影响，"吏书何等人也，彼见乎内外缙绅之流，开骗局以赂于人多矣，而何独不为之"②。要想从根本上解决吏书腐败问题，关键在于各级官员要以身作则，"潜消默化之机，诚在于上，不在于下。缙绅之常例不去，而去书吏之常例，不可得也"③。吏书腐败多是因主官没有为属吏垂身示范。海瑞为官清正，其属吏也受其约束，起到了以身作则的作用，这种观点是对其实践的总结。海瑞《教约》探讨了习吏教育问题，"供写文案"是吏职人员必须掌握的内容，"学吏职在供写文案。今后纸笔费用，俱系本职区处。敢有因帮补等事，索取生员一钱，并为生员改洗文卷，决无轻贷"。海瑞建议免费培训入职吏员，并且从严教育，"夫上人每每贱吏，正为趋利酷也。我于人无不爱且敬，况尔之有劳于我耶。第本职养诸生如父母深闺养处子，任尔纳赂，生其利心，学校地光明洁净，容尔一贱吏私为污秽，理必不然也。尔慎思之"④。对他们应"爱且敬"，以学校"光明洁净"的氛围，培养他们从事公文事务的职业道德，以此减少"纳赂""生其利心"的书吏。

书手，是负责财经类公文事务的计算和登记造册的人员，是基层公

---

① （明）海瑞著，李锦全、陈宪猷点校《海瑞集》，第171页。
② （明）海瑞著，陈义钟编校《海瑞集》，第152~153页。
③ （明）海瑞著，陈义钟编校《海瑞集》，第172页。
④ （明）海瑞著，李锦全、陈宪猷点校《海瑞集》，第268页。

文事务中必不可少的人员。"书手。书写，吏胥职也。彼或不能，自募书手代之，亦其本分。旧例，清理军匠、丁田、均徭，派征钱粮等项，皆令直日里长出办工食。今已革去。独有大事造册用工多者，算字计该若干工与工食。小事不给。"① 海瑞在基层改革中，保留了这一职位，同时也按事务大小加强对此类人员的监管。

毫无疑问，海瑞的基层管理经验和对公文责任者的要求具有一定的针对性，也能在一定程度上解决基层公文管理存在的弊端。正德时，王廷相曾任职陕西、山西、山东、四川等地，对基层公文责任者非常了解，"访得按属郡县官员，公廉勤慎者屈指无几，贪私怠缓者举目皆然……或文书不为躬亲，听吏卒之舞弄；或事情不致详审，为左右之朦胧；或沉滞上司事件，若塞耳无闻"②。郡县官渎职导致处理公文的吏胥违法作弊，"主文则改抹文卷，出入罪名；书手则诡寄钱粮，科害里甲"。为此，王廷相每到一地便针对性地发布告示条约，如《巡按陕西告示条约》，严厉处罚公文违法官吏，"主文人等事发，照例问以充军"③。王廷相还重视推行公文教育，为官府培养人才，"生员每季各置课簿一扇，该学用印钤记。每月以三六九日作课，初旬《四书》义三篇，中旬经义三篇，末旬论策各一篇、表判同日各一篇，诏诰候次月作表判日期各一篇，一月共作文十篇，立为定规。……文字要本近年会试及两京乡试程文，务求体格高古，辞气典雅，以为式归。不许杂用恶滥陈腐之词，粗浅叫噪之句，夸多斗靡，以为奇观"④，把公文写作能力的培养作为日常教育的重要内容之一。

基层公文拟写往往关系百姓利益，以务实态度撰写公文是对公文责任者的基本要求。李东阳《送周徽州考最还官序》指出，"修案牍，明号令"是基层官吏重要职责，批评"惟所徇藉，不顾虑其下"⑤ 的形式主义公文文风，认为公文必须有益于实务，利于百姓的公文才真正有价值；同时批判脱离民生的公文创作风气，认为他们仅夸饰政绩，不顾实

---

① （明）海瑞著，李锦全、陈宪猷点校《海瑞集》，第 272 页。
② （明）王廷相著，王孝鱼点校《王廷相集》，第 1162 页。
③ （明）王廷相著，王孝鱼点校《王廷相集》，第 1164 页。
④ （明）王廷相著，王孝鱼点校《王廷相集》，第 1171 页。
⑤ （明）李东阳著，周寅宾点校《李东阳集》第二卷，第 27 页。

际情况，仅做表面文章。

嘉靖时，林希元曾任职钦州，为官清正，对治理基层公文责任者有着丰富的经验，"吏胥、书手只在内办文书，不得至公堂。……书手办写文书，既不欲其索钱，须有以给其家，每月给工食银一两，就府堂发问人犯纸赎、罚赎中给与明白，取领附卷"①。一方面在公文办理程序上加以约束和限制，另一方面考虑到书手等谋求利益的实际，从物质方面解决书手的需要。可以说，这种管理方法和理念较为符合实际。

事实上，明代基层也有一些表现优秀的公文处理人员，撰写了很多优秀的公文，他们因此得到上司的赏识和重用。明代著作文学家徐渭，创作了许多优秀的文学作品，在胡宗宪衙内任幕僚时代胡宗宪拟写《代初进白牝鹿表》《代再进白鹿表》，这两份表文受到了明世宗的赏识，使得胡宗宪更加倚重徐渭，"一切疏计，皆出其手"②。王恕《代书办吏贾仪等请冠带奏状》就为贾仪和陆嵓等符合吏部关于历俸三年满日、冠带正八品出身条件的人员申请表彰，他们是王恕身边重要的公文处理人员，长期跟随他处理军中各类公文，"蹈危履险，同受辛苦"，王恕请求"敕吏部照例令各吏冠带，办事挨次取用，如是则勤劳者知所感激而益乐于効（效）力矣"③。然而，明代中后期政治腐败，基层吏书营私舞弊现象甚为普遍，防止吏胥借公文作弊一直是各级官员吏治管理的重要主题。

---

① （明）林希元著，林海权点校，泉州文库整理出版委员会编《林次厓先生文集》，第336页。
② （清）张怡撰，魏连科点校《玉光剑气集》卷一九，第726页。
③ （明）王恕著，张建辉、黄芸珠点校整理，张世民审订《王恕集·王端毅公奏议》，第263~264页。

第四章 编纂视域中的明代公文观

公文编纂是将多篇公文按照一定顺序汇编成集，编成公文文集的活动。公文编纂既纂辑已经成为历史档案的公文，也纂辑依然被使用和具有执行效力的公文。编纂成为历史档案的公文是开发和利用公文历史档案，进一步挖掘政务公文"剩余"价值的重要手段；编纂依然被使用和具有执行效力的公文是将散乱、无序的公文经组织编排后使其更加便于使用的方式。古代公文的编纂经历了一个由自发到自觉、由集体到个人的过程，形成了一系列公文编纂的方法，也形成了公文编纂的理念和思想，还形成了不同的公文编纂价值观，有的将编纂的公文集视作治国理政的参考，有的将其视作个人立功立言的表征，有的将其视作满足现实政治诉求的手段，有的是为了传承世族文化。

从上古社会起，对各种文献的收集整理就为统治阶级所重视，一方面是出于政务管理的需要，另一方面是把以往统治经验作为现实治政的借鉴。传说中的"三坟""五典"，即是当时政务公文的汇编。《尚书》是我国现存最早的历史文献汇编，其公文编纂思想是"惟殷先人，有册有典"[1]。《尚书》自觉地形成了公文编纂的分类方法，开创了以文体为基础的公文编纂模式。

公文编纂最早作为个人自觉意识体现的是《汉仪》，该书由三国吴人丁孚所编，书中辑录代表性诏书及奏疏250篇。隋唐时期，朝廷对公文编纂表现出前所未有的关注。首先，正史列编了大量公文文集，如《隋书·经籍志》列举的当时的公文集有《诏集区分》（四十一卷）、《魏朝杂诏》（二卷）、《皇朝陈事诏》（十三卷）、《杂诏》（八卷）等各代诏令集20余部；再如《新唐书·艺文志》列有《晋杂诏书》《宋元嘉诏》等9部239卷，在正史中列编公文集成为后世修史的成规。其次，大量公文集出现，如《汉诸王事略》（十卷）、《魏名臣奏事》（三十卷）、《南台

---

[1] 王世舜：《尚书译注》，四川人民出版社，1982，第209页。

奏事》(二十二卷),这些公文集既关乎时代治乱,也反映了历史盛衰变迁。最后唐代开始编纂当朝重要官员的公文集,有唐次编纂的《辨谤略》(三卷)、《元和辨略》(十卷),吴兢编纂的《唐名臣表》(七卷),马总编纂的《奏议集》(二十卷)等,方庆为魏徵编纂的《魏郑公谏录》(五卷)等。宋代一直处于民族矛盾和军事斗争中,为防止泄密,公文编纂有着严格限定,如《庆元条法事类》就严禁对"时政边机文书"进行雕印①。同时,宋代重视公文的整理工作,汇编了本朝的公文,是为《诸臣奏议》。《诸臣奏议》编选了宋建隆至靖康年间名臣的代表性公文,分君道、帝系、天道、百官、儒学等十二门,对明代公文编纂产生了重要的影响。宋代还编有《两汉诏令》《唐大诏令集》《宋大诏令集》等公文集。此外,官修的《宋会要》《文献通考》及李昉等人编纂的《文苑英华》亦收有大量的公文作品。

明代政治的变革、经济的发达、思想流派的发展,经世致用思想的日盛,使得汇编公文的热情更盛于前代。明代对公文的编纂更为自觉,更注重现实的功用,公文编纂在选文的目的、选文的数量、选文的质量等方面较唐宋都有较大的发展。官方重视整理编辑皇帝和中央部门的公文,而文官集团"立言"的人生价值追求及对学术思想的探讨,也促进了公文编纂的兴盛。在此过程中,他们以各种方式表达着关于公文整理与编纂的观念和思想,形成了明代公文编纂观。

第一节 明代公文编纂概况

明初,统治者开始重视公文的编纂工作。新政权刚建立不久,礼部尚书陶凯就向明太祖建议,汉、唐、宋三代都编会要,以"纪载时政,以资稽考";明代虽有《起居注》记录皇帝言行,但还没有自己的会要。陶凯建议,"凡诸司领录圣旨及奏事簿籍,纪载时政,可以垂法后世者,宜依会要,编类为书",会要中大部分是公文档案,通过编纂会要可以"使后之议事者有所考焉",要求台、省、府各级政府"加置铜匮,藏领

---

① (宋)谢深甫编《庆元条法事类》卷一七《文书门二·雕印文书·赏格》,《续修四库全书》史部第861册,第308页。

录簿,以备稽考"①。会要记录的是一个朝代的典章制度,包含大量公文。陶凯提出加强对此类公文的保管,分析了它们的作用、类型和保管方式。陶凯的建议得到明太祖的认可,由此开启了工程浩大的《明实录》《皇明宝训》《起居注》《明会要》等编纂工程。

明人一方面以历代公文作为治政的参考,另一方面注重以本朝公文作为教化的工具。皇帝公文,如十二位皇帝的《宝训》,以及《皇明诏令》《祖训录》等公文集,明确提出"开导后人,立为家法"②的观点,以资祖训后世。以个体为主体编纂的公文集数量庞大。《明史·艺文志·别集》统计了约900人的作品,所编文集有1188部,共19896卷,其中专以公文编纂成集的有47部394卷。③ 明人经常将公文与诗歌、散文及书信等一同汇编,如张居正《江陵张文忠公全集》除诗、文、书牍、行实等36卷外,还有11卷"奏对"。这些公文多单独编排,成为文集中相对独立的部分。《四库全书总目》的史部诏令奏议类中所列奏书,仅专集就有29部,计726卷,其中属明朝的有17部,计90卷。

公文的编纂形式,有些是刊刻的,有些则为手抄,如《两汉书疏》最初是手抄④,至弘治年间进行了刊刻;林业的《两汉书疏序》对成书过程进行了介绍。无论何种形式,明代公文编纂俨然已成为一种风气和文化潮流。总体而言,明代从建立初,以太祖朱元璋为首,从治政需要的角度,开始了明代公文编纂工程,从上到下形成了公文编纂文风,此文风一直延续到明末。

一 公文编纂主体

明代由不同的群体根据不同的目的编纂了不同类型的公文集,形成了明代公文独特的编纂风格。明代公文编纂的主体,上至皇帝,下至士庶,因不同的目的、不同的意图,编纂不同类型的公文。明代公文编纂的主体大致有由官方组织的代表着政府行为的公文编纂者,有官员或民

---

① (明)焦竑撰,顾思点校《玉堂丛语》卷四,第128页。
② (清)纪昀等撰《四库全书总目提要》,河北人民出版社,2000,第2167页。
③ 据《明史·艺文志·别集》统计。(清)张廷玉等撰《明史》卷九九《艺文志》,第1635~1654页。
④ (明)周瑄:《两汉书疏》,《续修四库全书》史部第462册,第273页。

间个人或团体等自发组织编纂的编纂者。

（一）官方编纂

官方组织的公文编纂多带有一定的政治目的，是有组织的甚至形成制度的公文编纂活动，属于政务活动内容之一。明代皇帝经常授命翰林学士等编纂具有特殊政治意义或"资治"价值的公文集。《皇明祖训》，太祖朱元璋"令礼部刊印成书，以传永久"。"洪武二年，命中书编次，六年五月成书。"① 明太祖首开明代《祖训》编纂先河，并将其作为继任者的执政准则。明代中央公文的编纂是有组织、成体系的，如皇帝诏令的编纂与《实录》的编纂往往是由同一人负责，因为《实录》的编纂需要摘录大量重要的诏令。皇帝的诏令、口谕被汇编成集称为《宝训》。为突出皇帝至高无上的地位，体现封建帝王的"法祖"思想，明代几乎每任皇帝都编有《宝训》，具体有《明太祖宝训》（十五卷）、《成祖宝训》（十五卷）、《仁宗宝训》（六卷）、《宣宗宝训》（十二卷）、《英宗宝训》（十二卷）、《宪宗宝训》（十卷）、《孝宗宝训》（十卷）、《武宗宝训》（十卷）、《睿宗宝训》（十卷）、《世宗宝训》（二十四卷）、《穆宗宝训》（八卷）、《神宗宝训》（二十六卷）等；主持编纂的官员有詹同、杨士奇、陈文、刘吉、刘健、谢迁、费宏、徐阶、张居正、温体仁等，多为内阁重臣。② 可见其庄重严肃，这凸显了这些文集的特殊政治意义。

弘治年间，内阁大学士李东阳奉诏敕编纂《历代通鉴纂要》，"以世有古今，史册鉴兴衰之迹；圣无先后，文章昭作述之光。事或因旧以为新，体则似轻而实重"。《历代通鉴纂要》专供皇帝阅读，"司存纂辑，道切规箴"③。为此，结合历代治政的公文档案，摘录那些"切治道"④的公文，参照原始公文，节略成编，是为此书。

除了委派重要的文臣编纂历代公文档案，皇帝还经常指派相关职能部门编纂与职责相关的公文集。洪武五年（1372）三月，明太祖就委派礼部编纂《申明戒谕书》。这是一部有关社会基本风俗礼仪规范的著作，

---

① （清）纪昀等撰《四库全书总目》，中华书局，2003，第693页。
② （明）张廷玉等撰《明史》卷九七《艺文志》，第1588～1594页。
③ （明）李东阳著，周寅宾点校《李东阳集》（第三卷），第133页。
④ 《明孝宗实录》卷一九九，"弘治十六年五月辛卯"条，第3694页。

目的是"以海内太平,欲复古礼,诏天下举行乡饮酒礼"①,要求礼部参照历代儒家的礼制,制定一套符合新政权需要的礼仪规范。

明代中央政府往往出于治政管理的需要,专门组织中央各部门人员,有组织、有分工、有计划地编纂公文集或编纂含有大量公文的政务类书。《明会典》是明中后期重要的政务类书,该书第一版从弘治十三年(1500)三月开始编纂,到弘治十五年(1502)十二月完成,共180卷,明孝宗亲自撰写了序文,并赐名《明会典》;该书专门组织较有影响力的官员编纂,吏部尚书徐溥、礼部尚书刘健、侍读学士李东阳、侍讲学士谢迁等为总裁,侍讲学士程敏政、杨守阯,侍读学士王鏊、翰林学士吴宽等为副总裁,学士梁储、王华等为纂修官,他们都是当时的重要文臣,如刘健、王鏊、程敏政等均为杰出的政治家,李东阳是杰出的文学家,程敏政编过《皇明文衡》,有着丰富的编纂经验。由这么一批有威望的官员编纂出的《明会典》,得到了皇帝的首肯,皇帝在礼部赐宴,并对各纂修官员加以升赏,以示褒奖。该部《明会典》成为后世的典范,参加重修的官员也多是当时的名臣,如正德时的杨廷和等,嘉靖时的杨一清、张孚敬、桂萼、霍韬、顾鼎臣、廖道南等,万历时的张居正、申时行、王锡爵等,这些重要政治人物的参与,体现了重修《明会典》的政治意义。明武宗在重修完成时,亲自撰写序文,命司礼监刊刻成书,颁行天下;明神宗在第三次重修完成后也是亲自撰写序文。如此庞大的政书产生了重要的影响,成为明中后期典章制度的集大成者,因此每一朝都在添加完善,最终的《明会典》历经了弘治、正德、嘉靖、隆庆和万历五朝才编纂完成。

在皇帝的影响下,一些官员则对某些有影响力的政治家的公文进行编辑。王恕的《王介庵奏稿》就是一个由群体组织编纂的成果,"是编乃其官南京兵部尚书时所刻",由众多名家作序,经历多次的整理与刊刻。《王介庵奏稿》初刻时,陈公懋于成化十八年(1482)作后序,程廷琪于二十一年(1485)作序,李东阳于弘治五年(1492)作后序,杨循吉于弘治十五年(1502)作序;三原知县重刻时,程启元于正德七年(1512)作序;于扬州重刻时,谢应征于嘉靖二十六年(1547)作序。

---

① 《明太祖实录》卷七三,"洪武五年四月戊戌"条,第1342页。

有如此众多人物为一位杰出政治家的公文集作序,可见其在明代的地位和影响力。这些序,也交代了该公文集编纂篇目的变化过程;杨循吉到关中时得到疏稿 200 余篇,刊正了 86 篇,最终厘定为 6 卷;后在正德十六年(1521),三原知县王成章始增补以吏部诸疏,刻为全帙。

明代中后期,公文编纂形成一种风尚,出现大量以官员为主体的公文集编纂团队,他们有意识地编纂历史上一些公文,如嘉靖《秦汉书疏》序言就记述了编纂的分工,"尝订是编于前巡抚马中丞,亦谓监察宜刻宜序"①,序文交聂豹撰写,校刻由南康吴国伦完成,监督则由吉安黄国卿负责,此外还有徐绅等人参与。聂豹介绍了该文集的生成过程。人员组织与编纂者各有分工,可见该公文集编纂的组织与规模。

明末社会动荡,皇帝懒政,为了挽救危局,一些有识之士通过编纂特殊公文实现他们的政治愿望。天启时,明代政权岌岌可危,其直接根源是万历朝的政治腐败,明神宗怠于朝政,将大量官员的公文留中处理,致使朝政基本停滞。明熹宗临朝,董其昌编纂了《神庙留中奏疏汇要》,希望新皇帝能重新审视这些留中的公文,公文集共收录各类公文 301 篇,涉及国本、食货、吏治、边防等方方面面,按六部职能分类,其中吏部和户部公文最多,分别是 70 篇和 66 篇,占了全书近一半,而这两个部分又以人事的任命和请赈济、请蠲免等相关内容为多。考虑到当时的政治风气,董其昌编辑此书的原则是"精鉴可为后事师"②。

明末陈子龙、徐孚远、宋征璧等编纂《明经世文编》,是晚明一批仁人志士出于经世致用的政治理想,有目的、有组织、有规划的编纂行为。该公文集的编纂者是一支庞大的编辑队伍,参与编辑的有 361 人,有 24 人负责选辑,142 人负责参阅,186 人负责鉴定,9 人为之作序。该公文集刊行后,得到了时人高度评价,如方岳贡评价:"览其规画,足以益才智;听其敷奏,足以壮忠怀;考其始终,足以识时变,非徒侈一代之鸿章,亦将以为明时之献纳云尔。"③ 为后世大型书籍的编纂提供了诸多可供借鉴的经验。

---

① (明)聂豹:《刻秦汉书疏序》,《续修四库全书》史部第 462 册,第 2 页。
② (明)董其昌:《神庙留中奏疏汇要》,《续修四库全书》史部第 470 册,第 1 页。
③ (明)陈子龙等选辑《明经世文编》,第 7 页。

（二）个人编纂

个人编纂公文多是官员在任职或卸任期间自己或亲属对自己所作公文进行编纂的行为，目的或是记录个人功绩，或是表达政治思想等，具有典型的私人性。

明代的官员十分重视自己为政的政绩，因而在编辑文集时，都把自己从政的公文作为其文集的重要部分，有些官员还把公文专门编纂成集。后人对他们的公文进行编纂时，也往往依据他们所从事的政务进行分类整理，这些都表明明代官员非常重视个人公文的编纂。《呆斋刘先生集序》言刘定之"皆所自择"，"自举业程试、讲章奏疏、应制代言……皆备焉"①。内阁大学士是参与国家政策制定的重要人员，他们对个人公文编纂也格外重视，因此许多阁臣经常将自己在入阁期间的各类公文单独编纂成集。毛纪的《密勿稿》收录其在内阁所进的奏疏、题本、揭帖。毛纪归田以后汇辑旧稿，是书篇章均由作者本人编定。杨士奇自编的《奏对录》，汇辑的是其在正统初年任职内阁时所上奏疏。毛宪自编的《谏垣奏草》，汇辑的是其任刑科给事中和礼科给事中时所上三十一疏。明代中后期盛行编刻个人文集，嘉靖之后编刻风气更盛，大多数为官者都有个人文集，这些个人文集是将作者所有文章汇编而成的。如高拱对自己创作的公文进行了有意识、有系统的编辑。他将初任官所作的辞谢称贺诸表奏编为《献忱集》，后收入《纶扉稿》；高拱在嘉靖四十一年（1562）任礼部左侍郎，后任吏部侍郎，又升任礼部尚书，于是将这一年中所作公文编成《南宫奏牍》；于嘉靖四十五年（1566）入阁，隆庆元年（1567）被罢，将在阁时疏稿编为《纶扉内稿》；于隆庆三年（1569）再次被召入内阁，兼掌吏部共二年，编有《掌铨题稿》。赵志皋将其任职内阁十年期间的公文编纂成《奏题稿序》，"自受事以来，凡密奏及登对诸稿，随日月诠次之成帙"②。其他官员也同样重视个人公文集的编纂。马文炜，历任河南确山知县、御史，湖北德安知府、按察司副使、荆南兵备道、左参政，江西右布政使，都察院都御史兼江西巡抚等职，有着丰富的基层为政经验，也创作了大量的公文。马文炜于万历十三年

---

① （明）李东阳著，周寅宾点校《李东阳集》第二卷，第74页。
② （明）赵志皋：《内阁奏题稿》，《续修四库全书》史部第479册，第1页。

（1585）辞职归乡，将其任职期间所有的公文及信函编纂成集，其文集中有两卷专为"奏议"。《叶文庄公集》是叶盛的文集，其中分成几个部分，收录了不同为政阶段的公文，都是叶盛亲自编定①。吴宽的《家藏集》收录的也是其为政期间创作的公文，由其亲自编定②。吴世忠的《西沱奏议》是其编纂的自己任给事中期间所作公文的公文集③。这些公文集都是为官者自觉编辑整理而成的。

此外，还有属官或同僚编辑的公文集，如弘治四年（1491），文选郎孙交为王恕编辑的《吏部奏议》（九卷），由李东阳作序；后兵部尚书王宪选取王恕任大理寺左寺副和任南京兵部尚书期间的各类奏议汇编成六卷文集，刊刻于苏州，御史程启元在三原刊刻此集。刘昌的《悬笥琐探》称王恕从政四十五年，给皇帝的公文有3000多篇，所汇编公文是经过筛选而定的。夏言的《桂洲奏议》是巡抚江西副都御史王暐等在嘉靖十八年（1539）所刊；其《南宫奏稿》"爰托侍御王君廷瞻刻之"④。郑晓的门人项笃寿为其编了《郑端简公奏议》。

个人公文编纂的群体多是公文撰写者的后代，他们将先辈的公文进行编纂，视为家庭的荣耀。夏言留遗言给女婿吴春，让其编辑《夏桂洲先生文集》，后由夏言的外甥孙吴一璘于崇祯十一年（1638）刊刻。朱燮元总督云贵时有《论平定诸苗奏疏》与《督蜀诸疏》等公文，史称其"治事明果，军书络绎，不假手幕佐"⑤，他总督四川时，处理了苗疆事宜及弹劾僚属等公文，后由其曾孙朱人龙校刻编定为《朱襄毅疏草》《督蜀疏草》；《朱少师奏疏》为其曾孙朱世卫所重刊。正是民间人士的参与，明代公文编纂才蔚然成风，民间人士编纂的大量的公文集，成为官方公文编纂的重要补充。

二　公文编纂类型

明代公文编纂主要从公文文体、公文功用、编排标准等方面进行划

---

① （明）李东阳著，周寅宾点校《李东阳集》第二卷，第110~111页。
② （明）李东阳：《家藏集》，《景印文渊阁四库全书》集部第1255册，台湾商务印书馆，1986，第3页。
③ （明）黄直：《西沱奏议序》，《四库禁毁书丛刊补编》第22册，北京出版社，2005，第372页。
④ （明）汪文盛：《南宫奏稿序》，《影印文渊阁四库全书》第429册，第410页。
⑤ （清）张廷玉等撰《明史》卷二四九《朱燮元传》，第4308页。

分，形成了不同类型的公文集。

(一) 文体标准：诏制与奏议

公文文体是公文的重要标志。明代公文编纂重点有两类文体：一类是皇帝下发的公文，有诏、诰、令、制、册等，称之为诏制类；另一类是官员给皇帝的上行公文，有题本、奏本、揭帖、表等，称之为奏议类。

1. 诏制类

诏制类公文集编纂的是以皇帝身份发布的公文和口谕，这些公文和口谕往往代表统治者最高政策和理念，多涉及重大的政治事件，还记录了许多重要政策的颁行与实施过程。明代对诏制类公文集的编纂多是有组织、有目的的，是表达某种政治意图的行为。

明初诏制类公文集多是由官方组织编写。《国初诏令》辑录明初至建文四年（1402）间所颁行的各类诏令。《两朝诏令》所编的是"永乐、洪熙二代"诏令。《皇明诏赦》收集了"永乐二十二年期至嘉靖十二年间列圣诏赦凡三十二道"[①]。朱元璋是明代编辑公文最多的一位皇帝。洪武二年（1369）下诏编定《祖训录》，后更名《皇明祖训》《太祖高皇帝宝训》；洪武五年编有《太祖御制诏稿》，刑部敕编《申明戒谕书》；洪武七年，宋濂等编《皇明宝训》；洪武二十一年朱元璋撰制了《御制武臣敕谕》；此外，还编有《赐诸番诏敕》《太祖御制诰敕文》《太祖皇帝钦录》《孝陵诏敕》《国初诏令》《太祖御制为政要录》《御制大诰》《大诰续编》《大诰三编》《大诰武臣》；宋濂、乐韶凤等编有《太祖文集》，可见明太祖朱元璋时期公文集之丰。后世皇帝也纷纷效仿，如明成祖时有《长陵诏敕》《太宗文皇帝宝训》《两朝诏令》；明世宗时有《世宗敕谕》《火警或问》《敕议或问》《世宗肃皇帝宝训》，等等。

皇命公文往往代表着国家大政方针，需要贯彻执行，这些公文的编纂标准直接影响着其作用的发挥。皇命公文的编纂分为两类。一类是专为某一位皇帝编纂的诏制公文集，如朱棣为明太祖辑录的《孝陵诏敕》共35篇，开篇为《太祖即位登基诏》，末篇为《太祖遗诏》；按主题分为斥奸党、兴礼乐、免田租、诏藩国、科举等，内容涉及洪武时期的大政方针，这是成祖为阐明自己的政权合法性而编纂的公文集。如为明成

[①] （明）高儒等：《百川书志》卷一八，古典文学出版社，1957，第262页。

祖辑录的《长陵诏敕》，收录从永乐元年（1403）四月至洪熙元年（1425）三月间所颁布的各类诏敕；如为在位仅九个月的明仁宗辑录的《献陵诏敕》，收其在位期间的所有诏敕，这些公文集对明代政治产生了重要影响。另一类是综合类的汇编诏制集，如《皇明诏令》和《明典章》，前者汇编了明代历朝的诏令，后者收录明太祖洪武元年至明世宗嘉靖十五年的制诰诏令，所编公文多为该时期的各类典章制度，成为明代后世治政的重要参考。

2. 奏议类

奏议，又称奏疏、奏章、条陈等，指官员向皇帝上报的公文。明代奏议类文体有题本、奏本、揭帖等，所编公文集常称"奏议""奏疏""奏稿"等。这类公文是官员对政治的表达，多与国计民生有关，"夫涣号明堂，义无虚发，治乱得失，于是可稽，此政事之枢机，非仅文章类也"①。此类公文既为官员所重视，也为皇帝所重视，"文章非经世具也，有足经世者惟奏议之文。大之以创典敷猷，回天转日。次之，亦指事披衷，箴违纠慝。故当其效，即一言而世道关焉"②。奏议类公文是治理国家的重要工具，在治政过程中发挥着重要作用，往往作为后世治政的镜鉴之资。

有明一代，奏议编纂卷帙浩繁，种类亦较前代更多。明初，《奏对录》辑录19篇杨士奇于正统初在内阁所上奏疏。王纪所撰《畿南奏议》，辑录的是其自万历四十一年至万历四十五年巡抚保定时所上奏疏。崇祯年间，巡按御史李嵩的《按晋疏草》，辑录的是其于崇祯五年至崇祯六年所上的奏疏。此外，还有马文升《马端肃奏议》、王恕《王端毅公奏议》、杨廷和《杨文忠公奏议》、杨一清《关中奏议》、周玺《垂光集》、潘季驯《潘司空奏疏》和《两河奏书》、遂中立《两垣奏议》、王琼《户部奏议》、汪应蛟《汪青简公奏疏》、郭尚友《漕抚奏疏》、李永茂《荆襄题稿》、毕自岩《度支奏议》、张原《玉坡奏议》、夏言《南宫奏稿》、项笃寿《小司马奏章》、郑晓《端简郑公奏议》、王崇古《少保鉴川王公督抚奏议》、杨博《杨襄毅公本兵疏议》、张瀚《台省疏稿》、

---

① （清）纪昀等撰《四库全书总目》卷五五，中华书局，1965，第501页。
② 谢渠源：《明代忠烈奏议论衡》，台湾学生书局，1980，第37页。

顾养谦《冲庵顾先生抚辽奏议》、赵志皋《内阁奏题稿》、沈一贯《敬事草》、赵世卿《司农奏议》、叶向高《纶扉奏草》、周孔教《周中丞疏稿》、邹元标《邹忠介公奏疏》、杨天民《杨全甫谏草》、熊廷弼《经辽疏牍》，等等。该类公文集在明代公文集中比重较大。

  此外，明代还非常重视编辑历代奏议，并有着明确的目的。由于考虑其功用性，这类文集以公文为主，同时也收录一些表达个人政治观点的政论文。如黄训编纂《皇明名臣经济录》，"不纯为奏议之体，故但以《经济录》为名，其实奏议居十之九"①。除公文外还编有一些重要作者的生平小传，如《陶安传》《刘基行状》《李东阳年谱》等，以公文观照他们的政治言行；另外还附有一些重要历史事件，如石亨、曹吉祥之变等，介绍这些公文产生的背景，便于了解公文产生的根源。后来，万表模仿《皇明名臣经济录》编纂了《皇明经济文录》，陈子壮所编纂的《昭代经济言》也是以奏疏为主兼以收录相关治政思想类文章。赵敦甫的《皇明经世文编水利文钞》则围绕着治水主题辑录奏疏及相关文章，具有较强的专业性。邱浚《大学衍义补》的核心主题是以阐释儒家政治思想观点，所用材料多为历代诏令，以之作为阐释其思想的依据，其中节录了历史上一些著名人物的奏议。

  陈子龙等主编的《明经世文编》是明代奏议类公文集编纂的集大成者。其中编选了颂、表、序、记、公移、咨文、告示等文章和一些官府间使用的公文，而其中给皇帝的奏疏有2013篇，占绝大部分，原因在于奏议能够察往鉴今，具有经世的作用，所选文章的体裁以奏疏为主，正是为了挽救明政权大厦的将倾之险。《明经世文编》所选文章的作者多为阁臣和各级政府的重要官员，"阁部居十之五，督抚居十之四，台谏翰苑诸司居十之一"②。他们多身履要职，有着丰富的治政经验，并且政绩卓著，所录奏疏如马文升为总宪时所上《题为正心谨始以隆继述事疏》，为大司马时所上《为申明律意以饵盗贼事疏》；韩邦奇任浙江佥事时所上《苏民困以保安地方事》，任山东参议时所上《慎刑狱以光新政事》；等等。这些公文的编纂都结合明末衰微的政治现状，具有很强的针对性

---

① （清）纪昀等撰《四库全书总目提要》，第1525页。
② （明）陈子龙等选辑《明经世文编》，第57页。

和借鉴意义。

(二) 事务特点：综合类与专题类

公文主题内容是公文工具性的重要特征。明代许多官员担任官职期间所创作的公文，决定了其编纂的公文集的事务特点，分为综合类和专题类两类。

1. 综合类

一是由主官历任多职而产生的涉及不同职责业务的公文汇编而形成的综合类公文集。

杨士奇自永乐四年（1406）至正统九年（1444）为内阁大学士，为皇帝撰写了各种碑册诏诰，这些碑册诏诰被合编为《代言录》，内容涉及政务的方方面面，属于综合类公文集。正统十三年（1448），王恕登进士及第入选庶吉士，后历任知府、布政使、巡抚、刑部左侍郎、左副都御史、尚书等职，历官十九任，从中央到地方再到中央，所作公文涉及各个方面的政务，其《王介庵奏稿》正是这些事务公文的合编，如《大理寺》《南京刑部》是关于其司法方面的奏议汇编，《抚治荆襄》《巡抚云南》《巡抚南直隶》是关于其在地方治政方面的奏议汇编，《总理河道》是其任河道总督时所上奏议的汇编，《南京户部》则是其财政方面的奏议汇编。杨一清是成化八年（1472）进士，官至华盖殿大学士，《关中奏议》是其在关中任职期间所有奏议的汇编，其中又以其不同的职务进行了分类编纂，如其于弘治十五年（1502）以副都御史督理陕西马政时所上奏议被归为"马政类"，北虏入侵花马池时所上的奏议被归为"茶马类"，任陕西巡抚时所上的奏议被归为"巡抚类"，正德初北虏寇犯固原隆德由其负责统摄延绥、甘肃、宁夏等地军务时所上的奏议被归为"总制类"。毛纪是成化二十三年（1487）进士，后任内阁谨身殿大学士，其间所撰奏本、题本和揭帖等被编为《密勿稿》，该公文集分为武宗北巡时、武宗南征时和嘉靖初掌权时三个时期的奏议。邵锡是正德三年（1508）进士，曾任右副都御史、山东巡抚，其任御史和巡抚山东时所有的奏议被汇编为《石峰奏疏》。嘉靖时，廖希颜为王琼所作《晋溪本兵敷奏序》，介绍了该文集的概况："少保王恭襄公，由进士起家郎官，历朝四十余年，中间播迁转徙凡六岁，余皆公致用日也。所值不同，而诸所建白、树立皆具存牒记。故在水部，则有《漕河图志》若干卷；在户部，则有《四科十三司条例》若干卷；为户部尚书，有《户部奏议》若干卷；赐环为三边总制，有《环召新疏》若干卷。"① 万历时，钱春曾任监察御史巡按湖广时所作奏议及文移被汇编为《湖湘五略》，分为"疏略""牍略""檄略""详略""谳略"，所辑录的均是其日常治政过程中所作公文。叶盛《叶文庄奏疏》辑录了他不同任职期间的奏议，如任兵科给事中期间的奏议被编为《西垣奏草》，任两广巡抚期间的奏议被编为《两广奏草》，任山西参政协赞军务时的奏议被编为《边奏存稿》，任宣府巡抚期间的奏议被编为《上谷奏草》。这些公文集是官员不同任职阶段的公文汇编，多囊括了其为政时方方面面的公文。

二是为官员提供治政参考而编纂的各类常用"官箴"，公文选编是这些官箴书的重要组成部分，如《居官水镜》《治谱》等。"官箴"中编选了地方常用公文，如告示、移文、檄、咨、申、禀、批词、判词、条约等，这些公文不仅是公文写作之资，更是官员治政管理的参考，可为那些新任地方官提供借鉴。江东之《抚黔纪略》、吕坤《实政录》、王世茂《新刻精纂详注仕途悬镜》等，都将其作者为政期间一些具有代表性的公文编列其中。

孔贞时将刘时俊所撰写的各类治理理论文章和公文汇编为《居官水镜》，这是一部典型的总结了地方官为政经验的参考书。《居官水镜》卷二罗列了基层政府经常使用的各式公文簿册，分别有收簿式、收票式、放簿式、放票式、丈尺式等②，还编有各类案件判决谳语、判词等 32 篇；卷三汇编了各类常用公文，分为公移类、告示类、崇祀类、请举类与旌善类等五类。公移，是指地方各官府之间往来公文，"诸司相移之词也"③。《居官水镜》编录的公文有《修建书院公移》《议贴役公移》等。告示类是基层政府告谕百姓的布告，为地方政府常用公文种类，《居官水镜》收录了《禁请托示》《劝贷示》《禁谕示》《禁约示》等 11 篇④公文。此外，旌善类公文编有帖、牒等公文。《居官水镜》卷四则分为禁谕类、

---

① （明）王琼撰，张志江点校《晋溪本兵敷奏》，上海古籍出版社，2018，第 3 页。
② （明）刘时俊撰，孔贞时辑《居官水镜》，刘俊文主编《官箴书集成》（第一册），第 614 页。
③ （明）徐师曾著，罗根泽校点《文体明辨序说》，第 127 页。
④ （明）刘时俊撰，孔贞时辑《居官水镜》，刘俊文主编《官箴书集成》（第一册），第 595 页。

批参类、亲审参语等，收录了牌、票、参语和批语等事务性公文和法律判决书①。类似的公文集仅作为一种政务管理的范文使用，其选文多注重文体的代表性和典型性。

2. 专题类

在政务管理过程中，明代编纂了大量专题类公文集，充分体现了政务的专业性特点，如治水、边防、典章礼法等类公文集。这些公文集正是公文区别于文学作品的重要标志，凸显出其实用性特点。专题类公文集源自实际政务管理，是对具体行政业务管理经验的总结，往往成为后世各专业部门治政的参考。

专题类公文集是由各部门将关于某项工作内容或某一类的公文汇编而成的公文集。叶盛《守卫四城官军揭帖》就专门提出日常公文的编辑整理问题。一方面，日常管理中注意对前朝公文档案的收集整理。为了解这些揭帖所反映的历史，叶盛在任兵科负责守卫、四城揭帖事务时，抄录了正统十三年所藏的两本揭帖。另一方面，对任职期间公文进行整理与编辑。叶盛任职二十年，日常官军揭帖三日一进，有羽林前、羽林右、羽林左、金吾前、金吾左、金吾右、金吾后等21处卫揭帖送至兵科处汇总。"本科攒揭帖，十六日早掌科事官于御前奏进。"② 汇总后的揭帖由早朝掌科事官上报皇帝，事后再送至兵科以备考。叶盛有意识地将这些揭帖进行编辑并说明其来源。再如《万历邸钞》则是明钱一本根据当时的邸报所编，其中有大量官员的公文。这些公文集的编纂都有明确的专题意识。

明代产生了大量具有很强的专业性的公文集，典型类别有如下几种。

治水是关系民生的大事，明代许多治水名臣，将治水公文进行了整理和编纂。嘉靖时，"徐、吕二洪水竭，运船胶滞"③，王以旂担任兵部右侍郎兼金都御史，总理河漕事务，因打通相关水道而晋升。王以旂将其为治理漕运所拟的题奏章疏编成《漕河奏议》。万历初，高家堰河道决堤，淮安、扬州、高邮、宝应都因此受淹，潘季驯提出筑堤防和疏浚

---

① （明）刘时俊撰，孔贞时辑《居官水镜》，刘俊文主编《官箴书集成》（第一册），第596页。
② （明）叶盛撰，魏中平校点《水东日记》，第220页。
③ （清）纪昀等编，周仁等整理《四库全书总目提要》，海南出版社，1999，第318页。

塞的策略，以及恢复黄河故道等六条建议，这六条建议后被编入《两河经略》。《两河经略》所收录公文均为规度形势、分析治水利弊的公文。是书反映了当时的治水思想和工程，其中最著名的治水方略是以堤束水和以水刷沙。李化龙于万历三十一年（1603）担任工部右侍郎总督河道，正值黄河泛滥，他实地考察了淮河及徐州等地河道，奏请疏凿河道，开通了二百六十丈，后又被流沙堵塞；李化龙又改凿崛头一带河道，终使河道疏通。其间的公文被汇编为《治河奏疏》。崇祯十五年（1642）李自成决堤灌城，致使许多百姓溺死，工部侍郎周堪赓督修汴河，其间所上治河公文被汇编为《治河奏疏》。

军事边防关系到国家的安危，是明代君臣关注的重点，此类公文编纂对军事边防有着重要意义。如洪武年间编辑的《御制武臣敕谕》，是明太祖告诫守边将士的八条敕令，包括将领以恩抚军、城防修建、城池加固、操练军士、军机事务处理等。《武职选簿》收录了与武选相关公文档案，如贴黄、诰敕、审稿、堂稿等①，为军队考核制度汇编，是一部关于明代军队职官袭替的资料汇编。

为应对与周边国家和民族的关系，明代曾制发了一系列关于外交和民族关系的公文。明初，为保证边疆的安全，明太祖给元政权及诸边各国颁布诏谕。这些诏令被汇编为《赐诸番诏敕》，共有各类诏谕36篇。

明代兵部作为军队管理机构，在管理过程中产生了大量的军事公文，也编纂了大量军务类公文集。弘治七年（1494）吐鲁番阿黑麻攻占了哈密，许进任甘肃巡抚时光复哈密，所拟公文被汇编为《平番始末》。欧阳必进任两广总督时，于嘉靖二十八年（1549）击退侵扰钦州的安南范子仪，平定琼州黎民反叛，方民悦收集相关事件的地图及欧阳必进所作奏疏，汇编成《交黎剿平事略》。杨博《本兵疏议》是其为兵部尚书时所上奏议，编辑了从嘉靖三十四年（1555）到隆庆六年（1572）间的公文，"倭寇乱于南，俺答侵于北。请饷请兵，羽檄旁午。故案牍之繁，至于如是"②。王琼任兵部尚书时所上奏议被汇编为《晋溪奏议》，公文集主题涉及清军、驿传、马政等军务，所涉地域有京畿、陕西、云、贵

---

① 梁志胜：《明代的"武职选簿"档案》，《社会科学评论》2003年第1期，第96页。
② （清）纪昀等撰《四库全书总目提要》，河北人民出版社，2000，第1538页。

等地。

　　明代军事家俞大猷曾任备倭都指挥，隆庆二年（1568）至隆庆三年（1569），海贼曾一本侵扰广东、福建沿海百姓，俞大猷等率兵剿灭海贼，其间所作奏疏、公牍、书札等被汇编为《洗海近事》，并附贺赠之文。抗倭是明中后期沿海军事重点，王士骐编纂的《皇明驭倭录》详细编辑了历任皇帝给日本的诏谕，官员防倭、驭倭和抗倭的奏疏，反映了明代历次抗倭战争的经过。

　　"把汉那吉事件"是隆庆朝与蒙古之间的争端。蒙古土默特万户、鄂尔多斯万户、略喇泌万户与明政府使臣多有往来。把汉那吉投降明朝廷及俺答汗"贡市"是当时的政治热点。隆庆四年至隆庆五年，宣大总督王崇古、大同巡抚方逢时及郭干、潘晟、刘自强和刘应箕等纷纷上奏疏，后交由兵部商讨，兵部将相关27篇奏议汇编为《兵部奏疏》，详细地向皇帝汇报了把汉那吉投降始末，以及俺答汗"贡市"的各种意见、封贡和互市事宜等系列事件。俺答汗曾多次侵扰明北部边疆，隆庆四年（1570）俺答汗孙子把汉那吉率妻奴八人投靠明政府，高拱为处理俺答关系撰写的奏疏被编为《边略》。诸葛元声编纂的《两朝平攘录》记载隆庆与万历两朝的军事类公文，按事件发生顺序分别为隆庆五年（1571）封俺答为顺义王册文，万历元年（1573）平定四川都掌蛮及万历二十年（1592）平定哱拜、派遣李如松等出兵援朝抗倭奏议，万历二十五年（1597）至二十八年（1600）李化龙率师平定杨应龙反叛等奏议。顾养谦于万历十三年（1585）以右佥都御史巡抚辽东所上疏90余篇被汇编为《冲庵顾先生抚辽奏议》；万历二十一年（1593）任兵部侍郎，总督蓟辽军务，所上疏30余篇被汇编为《督抚奏议》。万历二十五年，倭寇入侵朝鲜，万世德任都察院佥都御史，负责天津、登莱、旅顺等海务，撰奏议48篇，被汇编为《海防奏议》。天启二年（1622），王在晋任兵部尚书兼右副都御史，经略辽东、蓟镇等军务，撰写的大量相关奏疏被汇编为《三朝辽事实录》，除编录具体公文外，还有一些邸钞，较全面地记载了历次抗金的起因和经过。军事类公文集的编纂者，从出身和任职看，大多数是负责军务的武职人员。得天独厚的任职条件，让他们更容易获取大量有关军事类的诏诰、题奏等档案，他们在公务之余，将这些重要公文档案汇编成集。

典章礼法类公文集，多为国家典章制度和礼法礼仪公文的汇编。《明会典》是一部明代官修的典章制度，是明王朝的行政法典。《明会典》虽然是行政法规，但其重要组成部分是与吏治相关的诏令和题奏。再如桂萼的《桂文襄奏议》，原名《大礼疏》，是迎合当时政治需要而编纂的礼法类公文集，其中代表作《请罢非议以全大礼疏》是符合世宗皇帝的政治需求的，桂萼这些有关礼法的公文被后世评为奉迎邀宠、破坏典章之作。正德时，毛纪历任礼部侍郎、内阁大学士等职，凡皇帝对其任命辄书陈辞，毛纪先后有 26 篇陈辞，这 26 篇陈辞被汇编为《辞荣录》，此类公文集表达的是封建礼教观。

陈于廷《宝泉新牍》是一部关于财政货币的专题类公文集，汇编了其任户部右侍郎时的部分疏文、咨文、移文、批檄、札付、照会等。《题宝泉新牍》介绍了具体编纂情况，"余实屡黜，承乏泉局凡十阅月，有概于果行之义，而稍祛其蒙，庶几《盘铭》之'苟日新'者。在公诸牍，不忍敝帚，摘举若干条，分为两卷，漫付之梓，题曰《宝泉新牍》。客有诮之者……余唯唯否否，《周礼》一书，理财居半，其文旧而其义常新。今上浴德，重玄如泉，始达盈庭，穆穆不乏，日新又新，以赞清明之在躬者，则繇理财以平天下，间间片牍，未必非大道之筌蹄也"①。此书所载均是天启年间铸造货币事宜，"皆是当时经济史第一手资料，至为可宝"②。

明代灾害不断，也产生了许多反映赈济救灾的公文集，如俞汝为的《荒政要览》，"首诏谕，次奏牍，又次救荒总论，平日预备、水旱捍御……定为十卷。大都先事有备，御患有经，古今法术，可裨民艰，搜猎无遗"③。该公文集收录了洪武初年以来不同时期的救灾诏令和奏议。赵世卿《司农奏议》也是反映救灾情形的公文汇编。"《司农奏议》者，计曹诸大夫所刻南渚先生奏议也。先生为大司农，值时之诎，旱溢频仍，采榷驿骚，民生物力萧然凋敝。有司常苦赋不办，左枝右梧，蠲赈之告章

---

① （明）陈于廷：《宝泉新牍》，《续修四库全书》史部第 838 册，第 472 页。
② 续修四库全书总目提要编纂委员会编《续修四库全书总目提要》，上海古籍出版社，2014，第 442 页。
③ （明）俞汝为：《荒政要览》，李文海、夏明方主编《中国荒政全书》（第一辑），北京古籍出版社，2003，第 292 页。

交公车。"① 其于序中交代了公文产生的背景及主题。

(三) 时代标准：明前文集和明代文集

明代公文编纂既注重对本朝公文的编纂，也注重对明代之前具有代表性公文的编纂，于是出现了大量具有时代特征的公文集。

1. 明前公文编纂

明代汇编公文成为一种风尚，涌现了大量汇编前代或历代奏议的总集。《历代名臣奏议》是明初官修历代公文总集的典范。永乐十四年（1416），明成祖委任黄淮、杨士奇等编修《历代名臣奏议》，辑录了自商周至元历代名臣的奏、疏、议、札子、封事、策对等 8009 篇，涉及不同时期的政治、经济、文化、军事等各个方面。黄汝亨编辑《古奏议》编选自战国迄于宋代奏议 110 篇，并逐篇加以评论。此外，还有孝宗时编辑的《两汉书疏》《秦汉书疏》，嘉靖时杨慎所编《名奏菁英》②，张瀚编辑的《皇明疏议辑略》等。

唐顺之《右编》是由个人编辑的公文集，对历代有资于治道的公文和相关文章进行了梳理编辑，堪称鸿篇巨制。明人朱国祯评其曰："上下二三千年，其人其言至不可枚举。荆川先生部分裁剪，辑《右编》一书，以资经世之局。"③ 反映了唐顺之编纂公文的目的。著名政治家叶向高评其为："上下二三千年间，公车之牍至不胜载，然言之而传，传之而收于兹编者，仅仅如许，顾不难哉。"④《右编》在当时产生了重要影响，后来姚文蔚在《右编》的基础上编纂了《右编补》。

除了汇编前代名臣奏疏外，明代编纂者常出于特定目的选编前代名人公文集，如邵宝督学江西时编辑刊刻了《大儒奏议》，取宋代二程及朱子奏议汇抄成帙。万历朱吾弼所编《朱子奏议》，摘编自朱熹的《晦庵集》，凡章奏十卷，书状、札子五卷。毫无疑问，这些都是对程朱儒家研究史料的补充。

还有一类是名臣后人编纂的先辈的公文集，如范惟一编辑的《范文正公奏议》。范惟一是范仲淹第十六世孙，嘉靖时在两浙任职期间，"复

---

① （明）赵世卿：《司农奏议》，《续修四库全书》史部第 480 册，第 97 页。
② （明）焦竑撰，顾思点校《玉堂丛语》卷一，第 28 页。
③ （明）朱国祯：《右编序》，《四库全书存目丛书》史部第 70 册，第 8 页。
④ （明）叶向高：《荆川先生右编序》，《四库全书存目丛书》史部第 70 册，第 3 页。

续编文正、忠宣《奏议》《书牍》",并请了当时名士朱希周、孙承恩、文徵明、陆师道等校正,委派严州韩叔阳刊行。范仲淹作为一代名臣,不但为其子孙所重视,也为后世所关注。

2. 明代公文编纂

明代非常注重对本朝公文的汇编,及时对各时期有价值的公文进行编选。既有分时段的编纂,也有整个明代的公文汇编。如《皇明疏议辑略序》言:"国家二百年间,政化风俗,国势人情,略可考见,诚百工之昭鉴,一代之要典也……凡国家之兴,自有一代之章程制度,量时审势,酌古准今,其言接于耳而易信,其事切于时而易行,有志于治者,但当祗遹绍闻,固不必远寻异世之法,而追探前古之躅也。"[①] 充分肯定了本朝公文为"一代要典"的历史作用,认为明代政治体制下产生的公文才更可信更易行,对治政者来说更便于借鉴。黄训《名臣经济录》,编纂了洪武至嘉靖期间的名臣公文,但出于政治的考虑未收录明惠帝一朝的公文,除革除公文中一些避讳内容外,所编录的大多数为原始公文。孙旬《皇明疏钞》则收录了明初至隆庆时期的奏疏。此外,还有黄仁溥《皇明经世要略》、汪宗元《皇明文选》、张士沦《国朝文纂》等,都是对明代公文的汇编。最具代表性是陈子龙等编的《明经世文编》,所收录公文的时限几乎覆盖整个明朝。无名氏的《明诏令》辑录自洪武元年至嘉靖十八年一百七十余年间的公文,由此推断,该公文的编纂者应为嘉靖时人。

明代还经常关注某时间段的公文汇编。贾三近编纂的《皇明嘉隆疏抄》,由于嘉靖之前的历朝公文已被多次编辑,"前此经济录及疏议辑略所载者,今不重录"[②],为了不重复辑录,该公文集只编辑嘉靖至隆庆期间的奏疏。张卤的《嘉靖疏钞》只编纂了嘉靖一朝的公文。朱吾弼、李云鹄的《皇明两朝疏抄序》载,"夫所录诸疏,起自正德,终于万历"[③]。顾尔行《两朝疏钞》收录明世宗、穆宗两朝奏疏;吴亮《万历疏钞》和董其昌《神庙留中奏疏汇要》只收录了万历一朝的奏议和留中奏疏;董其昌《崇祯存实》和祁彪佳《崇祯奏疏汇集》则编辑了崇祯朝的奏疏。

---

① (明)杨选:《皇明疏议辑略序》,《续修四库全书》史部第462册,第505页。
② (明)贾三近:《皇明嘉隆疏抄》,《续修四库全书》史部第466册,第7页。
③ (明)朱吾弼、李云鹄:《皇明两朝疏钞》,《续修四库全书》史部第465册,第269页。

可见，明人非常注重对本朝公文的整理与编辑。

第二节 明代公文编纂的经世观

公文作为政务工具，实用性是其根本属性之一。而对归档备存公文的编纂，则是对其实用性的延续和发展。明代历朝公文集的编纂者分别从治政、普法等方面阐发和倡导公文编纂的经世致用思想，公文集继续在现实中发挥其独特的作用。

"经济"是明代常用的评价公文集的关键词。弘治时，胡世宁官至兵部尚书，其《胡端敏奏议》所录多辞职乞罢之疏，是其为政为人的体现。薛应旂《世宁小传》曰："公尝言学贵经济，不在诗文。""经济"即有裨于世务，薛应旂充分肯定了这些奏议的价值，"故其奏议皆有裨于世务，非空言也"[①]。"学贵经济"是明代公文集价值的重要评价标准之一。《皇明疏议辑略》最初被命名为《名臣经济录》，"采《国朝名臣奏议》及诸司故牍而成，儒先私议及文集，有关政理者亦多取之"[②]。可见其编纂者的初衷是以"经济"为意，正如《皇明疏议辑略凡例》所言："纂辑以经济录为主，凡奏议有关经济则录，录或存事实而略文辞，间亦稍为删定，若夫人品高下，言论用否载在国史未详。"[③] 万历户部左右侍郎、南京都察院右都御史李初滋的《皇明嘉隆疏抄序》认为："余闻之：立言者，先于经世裨实用也；考治者，诒于近代识时务也。人之情靡，不贵远而贱近。然称古则易，而言今实难。迹其说，远引乎皋、夔、周、召之事，而究其用，未足以当欧、富、司马之一等者比肩是也。今第即皇王以谈汉魏，其事殊矣；即唐宋以谈熙朝，其事殊矣；而即我祖开创之时，以谈今日，其事复殊矣。夫言非得实，弗可用已，言不可用，直秕稗耳。故由今之时，征前言致实用，则嘉隆其始也。"[④] 指出立言要"经世裨实用"，考治公文史料可以"识时务"，可见"经世致用"是明代公文编纂的重要思想标准。陈子龙所作《邹忠介公奏议序》也强化了

---

① （清）纪昀等编，周仁等整理《四库全书总目提要》，第 314 页。
② （明）张瀚：《皇明疏议辑略》，《续修四库全书》史部第 462 册，第 504 页。
③ （明）张瀚：《皇明疏议辑略》，《续修四库全书》史部第 462 册，第 508 页。
④ （明）李初滋：《皇明嘉隆疏抄序》，《续修四库全书》史部第 465 册，第 4 页。

这一思想观念:"今之谟训是也,警惧戒勉之辞,磨切其君者,至深至切……今公之封事具在,方其为谏官吏部,则以持大体、崇吏治、宽民力为本。至于熹宗之时,天下多事,公为大臣,则劝以勤学远佞,拔不羁之才,收度外之士。若其推贤让能,自少至老,孜孜不倦。盖忠爱之至,因时所急,以期有益于国。此岂迂远难行,翘君以自为名者哉。夫公之章奏,《谟》《训》之亚也,格人元龟,非一世之用。"[1] 经世致用观成为明代公文编纂观的重要内容之一,这种思想贯穿于明代整个公文编纂历史中,表现在具体的治政教化中,也表现在文人士大夫的人生价值追求中。

一 公文编纂的治政价值

治政不仅需要一系列公文在政务管理过程中得到贯彻落实,也需要对这些行之有效的公文进行整理,使之成为公文档案为后世治政提供参考。这一观念在明初就被提出并不断得到强化和落实。明代的公文编纂治政思想分两方面,一方面,根据不同的政治目的对本朝公文进行编纂,以用来作为治政的依据,并且其在现实中依然有施行价值;另一方面,注重对历史上的公文进行汇编,供明代统治者借鉴。

(一)治政依据

公文属于行政管理的工具,承载的内容具有法规性。明代许多公文因具体的政务而产生,是制度的组成部分,成为后世参照执行的典章法规。为此,明代经常将这些具有重要参考或政策价值的公文编纂成集,便于历代治政者遵守执行。隆庆时,杰出政治家高拱认为,"教之以国家典章制度,必考其详,古今治乱安危,必求其故"。正是公文档案编纂让治政者从中了解怎么样才可以"安常处顺",了解什么是"通变达权",怎么可以"正官邪",怎么去"定国是"[2]。治政者可从中得到大致的规律。统治者通过公文档案的编纂将历代相关政务事项体系化,使执政者能够有迹可循。

编纂本朝公文是明代日常政务内容之一。洪武五年(1372),陶凯

---

[1] (明)陈子龙:《邹忠介公奏议序》,《续修四库全书》史部第481册,第4~7页。
[2] (明)高拱撰《本语(及其他四种)》卷五,中华书局,1985,第49页。

建议太祖继承前代文书档案管理的经验，学习汉、唐和宋编纂会要，编纂会要以记载时政，"今起居注虽设，其诸司所领谕旨及奏事簿籍，宜依会要，编类为书，庶可以垂法后世。下台省府者，宜各置铜柜藏之，以备稽考，俾无遗阙"①。编纂会要可使皇帝及中央部门发布的公文"垂法后世"，使基层公文"以备稽考"，明确了公文编纂的治政价值。这项制度的推行使各级官府开始注重公文的收藏与保管，更为重要的是建立了公文编纂的意识。从此，明代开始重视公文的汇编工作，而且认识到公文档案对治政借鉴的重要意义。洪武七年（1374），吏部尚书詹同建议仿照《贞观政要》，"分辑圣政，宣示天下"②。明太祖接受了建议并将其定名为《皇明宝训》，开启了《宝训》编纂先河，后来历任皇帝凡有政绩均由史官负责记录，随类增补，这使得《皇明宝训》的编纂成为明代一项制度被贯彻执行。

明太祖率群臣立法定制，建树颇丰，为明代法制奠定了基础。洪武时以律、令、例、诰、榜文、诏、敕、制书等为基本法律形式，其中相当一部分为皇命公文。明太祖执政三十一年间，官方组织编辑刊刻了大量法律公文集，有《律令直解》《律令宪纲》《御制大诰》《御制大诰续编》《御制大诰三编》《戒敕功臣铁榜》《大诰武臣》《皇明祖训》《律诰条例》等十余种，这些包括大量公文在内的法律典籍为后世所反复采用。天顺八年（1464）给事中赵良奏请，"要查从洪武三十年五月以后所增条例，通行会议较量轻重，斟酌取舍，撮其要节，定为中制，编写成书，刊布中外，永为遵守"③。此即是对一些具有借鉴价值，或仍值得推广的公文及法条加以摘编刊刻，继续实施。

明初，从编辑、颁布"上谕""宝训"开始，编纂各类以公文形式的法令的工作一再进行，成为治政的重要手段。洪武三年（1370），太祖曾召集江南富绅，"上口谕数千言"④，后将此次讲话编为《教民榜》刊刻发布。榜文成为当时稳定普通民众最直接的方式，要求地方衙门或

---

① （清）张廷玉等撰《明史》卷一三六《陶凯传》，第2613页。
② （清）张廷玉等撰《明史》卷一三六《詹同传》，第2609页。
③ 刘海年、杨一凡主编《中国珍稀法律典籍集成（乙编）》（第四册），第463页。
④ （明）谈迁著，张宗祥校点《国榷》卷四，第408页。

乡里于申明亭公布各类榜，"如有藏匿弃毁，不张挂者，凌迟处死"①。公开张挂各类榜文成为一种制度要求，后来这些榜文被合编为《教民榜文》，也成为基层官府断理狱讼的参考。明政府为发挥其治政的作用，要求天下所有读书人都必须熟知《教民榜文》，《教民榜文》沿用至永乐时期，榜文成为明代法律体系的重要组成部分②。

诰，除用于皇帝对官员的人事任命外，还有训诫勉励臣民之用。明太祖将这种训诫性的诰编纂成集，作为常规法律的补充。明初虽颁行了一系列法律，但违法案件仍旧频发，太祖担心臣民"狃元习，徇私灭公，戾日滋"，于是编选了他所经手处理的典型案件，有"官吏长解卖囚""安保过付""倚法为奸""诡寄田粮""空引偷军"③等，定名《御制大诰》颁行天下。洪武十九年（1386），太祖认为所颁《御制大诰》效果不够明显，为"能尽天下之情"，又编撰了《大诰续编》，并亲撰序文以表示重视。对于两部《大诰》的现实作用，太祖评其"自是民之作非者鲜，从化者多"。为巩固这一成果，在此基础上又编了《大诰三编》，"其意切至，而辞益加详焉"④。为加强对此三部《大诰》的贯彻和传播，要求所有生员要熟读，并立法将此要求固定下来。除对普通臣民颁布《御制大诰》外，又将陈胜、胡链等军官三十多宗违法案件汇编为《大诰武臣》，以生动的形式详细叙述了各案件的缘由及处理结果，以训诫军队官吏。在较短时间内，太祖多次成系统、有规模地编纂诰命公文，将其作为稳固政权的重要方式，并形成了较成熟的编纂理念。明太祖《御制大诰序》阐释了其编纂思想，首先，阐述了编纂《御制大诰》的理念。他从自身经历出发，认为历代君臣为政当以天下为己任，建立纲纪昭示天下，解救百姓于水火，为天下黎民百姓造福；考察历史，仰慕上古"雨旸时若，五谷丰登，家给人足"的盛况，更仰慕典籍中的"育民之功"，希望实现这样的理想社会。其次，分析了旧政权残存政风的影响。一方面批判元政权对传统文化的破坏，致使"华风沦没，彝道倾

---

① （明）申时行等修《明会典》卷二〇《户部七》，第135页。
② 杨一凡：《明代三部代表性法律文献与统治集团的立法思想》，载韩延龙主编《法律史论集》第二卷，法律出版社，1999，第541页。
③ （清）张廷玉等撰《明史》卷九三《刑法志》，第1526页。
④ 《明太祖实录》卷一七九，"洪武十九年十二月癸巳"条，第2715页。

颓"；另一方面批评儒生只熟悉经书，"持心操节必格神人之道"，对现实毫不关心，面对实际问题更是"私胜公微"，各种渎职行为多发。最后，阐明编制《御制大诰》的目的，即将侵害百姓的案件编选出来昭示于各级衙门，告诫"敢有不务公而务私，在外赃贪，酷虐吾民者"，明确其编辑这些公文集的目的是使"世世守行之"①，将其作为日常治政的参考。《御制大诰》对明初社会稳定发挥了一定的作用，但随着时代的发展慢慢淡出历史舞台。

《宪纲事类》是明代专门为监察部门编纂的明太祖、成祖等给礼部、都察院、各道御史的诏令、谕旨。正统四年（1439）十月二十六日，皇帝专门敕谕礼部和都察院，强调《宪纲事类》编辑刊印颁布的政治意义。首先，阐明了编纂《宪纲事类》的原因，一方面是提高监察官员地位，他们充当皇帝耳目，"肃百僚而贞百度"；另一方面是因洪武的"宪纲之书"，被一些官员"任情增益"修改。其次，肯定了历代皇帝对监察政务提出的要求，如明宣宗"考洪武旧文而申明之"，梳理明代监察制度的源流及发展和完善状况，整理相关公文，"风宪事体著在简册者，悉载其中，永示遵守，而益之以训戒之言"。再次，为树立权威，对"臣下所自增者"予以删除。最后，就编纂和颁行《宪纲事类》提出要求，一是"于先朝所考定中，益以见行事宜"；二是由礼部刊印；三是要求都察院和各道御史及地方按察司官吏严格遵行；四是废止所有"臣下自增者"②。《宪纲事类》成为处理监察事务的主要依据和参考。

弘治十一年（1498）编定的《吏部条例》亦是作为治政依据和参考的公文集。因各处衙门在公文处理过程中出现各种违规行为，"有行而未到者，有到而案卷无存者，中间又有失行者，以致各项官员一遇考满、丁忧、为事等项，起文给批，各无定式，及至到部，查驳不同，多至参问。中间虽有中途患帖，十无一实"。皇帝听取吏部听选官王价建议，敕谕吏部明确公文处理规则，"重新逐一开款明白，备写定式"③，即编成《吏部条例》颁行各衙门，作为日常公文处理的依据。

嘉靖朝，皇帝亲自编纂了《火警或问》，这是因一次火灾而编的公

---

① 刘海年、杨一凡主编《中国珍稀法律典籍集成（乙编）》（第一册），第51页。
② 刘海年、杨一凡主编《中国珍稀法律典籍集成（乙编）》（第二册），第31页。
③ 刘海年、杨一凡主编《中国珍稀法律典籍集成（乙编）》（第二册），第201页。

文集。嘉靖十年（1531）正月，宫中发生火灾，明世宗诏令户部、礼部及都察院，要求百官就此事件修身自省。世宗指出偶然发生火灾本是正常现象，不是什么天道灾异，而是人事政事不修所致，因此作为官员应以此为戒，躬身反省；批评那些借此蛊惑人心、诋毁道义者。《火警或问》前有世宗所作序，后附有《修省敕谕》。通过编纂《火警或问》，明政府阐明火灾事件始末，澄清事实，稳定民心，《火警或问》发挥了单篇公文所发挥不了的作用。

日常政务管理过程中，随时编纂公文为治政提供参考，是必不可少的。嘉靖时，夏言《条陈事宜以重修省疏》对公文编纂提出建议，一是及时编纂公文，可及时处理治政过程中的矛盾冲突，如弘治十三年（1500）三月初二日以前，由官员奉诏会议制定的十七条王府条例，与礼部题本所批准事例不一致，而且这两者都施行已久。条例记载于刑书中，而礼部的题准事项存于公文档案中，王府宗族并不了解这些事例要求，类似事例在档案中不便检阅。夏言为此建议批准礼部专门将"王府见行条例及节年题准事例编成书帙"，然后交朝廷集议，最后"具奏刊刻成书"，颁行各王府，以便查阅遵守。以此类推，夏言建议将礼部其他事项公文中可推行的，"逐一抄誊，编纂一体，刊刻遵奉"。将这些公文档案编纂成集不仅使"朝廷贞明之法，恪慎不移"，还便于"有司画一之规，奉行惟谨，法守易循，而奸弊不作矣"[①]，便于在治政中查阅施行。

公文编纂可以为治政提供便捷的参考。晁瑮《皇明疏议辑略序》认为，上至中央部门下至地方衙门都有许多公文，这些公文都在治政中得以实施和执行，编纂公文集可以让为政者择善者而从之，"请于其君则法相因而事易，治道相继而政自通，上无更张之扰，下享画一之利"，从长远考虑可实现政策的延续，保证政局的稳定。"自可立致西京之治，则固狭陋而不足言矣。不然，如徒泥《周礼》之迹者，侈然以当代为不足法。呜呼，此新法之变聚讼纷纷，所以使人至今痛愤而未已也。然则视蜀公请借禁中章奏以丕振中兴之业者，其功效竟何如耶？是编之刻，备本朝之旧章，存先臣之故事，与周公魏相之见，越先后同出一轨，且不

---

① （明）夏言：《南宫奏稿》，《影印文渊阁四库全书》第429册，第445页。

徇荆舒慕古之名，而有蜀公从今之便，君子于此可以识二公之微意矣。"①晁瑮肯定了这些公文的参考价值，指出当下"新法"之弊，言外之意，希望当政者能以历代奏疏公文中的政治策略为鉴。

钱一本《万历疏钞序》阐明了公文编纂的目的及功用，"过也，人皆见之；更也，人皆仰之。人不幸有过恶，与天下共见之、共知之、共改之，是之谓君子之道。以谬迷在一时而警省在终身，愆尤在一人而惩戒在天下。如终身有警省，则一时之谬迷，何必曲为之掩护，而掩护一时之谬迷，反无以开终身警省之端。如天下有惩戒，则一人之愆尤，何必多为之忌讳；而忌讳一人之愆尤，反或以阻天下惩戒之路"②。公文编纂是为让天下人认识和了解朝政，明白时事的是非曲直，同时警醒为政者，"善善恶恶，使闻者知戒，惧者知悛。直不欲弃人于权奸憸佞之归，而待天下以至诚恻怛之意，故曰：《春秋》成，而乱贼惧。盖万古之纪言纪动者宗焉。然则疏钞之不传，将为亡诗之续；疏钞之传，亦《春秋》之遗意也"③。钱一本认为这些编纂的公文可展现历史的真相，发挥《春秋》一样的价值。顾宪成《万历疏钞序》认为："至于言官操天下之是非，天下又操言官之是非，盖言之不可不慎如此也。愿以是为台省献求所以信于天下者。太初郑子闻之，喜曰：'顾叔子之言，其究弊也，专而确得，拔本塞源之义矣；其责善也，普而公得，交修共济之义矣。'率斯以往，天下直运之掌耳，夫何壅之与有？"④他认为进谏公文是为了匡正政治，他们的公文也要得到天下百姓的信任，即将公文进行编纂公布让世人鉴定其是否真的有益。

《诸司职掌》是明初关于行政职责的重要典籍，其中除了具有法律作用的诏令，还涉及各类机关公文处理规定及公文格式、行移关系等规范。在新政权初建之时，《诸司职掌》为奠定政权的基本框架发挥了重要的作用。然而，随着政治稳定和社会发展，《诸司职掌》已不适应各衙门考据遵行。天顺二年（1458）闰二月丁丑，吏部尚书兼翰林院学士李贤等根据现实情况，建议各衙门逐项查照永乐以后在京衙门及其官员

---

① （明）晁瑮：《皇明疏议辑略序》，《续修四库全书》史部第462册，第506页。
② （明）钱一本：《万历疏钞序》，《续修四库全书》史部第468册，第1页。
③ （明）钱一本：《万历疏钞序》，《续修四库全书》史部第468册，第2页。
④ （明）顾宪成：《万历疏钞序》，《续修四库全书》史部第468册，第5页。

更定职名等情况，汇总上报翰林院，然后委派官吏"仍照旧式，类编为书，完备进呈。官为刻印，颁与各衙门遵守施行"①。该建议得到皇帝认可并被执行。编纂公文等档案有助于政务查考，现实的政务不断增加新事物，出台新政策、新公文，公文编纂工作也应因时而变。成化六年（1470）春正月，翰林院侍读尹直等上奏本认为，政治清明的根本在于典章制度的完善，公文档案作为其重要的组成部分，即便在太平之世也需加以编纂修订。"圣德神功已，各详登于秘史，其它仪文法制未尝汇载以成书"，通过公文编纂可以观照治政之功。然而，随着时代发展，初期的《诸司职掌》因遗漏较多而不适应时代需要，"或事同而例异，或名有而实无"②，百年内产生的新事物也没有定制。为此，他们提出参照朱熹为《纲目续编》所作的《凡例》，对《诸司职掌》和《大明通典》进行删润，"用以资益治道"，并要求礼部覆奏，"直等所言礼制、重典，宜移文内阁大臣，详酌裁处从之"③。

　　《明会典》是明代中后期最重要的典章制度编纂物，有着明确的政治目的，其中大量地摘录了明代不同时期的公文及文献资料。其公文档案来源有《诸司职掌》《大明令》《大明律》《洪武礼制》《皇明祖训》《大诰》《大明集礼》《礼仪定式》《稽古定式》《教民榜文》《宪纲》等官方颁布的典章、律令及公文集等。《明会典》的编纂较以往典章制度类公文的编纂更系统，权威性更高，使用查阅更便捷，因此成为明代重要的治政依据和参考。明孝宗《御制大明会典序》从政治的高度评价了这部行政法规汇编。首先，他认为编纂一部治国典籍，是自古帝王治理天下的重要标志，也是实现四海之治的重要工具，虽然这些治国之典在治理过程中也有"损益沿革"，但不违背"天理"，"纯乎天理，则垂之万世而无弊"；实施过程中也会有人为因素影响，即便有时没遵循这些制度，但长远来说制度不会因此被改变。其次，他强调每一位治政者都应认真对待每一个出台的政策、每一份发布的公文，"一令之行，必集群儒而议之"，不仅要遵守古法，斟酌时宜，更需要集体的智慧，所以编定典章制度可使"积习之陋，一洗而尽"。再次，在法祖思想的指导下，肯

---

① 《明英宗实录》卷二八八，"天顺二年闰二月丁丑"条，第6171页。
② 《明宪宗实录》卷七五，"成化六年春正月丙午"条，第1453页。
③ 《明宪宗实录》卷七五，"成化六年春正月丙午"条，第1454页。

定明初政令的指导意义，指出这些公文也可解决当下问题。最后，他就《明会典》编纂提出了具体要求，交由内阁重臣负责，以皇宫所藏《诸司职掌》等典籍为蓝本，同时参考各机构部门所存的公文档案，选出有关礼法制度的各类公文，分馆进行整理编辑，编纂完毕再"命工锓梓，以颁示中外"。对编纂的原则，明孝宗皇帝也提出"不迁于异说，不急于近利"，一切本着"当乎理而得其宜"①的理念，上至朝廷，下及天下，无论巨细精粗，只要是有益的举措均可以实行。

正德四年（1509）十二月十九日，明武宗《御制大明会典序》继承了这一思想，指出历代治理天下都因时制宜，创业立法"皆在册籍"，明代治理天下有发展和创新之处，也有所不及前代之处。然而由于缺少整理编纂公文典籍的举措，大量公文档案"岁月既积，簿籍愈繁"，加之机构和部门各有职能，相互独立，许多有益的公文档案不但官府不能"遍观尽识"，天下百姓更是"有由之而不知"。武宗在充分肯定宣宗下令编纂《明会典》功绩的基础上，对续修这部典籍提出要求，即"使官领其事，事归于职，以备一代之制"，希望将修订的这部典籍作为官府治政的依据，使"考古者有所依据，建事者有所师法"②。再次阐明了对公文进行编辑整理的治政价值，详述了进一步编纂工作的具体措施及期望实现的目标。嘉靖八年（1529）四月初六日，世宗敕谕内阁就《明会典》的编纂提出了具体要求，即及时将最新的公文编入《明会典》。万历四年（1576）六月二十一日，神宗敕谕内阁阐释了续修《明会典》的背景，自嘉靖皇帝修订《明会典》后，二十多年里，政事变化繁多，一些好事者改变了许多既定的制度，致使"法令数易，条例纷纭，甲乙互乖，援附靡准"，严重影响了政务管理的顺利进行，为解决这一问题，他要求在修订《明会典》时，修订者要本着"诸司一体，前后相贯，用不失我祖宗立法初意"的原则，编纂出统一的便于参考执行的典章制度。在《明会典》重修完毕时，明神宗所作的《御制重修大明会典序》阐释了典章制度形式的前后变化。一般来说，早期的典章制度多以法律条文为主，而后期"所是疏为令"，即许多题奏类公文政策上升为国家的典

---

① （明）李东阳等：《御制大明会典序》，《续修四库全书》史部第239册，第1页。
② （明）李东阳等：《御制大明会典序》，《续修四库全书》史部第239册，第2页。

章制度；明政府肯定了历代公文的现实价值，强调"一政一令"都是"因时制宜""与治同道"的重要治国依据。

个人公文集也可成为治政的重要参考。潘季驯《潘司空奏疏》包括其嘉靖三十八年（1559）巡按广东时的奏疏及万历时任南京兵部尚书期间的奏议，具有补充典章制度的作用，"南京兵政诸疏皆足补《明会典》"[①]。刘体元《商文毅公文集序》评价了商辂的公文，认为他致君泽民的思想都体现在其"表疏"之间，"言言尽楷佶弗谲，伟猷弄论，大有裨于世治"[②]，充分肯定了其公文"有裨于世治"的治政价值。

《跋密勿稿》同样肯定了公文作为治世参考的价值："古之君子，以康济天下国家为心，以致君泽民为任，而有我之意不与焉。其进而用也，则忧治世而危明主。其退而不用也，则淑诸人以传诸后。虽已不能为，有人得而用之。使斯世斯民底于康济，不必其尽出于我也。如贾、董之于汉，陆、敬舆之于唐，范文正、欧阳子之于宋，率用是道。自当时观之，数君子之言，未必其尽行；自后世观之，虽英雄豪杰之士，皆宗之而不能外。故魏相条陈贾、董之策，以济中兴；苏文忠校进《陆宣公奏议》，以备帝学，皆千载一时也。"[③]首先肯定了历代名臣公文的价值和意义，间接地赞扬了毛纪的《密勿稿》也像"贾董之策""陆宣公奏议"一样可"以备帝学"，认为《密勿稿》的政治眼光是"远识足以错综万务"，所体现的人格魅力是"伟度足以师帅庶僚"，公文思想内容是"博闻足以通会九流"，公文中的谏议是"忠言嘉谟足以弼成百度"，毛纪认为这部公文集可以"致君泽民以康济斯世"[④]。

项笃寿《奏草叙略》认为其所编公文直指当世事务，其序文交代所作公文产生的背景：

> 谈当今之务者曰：南备粤、北备胡。粤之事，苟不徼功喜大，雕剿而拊循之足矣。胡则异是。三卫属夷，分地世官之日久，而要赏导。虏意既叵测，行间克易，抚赏者时复激之，如不可问。何朔

[①] （清）纪昀等撰《潘司空奏疏提要》，《影印文渊阁四库全书》第430册，第1页。
[②] （明）商辂著，孙福轩编校《商辂集·商文毅公文集序》，第5页。
[③] （明）仲选：《跋密勿稿》，《续修四库全书》史部第467册，第246页。
[④] （明）仲选：《跋密勿稿》，《续修四库全书》史部第467册，第246页。

虏东西两部，西最雄桀，今且降名王？而饵之厚矣。第挟增之渐日滋，而豺狼之嗜无已，斯坐敝之形也，可无限制哉。迤东颇奏功，最直易与耳。而我士马疲匮，故亦不细。借令为市为修为战与守，善因故事而谨备焉，庶无难者。第疆场诸凡辖在将领，文武大吏不能琐琐屑屑计也，将领匪人，几不败乃事耶？此其要在幕府，权在枢府，源在政府，缺一宁可哉？顾沿边积习，更复颇易，即市事岁缯，第当约法如额，如则市，不如则不市，直有战耳。若蓟之近习，则差为难。蓟北辇毂，属夷屏蔽，额设兵将无几。庚戌之后，增置将吏十倍。曩时有主兵、有客兵、有入卫之兵。近募南兵实塞下，总之几二十万，岁所糜饷二百万余，大较诸镇无逾蓟者，频年无大警，日事修筑，金汤稍固，军民益稠，鞠鞠殷殷，一大都会矣，岂真天幸哉！盖多人力焉。第班军入卫，日甚凋疲。辽兵已报罢去，延绥去蓟太远，入卫兵卒，何益于防守之事？今数千里，岁征发数千人，而岁供无文，力役之征什半毙矣，不几人费乎？议者谓南兵不可久，此不尽然。兵贵勇力，南北无庸择也，少诘冒滥可矣。故事叙录将材，必鹰扬爪牙，必战阵首功者，即市场劳瘁，仅仅予赏耳。苟不当虏板筑荷插，非有汗马霜露勋也。一行登荐，便祈推择闽浙材官良家子，投隶幕府。及鬻缯贾竖寄空名于镇城者，岂浅少哉？甚辄檄致，故所知客，偕与传来矣。岁所上墙堡劳仅数里许，计里二百丈许，而所列劳最里数十人，他坐而衣食于县官者，不啻凡倍。即一总御也，而数人共之。文武大吏，亦莫可谁何。凡将之材，所需知勇，苟不跨马不穿札，以好谋也；苟不闲韬略，以技击蹶张也；驱所不服习者而典关隘，不次称帅矣。傥偶无事可耳，即有虏患，是以将予敌也。其故谓何否，且呶呶藉藉，又何以故哉。大司马公时时谓予，直欲猝挽而坚持之力未逞也。①

在艰难的现实面前，项笃寿不厌其烦地一一剖析，针对军务存在的种种困难提出了自己的思考，对这些难题的思考和对策也正体现在其所撰写的公文中。"丁戊之交，中外事权，权贵人尽秉之，若之奈何哉！其

---

① （明）项笃寿：《奏草叙略》，《续修四库全书》史部第478册，第514~515页。

相左也。病废多暇,辄取笥所存驾部职方奏草葺之,大要覆奏不必尽由中议,亦不能尽当庙议。若粤南勤大征而兹以抚揷为先,漠北倍金缯而兹以岁增为限,辽财匮而崇赈赉,蓟材杂而抑奔趋,他所调停置邮少宽捕格者,此所繇失贵人之意,抑拙者之明效与?详在草中不复。叙诗曰:忧心悄悄,仆夫况瘁,嗟夫!心之疚矣,瘁岂顾问哉!《传》有之:《采薇》废则征伐缺矣,《出车》废则功力缺矣,《杕杜》废则师众缺矣。夫司马揖让之法存,而三代仁义之师概见于后世;《牧民》《形势》《乘马》之篇著,而尊攘之略可睹记焉。则盛时之所以安内攘外者,胡可废也,胡可缺也。"① 个人公文集是将自己的战略思想进行整理,目的是应对"当今之务",项笃寿认为"尊攘之略可睹记焉。则盛时之所以安内攘外者"。

公文编纂在明代非常盛行,一方面继承了唐宋公文编纂的理念,另一方面公文的编纂在于经世致用,突出了公文集历史档案观。饶天民认为陈九德的《皇明名臣经济录》既然是"经济录",那么收录公文标准就是"经济",即收录那些"言而可行,行而可久,及纪实而可鉴戒"②的公文,《皇明名臣经济录》收录的正是明初至正德末诸多名臣的各类有价值的公文。万表的《皇明经济文录序》也阐明了同样的编纂观,即"录国朝经济之文也",并具体阐述了这种公文的具体特征:一是"先臣言于谋渊虑,忠言嘉猷,久而无弊者",即经过时间检验而有益于治政的公文;二是"达权处变、安危定乱、保扶社稷者",所选公文的内容对国家大政方针有益;三是"老成谋识,深达国体,曲当时宜,不愆旧章",所选公文不因循守旧,有所创新,顺应时代需要;四是"言由深衷,事专毗主,犯颜无讳者",所选公文出于忠诚而敢于直言;五是"论事必原始详,夫沿革之因、可备征考者";六是"议论剀切、深究时弊、有所建明者";七是"言悉民隐而处置,或未一一尽当者"。共有七种类型的公文可辑录,摒弃只追求形式不切实际的公文,即"繁词泛论不切机宜,或论事琐屑非管大体,无裨经济者"③。这些以经世或"经济"为主题的公文编纂都有清晰的现实目的,所选公文都与时局密切相

---

① (明)项笃寿:《奏草叙略》,《续修四库全书》史部第478册,第515页。
② (明)黄训:《皇明名臣经济录·饶天民序》,《四库禁毁书丛刊》史部第9册,第2页。
③ (明)万表:《皇明经济文录·万表序》,《四库禁毁书丛刊》集部第18册,第294页。

关，可以筹当世之务。这种编选公文的观念，也正体现了公文编纂实用济世的理念。

《明经世文编》没有把历代公文仅当成史料看待，而是认为它们应该发挥其经世致用价值。《明经世文编·凡例》就指出，明代一些公文编纂者只关注了唐宋以来的《通典》《通考》，以及各类奏疏公文集，"允为切要，亦既繁多"[1]，对明代在政治上所取得的成果却缺而未陈，没有把这些有价值的奏疏上升到其应有的地位，而且大多数公文只被收藏在金匮石室中，少有人知。对明代公文经世致用的价值没有进行挖掘，不能不说是一种遗憾。为此，反复强调编纂的标准，辑录的所有公文都应是"治乱攸关""求之经济""为实用之准"的，这里的治乱是明末亟须解决的各种社会问题，而那些虽有气节但于现实无益的文章则不予入选，如东林党的文章，"持论过高，而筹边制寇，并无实著"[2]。因此，选文以明代名臣文集为来源，这些名臣在历史上都曾是"经国者"，为当时治国创作了有影响力的公文。编选时则是"多者多取，少者少取"[3]，也不因人废言，"分宜（严嵩）老奸，秩宗之文，采其数篇；近者熊之岗（廷弼），刚悖自用，已经伏法，然策东隅，多有英论，无讳之朝，可以昭揭"[4]。只要是有价值的公文都在编选之列，以期给当下的执政者提供龟鉴。最直接的体现是突出公文选编的主次，其中编选的重点是军事问题，并且将"北虏"类公文放在最重要的位置，其直指现实的意义显而易见。为了强化编纂公文对现实治政的参考作用，《明经世文编》编选公文的同时对公文加以评价，如从政治地位的高度肯定了马文升的《为申明律益以弭盗贼事疏》是"邦政之大"[5]。对宋应昌的《议设蓟辽保定山东等镇兵将防守险要疏》，一方面对其核心内容进行高度的概括，"设官分地开载详明"；另一方面指明可借鉴的事项，"防海事宜可

---

[1] （明）陈子龙等选辑《明经世文编》，第49页。
[2] （明）夏允彝：《幸存录》，转引自陈登原《国史旧闻》卷四九，明文书局，1984，第262页。
[3] （明）张溥：《皇明经世文编序》，《续修四库全书》集部第1655册，上海古籍出版社，1995，第22页。
[4] 吴晗：《影印〈明经世文编〉序》，（明）陈子龙等选辑《明经世文编》，第4~5页。
[5] （明）马文升：《为申明律益以弭盗贼事疏》眉批，（明）陈子龙等选辑《明经世文编》卷六四，第549页。

为后事之准"①。在公文文本的基础上进行探讨,目的指向现实问题,阐明编选每一份公文的意图。如编者将刘球的《修省十事疏》②与崇祯时巡按御史的现状结合起来进行分析,"巡按御史不宜例差,或地方有大灾大狱,及不时差出,如足以震动一方",评析的同时也阐明了自己的政治主张,"若今之每年一差,则与地方官何异,徒为郡县之累耳"③。由此可见,编者对时事、民情都必须有深入的思考和远见卓识,才能编选出对现实有益之文集。

基层一些财经类公文也是管理中不可或缺的重要工具。佘自强为初任县官所编的参考书《治谱》,就从实际操作层面提出了具体的措施。簿册类公文是处理基层事务的重要工具,是财税司法等的重要依据和参考,需要准确编制,以便于稽查核对。户房是基层县衙重要的财政部门,又分出粮房,户房分派钱粮任务,粮房负责征收钱粮,两房各有分工,也各有弊端,"起解支领有起解支领之弊,详在钱粮各条内,而吃紧根本在总书,飞洒暗派俱出其手"。因此,建议新任县官到任后尽力安排总管书手,以《赋役全书》和地方布政司派单任务为标准,用一天时间审查该县本年派征登记底册,核查辖区内的田地数量、钱粮数量、人口及各项公务支出等,对钱粮派征减免、任务派征人员等每一项都仔细"查算开明",然后汇编成册,再交县里乡绅里长核算查验,保证毫厘不差,"方许誊刻颁行"④。编辑刊刻各类钱粮簿册,以之作为征收的存根和查证依据,以此防止作弊。

(二) 以史为鉴

以史为鉴是历代统治者的治政方法之一。明初,明太祖吸取元亡的经验,为实现集权而全面调整政权结构,使公文运转模式有利于皇帝统治。同样,后世君臣从经世致用的目的出发,对历史上的公文进行了编纂,表达了他们以史为鉴的治政观。关于编纂前代公文的价值和意义,正

---

① (明)宋应昌:《议设蓟辽保定山东等镇兵将防守险要疏》,(明)陈子龙等选辑《明经世文编》卷四〇一,第4345页。
② (明)刘球:《修省十事疏》,(明)陈子龙等选辑《明经世文编》卷三一,第220页。
③ (明)刘球:《修省十事疏》眉批,(明)陈子龙等选辑《明经世文编》卷三一,第221页。
④ (明)佘志强:《治谱》,第523~524页。

德时邹元标曾说："余暇日间观古人章疏，率直而不遽，罡而不隐，蔼蔼乎有体要也已……同志欲格君而明道，此其近体矣。"① 邹元标正是通过学习历代公文，借鉴前代的治政思想和理念，提高了自己为政的学识和素养。

黄淮、杨士奇奉敕编纂《历代名臣奏议》是出于以史为鉴的考虑，于政权稳固时开始对历史上公文进行梳理编纂，以之作为现实治政的参考。《历代名臣奏议》采录商周至宋元历朝诸臣奏文九千余篇，堪称中国古代奏议渊海。如此众多的各代朝廷宰臣，分担着朝廷的各方要职，奏疏系其政务所涉，内容自然极为广泛。文集按问题分为君德、圣学等六十四门，这种编排体例，为读者集中查考历代名臣关于某一问题的观点提供了便利。强行按问题归类，虽难免失当，但易凸显编者的意图，便于以之作为治政参考。该书编纂的一个特点或优点，是在某一奏文之前加有编者的序文，其文字长短不一，所叙文字依公文的具体情况而异。关于编纂该书的动机和过程，明末著名学者张溥《历代名臣奏议序》认为，一是对历史上"致治之书"进行批判，重点是司马光的《资治通鉴》和马端临的《文献通考》，他认为《资治通鉴》是编年体史书的代表，其价值在于整理了历史上的治乱之事，"兼设《考异》，证据、旧闻不厌繁博"，辑录的多是君臣之间的对话，而对于"封驳颂谏之说，或一概括置，阙而不录；或以意节取，录而不全"，即对在实际政务中产生的公文编选得较少，后世之人无从知晓其具体的治政措施；他认为《文献通考》则对各类典章制度详加考证，其中编辑了部分公文，但不能看出公文的原貌。张溥立足于公文编选实用角度分析了两部重要典籍的不足。二是永乐时期，为体现国力的强盛，开展了大量典籍编修工程，如修纂《永乐大典》《元史》等，《历代名臣奏议》也是这些浩大工程的一部分，明成祖专门委派翰林名臣黄淮、杨士奇"采古直言，汇录成书"，张溥认为该公文集"昌言毕张，赞治资化，是与《通鉴》《通考》二书比列矣"。虽有拔高之嫌，但这样的评价观点代表着明人重视历史公文编纂的思想和理念。三是充分体现了明代统治者对公文历史文献价值的肯定。成祖认为，从《历代名臣奏议》中可学习如何做宽宏大量的帝王，

---

① （明）郭子章著，孙晓竹、陈琳点校《黔记》（上），贵州省文史研究馆编《续黔南丛书》第一辑（中），贵州人民出版社，2012，第 1469 页。

也可学习如何做忠直敢言的臣子,"为君者,以前贤之所言作今日之耳闻;为人臣者,以前贤事君之心为心,天下国家之福也"①。把这部公文集当作历史的镜子,一方面宣扬君臣安身之计和君臣相处之道,另一方面从中吸取治政的经验和教训,所以成祖专门下令刊印数百本,颁给太子、太孙、众大臣及学官。

《历代名臣奏议》编纂的价值观为后世所继承和发扬。弘治时,孝宗继承了成祖的思想,认为《资治通鉴纲目》阐明儒家正统政治思想,对上古帝王事迹进行编纂,但很遗憾没有完成,"下逮宋元,尤多卷帙"。于是,委任李东阳负责主编《历代通鉴纂要》,对历史上有价值的公文撮其要略,摘录其中切于治道的公文,"其大者虽详不厌"。《历代通鉴纂要》虽以简洁的方式节略摘录,但不是简单地删繁就简,其有严格的取舍标准:一是"凡事有关治乱、善恶足为劝戒者则书",即以公文所具有的参考价值为考量标准;二是公文编辑"略节其冗字长语",但"不失本意"②,即保证编辑内容的完整,不能影响公文的借鉴价值。《历代通鉴纂要》是专为帝王观览历代治政得失而编纂的,常用来作为皇帝经筵的教材③。

明代公文编纂注重"经济",从明之前公文的编纂也同样可以寻找到"经济"的价值。万历时吴之鲸《刻古奏议引言》载:"余不佞有臆见,每与友执商之,谓读子不如读史……乃若上下今古,搜览妍媸,备经纬之奇,阐运会之变,非史莫究。其大者足佐谋帷,订金匮石室之秘函,而小无铅刀苴锤,皆有实用。夫士诚厚自负六欲,有所见于天下后世,岂其揣摩简练,不熟谙古昔,而能空拳应敌者,载奏议六史之一斑也。"充分肯定了奏议作为历史重要组成部分的价值,希望能够对这些历史上的奏议加以揣摩,只有这样才能"应敌"。因此,提出"令其书具在,古今不甚相远。按而行之,政有恰中时弊者,犹医有禁方岐黄,岂尝执足求度,而千载之下,罔不立验"④。充分挖掘历史上公文档案的价值,可以找到解决现实问题的良方。

---

① (明)张溥:《七录斋诗文合集》卷一,《续修四库全书》集部第1387册,第265页。
② (明)李东阳著,周寅宾点校《李东阳集》第三卷,第136~138页。
③ 《明孝宗实录》卷一九九,"弘治十六年五月辛卯"条,第3694页。
④ (明)吴之鲸:《刻古奏议引言》,《续修四库全书》史部461册,第279~280页。

从以史为鉴的角度，明代许多名臣重视对历代公文的编纂。《石渠意见拾遗补缺序》记述了王恕晚年搜阅典籍的情况，王恕编纂了一百二十四卷《历代名臣谏议录》及《石渠意见》，用传注和释经的方法对历代公文进行"依文寻义"，注释以经旨为准，做到明白通畅，对公文中那些"可言可行者"，王恕将其"施于政事之间"①，编选的同时也发表个人的看法，采取一种注释历代公文的方式汇编成集。可见，王恕编纂这些公文集的目的，一方面是继承儒家的思想并阐释其内涵，另一方面是出于经世观而将其"施于政事"。

叶盛《水东日记》重点关注了《宋文鉴》的编纂情况，不厌其烦地罗列文集中60类文体，其中公文有"曰诏、曰敕、曰赦文、曰册、曰御札、曰批答、曰制、曰诰、曰奏疏、曰表、曰笺、曰策、曰移文、曰露布"②等15种，详细介绍了该书编者的选任、编纂的始末。首先，公文编纂为统治者所重视，宋孝宗曾因读《文海》，将该文集颁给临安府，交由学官校正刊刻发行。其次，精心选任《宋文鉴》编纂者并确定编纂标准。淳熙四年十一月，翰林学士周必大、参知政王淮、李彦颖等人先后奏请编纂《宋文鉴》，确定由秘书郎吕祖谦负责编纂北宋诸臣奏议，"专取有益治道者"，给出了明确的编纂对象和编纂标准。再次，该公文集编纂所选对象是广泛的，"即关秘书集库所藏，及因昔所记忆访求于外所得文集凡千百家"，既有官方所收藏的奏议档案，也有民间流传的各类文集。编纂任务用时近一年时间完成，由周必大作为负责人，在国子监刊行。吕祖谦因"编类极精"而升职得到厚赏。复次，由于《宋文鉴》的编纂是一项政治任务，有着较强的政治目的，文字狱政治风气仍然存在，有好事者认为该公文有"刺今"批评时政之嫌，"所载章疏，皆指祖宗过举，尤非宜"，宋孝宗在没有考证的情况下，也认为收录"邹浩谏立刘后疏语讦直"③这样的奏议不妥，因此另委派官员重新修订。最后，《宋文鉴》的编纂有着非凡的价值，北宋涌现出一大批著名文臣，如欧阳修、司马光、苏轼、黄庭坚等，搜求编纂他们的奏议文章是为了使他们的政治思想不被时代湮没。编纂目的是体现治道思想，因而凡是

---

① （明）王恕著，张建辉、黄芸珠点校整理，张世民审订《王恕集》，第20页。
② （明）叶盛撰，魏中平校点《水东日记》，第192页。
③ （明）叶盛撰，魏中平校点《水东日记》，第193页。

文"有可观"者均被编入,"如吕惠卿之类,亦取其不悖于理者,而不以人废言",体现出客观、不偏不倚公正的编纂观。南宋朱熹高度评价了《宋文鉴》的编纂,认为"此书编次篇篇有意",充分认可所编奏议,"皆系一代政治之大节",通过该公文集的编纂可以观照北宋二百年发展状况,"后来中变之意思,尽在其间"①,即可以看出历史发展的规律。叶盛通过全文记载《宋文鉴》编纂事迹,一方面呈现了该文集编纂曲折的过程,另一方面间接地表达了对其编纂思想观点的认可与肯定。从中也可看出,明人对公文编纂的重视,奏议编纂不仅可作为治道的参考价值,更可以从中考察历史发展的规律。

公文编纂以史为鉴的思想也体现在《右编》的编纂过程中。著名文学家唐顺之搜集从先秦到元历代名臣、政论家的奏疏和论说汇编为《右编》。对所编奏议,唐顺之认为,"奏议者,弈之谱也"。他把奏议等比作古今天下棋局所用的棋谱。其编选体例有明确的特征,如一类是君、相、将、后等统治阶层中具有不同社会身份的人物,一类是少数民族政权中的不同势力,一类是吏、户、礼、兵、刑、工等中央政府机构,"余之纂《右编》特以为谱之不可废而已"②。唐顺之采用一种独特的视角,希望通过辑录奏疏和论说来总结历史上兴衰治乱的原因,探究拯救国运衰败的良方。叶向高对《右编》给予了很高的评价,认为该公文集的所选内容具有广泛性,每一篇奏议文章都经过精心挑选,所选政事"得失具存",对人事的考评"忠佞如见",指出唐顺之所编选每篇奏议都有深意,"盖微独皂囊封事,当奉为准绳,即以备黼座之箴规,勒千秋之鉴戒,无所不可说者"③。对历史公文进行编纂能从中借鉴治政经验,刘曰宁指出《右编》正是希望能发挥所编奏议"前车不远,覆车继轨"④ 的作用,希望像兵图、弈谱、医方传承于后世发挥作用一样,历代公文也可以为现实提供解决治乱的方法。朱国祯则看出《右编》的时代特征,认为《右编》对唐宋两个时代的奏议文章编选最为详细丰富,主要原因是"宋家回伏朽蠧之状,尤与国朝相近",明代与宋代时代接近,社会

---

① (明)叶盛撰,魏中平校点《水东日记》,第 194~195 页。
② (明)唐顺之:《右编序》,《四库全书存目丛书》史部第 70 册,第 2 页。
③ (明)叶向高:《荆川先生右编序》,《四库全书存目丛书》史部第 70 册,第 3 页。
④ (明)刘曰宁:《刻右编叙》,《四库全书存目丛书》史部第 70 册,第 7 页。

出现的问题也会更相近,因此奏议等所提出的方法和措施也就更有借鉴意义。所以朱国祯认为这部分内容不可不细读。这些公文集的编纂做到了,"事出料外,理在圜中,神明濬于巧心,变化因乎方荣"。将芜杂的公文档案以清晰的主题和脉络呈现出来,使后来有志于治理天人者,"坐而收之,不出户知天下",远胜于那些"空谈剿说,白首穷年而无当实用者"[①]。唐顺之编纂《右编》带着强烈的以史经世的目的。面对当时内忧外患、国运衰颓的状况,作为朝廷官员和学者的他,力图从历代公文档案中找到拯救国运的答案。

公文编纂以史为鉴的另一个路径是,围绕着特定的主题对公文进行破解分析,直接提出自己的观点和建议。邱浚《大学衍义补》大量地摘录历代公文并进行分类评述,如农业问题,就摘录汉文帝几份诏令,一份是汉文帝二年(公元前178)正月诏书,一份是该年九月份诏书,两份诏书提出了共同的政治主张,即"农,天下之本",将农业作为治政的重要内容。一方面汉文帝亲自率耕祭祀宗庙,另一方面亲率群臣劝农,并减免百姓当年一半租赋,后来,"文帝又诏皇后亲桑,以奉祭服,为天下先"[②]。围绕着某一主题,邱浚将重要的公文内容进行摘录汇编,并结合现实相关政治主题对其进行评价。治水一直以来是历代统治者关心的政治任务,历代也有大量关于治水类的诏令、奏议。邱浚围绕着治水主题,编辑摘录了一系列公文,如摘录汉哀帝即位时骑都尉平当所上奏疏的核心内容:"按经义治水,有决河浚川,而无堤防壅塞之文。宜博求能浚川疏河者。"同时,摘录了西汉时贾让奏疏中"治河有上、中、下三策。古者立国居民,疆理土地,必遗川泽之分"[③]之语,邱浚将这两句奏疏中较为核心的观点作为自己对治河之道的思考,同时加上了自己的评价,"臣按:古今言治河者,盖未有出贾让此三策者"[④]。邱浚将历代公文按主题分类,梳理汇编并加以评论,这些评论并不局限于公文本身,而是结合现实、史实、文学等,多维度地分析评价,方便实用,成为帝王和官员治政的重要参考。

---

① (明)朱国祯:《右编序》,《四库全书存目丛书》史部第70册,第9页。
② (明)邱浚著,林冠群、周济夫校点《大学衍义补》,第143页。
③ (明)邱浚著,林冠群、周济夫校点《大学衍义补》,第168页。
④ (明)邱浚著,林冠群、周济夫校点《大学衍义补》,第169页。

二 公文编纂的教化作用

教化是封建社会治政的重要手段之一，是古代儒家治政观的重要体现。明代统治者将公文教化作为巩固政权的重要手段。公文编纂同样承载着教化的功能，各类公文集的编纂既用于培养吏治人才，也用于倡导社会风气，通过微观和宏观两个方面，引导符合社会政治需要的思想基础。

（一）公文教育观

公文编纂一个重要的价值追求是教育子弟，倡导士风。明代各种教育中经常以编纂公文集作为政务实践教育的参考。

《皇明祖训》重要的目的之一就是教育后世子孙。明太祖亲自为《皇明祖训》拟写了序文，首先，阐明了治国理政的首要任务是建章立制，实现政权稳固。自从平定武昌以后，明太祖就开始着手编制各类律令并"损益更改"，历经十年才修订完成。其次，政权稳固后，接下来就是政权的守护与传承问题。为开导后人，明太祖将《祖训录》定为皇族法律。为修订得更完善，太祖将其"大书揭于西庑，朝夕观览，以求至当"，前后用时六年，修改七稿，终于改定。最后，对《皇明祖训》的政治地位提出要求。一方面命礼部将其刊印成书，"以传永久"；另一方面要求继任者谨遵《皇明祖训》内容，不能自作聪明，"乱我已成之法，一字不可改易"[①]。《皇明祖训》也因此成为明代统治者的家法。同样，明代编纂的《宝训》也是教育后代继任者的教科书，一方面历代统治者宣扬自己的功德，另一方面对继任者提出告诫。

明成祖也将编纂的《历代名臣奏议》作为教育太子的教科书。该公文集编纂之初，他就让太子参与处理这部公文的编纂事宜，还专门命令儒臣汇编古代名臣如张良、邓禹、诸葛亮、董仲舒、贾谊、刘向、谷永、陆贽等的奏疏，先交太子学习[②]，目的是让太子多了解历史上这些著名的公文，为以后临政时处理政务做准备。

明代除皇帝重视将公文编纂作为教育子孙的工具外，许多官员也非

[①] （明）朱元璋：《皇明祖训·太祖序》，《中国珍稀法律典籍续编》第483页。
[②] （明）郑晓撰，李致忠点校《今言》卷二，第99页。

常重视将编纂公文作为家庭教育的工具。张寰为叶盛《两广奏草》所作序中就称叶盛著作颇多，其公文集或由其子或由其孙刊刻后留在家塾。明末政治家朱燮元的《朱少师奏疏》，被编纂刊刻留于家塾，作为家族教育之资。重视家庭教育是中国传统文化的重要内容，明代一些知识分子也在努力想方设法教育子女，《刻古奏议引言》就说，黄贞父才情超迈而为人沉稳，"以传识其於史二十一家，靡所不读"，览书无数，亲自编选公文教育子孙，"兹选特灵鹫课二三子者耳，而吴君德聚业付之梓。甚矣，吴君之嗜贞父也！然天下有未知读史与有意读史，而未能办全书者，此以窥其一斑，则德聚与有勋德矣"①。可见，黄贞父编纂《古奏议》的最初意图是将其作为教育子女的教材。

编纂公文集还可以作为官员提升自身能力的重要手段，通过阅读古代公文集了解历史。何良俊在其《四友斋丛说》中就曾言，"尝观唐时诏令"，他通过阅读唐代的诏令，发现凡是即位改元诏发布之时，就会有大量前朝被贬谪官员职务被调整，调整之后就是恢复原职，恢复原职之后就是提升，这些官员也被称为以"忠诚许国之人"，就会有"即日用之犹恨其晚"②之感。何良俊在唐诏令集中看到一朝天子一朝臣的历史规律，也发出一种人生无奈的感慨。

起居注是记录皇帝政治生活的重要典籍，除用来修史，也可让继任者了解先辈的言行，以此作为教育后代的工具。张居正从政治的高度，于万历三年（1575）二月二十七日奏请恢复明初中断了的起居注编纂制度。张居正主张起居注在记录皇帝日常言行之外，更要记录皇帝所发布的各类圣谕、诏敕、册文等，还有内阁报送各类公文；起居注作为后世考证的依据留待后人评述，因此需要客观如实地记录，"所贵详核，不尚文词"，对那些文义难通、琐屑无用的公文，可稍加删削润色再记录，其余只要事有关系，尽可能尽载原本，有关重要的公文行移，"不必改易他学"，保持原样即可。起居注所记述的事件繁杂，对于"事由颠末、日月先后"，记录清楚明白，不至于混乱即可；对有劝诚作用的事件，"据事直书，美恶自见"③，但不能随意加入个人意思，更不能轻信传闻，随

---

① （明）吴之鲸：《刻古奏议引言》，《续修四库全书》史部第 461 册，第 279~280 页。
② （明）何良俊撰《四友斋丛说》卷八，第 73 页。
③ 《万历起居注》，"万历三年二月二十七日记事"，北京大学出版社，1988，第 274 页。

便加以褒贬评价。张居正明确了编纂的原则和做法，要求客观、真实、有序。从而树立舆论的权威性，使起居注成为政治文件的权威，作为劝诫教育后来者之资。

李东阳《会试策问》之一就是以历代公文为题，"问：帝王之驭天下，必有诏令以宣德意，振纪纲，施政立事，其用至大。唐虞三代之典谟训诰，不可尚已。后之诏令近古者，莫两汉，若创业如高祖，守成如文帝，中兴如光武。约法关中，民惟恐其不王；布诏山东，老赢至扶杖而往听；领长安市者，决圣主于一见焉。其感人动物，亦不可诬也。及王通取七制以续圣经，而说者以为僭，意者于三君之外，有所未惬乎？恭惟我太祖高皇帝，天纵圣神，驱天下之豪杰，扫荡六合，挈其民于衽席之上，盛德大业，振古所无。如正纲常，明礼乐，重教养，训官职，慎固疆圉，控制边鄙。诏敕所布，皆亲御翰墨，或口授意旨，辞严义正，直追古帝王而上，之余不足论也。当时文学侍从之臣，往往极其揄扬赞述，虽未尽其大，而亦有得其概者。今令播天下，副在有司，或板刻南雍，垂训后世，皆士之所宜伏读而卒业焉者，请著一二于篇"[①]。此次科举考试探讨帝王诏令传播的价值和意义，可见当时许多诏令集也是日常教育的内容之一。《会试策问》评价了诏令的作用，肯定了历代诏令的历史价值；高度赞扬明太祖的诏令，特别是刊刻和传播这些公文对社会的重要价值和意义，提请以此作为考查内容，让应试者进行深入的思考和探讨。

明代官员大多数是通过科举考试选任，而科举教育和考试以"四书""五经"为主，与现实政务管理严重脱节。如何让从科举考试进入仕途的官吏快速掌握日常政务处理的本领，特别是处理好以公文处理为主体的政务工作，成为明代官吏教育的重要课题。陆容《菽园杂记》指出，新任官吏议论政事，最宜慎重，因为他们所发的议论大多数来源于儒家经籍中的理论，而对国家典章制度、朝廷政策缺少实践经验，所以"见之未真，知之未悉"，万一议论乖谬，绝不仅仅是贻笑于人那么简单。陆容记述了亲历的一件事，他在刚入仕途时，就听同年讨论都御史李侃禁约娼妇事宜。就如何使这些人改业而不再犯，同年李钊提出，"必

---

① （明）李东阳著，周寅宾点校《李东阳集》第二卷，第271页。

黥刺其面，俾无可欲，则自不为此也"。这种建议仅是书生之谈，因为他不了解明初法规，《皇明祖训》"首章"就有禁止使用黥刺、剕劓、阉割等刑罚的规定，如有奏请使用者，"文武群臣即时劾奏，将犯人凌迟，全家处死"。李钊的建议有悖这些祖训，可见其并不了解相关制度，若在治政过程中这样做就可能招致杀身之祸。所以陆容说，"圣人不能不为学古入官者告，而本朝法制诸书，不可不遍观而博识也"①。不了解官方颁布的法制及诏令汇编，缺少深入的学习，就无法在实际政务中顺利治政，还可能做出荒唐的事来。

有志于仕途者正是通过学习阅读公文集，有意识地对公文进行编辑整理。万历时孙旬的《刻皇明疏钞序》记述了公文集对他学习的影响："余少时业好观国家故事，比通籍，备员辇毂为行人。咨诹之暇，时从史馆中秘诸郎阅所藏书，并台省所下章奏，有当于心者，辄手为钞录，纳之箧中，自谓稍稍见虎一毛已。幸主上拔置台端，日发视故箧不废。顷奉命榷鹾吴越，而是箧也载轺车中，相随以往。已事而竣，而代者业复报迁。余优游坐食无他营，于是毕取箧中诸钞汇次之，间裒诸名家所尝编辑者，以广吾所未备，藻质具存，法巽兼采。盖自国初迄嘉隆间，总之凡若干篇，题曰《皇明疏钞》，授梓以传。"②公文的收集与编纂也成为个人事业的一部分。万历年间贾三近的《重校嘉隆疏抄序》也强调公文对文人士大夫了解社会的意义，"两朝诸臣，抒忠谠、殚谟猷，崇论佱议，藏在秘府。学士大夫思欲明习当世之务，靡所睹记，有识者盖惜之矣"③。认为公文不应该仅作为档案收藏，而应该编纂刊刻发行，发挥其社会教化的作用。

一些历史笔记，也往往是借助公文来研究历史，因此也就编录了一定数量的公文。郑晓《今言》是明代一部重要的史料笔记。郑晓在其《今言·序》中就指出，"不习为吏，视已成事"，作为官吏需要去研究历史，从公文档案中学习治政理念和方法，研究考证历史也是如此。因此他说："文献不足，杞、宋无征；方策尚存，文、武未坠，盖通今学古

---

① （明）陆容撰《菽园杂记》卷三，第33页。
② （明）孙旬：《刻皇明疏钞序》，《续修四库全书》史部第463册，第278页。
③ （明）贾三近：《重校嘉隆疏抄序》，《续修四库全书》史部第465册，第1页。

非两事也。"① 通过公文等历史文献资料，可以学古通今。叶盛《宋荐钱时省札缴状》对钱时的公文集给予了高度的评价，认为通过阅读胡拱辰所收藏的钱时的省札书状，可以感悟到公文集所反映的君臣关系，"宋虽衰季，而其君臣之间，崇儒重道如此，人心所以不能负宋而遽亡也"②，可以看出宋代崇儒重道之风对于时代的意义。

（二）公文风气观

公文文风直接影响着政风，也影响着行政执行的效率。公文文风首先表现在公文创作的语言表达等形式层面。明初天灾异象频出，明太祖曾以此特许臣民上书言事，批评朝政或提建议。然而，受元代政风与文风影响，公文浮靡之风盛行。最为典型的是刑部主事茹太素上书论时务五事，篇幅有一万八千字，"然其中虚文多而事实少"，太祖对此慨叹为君之难为臣之不易，于是要求奏疏应"切于事情而有益于天下国家"③，求直言是希望所上公文对政务有益，而不是只充斥着浮夸奉迎之词，于治政无益且干扰视听，他严厉批评了这种繁文乱政之风。为纠正繁文之风，太祖命中书省编选历代优秀公文作范本，制定公文拟写模板，颁予各衙署，要求撰写公文直陈其事，而不要专注于华丽的文字。在这种公文编纂思想的倡导下，《建言格式》《繁文鉴戒》《表笺式》等一系列公文格式及范文的编纂，为臣民拟写公文提供了规范模板，太祖还亲自撰写了《建言格式》的序文。元末官府公文行移及案牍最为烦琐，一般官吏若无较多阅历根本无法通晓，导致"凡案牍出入，惟故吏之言是听"，熟于公文事务的官吏则是"体文繁词，多为奸利"，这种恶劣风气也存在于明初官府中，太祖批评说："繁冗如此，吏焉不为奸弊而害吾民也！"④ 为此，太祖于洪武十一年（1378）八月亲自起草颁发了《御制行移减繁格式》，下令"禁繁文，减案牍，违者严惩"⑤。这些公文格式的确定和范文选编，都是为改善公文处理的政治风气，建立清明的公文办理规范。

---

① （明）郑晓撰，李致忠点校《今言》，第1页。
② （明）叶盛撰，魏中平校点《水东日记》，第124页。
③ 《明太祖实录》卷一一〇，"洪武九年十二月庚戌朔"条，第1830页。
④ （清）顾炎武著，（清）黄汝成集释《日知录集释》，花山文艺出版社，1990，第1561页。
⑤ 周雪恒主编《中国档案事业史》，中国人民大学出版社，1994，第250页。

《大诰》除了具有普法作用，另一个作用是改变民风。太祖《御制大诰三编·序》将《御制大诰三编》与前两次的《御治大诰》进行比较，认为前两诰对百姓有很好的引导和规范作用，"良民一见，钦敬之心"，续诰在民间使"良民君子坦然无忧，伸于诸恶之上"，使普通百姓"人各获安"，而且起到惩恶扬善的作用，"以其恶已及人，盈于胸怀，著于耳目矣，终被善良所擒"。再续编第三诰主要是针对屡教而不改的巨恶之徒，希望三诰得到百姓传诵，"此诰三颁，良民君子家传人诵，以为福寿之宝，不亦美乎！"①《大诰》教化作用表现在两个方面，一是警醒愚顽，一是使民"钦敬"向善。

　　社会风气往往与政风、文风、士风密切相关。每一代公文文风直接反映着政治风气和官场风气。晁瑮《皇明疏议辑略序》梳理与概括了嘉靖以前公文文风与政风，他认为"国家一代人文之盛"与其时代密切相关，概述了不同时代的公文文风特点，洪武与永乐时公文文风的特点是"辞直"，洪熙宣德时是"辞正"，正统景泰时是"辞奋"，成化弘治时是"辞昌"，正德时期是"辞婉"，嘉靖时公文文风是"辞明而确，庄而不肆"。晁瑮对各个时期公文文风的评价虽不尽全面准确，但也注意到不同时期公文文风的区别与变化，并将奏议文风作为时代的标志，强调二者的密切关系。因此，他认为《皇明疏议辑略》可为群臣撰写奏议提供借鉴，"凡此固足以见群臣之殚忠毕力，嘉谋入告，亦足以仰窥我列圣之渊识宏度，天覆海涵，宜其弘阐大猷，共登至道，而二百年之淳化懿纲，良法美意，远非前代之所能及也"②。继承和发展前代良好的奏议文风，可以进而改变政风。

　　为倡导忠于职守、清正廉洁、敢于直言进谏的政治风气，成祖敕命编纂了《历代名臣奏议》，书成后他对这部公文集予以充分肯定，并将它作为后世君臣为政的参考，即希望他们以历代"尽忠"的人臣和"善言"的人君为榜样③。

　　《两汉书疏》编纂两汉包括公文在内的文章，其编纂目的之一是教化官员，"正心以正朝廷，正朝廷以正百官"。另一目的是通过"上古三

---

① 刘海年、杨一凡主编《中国珍稀法律典籍集成（乙编）》（第一册），第173页。
② （明）晁瑮：《皇明疏议辑略序》，《续修四库全书》史部第462册，第506页。
③ （明）余继登撰，顾思点校《典故纪闻》卷七，第133页。

代君臣之遗意,可风示后世";批判两汉文风的衰变,评析一些政治家代表性公文风格,如评价西汉公孙弘、晁错、贾谊、董仲舒、刘向等人公文为"朴直峻整,壮丽而辩",批评东汉扬震、孔融、班固等公文的骈偶风气,认为"习尚对偶,气骎平弱";阐释了后世文章与两汉公文的关系,"唐宋文章,名家诸贤韩退之、苏子瞻学史记,柳子厚学西汉",而编纂这些公文的目的是"正其讹谬""风示后世"①。通过编纂公文以引导文风从而改变政风。顾尔行所编《两朝疏钞》也有着明确的政治教化目的,他认为明代发展到嘉靖朝,纲纪制度已失去原有的执行力度,公文出现了不良风气,"或忿争诟戾,使听者不平;或支蔓冗沓,使读者欲卧",议论风气日盛,原有淳厚忠朴的风气渐失,虽也有一些忠义之臣的激愤之言,有不为名利表达正义的公文,但"混淆而不能别矣"②。顾尔行分析正德到嘉靖的政治风气,批评了当时的公文风气,希望能再塑"淳厚忠朴"的公文之风,为此,他将其中有"忠义激发"的公文编辑出来,以激发士风、改变政风。

万历时,贾三近《重校嘉隆疏抄序》看重公文撰写者的风骨,"余盖重有慨矣,暇中发诸帙,手为检评,当意者命吏录之其名,在当世缺而弗载者,稍为搜购"。对嘉靖和隆庆两朝名臣的代表公文格外重视,它们的作者多是敢于直言进谏的官员,有杨最、杨继盛、杨爵、海瑞、王宗载、吴时来、沈炼、石星等,"暨前后建言,得罪诸君子,生死荣辱在指顾间,能以身任社稷纲常。天下仰其徽烈,其忠言谠论如卿云瑞日,人人欲属目睇观之,奈何可使泯泯不传也……时事一至此乎?即诸君疏,一一当利病,中肯綮乃在"③。通过编纂当时名臣的公文,可以弘扬他们"生死荣辱在指顾间,能以身任社稷纲常"的风骨,目的是让"人人欲属目睇观之",以倡导敢于直言的政风、文风。

叶盛《水东日记》充分肯定了一些公文集对社会风气的影响。叶盛《虞雍公奏议序》介绍了南宋名臣虞允文公文的影响。宋孝宗即位时,虞允文往来两淮、荆襄、秦陕之间,为收复中原而尽心谋划,他反对弃守陕西新复之州和唐、邓、海、泗等地,为此创作大量公文,这些公文

---

① (明)林业:《两汉书疏序》,《续修四库全书》史部第462册,第272页。
② (清)纪昀等编,周仁等整理《四库全书总目提要》,第322页。
③ (明)贾三近:《重校嘉隆疏抄序》,《续修四库全书》(史部第465册),第1~3页。

唤回很多归正忠义之士,然而四十多份奏疏被朝廷弃之不用。结合虞允文奏议所处的时代背景,叶盛认为明代也存在"多议论而少成功"的政治风气,这种风气影响甚恶:"夫使人皆喜逸而恶劳,谁则任其劳?使人皆图安而惧危,谁则当其危?"叶盛结合明代的实际,认为应使《虞雍公奏议》流传天下,可使"有志之士读之兴起,用其遗策,而复我旧疆,雪我大耻"①,即通过刊刻这些公文集唤醒明代臣民志气,改变颓靡的政治风气,激发有志之士报国的决心。

王恕作为杰出政治家,不仅是一代之典范,其公文集也为后人树立了榜样。李东阳为王恕所作的《王端毅奏议序》评析了其奏议的价值。首先,王恕任吏部尚书时,毅然以培养天下人才为己任,每有公文创作"必手自属稿",即便僚属部拟好他也要亲自改订,创作了大量公文,后由文选员外郎孙交将重要的公文编辑成集。其次,王恕公文集可使后人"闻公之风,不获见其人而接其论言",可观照其人格魅力,还可认识和了解当时政治的兴盛。再次,其公文集中所体现出的功绩,如"选举之典式,人才之名籍",王恕所提出的施政策略对后世依然有着重要的借鉴意义。最后,《王端毅奏议》有着深远的影响,"未可以言去,则所以益于君与国者,尚多又敢不益为天下望之哉"②。杨循吉《王端毅奏议后序》阐明了公文文风对士风的影响,王恕的政治影响力使其公文在当时就有巨大影响力,所谓"著天下章,缝士识与不识,莫不知推尊之"。因此编纂其所有奏议意义重大,"三原公,一代耆德,固今后辈楷模,况扬历既久,所建明多地方事,亦司风纪者之所宜习也。盖刻而传之……侍御公按兹周稔,执法秉公,始终一心。而侯笃尚惠爱,以风化率下,皆所谓三原公之徒欤?且公桃李满门,晚得相知,乃更在四海之内。则知君子道同则合,虽千载犹金兰契,非是邻墙旦暮而后相为谋也。侍御公言:公引年家居后,在邑城外数里许筑草堂,日著书其中以为课。今年垂九十而聪明强健,好学不衰,且增广古今章疏甚富。其自得而不忘世又如此。公又间语侍御公曰:'士大夫是扎得脚住,然后可以有为。'

---

① (明)叶盛撰,魏中平校点《水东日记》,第321页。
② (明)王恕著,张建辉、黄芸珠点校整理,张世民审订《王恕集·王端毅公奏议》(张),第246页。

亦名言也，敢并志云"①。其公文集，既可让后辈学习，"固今后辈楷模，况扬历既久，所建明多地方事，亦司风纪者之所宜习也"②，也可作为地方为政者学习的榜样。

邓显麒，正德九年（1514）进士，曾任湖广、直隶、山东、河南等地巡按，为官正直，"监议建言""真有能人所不能者"，其做人为官品格直接体现在奏议中。杨国瓒《梦虹邓先生奏议序》评价了其奏议所体现的精神气质，"盥诵之余，其刚正剖切，勃然纸上"，这些奏议更具重要的社会价值，"有以一言而编氓阴受其福者，有以累简而忠荩藉不磨者"。杨国瓒认为编纂和传播《梦虹奏议》，"皆足以劝当时而风来世"③，不仅可以激励当时的士大夫，也可作为后世风范。《马石田文集序》评价了马文贞的公文风格，"若其议典礼，兴政事，摧奸劾恶，屡黜而不悔，盖亦有风节焉。识者因其文以求之，可见矣"④。希望传播这样的公文改变社会风气。明末名臣倪元璐，为官正直，其奏议表现了其个人品质和政治功绩。宋玉甫《倪文贞奏议序》列举评析了倪元璐具有代表性的公文，"凡论断、方隅二奏，跻正闲邪也；毁私书一奏，将有信于后也；释累一奏，赦也；留学行一奏，惜贤达也；上制虚制实十六策，有所反复"，认为这六篇重要的奏议分别体现着不同层面的儒家政治观，"立言条务秉道不回"；"而寇祸一奏，固民也；学宫坠事一奏，勤也；八议成人而进之也；求事亲六奏，易退也，孝也"⑤。宋玉甫品评《倪文贞奏议》，倡导正直的风气，肯定这类公文集的社会价值和意义。

明末，面对严重的社会和民族危机，一些士大夫"入则问舍求田，出则养交持禄，其于经济一途蔑如也"⑥。陈子龙等清楚认识到"虚空迂远无用之学"的危害，指出"虚文胜而实事寡"是明政权衰亡的重要原

---

① （明）王恕著，张建辉、黄芸珠点校整理，张世民审订《王恕集·王端毅公奏议后序及跋》，第481页。
② （明）王恕著，张建辉、黄芸珠点校整理，张世民审订《王恕集·王端毅公奏议后序及跋》，第481页。
③ （清）杨国巧：《台中梦化邓先生奏议序》，《四库全书存目丛书》史部第60册，第195页。
④ （明）李东阳著，周寅宾点校《李东阳集》第二卷，第117页。
⑤ （明）宋玉甫：《倪文贞奏议序》，《四库全书存目丛书》史部第63册，第3页。
⑥ （明）陈子龙撰，孙启治点校《安雅堂稿》卷一〇《尚有为》，辽宁教育出版社，2003，第177页。

因。为倡导注重实际的学风,掌握平治天下的本领,由他主持编辑的《明经世文编》可以说是明末公文编纂的丰碑。时人对《明经世文编》给予了很高的评价,认为此书可洗去"士大夫经济阔疏之耻"。复社成员黄澍着重指出该书对改变浅陋、空疏学风的重要意义,"识者于是致叹,祖宗朝允文允武之实政废为簿书期会之虚文……文人柔弱,既已论卑气塌,无当上旨,凡而咕哦诵记,自章句而外无闻焉。毋论天文斗宿、地脉龙蛇、通灵遐光、元声大律之书未曾梦见,即昭彰如漕马盐茶,按部如九边图塞,星列棋布如丘塍图甲,揭鼓如屯铸,烂陈如孙、吴、诸葛兵法,持一往叩,东支西吾,如拾败芝于零霜,丐残羹于覆鼎,绐有所得,皆出弃余"①。明末遗臣黄宗羲继承了《皇明经世文编》的做法,根据不同的需要和目的,继续编纂关乎国计民生的实用文集,从《明文案》到《明文海》,再到其子黄百家简编用于家庭教育的《明文授读》,该系列文集按文体编次,其中公文主要编辑了"奏疏",这些都是对明末公文编纂风气的继承和发展。

三 公文编纂的人生价值

为官治政实现个人政治抱负,是古代士大夫的人生价值追求之一。创作公文为官者日常政务的重要内容,也是个人政绩的直接体现。除一般例行公文外,文人士大夫更看重上报给皇帝的奏议类公文。这些公文一方面代表着个人的政治观,表达着政治理念或施政建议和措施,一经皇帝认可和实施,往往会产生重要影响;另一方面,它们也是为臣者个人价值的直接体现。因此,奏议类公文向来受到每一个时代官员的重视,对奏议等进行编纂也成为个人事业和价值的重要体现,他们希望能够通过奏议集的编纂,表证个人功绩并留名于世。

(一) 立言的价值追求

为官从政能够展现个人的政治思想、治政理念,实现立功、立德、立言,这是入仕者的人生追求。明代大多数为政者都注重个人公文的编纂,也希望通过公文的编纂,向世人和后人展示自己在参与国家治理中的功绩。

---

① (明) 陈子龙等辑《明经世文编》,第15~16页。

成化时，陈公懋《介庵奏议序》评价王恕的公文集价值："前后章疏余二百上，真大体立于纪纲，至情切于义理，要道深于政事。伟哉言乎！古人之心也。使今征求息而民力苏，权奸伏而士气作，君心明而成宪彰，是谁之功欤？"高度评价了王恕公文的重要地位。进而分析了这些奏议成就生成的原因，一是所拟奏议始终是"存心以道，始末惟忠"[①]；二是奏议价值在于"有学问本源，施为实用"，只有这样的奏议才会"扬翘特立，风采凝峻，盛德休望，光明正大，为国之桢也"[②]。陈公懋从纲纪、义理、政事三个方面充分肯定王恕公文，"忠诚剀切，流出肺腑，而无缋绘之浮辞，可谓深得乎体要者矣"[③]，从其公文集既可见王恕人格品节，也可见其一生政绩。

对于劝谏公文是否编纂并公开传播，当时一些人认为历史上许多名臣常将所拟奏议藏匿不闻，甚至直接焚烧掉，这被当作美事传诵。李东阳则在《书介庵王公奏稿后》认为，"韩魏公谏垣存稿，宁不避卖直之嫌，而彰人主从谏之美"是值得肯定的，像王恕的谏奏和弹劾类公文，或"削兵权"，或"黜侍近"，让"元恶大憝亦有肆诸市朝"，这些公文无疑在明代政治中发挥着重要作用，"虽有危言极论未暇宣布，然亦优而容之，未始有谴怒诃责之语"。所以他认为，这样的公文不可以"掩而不彰"。公文是为官者政绩，是时代的政绩，应"天下传之，后世传之"[④]。李东阳对立言立功虽或有溢美之词，但其言论也反映了一个时代的公文编纂观。

正德朝杨子器所作的《商文毅公传》这样评价商辂的公文，"及读公奏疏略，知公之令猷盛德"[⑤]。《商文毅公集后序》也认为："是公之德业，固以文章而显，公之文章，又以德业而传。其大者若章疏诸篇，建

---

① （明）王恕著，张建辉、黄芸珠点校整理，张世民审订《王恕集·王端毅公奏议后序及跋》，第480页。
② （明）王恕著，张建辉、黄芸珠点校整理，张世民审订《王恕集·王端毅公奏议后序及跋》，第480页。
③ （明）王恕著，张建辉、黄芸珠点校整理，张世民审订《王恕集·王端毅公奏议后序及跋》，第480页。
④ （明）王恕著，张建辉、黄芸珠点校整理，张世民审订《王恕集·王端毅公奏议后序及跋》，第480页。
⑤ （明）商辂著，孙福轩编校《商辂集》附录一，第580页。

白盈帙。"① 所编纂的公文都是商辂个人功德的体现。周玺官至礼科都给事中,为刘瑾所构陷致死,其具有代表性的十三奏疏被汇编为《垂光集》,其中弹劾刘瑾的两篇奏疏言辞痛切,"直气坌涌,声溢简外。其许国忘家之意,已早决于未劾逆珰之前"②。《垂光集》虽没有序跋,但集中《尽节前寄家书》表达了他为政的态度和对人生价值的追求。当时刘瑾专权,阴肆逆谋,许多大臣惧其权势而不敢直言,面对这种情况,周玺致信家人,"我虽屡疏,未下。每念及此,食不下咽。尔辈但宜在家平平过日,各事学业"。周玺此语表达了勇担重任,弹劾刘瑾以匡扶正义之志,也表达了许国忘家之意。

杨廷和《杨文忠三录》包括《题奏前录》《题奏后录》《视草馀录》《辞谢录》等公文集,是他任职不同机构时的公文合集。这些公文集都各自有序,如乔宇为《题奏后录》作序,萧大亨为《视草馀录》作序,林俊为《辞谢录》作序,有些杨廷和作自序,他们从不同角度评价了这些公文的地位及其体现的价值思想。一是杨廷和有意识地编辑公文,其《自序》言:"凡朝廷奏对之词,政事可否之议,随事录之。"③ 可见,他对个人所创作公文的重视。有意识地编辑自己的公文,并请同僚名家作序,通过作序强化公文集的影响力。二是杨廷和通过对自己公文的编纂反思为政的理念。《视草馀录》主要编辑杨廷和任职内阁时的"奏对之言及政事可否之议",《自序》回顾了这一系列公文产生的状况:内阁十八年期间的公文都是"关切利害"的重要政务,因此作者以"知之必言,言之必尽"的态度去撰拟。进而表述这些公文产生过程中的一些苦衷,"寅恭敕以雷霆,临之不力执,则事日非而国体益亵,一难也;于时六龙出狩,宸居虚拱,且岁余二宁谋益,人势将倾,行则有骇舆之虞,居则有固圉之责,二难也;銮舆既回,大行事迫,四家环布,毫发失宜,齑粉立至,三难也;既而肃皇帝入御,遭逢何奇,比议大礼,则以鱼水之投,而为冰炭之隔,四难也;公周旋其间,停威武敕不草,竟见信任,居守维鼎,擒瑾诒彬,押虎逐狼,外宁内安,人孰不服公有定倾之功"。复杂的政治斗争中,每一份奏议公文的制发都充满着艰辛。杨廷和对自

---

① (明)商辂著,孙福轩编校《商辂集》附录二,第586页。
② (清)纪昀等:《垂光集提要》,《影印文渊阁四库全书》第429册,第263页。
③ (明)杨廷和:《杨文忠三录》,《影印文渊阁四库全书》第428册,第752页。

己所编纂的公文是问心无愧的,"孰不归公有定策之忠比",即便面对皇帝的嘉奖他也是力辞,"有信心之征,而言必信"。公文所体现的对于人生的价值追求,于朝廷则为"表纳谏之美",于个人则为希望实现"敬事之义"。为此,杨廷和希望能将自己一生的公文"藏之箧笥,姑以示我后人,不必其传之久远也"①。尽职尽忠也正是个人价值的呈现,是为了"见敬事之义"。

许多著名公文大家,有意识地对自己的公文进行编辑整理。叶盛初任官兵科给事中时的公文被汇编为《西垣奏草》,叶盛自作序对这一时期公文产生过程进行了评析,"有言责者,未尝不言,言未尝不用,得人致治,于斯为盛。比年权奸用事,不利忠谠。由是隐默之风成,而祸乱之机发矣。尚忍言哉,皇上法祖所为,一鉴前弊,乃始信用六科,足其旧员,责其职事,虽以盛之庸劣,当监辅之初,即被命掌科事,旋进今秩。于是时为六科者,莫不感奋有言,言路为之改观。其或言未尽善与夫言虽善而不合当道,甚而逢怒忤意亦有之"②。表达了他在创作这些奏议时的人生态度,即遇事敢言,勇于提出自己的建议,不阿谀屈从于权贵,更不愿随波逐流,因此也往往受到怨恨嫉妒甚至诽谤,经常"受侮于群小"。尽管如此,他依然不违自己做人的原则,"今而冒宠名,饱食自便,何以为颜也。非盛今日之谓乎?公又以其壮无所为,既老且病不闻报赐,为终负人主之恩"③。对自己所创作公文的时势做一交代,同时也是表明自己尽忠报恩的心迹。

《南宫奏稿序》充分肯定了夏言奏议的价值,在学识方面是"索赜玄微",在才识方面是"道扬隐伏",在职位方面是"出入光大",在时事方面是"经济利用",评价其公文"昌言祇承于舜禹,而成都俞之休;训戒翼戴于夏殷,而奏笃棐之绩,不其伟乎!"④ 虽然这种评价有过誉之嫌,但也充分肯定了公文作为个人政绩的记录,是个人价值的体现。

万历时,张贞观曾任知县、都给事中等职,曾因直言忤旨而被黜。居家期间,整理自己为官时所上奏议,后由其子编纂为《掖垣疏草》。

---

① (明)杨廷和:《杨文忠三录》,《影印文渊阁四库全书》第428册,第752页。
② (明)叶盛:《西垣奏草序》,《续修四库全书》史部第475册,第242页。
③ (明)叶盛:《西垣奏草序》,《续修四库全书》史部第475册,第243页。
④ (明)夏言:《南宫奏稿序》,《影印文渊阁四库全书》第429册,第411页。

张贞观认为自己一生的价值都体现在任职期间所作的公文中，这些公文都是其"披衷陈悃，剔弊釐奸"的表达，"终不可自甘埋没，沦于败纸，而竟谓百世之下无知"①。他不甘将一生忠君为国的忠心埋没。可见，张贞观编纂奏议的目的是希望这些奏议留传于后世，作为其一生为官的记录与见证。

公文作为传递命令的工具是重要的，更重要的是执行者的落实。叶盛《玺书录》汇编了皇帝授命于他的公文。商辂《玺书录序》首先介绍了该公文集产生的背景，景泰时，独石等重镇缺少文臣协理军务，叶盛因才德卓异被荐上任。皇帝对其任职给予充分认可，"是尝仕兵科都给事中者，屡进谠言，可属大事，朕固识之"。叶盛在独石任职期间，"奉命惟谨，昼夜规画，至废寝食"，不久就将散漫的地方军务整顿完备，"庶事修举，兵容振肃，廪庾充实，人乐战守"，保证了边疆安全。玺书代表着一种荣耀和信任，五年任职期间所获玺书共四十多篇，这些玺书代表着皇帝的重视，也代表着叶盛的政绩。叶盛以此为荣誉，将其编纂成集并请名臣商辂作序。商辂一是盛赞了皇帝玺书的价值和作用，"玺书所及，或因边报，或因奏请，随事谕旨，皇上垂意边政，此特一二耳"；二是盛赞叶盛在落实皇帝玺书过程中的才干，"以雄才传略，其所施设，盖有出于玺书之外者，如立社学，置医坊，设暖铺，筑义冢，利人之事难于枚举，可谓克当阃寄者矣"②。充分肯定了叶盛对玺书的执行功绩。叶盛非常注重个人文集的编纂，"公务之暇，手不释卷，为文典重该博，语词隽雅"③。叶盛自作《边奏存稿序》称："而子以疏远偏方，米盐戎马之间，或斥其过恶，或救其所溺，或一再言不足，至再三言之，中间言会兵及再言虏使事，又上干九重，言亦危矣。子诚不惮烦，独不畏祸耶？纸笔口语之间，其不利于子，隐而为不测之深渊，明而为不可犯之雷霆者，亦屡屡。固于子无关得丧，知爱子者，能不为子股栗以惧，子亦知之否耶？子而知之，宁不亦有悔怨耶？是编也，不知子者，犹将视之为怪物，为赘疣。以予观之，并削之可耳，顾毋以存稿为也。曰吾过矣，吾过矣。吾子之言良是。然谓之爱我则可谓知我罪我其存稿乎，吾将存

---

① （明）蒋体仁：《书掖垣疏草后》，《四库全书存目丛书》史部第64册，第636页。
② （明）商辂著，孙福轩编校《商辂集》卷七，第106页。
③ （明）商辂著，孙福轩编校《商辂集》卷一七，第338页。

吾稿以识吾过或者退。遂第其卷册而序之。"① 表明了自己对待公文的态度，将公文作为自己一生功过的记录，同时让世人更多地了解和认识自己。

"古今称立德、立功、立言者，为三不朽，而皆有次第"，这是在古代儒家道统思想指导下，文人士大夫对完美人生价值的理想设计。嘉靖时，廖希颜《晋溪本兵敷奏序》评王琼的公文价值认为，王琼所留存的奏议即是立言，而这些奏议在现实中发挥的作用即是立功，有价值的公文往往体现了立言与立功的关系，"行之而后言，言之必行"，而这些公文不同于那些仅仅以章句为是非的腐儒之言，腐儒之言"剽掇前人之绪余以资天下，后世之口实而无益于理乱"②，为官以有益于天下百姓为信条，这也正是立德的体现。廖希颜肯定公文集正是立德、立功、立言的表现，认为王琼公文集的价值不仅在于立言，更重要的是其有"事功"而且可行。

公文编纂观的呈现形式之一是品评编选公文，这代表了编辑者关于公文编纂的价值理念。明代一些公文编选者通过各种形式表达了对所编公文的看法，同时也通过公文编纂表达自己的政治思想、观点或价值追求。嘉靖乔世宁为张原作《玉坡奏议原序》就认为，明代政治价值观重视正直进谏之士，自从刘健和李东阳之后，有为之士以此相互效仿，直谏之风更盛。张原《甲申封事》充分体现了其"忠愤激烈，抗志委身，可谓慷慨就义者"的气概，乔世宁认为像张原这样的谏官屈指可数，"当世君子，无不悲伤，叹慕想闻其言也"。他们希望通过阅读张原的公文作品，观见其为国谋事的功绩和精神，以激励后人。乔世宁详细记述了编纂张原公文的过程，"余伤夫自甲申以来，至于今二十余年，谏草秘不得出，恐久益湮灭"。张原所留下的公文"皆当世巨重也"。乔世宁认为，通过这些公文可"究公之志业，亦可知余言所指矣"。该公文集的刊刻也费了一些周折，"稿刻之湖广提学分司，板百余片遗自少华许子者。许子督学时，刻五经子籍，留板尚多，而余以分司，月纸为工食费。云刻成遗公之冢孙，县学生侍以传后世"③。唐龙《玉坡奏议原序》也认

---

① （明）叶盛：《边奏存稿序》，《续修四库全书》史部第475册，第312～313页。
② （明）王琼撰，张志江点校《晋溪本兵敷奏》，第3页。
③ （明）乔世宁：《玉坡奏议原序》，《影印文渊阁四库全书》第429册，第352页。

为，"以谏死矣，夫何憾？所不朽者，固炳炳在斯"①。张原人生之所以不朽就在于留下了其所创作的公文，通过阅读他的公文让后人景仰其人格魅力。公文编纂成为个人存在价值的标志，对其子孙后代都有着重要的影响。嘉靖朝的夏言曾因议复河套被杀，他留给女婿吴春的遗言为，"身后惟有平生奏疏诗文诸稿"②，希望其子孙能将这些公文编纂刊刻，流传于后世，实现人生的不朽。

许多公文的作者通过刊刻公文集向天下人表白心迹。万历时，姚学闵历任知县、给事中等职，曾巡视京营和负责宣大山西等边务，将其任职前后的奏疏汇编为《谏垣疏稿》，陈所蕴、吴中明为之作序，为其辨别心迹。当时姚学闵受张居正牵连，因是张居正同乡而被贬。两篇序文指出从《谏垣疏稿》所编公文可以看出，姚学闵有自己的政治观点，与张居正的观点并不完全相同。姚学闵自编《谏垣疏稿》也正是为表达自己的政治观点。万历年间，朝政弊端丛生，杨东明多次上奏指正时弊，如"停逮谭一召、安希范及东事、播事诸疏"，其所上奏疏"持论颇正而不激"③，最终因此被斥贬。杨东明居家二十六年间，将其任礼科给事中时所上奏疏汇编为《青琐荩言》，并请了同时期以言罢官的乔允作序。乔允《青琐荩言序》对其公文做了全面的评说，"公性与道契，无所师承，崛起中原，方为诸生，即以圣贤自期。负通籍以后，益与海内名儒讲明性命之学……既居谏掖，多所建明，今其牍具在。试取而读之，《饥民图疏》似郑监门；保安圣躬、建储豫教、请朝祷雪诸疏，似贾洛阳、董江都者；《治安》《贤良策对》及刘更生……不避嫌疑，独持正论。又甘为鱼肉，犯一二大奸，负虚声者，皆言人所不能言，与所不敢言……公积思举念，无非社稷苍生，立朝数年，爱君忧国之诚，时形于色，一切功名富贵、毁誉得丧，悉置度外。故持论正而不激，通而不随，不傍人门户，不同众欢……徒使天下后世诵其言，以忠荩惜之，可叹也夫"④。列举评析其重要公文，高度评价了其爱民忧国的精神，更肯定了其"持

---

① （明）唐龙：《玉坡奏议原序》，《影印文渊阁四库全书》第429册，第352页。
② （明）夏言：《夏桂洲先生文集》卷一六《遗言》，《四库全书存目丛书》集部第75册，第61页。
③ 谢国桢著，谢小彬、杨璐主编《谢国桢全集》（第1册），北京出版社，2013，第181页。
④ （明）乔允：《青琐荩言序》，《四库全书存目丛书》史部第64册，第1~6页。

论正而不激,通而不随,不傍人门户,不同众歙"的为文态度。周孔教任应天巡抚迁河道总督时,将所作奏议汇编为《周中丞疏稿》,赵南星为该公文集作序并介绍了其产生的背景,"其时吴中士民请留孔教,言者劾为孔教阴使之,孔教由此去国"。因受不白之冤,周孔教为表白心迹,"当嫌疑交起之际,而急刻《疏稿》以自表"。所以周孔教将平日所作的奏疏进行了编辑,书成后请东林名士赵南星、顾宪成、高攀龙为之作序。明末,党争纷起,政治斗争日益激烈,"是则东林诸人负气求胜之过,难尽委诸命数也"①。他们通过公文的编纂表达东林党的政治思想和价值追求。

万历时期,王家屏任内阁大学士期间,为册立太子一事撰写多篇奏疏,这些公文后与他这一时期占谢类公文被合编为《王文端奏疏》。万历党争激烈,为表明自己政治清白,向世人明个人之志,王家屏通过编纂自己的公文集,表达自己在相关政治事件中的作为,也是对自己为政的一种表白。沈珣《王文端公奏疏序》则认为,"天下亦有不畏死、不爱官爵如先生者……先生直谅严正如宋广平,清真励俗如公权"②,对王家屏的为人给予充分肯定和高度评价。

赵志皋在内阁十年,曾为罢矿税、立太子等政事屡上奏疏,于万历二十八年(1600)亲自编定《内阁奏题稿》。赵志皋《奏题稿序》则言:"余蒙上拔擢至今日,即捐縻无以报,然一念靖恭之忱,有斤斤不敢旦昔自暇豫者。小子识之:夫入告出顺,书有明征,子与舆氏不足,夫人适政间盖有味乎?其言之已。我朝故事,阁臣以备顾问、赞机密。余自惟庸劣不克,称塞明命是惧。顾上自静摄以来,英明独运,渊深莫测,毋所甲其造膝,即一言一意,靡不仰给。"③ 一方面陈述了自己为政的操守,"至于票拟有当否而得之,中官口传机宜,有阙失而申之,谏臣力净,要必披沥以请,调剂而行";另一方面表白自己忠心事君的心迹,"请之有得有不得也,行之有知有不知也,或抽思于丙夜,或载答于刻期;事求核不求文理,求明不求多,期以尽吾职竭吾心而已"④。同时,

---

① (明)赵南星:《周中丞疏稿序》,《续修四库全书》史部第481册,第170页。
② (明)沈珣:《王文端公奏疏序》,《四库全书存目丛书》集部第149册,第5页。
③ (明)赵志皋:《内阁奏题稿》,《续修四库全书》史部第479册,第1~2页。
④ (明)赵志皋:《内阁奏题稿》,《续修四库全书》史部第479册,第1~2页。

也表达了自己创作公文的态度和价值追求。

毛纪在为《密勿稿》所作序中，表达了自己编纂该公文集的思考，一是"夫臣之事君，曰惟尽心焉耳矣。君犹天也，日用云为于理有一之，或中外或未之知也"；二是"违则此心有所未尽，谓之事无可知，事无则知，所以事君矣"，这两个方面都表达了自己忠心事君的情感。毛纪身在内阁，所拟公文多是皇命公文，"朝夕左右辅养若德，随事匡持，惟恐少有遗阙"，尽心尽责是职业的操守，最终将所作的公文汇编成集，也正是个人情操政绩的表白，"所谓尽心焉者，岂谏之谓乎抑亦当时之事，所宜志者，示不敢忘耳"①。这种编纂公文的理念，也是明代许多官员热心编纂自己公文集理念的代表。《端简郑公奏议》是郑晓于刑科时所上题奏的汇编，项笃寿作叙评为"夫公家居敦孝友之义，立朝著謇谔之风，筹边展匡攘之略，典狱弘敬忌之能，注措大端，盖已略存此编"②。该公文集所录多是与职责相关的公文，在这些公文中可观其为人的品格。

明代许多为官者多是希望通过公文的编纂，展现自己任职的功绩，或辩白被误解的缘由，希望让后人理解和明白其真实的一面，或表明自己的为人品质，等等。无疑，公文集的编纂成为一种重要的个人表达方式。但也有一类官员则企图通过编纂公文集抹刷其劣行，混淆视听。沈一贯在万历四年（1576）充任讲官，于万历三十四年（1606）以内阁大学士乞休，其任职期间所上奏疏、揭帖等被汇编为《敬事草》，沈一贯担任内阁大臣时，网罗朋党，打击异己，屡被弹劾，特别是万历三十二年（1604）在考察京官时，偏袒同党，打击异见。他编纂《敬事草》的目的是为这些政事辩白。在万历党争混乱的时代，一些官员通过编纂公文集洗白其政治上的污点，这也成为腐败政治下的一种风气。

（二）邀名的风尚

明代中后期，个人有意识地编纂公文集，已然成为一种时尚，也是他们个人价值的追求。明代为官者注重个人公文的编纂，大多把公文作为独立的部分编选，这充分体现了他们对"功名"的追求。

这一时期，城市手工业的坊刻崛起而且越来越兴盛，官方的刻书机

---

① （明）毛纪：《密勿稿序》，《续修四库全书》史部第476册，第220页。
② （明）项笃寿：《端简郑公奏议叙》，《续修四库全书》史部第476册，第508页。

构及私刻也得到发展，这给个人文集的刊刻出版创造了条件。上至中央各类政书、典章制度的颁布，高级官员为政期间公文的编纂成集，下到文人作品的刊刻，编纂文集成为时尚。唐顺之曾评价这一风气：达官贵人和科举及第的文人，只要"稍有名目在世间者，其死后则必有一部诗文刻集"①。顾炎武也曾说，明末官员每到任满，将为政期间所作的各类公文"必刻一书"②，以此作为官的凭据。当时，文人士大夫盛行互相赠书，"昔时入觐之官，其馈遗，一书一帕而已"③。万历时，但凡做过官有过公文之类文章的几乎都有文集，李贽戏称："戴纱帽而刻集，例也。"④ 编纂公文集，刊刻成书，或宣扬个人、祖先之名，或附庸风雅，成为明末另一种浮华之气。

有些官方编纂的公文集是为了歌功颂德。如瞿九思为向明神宗五十寿辰献贺礼，将万历时期镇压各地的农民、矿工、饥民及少数民族"叛乱"的经过，皇帝诏令及取得的战功等，详加记载，汇编为《万历武功录》，编辑该文集的目的是歌颂明神宗文治武功，实为阿谀奉迎之作。

明代文人士大夫编纂公文集多是期待"留名"后世。朱吾弼、李云鹄、萧如松、孙居相为南京四位御史，他们将正德到万历年间南京御史所上题奏分二十门编辑为《留台奏议》。四位御史整理了任职期间所产生公文，此专集本应为南京御史一个部门的公文集汇编，但此公文集仅以其四人公文为主，"是惟精白一心，廓然无垠，渊然无涔，而后明白正大以陈之。有其言不必有其意，有其言不必有其气，有其言不必有其名，盖以其言为不得已，而不以其言为幸"。其彰显自己功绩的意图显而易见，"其言何妨与天下后世共闻之"。后人则评其"露才扬己，盖所不免焉"⑤。

公文只有进入运转处理程序才能真正发挥其作用，也才属真正意义

---

① （明）唐顺之：《荆川先生文集》卷五《答王遵岩书》，《影印文渊阁四库全书》第1276册，第308页。
② （清）顾炎武著，黄汝成集释，栾保群、吕宗力校点《日知录集释》（全校本）卷一八，上海古籍出版社，2006，第1031页。
③ （清）顾炎武著，黄汝成集释，栾保群、吕宗力校点《日知录集释》（全校本）卷一八，第1033页。
④ （清）管庭芬：《芷湘笔乘》（抄本）卷一，载张建业编《李贽研究资料汇编》，社会科学文献出版社，2013，第291页。
⑤ （明）朱吾弼：《皇明留台奏议序》，《续修四库全书》史部第467册，第270~271页。

上的公文。公文若未发出则只属一般意义上的文章，不具备公文价值，因此编纂公文集一般不编入未发出之公文。但明代一些官员为邀名，常将此类没有成为真正意义上的公文编入文集。嘉靖时，董传策曾任刑部主事、南京礼部右侍郎等职，最能体现其为官风格的是弹劾严嵩欺君误国一事，他因此被遣戍南宁。董传策编纂其公文集《奏疏辑略》时，将弹劾严嵩的《极陈时政疏》列在文集之首，其实这是一篇未上报公文，实为空言鬻直之作。万历时，钱春将日常政务公文汇编为《湖湘五略》，文集中的《请释满朝荐》作者自言此篇是具草未上的公文。公文草稿未进入运转办理过程，未发生任何作用，不宜作为公文看待。而将这些未付诸实际的公文编入文集，实有邀名之嫌。前文所述的邓显麒《梦虹奏议》，将为皇帝讲学类的文章置于奏议之前，而此类文章"不过循例陈言，体同策论"①，讲学疏不属于公文。可见，邓显麒的意图及价值取向，他们看重文章的政治地位，而忽视代表着政治观点的劝谏类公文。

一些编纂者除了通过编纂公文集邀名，还通过请名人作序，夸饰其成就。吴文华曾任广西巡抚，将其在任期间所作公文汇编为《粤西疏稿》，叶向高曾为吴文华的公文集作序，称赞他在督抚广西时平定叛乱之功。事实上，其《叙报雕剿人员疏》《地方贼情疏》《剿平上下四屯疏》《剿平北山等处地方疏》《题报地方贼情疏》等公文所反映的事件并不真实，当时河池等地并未发生叛乱，而总督凌云翼好大喜功，为表功绩而杀戮当地百姓，凭此得到荫袭，吴文华也因此受赏升为户部侍郎。叶向高在评价这些事件时不免有所文饰，这反映了公文集编纂文过饰非的风气。

为树立或体现公文集的地位，一些编者假借名人名义作序跋，以提高其影响力。如方凤《方改亭奏草》，卷首有《王守仁题词》，但该序文中关于大礼仪的观点并不符合王守仁的政治观点。经考证该序文并不是王守仁所作。

第三节　明代公文编纂的文史观

公文是历史文献的重要组成部分，许多公文编纂的重要目的是修史，

---

① 郑翔主编《江西历代进士全传》，上海古籍出版社，2016，第 1873 页。

或补充历史，或作为历史的参考。公文生成后也是"文"的重要组成部分，特别是文官集团发达的明代，公文编纂是众多文官一生著作的重要内容。公文文风既是政风，也是文章之风，公文编纂所倡导的风尚自然成为文章学理念的内容。

一 公文编纂的修史观

公文编纂本身有着重要的历史价值，万历时，万振孙《台省疏稿后序》阐明了公文编纂与经史的关系："夫古之告君者多矣，都俞吁咈之旨，典谟命诰之文，载诸《尚书》，则谓之经。谋猷之，关于国家；章疏之，益于政治；载诸往乘，则谓之史。经，常道也，万世之轨范也，不可尚已……可以裨史，可以立德、立功、立言。而措之天下，裕如也；垂之后世，锵如也。故曰有相之道存焉。"①"章疏"不仅有益于政治，更是历史的见证，万振孙此语充分肯定了其"垂之后世，锵如也"的历史意义。吴道明《台省疏稿后序》也持相近的观点，"是故昌言陈焉，嘉谟告焉，衷然唐虞之治，三代之英也。今天子游神三五，驾轶成周，而上公则夙撼渊虑，发精含光，百有余疏，彻相乎合，谓非今日之昌言嘉谟也哉！嗣兹以往，乃铭诸鼎彝，黼黻于皇猷，以昭示无极，与典谟大训，相为流传，则太史氏职也"②。强调编纂公文也是史官的重要职责。因而，许多学者秉持着修史精神对待公文编纂。明末李清《三垣笔记》记载了自己编选明代公文的价值标准，"非予所闻见，不录也"③。焦竑《玉堂丛语》记述了顾清在编修《明孝宗实录》时所秉持的理念：编纂李孜省以献方术干涉朝政一事，权贵焦芳因与彭华有隙，欲诬陷彭华是李孜省同党，让顾清"以风闻书"，顾清果断予以拒绝，"据实直书，史职也，他不敢与闻"。很多官员因害怕刘瑾迫害而不敢记录其恶行，但顾清"潜披精核，尽载其实，有嫌而欲节略者，不为动"④。顾清作为《明孝宗实录》的编纂者，在混乱的政局下，仍能坚守以客观事实为准的编纂原则。

---

① （明）赵志皋：《内阁奏题稿》，《续修四库全书》史部第479册，第181页。
② （明）吴道明：《台省疏稿后序》，《续修四库全书》史部第478册，第177页。
③ （明）李清撰，顾思点校《三垣笔记·自序》，第1页。
④ （明）焦竑撰，顾思点校《玉堂丛语》卷四，第131页。

《明实录》就是为修史而编纂的公文集，由翰林院人员编纂，不但编纂人员素质高，所编公文也都是中央各部门所整理的公文，一般来说是真实可靠的。《明实录》总计为二千九百七十九卷，其中录有大量的诏敕指令和臣工奏章。这些公文一般都与皇帝临朝莅政、国体有关，还有一些具体兴利革弊的公文，大到应对灾异，小到地方事宜，均与治理国家有关。《明实录》所选公文数量庞大、内容丰富、时间准确，并且记载了每篇公文的具体处理意见。以《明孝宗实录》为例，该书在辑录诏令、奏疏等方面，秉持着"直书"的编纂思想。其中摘编公文有四千多篇，每篇公文都来自各部公文档案，并标有具体时间。实录的本质属性决定了其编纂公文多是摘录大要，这也导致了内容失详，甚至还有一些错漏。为保证收录公文及史事的真实性，专门设立稽考参对官吏，负责查校所编选的公文，目的是让后世编史便于了解某一政治事件、制度等的发生发展状况。《明孝宗实录·修纂凡例》明确规定了需要全文照录的公文，一是凡皇帝下达的诏书"悉录全文"，特别是敕书及御制文录，这些公文往往关系重大事项，还有一些是特敕或褒勉臣下、抚谕远人及恤刑宽贷等公文；二是记录宣召谕问文武大臣情形的文章，"顾命之辞备书"；三是"凡宝玺图书及诸王、郡王宝，将军印，并印符、印记皆书"。[①]《明实录》是为修史而定期制作的资料汇编，因此编修时，所编纂公文等越全面，对后世修史就会越有帮助。如《明实录》中弹劾类公文，多摘录矛盾双方的公文，客观地反映双方冲突的具体情况，以备修史参考。公文作为实录编选档案，有着严格的要求，由于留中公文未办理，在实际政务管理中也没有发挥过作用，因此一般不被编选。成化初，谢铎准备编修《英宗实录》，曾检索查找章纶关于复储的奏疏，却没有找到，于是他认为："公疏动万言，竟一字不传，何以示天下后世？"为未编选该公文而抱憾，负责编修实录的总裁刘定之回应称："奏疏留中者，例不书。"[②] 谢铎又以这是景泰年间重大事项为由向皇帝请求增录，最终还是被拒绝。成化二十三年（1487），姜洪弹劾内阁万安、刘吉的

---

① 《明孝宗实录·修纂凡例》，第5页。
② （明）过庭训：《本朝分省人物考》卷五六"章纶"条，《续修四库全书》史部第534册，第536页。

公文被以"不报"[①]处理,《明孝宗实录》只记载了因御史姜洪、汤鼐,庶吉士邹智等人相继弹劾而致万安致仕一事的梗概,未予收录姜洪"不报"[②]的弹劾公文。

奏疏等公文是官员对政治的建议见解,在政治中发挥着重要作用,是对历史政治事件的反映,因此也是修史的重要内容。孙旬《刻皇明疏钞序》认为:"余惟古者,有记言记事之史,即今太史所注起居、实录及公卿百司所上章奏是也。《周礼》宗伯之属,有御史一人居柱下,典掌书史。而《汉官仪》亦曰殿中御史兼典兰台秘书,外督部刺史,内受公卿章奏。乃知网罗旧文,以彰法戒,固御史事尔。明兴以来,祖宗制令,金匮所藏,职在太史,泱泱乎与三五明圣并丽,而名卿硕辅诤臣拂士,诸所论思匡纠,鸿猷石画,迄无成书,以备史官之缺,亦司职事者之过也。"[③]非常明确地阐明了公文编纂的修史价值和意义,章奏等公文作为史料既是"言",也是"事"。

编纂的公文集可资修史之用,还可以作为历史的补充,考证历史之用。如《万历疏钞》收录了万历年间关于各派党争的弹劾类奏疏,其编纂原则是"招君过而不隐也""彰国失而不讳也""逢被言大小诸臣之瘅怒,恐毒痛怨恨及其子孙而莫可以赎也"[④],师法《春秋》精神,公文原貌收录,这些公文的编纂可观照明代党争的真实状况,以补正史笔记不足。《万历邸钞》则以明代邸报为编选对象,主要以邸钞为底本,摘录了当时对社会影响较大的事件的记录之文,同时还附有相关人员的奏疏。明代一些重大事件的亲历者,为让后人重视这些重要的政治事件,往往按一定的主题将相关公文资料进行整理编辑。高拱《边略》阐明了其编纂的目的,所编选公文都是"条画利害,关国事甚大",如果不及时进行编辑整理,拿什么让后来者明白呢。编选这些公文不是为了夸赞一时的功绩,而是为了"后经略者考焉,有裨一二"[⑤]。

明代许多学者,通过笔记形式记录一些公文,以弥补历史资料的不

[①] (明)雷礼:《国朝列卿纪》卷一二二,《续修四库全书》史部第524册,第90页。
[②] 《明孝宗实录》卷五,"成化二十三年十月丁亥"条,第88页。
[③] (明)孙旬:《刻皇明疏钞序》,《续修四库全书》史部第463册,第278页。
[④] (明)钱一本:《万历疏钞序》,《续修四库全书》史部第468册,第1页。
[⑤] (明)高拱:《边略》,《四库禁毁书丛刊》史部第72册,第312页。

足。郑晓《今言》就是典型的史料笔记,他摘录的公文从侧面记录了正史不会记录的特殊的历史事件。如正德二年(1507),宦官刘瑾假借皇帝名义发敕谕给文武官员,勒令罢贬公卿台谏官员数十人,又诬陷内外忠贤官员为奸党,并矫旨张榜公布在朝堂之上,诬陷王岳等勾结内阁刘健、谢迁,其他涉及此事的官员有韩文、李梦阳、王守仁等,许多官员被谪戍边。[1] 郑晓通过详录诸多被迫害官员的姓名,见证刘瑾对政治生态的破坏,也以摘录该矫旨内容方式表达了对宦官干政的愤慨。武宗即位之初,针对刘瑾等"以东宫内侍导上游戏",内阁大学士曾以天灾异象数次劝谏皇帝。郑晓大篇幅地摘录其中代表性公文,并记述了"报闻"[2] 的处理结果,以此肯定内阁在与刘瑾斗争中的努力,"报闻"最终没有获得皇帝支持,从中可看出宦官专权的根源是皇帝的纵容。再如,皇帝派太监到南京、苏、杭织造,请求给予长芦官盐"万二千引",户部请求给予减半,皇帝为此召见内阁追问此事。郑晓《今言》详细记述了君臣之间对话及内阁的作为:

> 上不喜,召见内阁问状。内阁对曰:"宜如部议。"上曰:"用不足奈何?"对曰:"宁加银数,不可多盐引。"上诘其故,对曰:"盐引有夹带之弊,引多则夹带益多。"上曰:"彼独不畏法乎!"对曰:"彼既得旨,沿途骚扰,朝廷岂得闻知!"上色变,语益厉,曰:"岂独此数人坏事!譬如十人,岂能皆贤?亦未免有四五人坏事者。"时有赞健、迁者,上入其言,故云。内阁退,上疏自劾曰:"先帝顾命惓惓,以陛下为托,臣等誓以死报,未敢求退。近者地动天鸣,五星凌犯,星斗昼见,白虹贯日,群灾叠异,并在一时。诸司弊政,日益月增,百孔千疮,随补随漏。当此之际,内外臣僚协心倍力,犹恐弗堪。方且持禄固宠,任情作弊,谤讟公行,奸邪得计,变乱黑白,颠倒是非!人怨于下而不知,天变于上而不畏。窃观古今载籍,未有如此而不乱者。政出多门,咎归臣等。扪心反顾,无以自明,展转于衷,事非获已。若窃禄苟容,既负先帝,又负陛下。伏乞罢

---

[1] (明)郑晓撰,李致忠点校《今言》卷二,第93~94页。
[2] (明)郑晓撰,李致忠点校《今言》卷四,第148页。

黜。"不允。①

《今言》将于该事件中所产生的系列公文一一记录，补充当时的具体情形，完整地呈现了历史原貌，清晰地看出公文作为政治斗争工具的作用。

明末，李清的历史笔记《三垣笔记》也秉持着非所亲闻亲见不予编录的原则，真实反映明末中央来往公文的真实状况。其中主要记述"留中"类公文，"所上诸疏，止录其留中者，其已报，则亦弗悉录也"。由这些"留中"公文可辨析当时政治状况和公文办理及公文文风等状况。李清借公文相关的具体事件评价人和事，"盖内之记注邸钞，多遗多讳，外之传记志状，多谀多误，故欲借予所闻见，志十年来美恶贤否之真，则又予不敢不录也"。类似史料集还有"蔡孝来《尚论录》""吴纯所《吾徽录》""夏彝仲《幸存录》"。李清对这些笔记相关内容给予了评价，主张"无偏无党以立言"②。

留中公文是没有办理的公文，然而特殊历史时期的留中公文，实则是历史政治的反映。明神宗懒政导致大量公文留中，而其中有许多可供治政参考的公文。天启四年（1624），董其昌编辑《神庙留中奏疏汇要》，他在《神庙留中奏疏汇要书》中首先说明了这些公文来自邸报，其目的是"据原本对录以备史官取材征实，无所点窜"。即保留公文原本作为史料备用。这是特殊时期的一批特殊公文，对其编纂有着特殊的政治意义。董其昌根据事件而编选四十八年中的留中奏疏，涉及国本、藩封、风俗、河渠、食货、吏治、边防、议论等，每篇公文都经过精心鉴选，且不因人而废言，只要是有益的奏疏都予以编选，以便作为后世的参考，"别为选择，访史赞之例"，对每篇奏疏都进行评论给予定性。对其他已经实施的公文，如请朝讲、请下章奏、请罢矿税等，也做了一些编选，"今之谋国尤有进于此者，略存一二而已"，希望通过编辑这些奏疏能够激励善者，也能让恶者有所畏惧。另外，该公文集的编纂还有为补史和修史提供史料的价值，"大臣当立传者，何止百数。虽三长之史

---

① （明）郑晓撰，李致忠点校《今言》卷四，第149页。
② （明）李清撰，顾思点校《三垣笔记》，第3~4页。

词苑如林然,生既后时,莫详本末"①。董其昌反复强调了这些未被办理、没有发生实际效力的公文,既是当时官员对现实社会的反映,也是真实历史的组成部分,可以用来编史作为后世参考。

公文集弥补了历史资料的不足,让人看到历史事件中的细节。叶盛《虞雍公奏议序》认为,"士不观其常,观夫处其变而不失其常者,斯可以为士矣"②。作为有识之士,要将常与变相结合,即从变化的历史中发现不变的规律和道义,在现实政治斗争中,通过变来考验常,在大的历史变故中看人对道义的坚守。叶盛认为,他正是通过虞允文的二百二十七篇奏议,了解了宋代采石之战中七千之兵击退四十万金兵整个战事前前后后的细节,也通过这些奏议被虞允文忠诚之气所感动,"以书生收合亡卒,激厉诸将,旋置于仓卒之际,而破房于俄顷之间",也是从这些公文中看到虞允文精于谋划,"悉各精密而不苟,房遂遁去,乃徐请车驾还行都,皆历历见于奏疏也"③。叶盛通过阅读《虞雍公奏议》,了解当时真实的历史情况,也从中了解作者的政治思想及治政方略。

为准备修史工作,公文编纂是明代官员政务日常工作之一。《三垣笔记》记载了编者李清日常编纂公文的情形。李清在处理公务时,曾有一书手把汇编公文报给他请求用印,该部公文汇编纂辑的是刑部各类招疏,准备送到翰林院,以备他日修实录使用。但汇编公文的选择应由主官负责,而此次是书手自己选定,李清为此感叹:"误收犹可,误遗奈何?"④因此,规定以后抄送公文均由主官负责。这些公文虽用于修实录,但也需要审核盖章,这反映了公文编纂存在官员渎职的现象。明代各个部门日常都会对业务范围内的公文进行汇编,也就形成了很多专题性公文,如将历朝君臣关于对日关系、防倭、驭倭的相关诏谕和奏疏汇编成的《驭倭录》;根据六科所保存的每天记载皇帝发布公文的簿册而编纂的《万历武功录》;关于海防方面的各类法令、章奏等的公文集《海防纂要》;王在晋在任职期间,将其所作有关辽事的奏疏、邸钞等汇编而成的《三朝辽事实录》;茅瑞征依据兵部所收藏万历皇帝诏旨及各类公文档案

---

① (明)董其昌辑《神庙留中奏疏汇要》,《续修四库全书》史部第470册,第1页。
② (明)叶盛撰,魏中平校点《水东日记》,第319页。
③ (明)叶盛撰,魏中平校点《水东日记》,第320页。
④ (明)李清撰,顾思点校《三垣笔记》,第20页。

汇编的《万历三大征考》；等等。这些编纂的公文集都是为修史所做的史料的积累和整理，是为修史所做的前期的准备工作。

二 公文编纂的文章观

古代"文"是除诗歌外的所有文章，不同于今天的文学。古代"文"的概念较宽泛，一般称之为"文章"，公文属于文章的重要组成部分。古代文士多以文章取胜走上仕途，公文成了他们文集的重要内容。何良俊《四友斋丛说·论文》引述孔子的文章学观点，"言之不文，其行不远"。同时引述了魏文帝曹丕的观点，"富贵有时而尽，荣乐止乎其身，二者必至之常期，唯文章为不朽"[1]。充分肯定文章对于个人的价值和意义，强调公文创作是文章的一部分，也需具备"文"的特点。

公文思想是文章学理论的组成部分，公文风气也代表着文章风气。明代文风和政风密切相关。隆庆时，张时彻《皇明文范》辑录了明洪武至嘉靖期间的四百四十二位作者的文章。张时彻在其自序中阐释了其选文标准，即"跛鳖不录，靡滥不录，无当于事不录，无根于理不录，无关于风刺不录"五类文章不录的标准。对所编选公文加上评语，目的想以此作为写作范文。编选过程是先进行搜集，初选"十而取六七"，再选"十而取四五"，最后"裁十之一二"[2]，这成为一种文风的倡导，成为一个时代文章写作的模范。

官修典籍一直是古代图书编撰的重要组成部分，也是明代官方文章立场的代表。皇帝对文章的编纂与整理，往往代表着最高统治者的文章观。明初，太祖就倡导简朴质实的公文观："古人为文章，或以明道德，或以经世务，如典谟之言，皆明白简易，无深怪险僻之语。近世文士不究道德之本，不达当世之务，辞虽艰深，意实浅近，即使过于相如、扬雄，何俾实用？自今翰林为文，但取通道理、明世务者，无事浮藻。"[3]太祖的文章观主张公文价值在于两个方面，一是明道德，一是经世务，认为典谟类公文的"明白简易"才值得倡导，批评内容不达"当世之

---

[1] 王水照编《历代文话》，第1747页。
[2] （明）张时彻：《皇明文范序》，《四库全书存目丛书》集部第302册，第208~209页。
[3] （明）张铨撰，（明）张道濬订，（明）徐扬先校，田同旭、赵建斌、马艳点校《国史纪闻》卷二，第64页。

务",语言形式上追求"艰深"而"意实浅近"的风气,强调"实用"。为此,在具体措施上,要求翰林学士的公文创作以"通道理、明世务者,无事浮藻"为尚。为此,他命礼部编选韩愈等人的表笺之文作为公文撰拟的参考。此外,他对繁文的批判,也是明初推崇尚实公文文风的直接表现。弘治年间,明孝宗曾下令编选《诗海珠玑》一书。书成后,欲迁升相关编纂官员,旨意已下却被吏部驳回。《明孝宗实录》详细记述了该事件:

>　　时传旨升纂修《诗海珠丽》官文华殿办事鸿护寺左少卿周惠畴,光禄寺卿张骏,太仆寺少卿李纶,太常寺寺丞张晖,鸿胪寺右寺丞高岱,尚宝司司丞华英,中书舍人仝泰、杨立、纪世梁,鸿胪寺司仪署署丞来天麟,鸿胪寺库班王杲、李凤、何祚、董泽、任鼎、王荣、胡楫、仝钺、周文达、沈澜、卢伯良、袁赞官各一级,令吏部查拟应授职事。吏部言:"诗韵小书,无补治道。本朝凡升授官员,武职必真有军功,文职必因其出身,循资渐进,乃各论奏授职。虽馆阁修书,非事体重大者,亦赏而不升。今以无益之书,而辄升级加禄,窃恐医卜投艺之流援以为例,一有微劳,辄觊优典,他日末流,何有止极。乞收回成命,庶几少救其弊。"①

封驳的理由是"诗韵小书,无补治道",认为授职是有条件的,而"非事体重大者,亦赏而不升。今以无益之书,而辄升级加禄",从政治和人事任用的角度,注重编纂文集的功用性,编纂政绩更看重成祖授命编辑《历代名臣奏议》等事关政务公文的编纂工作,而轻视文学类编纂工作。

明人对包括公文在内的古代文章观所持重要观点之一是今不如古:"世变江河,盖不但文章以时而降,至于人品语言,以今较古,奚啻天壤!"②崇尚学古复古,有着典型的复古主义风尚。嘉靖时,聂豹《刻秦汉书疏序》探讨了文风变化的原因:"文之不古,治道之不竟,势相因

---

① 《明孝宗实录》卷二〇四,"弘治十六年十月甲寅"条,第3798~3799页。
② 王水照编《历代文话》,第1748页。

也。"推崇儒家作品，而贬斥其他作品。公文成为古代文章不可缺少的重要组成部分，"但断自汉始而黜秦，备采书疏而不及诏令。秦治无论也，而文之古不可少。乃诏令出于朝廷，当有大手笔在，固无假于秦汉也"。尊古崇古成为公文创作的一种风尚，以至于官员在给皇帝的奏疏中，"以言格君图治，非文不远，非古不传"，所上公文不仅要有"文"，还要有"古"，所以认为"臣子告君之体要，与文章家之型范，舍是斯下矣"①。无疑，贵古的文风充分体现在公文创作中，也成为《秦汉书疏》编纂的重要原因。《两汉书疏》通过评价一些重要作者的作品，提出了自己所倡导的公文风格，"鲁子固学刘向，亦剖其藩升其堂者矣，夫文不难于华难于质，不难于烦难于简，不难于奇曲难于拙直"，北宋欧阳修开始却险怪、崇平淡。《两汉书疏》梳理了刘向、欧阳修等在文风变迁中的影响和作用，提出奏疏类公文的创作标准，"作古文字，须削去近格"，而途径就是学习"六经鲁论，翼以孟氏书参之"，学习这些文章，将其融会贯通，"以尽其妙，以进古作者，盖窃有志而未能也"②。重"质"尚"简"，提倡"拙直"，反对华而不实的文风，推崇先秦儒家经典文章。

唐顺之、茅坤、归有光等推崇唐宋散文，希望通过学习唐宋文章，批判盲目的复古主义文风，提倡关注现实的文风、政风。茅坤所编选的《唐宋八大家文钞》是这批文官集团文章学的代表，他们编选唐宋两代八位著名文学家兼政治家的文章，并结合历史、政治、现实等不同角度对所选文章加以评判，如评欧阳修《论议濮安懿王典礼札子》为"宋人并以欧公建议为非，然其据经论辨处，亦自精密"。③茅坤并不认同宋人的评价，而是结合儒家礼学观，认为濮安懿王亲置园立庙，由其子孙世代守护祭祀，是出于天下万世的公理，与典礼并不相悖，认为当时台谏官吕诲、范镇等人批评过激。茅坤的评析并不是就事论事，也不是在探讨文章创作，而是结合嘉靖初期的"大礼议"事件提出的自己的观点，"至于本朝兴献帝事，大略与此相同，盖亦天理人情之不容已者。张、桂首议时，予方以髫年侍先辈间，先辈每语及，辄为怒而裂眦。及读《大礼或问》，爽然自失矣。然吕、范诸公始以议礼被谴，已而复起。张、桂

---

① （明）聂豹：《刻秦汉书疏序》，《续修四库全书》史部第462册，第1~2页。
② （明）林业：《两汉书疏序》，《续修四库全书》史部第462册，第273页。
③ 王水照编《历代文话》，第1845页。

用事后，而议礼诸臣锢且没齿矣。予特为之累欷太息云"①。将明世宗的《大礼或问》及相关事件与欧阳修这篇公文进行比较思考，同时又能联系现实阐明这一公文的现实价值。曾巩是宋代著名政治家、文学家，为政期间创作了大量公文，《唐宋八大家文钞》选其《请令州县特举士札子》，茅坤认为曾巩该篇公文是用上古三代和汉代诏令各地、各郡举贤良的好做法向皇帝进谏，也体现了一种从历史中汲取经验的做法。之所以编选这样的公文，在于"世之君相未必举行，而不可不闻此议，予故录之"②。矛坤将曾巩公文思想结合历史和现实进行了品评，也表明编纂此类公文的价值标准，并非仅停留在文章学层面，还注重公文与现实政治的关系。

苏轼是著名文学家兼政治家，茅坤编选了其大量文章，其中公文占有相当数量，《苏文忠公文钞引》充分肯定了苏轼公文的价值，如给神宗皇帝及代张方平、滕甫谏兵事等所创作的公文，再如关于论徐州、京东、盗贼事宜及讨论西羌、鬼章等的札子，茅坤认为这些公文创作可以和汉代贾谊、唐代陆贽的公文相提并论。茅坤选取代表性的公文，多从历史和现实方面加以评析，如评《论积欠六事并乞检会应诏四事一处行下状》为"民困吏弊，指画如掌"，认为这篇公文表明苏轼对民生非常了解，并通过公文如实地反映实际问题，茅坤认为"今之郡县不可不榜之堂而旦夕诵之"③，这种为官为政及为文的精神是值得明人学习的，直述了编纂此类公文以倡导文风和政风的目的。茅坤对苏辙公文和政论文都有高度的评价，他认为其文章是"冲和淡泊，遒逸疏宕""西汉以来别调也""尤为卓荦"④。为此，编选了札子、状等公文及各类政论文，充分肯定其公文的特殊价值和意义。评其《论用台谏札子》："若近年台谏，虽称吏部都察院会同考选，恐不免宋人并由执政指挥之弊。"⑤ 通过编辑整理具有代表性的唐宋公文，并从不同角度加以品评，反对明代复古主义文风，"古人文章皆有意见，不如后人专事蹈袭模仿"⑥。

---

① 王水照编《历代文话》，第1846页。
② 王水照编《历代文话》，第1931页。
③ 王水照编《历代文话》，第1967页。
④ 王水照编《历代文话》，第2004页。
⑤ 王水照编《历代文话》，第2005页。
⑥ 王水照编《历代文话》，第1749页。

第四章 编纂视域中的明代公文观

唐顺之也是唐宋派代表人物，其所编《右编》，辑录历代名臣论事之文，认为古代那些崇论宏议的文章，不但切于事情，还可以为后世所用，以资法戒，可以成为后世模仿学习的典范。而切于事情的文章中公文占绝大多数，所以《右编》分类编选了大量的公文篇目。

公文成为个人文章创作的重要组成部分，许多个人文集的序文都对公文的艺术价值和意义进行了品评。《太祖御制文集》是朱元璋的代表作，其中大量的公文语言多用口语俚语。叶盛评价《太祖御制文集》是"奇古简质"[1]，文集中公文都是出自朱元璋之手，水平不是一般词臣代拟者所能达到的。叶盛从公文艺术价值角度评价了朱元璋的包括公文在内的文章。叶盛介绍了《苏天爵元文类》，其中包括"诏、敕、册文、制、奏议、表、笺"等公文文体，评其所编文集为"一代文章之盛"[2]。李东阳作为明代中期著名文学家兼评论家，在为名家文集所作序文中，对他们的公文艺术进行了评价。《呆斋刘先生集序》是李东阳为刘定之文集所作的序，序中记述了李东阳科举及第后，进入翰林院为庶吉士。科举进士任庶吉士，实则是安排其到各衙门观政，这是实践锻炼培养人才的模式。这种实践锻炼大大改变了李东阳的文章创作风格，使其"为文必博先而约后"，其公文艺术成就斐然，"伸纸运思，挥毫对客，正书旁窜，晷不移日，稿不易幅，而典册金石，施诸朝廷，播诸四方者，往往而是"[3]。李东阳从艺术创作的角度评析了呆斋刘定之的公文风格，据此肯定了公文作品的社会影响力。

李东阳是明中期著名文学家兼文学评论家，其《叶文庄公集序》评价了叶盛的包括公文在内的文章艺术。首先，他认为叶盛的文章"博取深诣"，继承了欧阳修文章的精神，即"纡馀委备，详而不厌"。其次，批评了当时流行的两种文章观，一种是以"通经学古为高，救时行道为贤，犯颜敢谏为忠"，即注重文章的内容和目的，而忽视了文章本身的艺术价值；另一种是"未得纡馀，而先陷于缓弱；未得其委备，而已失之觊缕，以为恒患"[4]，虽然重视文章的艺术创作，但没有理解欧阳修等的

---

[1] （明）叶盛撰，魏中平校点《水东日记》，第7页。
[2] （明）叶盛撰，魏中平校点《水东日记》，第247~248页。
[3] （明）李东阳著，周寅宾点校《李东阳集》第二卷，第74页。
[4] （明）李东阳著，周寅宾点校《李东阳集》第二卷，第110页。

文章的艺术精髓。再次，借欧阳修的公文评叶盛的公文成就不仅在文学方面，更重要的是其社会价值和作用。他认为叶盛的文章不仅"学勤好古"，更重要的是"志切济时"，即文章关切现实问题。当然这些文章主要是公文，所以他说，"其在朝廷敷陈献替，多见采纳；在藩镇，威惠并行；在部曹，清鉴雅操"，这不仅体现了其公文务实性，而且也体现了其公文创作的艺术价值。说明叶盛的公文真正继承了欧阳修文章的精神内核。最后，对文章和政治的关系提出了自己的看法，批评了把文章与政治割裂对待的观点，即"文必归之翰林，政必推之法家"，这种观点认为二者无法相容，"其势不容以不判"；但李东阳认为两者可以兼有，而且应该相结合，"若持法守律，又能以经籍为根柢，以文章为藻饰"①，公文才能为天下人所重。从本质说，李东阳阐述了语言表达与思想内容的关系，特别是政务信息，只有用准确优美的语言表达，才能更好地传播，才能被理解接受。李东阳列举了既有政绩又有文采的人物，如吴讷、魏骥、姚夔等，都是以"文"字作为谥号，由此可以看出他们公文的创作成就。李东阳《倪文僖公集序》从文章学角度评价了倪岳的公文，肯定了其文章价值，指出真正将其文运用到实践中表现会有所不同，即"文，一也，而所施异地，故体裁亦随之"。李东阳还高度评价了出自馆阁的文章，馆阁文章主要指以杨士奇、杨荣、杨溥为代表的翰林院及内阁大臣所创作的文章，多为后世所批评。这种批评多从文学角度去审视，但其公文的真正的价值不在于此，所以李东阳认为"三杨"的文章"铺典章，裨道化，其体盖典则正大，明而不晦，达而不滞，而惟适于用"。李东阳认为，评价一个人的文章不必认识其本人，也不必听他们的议论，而是要看他们文章在现实中是否得到实施："是虽殊世异代，操吾说以求之，无所不得。矧耳目所接，风声义概之在天下方盛而不可泯者哉！"②认为其公文不仅有着"典则正大"的艺术风格，而且还"适于用"。

三 公文编纂的文体观

公文在使用的过程中，形成了不同文体，也在行政运转过程中强化

---

① （明）李东阳著，周寅宾点校《李东阳集》第二卷，第 111 页。
② （明）李东阳著，周寅宾点校《李东阳集》第二卷，第 128~129 页。

了文体的政治作用和意义。历代统治者都有意识地强化公文文体在政治事务中的作用,对其使用做出种种规定。如表文,宋代规定官员在受到皇帝恩典时都要上表谢恩,凡是给上级官员的都使用"启",由于"表""启"盛行,当时出现了《王公四六语》《四六嘉话》等著作,这是"表""启"写作的范文,这些范文"大率骈丽之文、褒谀之语",对现实治政毫无用处。明代为打击这种浮华文风,规定"本朝表笺,皆有官降定式",规定科举考试时仅由状元代表所有进士作《谢恩表》,公侯伯受封时的《谢恩表》也都是临时撰写的;凡上报给朝廷的公文称为"奏",给亲王的公文用"启",并要求所有"奏""启""直陈其事,不用四六体"。明初这些规定大大改变了前代遗留的文风,"去华就实,存质损文,亦士习一变也"[①]。通过编纂"皆直陈其事,不用四六体"的范文,规范文体表达形式,倡导"去华就实"的公文文风。

明初,明太祖对公文文体也格外重视,通过制定相关文体格式规范行文,提高行文效率。他为规范表笺等常用公文的写作,交由礼部编选了唐代韩愈、柳宗元等公文为范本;他还授权编辑了《表笺式》《行移繁减体式》,《太祖御制诰敕文》专门为各衙门人事编定了"诸司诰敕体式"[②],该文集都是太祖敕谕某人或某官司机构的口谕,官员的任命、退休、封赠等事宜均用此体,本书为此类文体的专集。

陆容《菽园杂记》专门探讨了公文文体的创作理念和方法。首先,肯定了明初公文改革,认为元代公文多是繁文,太祖颁布一系列诏令,大大改变了这种文风。其次,批评了题奏类公文引经据典的不良风气。一些掌管边疆事务的官员,各类题奏公文较多,每有公文必是"引援经史,断以大义",各级衙门的题奏,只要稍涉文墨,也是沿袭这种做法,以至于上报的公文中"引经大半",而真正需要落实办理的事项内容却寥寥无几。再次,陆容建议撰拟各类公文,"只须斟酌事体,非卖弄文学",应如实把事务叙写清楚而不宜卖弄辞藻;对需要批答的奏本要"就事论事,不急繁文",删除一切无用的言语;对公文中提出建议、论证观点、评议政事需要引经据史的,则可以"略引为证,庶使词理简

---

① (明)陆容撰《菽园杂记》卷一〇,第120页。
② (清)黄虞稷著,瞿凤起、潘景郑整理《千顷堂书目》卷三〇,上海古籍出版社,2001,第733页。

明",一切目的是把问题阐述清楚。最后,陆容还举了具体事例,他曾在奏本内引用了《尚书》中的"惟事事乃其有备,有备无患"。有一位兵书抹去'乃其有备'四字,并批:"何用如许字?"陆容回复是"此经句,不可去也"。① 陆容借此事讽刺了一些官吏学识浅薄及其对公文拟写的无知。

明人徐鉴编辑的《鼎镌六科奏准御制新颁分类注释刑台法律》下半部为"行移体式",重点编纂了常用公文程序样本,供人参考。其中有申文式、牒呈式和县级衙门所用行移格式等。按照不同机构对各式各样的公文文体进行分类总结,为明代官吏拟写相关公文提供了模板。由内阁中书舍人编纂的《丝纶捷要便览》,是万历、天启时期内阁票拟公文汇编本,其内容按照不同部门进行分类编排,还附有一些题本,这些都是当时常用的行政公文文体。这些公文集都是出于文体规范角度而编纂的。

吴讷《文章辨体序说》则是一次系统的文体理论探讨,梳理了历代公文文体理论发展历史。《文章辨体》是以文体为先的历代公文编选集。《文章辨体·凡例》明确了选文标准,以体现文体的规范性和典型性。一是所选公文语言表达要"辞理兼备",其内容要"切于世用";二是所选公文虽然语言未必精美但有值得借鉴的部分,或是"辞甚工而理为莹,然无害于世教者",也可根据情况编选;三是内容上有悖理教、语言上"淫放怪僻"② 的,不予辑录。依然把思想内容的正确性作为编选范文的首要前提。《文章辨体序说》的公文编纂理念之一,就是注重公文的独特性。皇命公文在封建等级社会有其特殊的地位,制、册、诏、告等作为皇命文体,每一代编选方式都不同,《文选》《文章正宗》等编选时只标朝代,《文鉴》《文类》在区分朝代的同时标明作者。《文章辨体》则"今依前例,悉皆不书。若夫天朝诏诰,岂敢与臣庶文辞同录?今亦弗载。……卷中文辞,凡古帝王所作,则称谥号,余则称字称号;若于表奏之下及不知其字者,则复称名;非敢有所优劣也"③。将皇帝的公文区别对待,将公文文体探讨和编纂体例与其他文体区别对待。

《文章辨体》作为以文体为参照标准的公文集代表作,对公文文体

---

① (明)陆容撰《菽园杂记》卷一〇,第 121 页。
② (明)吴讷著,于北山校点《文章辨体序说》,第 9 页。
③ (明)吴讷著,于北山校点《文章辨体序说》,第 10 页。

进行了理论的梳理，按公文的文体类型、语体风格进行分类辨析和编辑。首先，对公文文体的名称概念、特点及源流进行考证、梳理和辨析，阐明选文的标准。如"谕告"是产生较早的公文文体，《文章辨体》摘录和梳理了南宋真德秀关于"谕告"文体渊源的考察内容，认为"谕告"文体最早出现于《周官·大祝》，"作六辞以通上下亲疏远近"，其中"六辞"即是最早的"谕告"，包括辞、命、诰、会、祷、诔，这些都是"王言"，由大祝及以下官员负责拟写，统称为"辞"，也就是所谓的"代言"。《文章辨体》辨析了公文文体与经学文章之间的关系，结合《尚书》加以考证，《尚书》中的《汤诰》《甘誓》《微子之命》等，也都属于"王言"。由于这些公文后被儒家定为经学，因此不再把它们当作一般的公文看待，也不能将其和其他公文文体编选在一起。编选"谕告"类公文时，《文章辨体》只选取《春秋》内、外传中所载的"周天子谕告诸侯之辞及列国应对之语"[①]。辨析"谕告"时不可避免地意识到公文责任者问题，包括撰写者和颁布名义者的特殊性；将经学之文和后世公文进行了区分，明确了公文的独特性。

其次，编选了具有代表性的公文，以突出相近公文文体的功能差异。如对"批答"的编纂，吴讷根据《玉海》对与批答相近公文文体进行了比较区分。唐代翰林学士考选时，需要拟写制、诏和批答三种文章，可见批答与诏不同，诏是"宣达君上之意"，而批答则是"采下章疏之意而答之"。严格地说，前者是为表达皇帝意图而拟撰的文章，后者为办理各类章奏的答复之词。吕祖谦《宋文鉴》将批答、诏敕各作为一类进行编选。《唐史》载太宗对刘洎的奏疏的批复是"出自手笔"，即皇帝亲自拟写的批答。后来宋仁宗对富弼等的批复，"皆词臣之撰进者也"。

再次，注重公文文体的演变与发展，丰富了公文文体的内涵。如"诏"的编选注重从语言风格角度选取一些典型范文，吴讷首先梳理"诏"类文体变迁，根据《尚书》所载文体，早期为"诰""誓""命"，后秦代改为"诏"，将此文体定型。进而对不同时代的"诏"的文风进行了梳理。两汉时的"诏"分为前后两个时期，前期"诏辞深厚尔雅，尚为近古"，后期由于骈体文的兴盛，"去古远矣"；宋代吕祖谦将"诏"

---

① （明）吴讷著，于北山校点《文章辨体序说》，第33页。

按语言形式分为"用散文"和"用四六"两类,"用散文"类"诏"的创作要求是"深纯温厚为本","用四六"类"诏"的要求则是"四六须下语浑全,不可尚新奇华巧而失大体"①。因此《文章辨体》依次按汉、唐、宋的时代顺序编选,对唐宋的"散文"类和"四六"类诏令都加以编选。对"表"的编选则以时代为先后顺序,将"表"作为文体的参考,"是编所录,一以时代为先后,读者详之,则体制亦有以得之矣"②。

复次,超越公文文体范畴,将一些使用较多但不能独立为文体的文章类型独立出来。如"论谏"并不是一独立文体,吴讷强调其进谏的功用,将其作为一种特殊文体编选,以供参考。吴讷考证了"进谏"的历史发展过程,上古三代并没有专门的谏官,上至公卿大夫,下至百工技艺,每个阶层的人都可以进谏,通过《尚书》可以看出,在昌盛的时代,"君臣同德,其都俞吁咈",臣子进谏都是与皇帝面对面谈话,也即意味着没有形成专门的文体。对于《尚书》中文章,"西山真氏以为圣贤大训不当与后之文辞同录。今谨取其所载《春秋内外传》谏争论说之言,著之于首。其两汉以下诸臣进说,有可以为法戒者,间亦采之,以附于后云"③。

最后,将公文文体与政治相结合讨论,也表达自己的政治思想。如通过编选"议"类文体的文章表达一定的政治理念,梳理了历代对"议"的看法。《周书》认为"议事以制,政乃不迷"。"议"对于治政具有不可或缺的作用。苏轼则分析了"议"产生的原因,"先王人法并任,而任人为多,故临事而议"。吴讷也认为国家重大事务需要"合众议而定之",即通过集体讨论,集思广益,推崇集体决定政策、拟定重要公文的做法。《文章辨体》依次编选汉、唐、宋各代名臣所上议状和奏疏。偶尔编选一些这些文人士大夫与政治理论相关的文章附在其中作为补充。④

徐师曾《文体明辨》则是继承吴讷《文章辨体》的公文文体类型汇编成果,发展了吴讷公文文体的编纂思想。《刻文体明辨序》言:"吴江

---

① (明)吴讷著,于北山校点《文章辨体序说》,第35页。
② (明)吴讷著,于北山校点《文章辨体序说》,第38页。
③ (明)吴讷著,于北山校点《文章辨体序说》,第38页。
④ (明)吴讷著,于北山校点《文章辨体序说》,第39页。

鲁庵先生读中秘书,出列谏垣,言事剀切,当肃皇帝旨,悉见采纳,直声在先朝籍甚。性不嗜仕,无何,退耕其邑之郭外,筑一室,充左右以图书,潜心大业,力希不朽。屡诏起用,竟不就。"可见,徐师曾有过为官经验,也曾创作大量的公文,对公文文体较为熟悉。"先生多著述行于世,《文体明辨》一书,则准吴文恪公《文章辨体》加益而手编之,上采黄、虞,下及近代,文各标其体,体各归其类,条分缕析,凡若干卷云。疏、奏、章、札,以宣朝廷;教、令、词、册,以达宗庙。"说明了该公文集与《文章辨体》的继承关系,强调文体的重要作用和意义,文章有体就像方圆需要有规矩、陶冶需要有型范一样;同时指出"体所从来,非一日矣",而是经历了长期演变的过程,体现了文体发展史观;并阐述不同文章类型的特征,"敷奏以婉切胜,叙事以约畅胜,纪载以该核胜,美刺以微中胜"[1]。

徐师曾继承吴讷的公文研究成就,对公文文体按其适用对象区分。这既是对公文文体理论的探讨,也是编纂历代公文标准的说明。对"命"这一古老的公文,则梳理其历史演变,区分与之相近的公文,援引实际公文作为例证,并根据实际使用情况进行分类,确定编纂的标准。首先,界定"命"的文体概念,上古"王言"也被称为"命","命犹令也","大曰命,小曰令"。将命与令做了区分。其次,梳理了先秦使用"命"的几种情形,第一类是任命官员,如《尚书·说命》《尚书·冏命》等;第二类是用于封爵,如《尚书·微子之命》《蔡仲之命》等;第三类是训诫官员,如《尚书·毕命》等;第四类是用于奖赏,如《尚书·文侯之命》;第五类是传达遗诏,如《尚书·顾命》等。最后,对"命"的发展过程做梳理,秦代将"命"改为了"制",从此"命"这一文体不再使用,其相近的政务处理公文则被其他文体取代,如汉、唐以后,封爵时使用"策"或"书",任命官员则使用"制"或"诰"。为阐明这一文体,《文体明辨》从《左传》摘录文章作为这一文体的范例。[2] 对"谕告"类公文,徐师曾一方面梳理了"谕"的源流,另一方面确立了编选的标准,即编选格式定型且规范的"谕告"。

---

[1] (明)徐师曾著,罗根泽校点《文体明辨序说》,第75页。
[2] (明)徐师曾著,罗根泽校点《文体明辨序说》,第111页。

徐师曾从文体的角度，探讨了公文编纂的理由和标准，针对不同公文文体，给出了具体的说明，有的重视公文形式，有的重视公文思想内容，有的看重类型。首先，辨析"谕"的文体概念，根据《说文解字》，"按谕，晓也；告，命也"。因此"谕"属于上敕谕下的文体。其次，考证了文体的来源。商朝尚没有"谕"，《春秋》《左传》中才载有周天子谕告诸侯和列国往来相告之词，这里的谕告，还只是口头传递的话语，并不是文体。到了汉代"谕告"文体才逐渐形成，所以"仅采汉人之作以为式"①。最后，明确了编纂的标准，即只编选文体已定型的公文，即书写的文章，而口头语言不作为编选对象。

徐师曾还按语言表达形式对"诰""表"等文体进行区分。对"诰"类文体形式，首先，梳理了"诰"的发展过程，"诰"最早见于《周礼》，最初的"诰"是"谕众"之意；秦代废除，定名为"诏"；汉武帝元狩六年（公元前117）才开始使用"诰"，但这时"诰"并未用来任命官员；到了宋代，"诰"开始用于任命官员、追赠大臣、贬谪有罪、赠封官员祖父妻室，只要不是当庭宣告的都可以使用。其次，考证名家文集中的文体，徐师曾在考察欧阳修、苏轼、曾巩等文集时发现，这些文集以制进行分类，"诰"杂于其中，没有对其做区分，当时对这类公文称为内制和外制，"诰"只是皇命公文中的一种。事实上，"制"与"诰"是有区别的。《宋文鉴》则做了细致的分类，没有混在一起编选。最后，对《文体明辨》编选的说明，一是仿照《宋文鉴》的体例进行编选；二是因唐代无"诰"，仍称"制"；三是"诰"的语言风格分"有散文、有俪语"两种，因此也分为"古、俗二体"②。

针对不同文体编选的公文有着不同的标准，充分考虑到各种公文文体的特征。"今取诸集所载批答，择其工者列之，而散文、四六，仍分为古、俗二体云。"③"表"的语言风格也是一个由散到骈的变化过程，汉、晋时期的"表"多用散文，到唐、宋时期多用四六骈体。同样使用骈体撰写的"表"，唐和宋也有区别，"唐人声律，诗有出入，而不失乎雄浑之风；宋人声律，极其精切，而有得乎明畅之旨"。可以看出，不同时代

---

① （明）徐师曾著，罗根泽校点《文体明辨序说》，第112页。
② （明）徐师曾著，罗根泽校点《文体明辨序说》，第115页。
③ （明）徐师曾著，罗根泽校点《文体明辨序说》，第117页。

的"表"表现出不同的文风。《文体明辨》在编选"表"时，按"古体""唐体""宋体"① 这三种不同的文风特点进行编选。徐师曾在继承吴讷的文体编纂观的同时有所发展，不再仅仅局限于对古代公文文体的辨析，也注重对明代公文文体的发展和应用。

文禄《文脉》对文章编纂提出了具体的建议和标准，其中公文分类则根据其使用者加以区别，对杨循吉所编纂的《皇明文宝》进行了评价，认为该文集编辑有三处不当，一是将皇命公文与官员公文并列编选在一起；二是"文以爵叙，内阁、九卿、部属、省郡，不及布衣，若缙绅一览"②，涵盖范围不全；三是对皇命公文都是全文照录，但对一些名臣的公文却任意删改。在公文编纂时，皇帝公文作为独立部分，以强调其地位的特殊性和重要性的做法，实则是按级别职务将公文进行分类编纂的方式。文体类公文编纂目的是标举文体例文，对公文本身功用并不涉及，更多的是对公文编纂理论进行思考。万历年间谭浚的《言文》，主要记录折中前人之说，《言文·卷下》则分文体释名考源，标举例文。

明代公文编纂成为时尚，出现了很多粗制滥造的文集。叶盛对明代一些随意编纂公文的现象提出了批评。他认为古人的作品编纂成集，一般是由自己编次，"多出于己，各有深意存焉"，都有着特定深意，即便是由其门生、属吏或是子孙学者编纂，也都不是随意为之。叶盛称赞了那些优秀编纂者，就像周必大编纂《欧阳文忠公集》，有其特定的政治意图。面对明代随意编纂前人文集的做法，叶盛批评说："今人不知此，动辄妄意并辏编类前人文集。"并列举了一些具体随意编纂公文文集的事例，"如处州叶学士文集又曰《水心文集》，曰《文粹》；江西文山先生前集三十二卷，后集七卷；四川等处宋学士文，览者当自见之。其尤谬则苏州新刻《高太史大全集》也"。这些文集的编纂虽然也有自序说明，但实则将公文"牵裂置诸各体中"③。公文编纂有不同的标准，公文文体特征是公文的重要标志，公文不同于其他文体，叶盛对此提出自己的看法，希望以严谨的态度编纂公文，使所编纂的公文集发挥其应有作用和价值。

---

① （明）徐师曾著，罗根泽校点《文体明辨序说》，第122页。
② 王水照编《历代文话》，第1699页。
③ （明）叶盛撰，魏中平校点《水东日记》，第18页。

第五章 结论

多维视域中的明代公文观表现在公文的法制化、责任者的管理、历史文献的编纂、公文文体等方面，展现了其自上而下的生成机制；在政治管理中，公文工具属性不断得到强化，又因时代和统治需要在继承中得到革新发展和完善，构建并丰富了明代公文观的内涵。

一 自上而下的公文观构建

公文作为政务管理的工具，产生于政务管理，又服务于政权统治。公文根植于权力的核心，这也就决定了其伴随着政权的确立而确立。因此，公文观也就随自上而下的权力的确立而构建完善。自上而下的推行可以强化公文的权威性，增强各级层对公文的认识和思考，促使公文价值和作用得到更大发挥；统治者出于提高公文办理效率的需要，不断地完善公文的相关管理制度，这是加强政治统治的必然要求。为此，明代统治阶级通过各种手段和方式确立符合其统治需要的公文观念，使公文观成为政治意识形态的重要组成部分。

公文法制化是任何新生政权都要完成的首要任务之一。公文的制度性构建一直都是统治阶级的治政行为，这种构建必须采取自上而下的模式，这由公文自身的特点决定。公文用于社会事务的管理，承载着明代各级政治机构、皇帝和臣民们的政务信息。他们都是公文生产者，也是公文的使用者和执行者，公文的发布与各个阶层的利益息息相关。明初公文观奠定者以皇帝为主，政体建设的整个过程也都在落实朱元璋和朱棣等皇帝的公文思想和理念；宋濂等所探讨的公文思想主要表现在文章的创作方面。

明太祖朱元璋在政权确立后的首要任务就是完成新政权的制度建设，在数十年的"纲纪"建设中，公文作为其中的重要组成部分被确立。朱元璋从公文的撰拟、办理、运转、监管等各个环节，建立了相当完备的规范，把这些规范以法律条文的形式固定下来，并通过法律的普及把公文权威观灌输到各级管理理念中。如朱元璋的《大诰三编·农吏第二十七》就对基层公文处理进行了规定："今后诸衙门官，凡有公事，能书者，务必唤首领官于前，或亲口声说，首领官著笔，或亲笔自稿，照行移格式为之。然后农吏眷真，署押发放。"① 通过处理具体公文违法事件，在全国上下树立公文权威。再如，朱元璋针对各机构官吏制定了《授职到任须知》，明确规定了官吏处理公文的相关职责，并制定了官府之间公文使用的格式和行文关系，使公文使用更加规范化和程式化，大大提高了公文的运转和办理效率。对中央公文处理机构独立性的设置，如禁绝司礼监、内阁、通政司等与各具体政务部门之间的行移关系，可保证它们作为中央公文处理机构的独立性和可控性，从而实现公文的发布权与执行权的分割。司礼监、内阁、通政司、六科、皇帝等在后世逐渐形成相互制衡的关系，这也成为整个公文运转关系的特征。明成祖和后世的继任者都通过这种自上而下的手段在不断地强化公文制度观。然而，自上而下的公文观确立方式，也会因执行者自身因素而被破坏。如明初朱元璋就指出繁文之弊，并阐释了繁文带来的政治危害，还出台了一系列政策和措施解决公文繁文问题，但这种恶劣风气没有得到根本改变。如正德时邵宝的《送江西按察使陆公序》就反映基层的公文风气，"数年以来，文繁于上，法玩于中，吏慢民偷于下，租逋讼滞，盗蔓奸滋，千蛊百蠹。或盘结而难纾，或污秽而难濯，或变幻而难测，或崛强而难服，在在而是，不可缕数"②。公文繁文之弊起源于中央各类公文的滥发，中间官员借机挟私阐释，底层吏书趁机作弊，繁文一直是明代公文发展过程中反复出现的顽疾。

公文观自上而下的构建表现在公文改革方面。伴随着新的政务管理的发展，公文的弊端逐渐显露，政治改革首先表现为公文制度的改革，又通过公文来实现政治的改革，改革也是公文发展观的应有之义。明代公文观经历了不断调整和改革的过程，最为典型的是张居正采用自上而下方式推行公文革新。明中后期，公文办理实效低下，行政运转不畅，张居正为此提出考成法，建立了完善的公文考成制度，强化了公文的实

---

① 张德信、毛佩琦主编《洪武御制全书》，第911页。
② （明）邵宝：《容春堂别集》卷五，《影印文渊阁四库全书》第1258册，第739页。

效性。公文考成法得到了相当一部分有为官员的响应，他们也对考成法提出具体的执行建议，如徐学谟《题议处宗藩事宜疏》重要内容之一是"疏通壅滞"，"凡不系单本具题者，定以按季类题。事规画一，疑无复耽延停阁之弊矣。然谓按季者，必在本季奏到，即于季终题覆，然后可以示信于各宗也。本部近行，俱前季奏到，直至下季，方与查明类题，两季之间相隔日久，甚至有前季之孟月到者亦待下季查题。一时文牍填委，能保无遗亡隐匿之虞乎"①。针对各王府奏请各封婚礼等事项提出具体的执行办法，"通计一年之内，定以四次题覆，不得过逾期限。奉经之后，即付精膳司填发勘合，就令本役领回。盖事已完结，无贿可通，无嫌可避"②。这些建议最终经皇帝认可而推行下去。此外，张居正还通过改革驿递制度，理顺了公文传递的硬件渠道，提高了公文运转效率。明末的政治腐败，冗长烦琐的公文严重地影响了公文运转和办理。崇祯皇帝吸收前代经验教训，在公文处理中推行了贴黄制度，从而提高公文办理效率。这一系列自上而下强制举措的实施，实现了文官集团重视公文处理效率的观念与意识，大大提高了行政效率。

自上而下的公文观构建有着特殊的政治意义。一是公文制度必须自上而下地推行才能保证其有效执行，如此，官员才能在行政运转中形成共同的认识。如公文文字只有达到规范才能发挥发号施令的作用。"洪武十五年，命翰林侍讲火原洁等编类《华夷译语》，上以前元素无文字，发号施令，但借高昌书制蒙古字行天下，乃命原洁与编修马懿赤黑等以华言译其语，凡天文、地理、人事、物类、服食、器用，靡不具载。复令元秘史参考以切其字，谐其声音。既成，诏刊布。自是使臣往来朔漠，皆能得其情。"③这既是公文本身的需要，也是政治文化统一的需要。二是公文不同于其他文章的意义还在于，其不是某一个人的意志的体现，而是统治阶层意愿的表达。即便是皇帝的诏令，也需内阁起草，皇帝批红，六科审查，如不符合事理也要被封驳等。朱元璋对重要公文要求集

---

① （明）徐学谟：《题议处宗藩事宜疏》，（明）陈子龙等选辑《明经世文编》卷三四一，第3652页。
② （明）徐学谟：《题议处宗藩事宜疏》，（明）陈子龙等选辑《明经世文编》卷三四一，第3653页。
③ （明）焦竑撰，顾思点校《玉堂丛语》卷四，第129页。

议决定，在具体政务中，每遇重大事项均集体议定。王恕《送兵部左侍郎尹公正言赴召序》就论及重大公文产生的过程，"凡朝廷一政一令之施，与夫四方奏报灾伤声息之类，皆在廷大臣谋议参酌，敷奏明允，然后施行；是以在廷大臣得以展布才猷，成其功业"①。这些公文往往不是某一个人决定的，而是由大臣、皇学等共同谋议，多方参与，共同施行。明代大量公文都由廷议、部议而产生，基层政府各类上报公文也常由主官、佐官及首领官集体讨论，公文集体商议决定的观念在统治集团内形成了一定的气候。三是公文作品是政治的产物，也是历史的重要组成部分。不能因为政治目的而否定客观存在的历史，历史上所产生的公文也同样需要重视。弘治时，杨守陈就提出"国可灭，史不可灭"的理念，主张将景泰期间所有产生的公文保存，以资修史，"章疏留中者虽有可传，例不得书，乞宣付史馆"②。公文的历史价值成为明代公文观的重要组成部分，这些都得益于自上而下公文观念的灌输。

二 公文观的独立地位凸显

公文在政务管理过程中，一方面起着下情上达、上情下达等信息的沟通的作用，承载着权力；另一方面具有法律和权威的作用；此外，还有作为凭证和历史档案的价值。明代公文观产生于封建社会复杂的政务管理过程中，明代不同时期、不同层次的政治家、管理者在复杂的政治斗争中强化了对公文的认识和思考，并从不同角度对公文提出了自己的见解和看法。

首先，公文观的独立地位体现为政治思想的表达。明代许多政治家和学者，他们通过摘录评析历代公文，表达自己的政治观点。其中最具代表性的是邱浚，其《大学衍义补》作为儒家政治思想著作，深入而全面地探讨了公文的价值和意义。如对汉文帝诏令价值的高度赞扬，分析了为什么"一见其诏书之下，欣欣然，相一小撮听"。因为汉文帝的诏令出于其实意、实感，也即汉文帝真心实意地想要惠及百姓，诏令表达的也是实言，所以才能使百姓以"实应"，即接受理解并愿意执行。邱

---

① （明）王恕著，张建辉、黄芸珠点校整理，张世民审订《王恕集》，第19页。
② （明）焦竑撰，顾思点校《玉堂丛语》卷四，第105页。

浚借此批评了后世那些言不由衷的诏令公文，认为它们多"率出于词臣之视草，有司之议拟，皆按故事而举之，未必皆出于上心也"。这里邱浚把诏令问题归因于拟写诏令的人员是失之偏颇的，事实上，诏令虽由内阁代拟，但须经皇帝等审核决定，而非仅由代拟者决定。邱浚指出诏令等"按故事而举之"的问题所在，具体的诏令政策必须依据具体的问题而定，以解决实际矛盾，而不是照搬照抄。至于"未必皆出于上心"的情况，或是朝臣未理解把握君主的意图，或是朝臣有意曲解君主意图，而且审核驳议等制度不健全。

进而，邱浚指出了误国祸民的公文情况：一是"有其言，无其事"，即诏令内容与事实相脱节，包括问题和措施等都可能与现实不符；二是"有其事，无其效"，即提出了相应的问题也有了相应对策，但这些对策和措施并不能真正地解决实际问题，或是方案措施问题，或是可行性问题，任何一种都会导致"无效"状况的发生；三是诏令内容与实际落实执行完全相反，即"许人以直言不加罪，而罪之愈甚；许民以欠负不复征，而征之如故"，这种现象在历史上屡见不鲜，统治阶级出尔反尔，言行不一，欺骗和愚弄百姓，致使"上之言不信于民，民之心不孚于上"，失信于民，诏令公文也自然成为谎言，想让百姓"欣欣然，相率以听"[①]就不可能了。在诏令失信于民的情况下，要实现德化天下是不可能的，类似情形值得历代执政者警醒。邱浚对公文的思考可谓全面而深刻，其公文思想成为其政治观点的表达。《大学衍义补》也正是结合《大学》中的修身治国思想，评析历代公文，以此教化明代统治者。此外，还有郑晓《今言》、余继登《典故纪闻》、沈德符《万历野获编》、焦竑《玉堂丛语》等，这些文集的作者都将公文作为其政治思想表达的重要手段。

其次，明代复杂的政治斗争，激烈的矛盾冲突使得统治阶级内部意识到公文不同于其他文章的特殊价值和作用。特别是科举教育下的文官集团，淡化了公文中"文"的观念，更加注重其实用性和政治的工具性，公文的文学审美性趋于淡化。其原因在于两点。一是明初政治体制的变革，公文成为承载政务信息的重要工具，公文的政治地位较前代更加突出。随着明代文官集团日渐庞大，明中后期党争日盛，党派通过公

[①] （明）邱浚著，林冠群、周济夫校点《大学衍义补》，第25页。

文制造舆论，公文作为政治斗争的工具性地位较其他朝更为重要。政治权力的斗争都直接体现在对公文的办理方面。一是受明代务实的政治思想影响，公文观中的工具意识更加受到重视。明初言路开放，公文成为文人士大夫批评政治的重要手段。天启七年（1627）十月二十六日，海盐县贡生钱嘉征上疏揭发魏忠贤弄兵、无圣、滥爵、掩边功、朘民、通同关节等十大罪状。这道奏疏虽出于一个小小贡生之手，但却写得极为深刻，行文鞭辟入里。明思宗阅后击节赞赏，当即召见魏忠贤，命他听内侍朗读：

> 封章必先关白，至称功颂德，上配先帝。及奉谕旨，必云"朕与厂臣"，从来有此奏体乎？曰蔑后。皇亲张国纪未罹不赦之条，先帝令忠贤宣皇后，灭旨不传，致皇后于御前面折逆奸，遂罗织皇亲，欲致之死。赖先帝神明，只膺薄惩，不然，中宫几危。……高皇帝垂训，中涓不许干预朝政。乃忠贤一手障天，杖马辄斥，蛊毒缙绅，蔓延士类，凡钱谷衙门、边腹重地、漕运咽喉多置腹心，意欲何为？[①]

从该奏本可以看出，公文作为政治工具在复杂的斗争中充分发挥着作用。这些弹劾类公文在当时形成潮流，具有相似的特点。官员每次撰拟时都极为重视，因为每份公文都关系到官吏个人生死及整个集团的利益。

再次，公文工具属性在明代公文观中更加凸显。公文除作为政务信息的载体外，其本身也有着特殊的价值和意义。如明代中后期的诰敕虽仅是一种嘉奖类礼仪公文，"诰敕者，劝善惩恶之良法，激励名节之美事"[②]，却在管理过程中发挥着特殊的作用，明人已经有意识地强化公文不同于其他文章的政治价值。公文的使用是庄重严肃的，并非事事都需要发文，更要防止一些官吏滥发公文。明代为防止公文滥用带来的危害，通过制度对公文的使用加以约束，如"凡各衙门官吏人等，如有争论婚姻、钱债、田土等事，许令家人陈告，毋得擅动公文。违者，以'不应'

[①]（明）谈迁著，张宗祥校点《国榷》卷八八，第5395页。
[②]（明）李贤：《请给官员诰敕疏》，（明）陈子龙等辑《明经世文编》卷三六，第278页。

论罪"①。滥用公文则可能让官吏借机侵扰百姓。

不同的公文在实际政务中起到不同的作用，公文处理也就有不同的处理方式和要求，明代一些政治家将其作为政治观点提出。弘治时，李东阳《应诏陈言疏》就提出："灾异之奏自郡县者，汇为卷册，以备览观；章疏之付在有司者，限以旬日，必令覆奏。使议朝政者，不为道旁作舍之空谈；拯民灾者，不为纸上栽桑之故事。"② 对汇报类公文、执行类公文、政策性公文和落实性公文，相应提出备览、限时覆奏等不同的处理要求。

官箴书中的公文是政务管理中的重要组成部分，为了强化公文的工具性，明政府经常制作公文的格式和范文。如《牧民政要》专门制作了牌票、花名册、催票、限簿、号簿、号票等基层衙门常用的公文文书，除了文字表述外，有些还绘制了具体的形状。③

此外，《居官格言》等都列举了种种常用公文格式，并附有相关使用说明。这些公文格式意在强化公文的工具价值，公文成为政治管理的重要组成部分。

最后，公文观中公文的工具性还体现为对公文处理时机的认识。公文处理强调轻重缓急，这不同于其他文章，公文需要充分考虑发布和实施的机构。如公文传递速度直接影响着政务处理，特别是那些事关百姓生死的灾情公文。邱濬曾批评一些官吏"惟以簿书为急"，只看重政绩文书，而对百姓水旱灾伤则是"非甚不得已，不肯申达。县上之郡、郡上之藩府，动经旬月，始达朝廷"，这类公文的产生、传递若处于迟缓的状态，则影响及时赈济灾民。邱濬就公文延误现象提出建议，"俾定奏灾限期则例，颁行天下。灾及八分以上者，驰传。五分以上者，差人。二三分以上，入递。随其远近，以为期限。缓不及期，以致误事者，定其罪名"④。提出将公文时机制度化的观点和措施。公文时机性也体现在具体的公文实施中。如正德时，宦官刘瑾专权，在与宦官的政治斗争中，曾朝臣上奏了大量的弹劾公文，但多被留中、不报，以致相关官员多遭

---

① 刘海年、杨一凡主编《中国珍稀法律典籍集成（乙编）》（第一册），第9页。
② （明）李东阳：《应诏陈言疏》，（明）陈子龙等选辑《明经世文编》卷五四，第430页。
③ 刘俊文主编《官箴书集成》（第二册），第26页。
④ （明）邱濬著，林冠群、周济夫校点《大学衍义补》，第164页。

迫害。并不是这些公文反映的内容不真实，而是因为政治斗争的复杂性，没有适当的时机让这些公文发挥作用。

明代公文的特殊价值，体现在明代政治思想和政务管理中，明朝人的认识、探讨和实践汇聚成明代公文观中重要的政治意识和观念。

三 继承革新的公文发展观

任何变革都是继承与发展并存，取其精华，去其糟粕，继承前人优秀的成果，同时结合自身实际发展完善。明代的公文变革也是如此，明之前公文发展积累了丰硕的成果，明代积极借鉴前代的经验和成果。这种继承是辩证的，继承优秀成果的同时更需要变革，公文是适用于时代的工具，也就更需要因时而变，因事而变。

首先，继承革新的公文发展观表现在公文文体方面。明代根据新政权新政务的需要，对宋元的公文文种进行了继承和变革。如对元代牒文的改进。元代牒文依衙门官员品级而定程式，分为平牒、今故牒、牒上、牒呈、牒呈上等各种名目。对不同级别使用牒文类型进行规定，用语稍有区别，表示行文双方的不同等级地位，其中今故牒用于三品给四品、五品或四品给六品、七品行文，牒上、牒呈、牒呈上为四品、五品、六品回报上级时使用。对品级稍低者用平牒，是比较尊重客气的用法。元代牒文的使用过于烦琐，根据使用者的品级来划分牒文类型，而品级和官衙之间存在严重的交叉情况，这使得官员在操作时不容易掌握。明代在继承元代牒文使用的基础上，把牒文简化为平牒、故牒、牒上、牒呈四种。随着时代的发展，烦琐的分类逐渐简化，故牒等文体使用范围逐步缩小，名称也被简化。此外，明代在历代奏本的基础上创制了题本，出现了驾帖、手本等文体，丰富了公文自身的内容。明代还在《明会典》①中直接明确机构之间的公文行移关系及具体使用文种，便于各类机构知晓和操作。在公文的运转及处理制度方面，明初基本上继承了元代的中央公文办理模式。之后，朱元璋为加强中央集权，废除了丞相制，后来形成了以内阁为中心的辅助办文机构。这种公文运转模式成为明代最具特色的公文处理模式，对公文观有着深刻的影响。明代基层衙门的

---

① （明）申时行等修《明会典》卷七六《礼部三十四》，第445页。

公文运转模式既有继承，又有革新。在公文驿递方面，继承了元代高度发达的驿递制度并进一步完善，对存在的弊端也做了不间断的革新。

在公文文体理论探索方面，明代公文观的一个突出成就是对公文文体的研究和探讨。明代对公文文体的探讨首先继承了宋代的文体观点，如吴讷《文章辨体序说》是以南宋真德秀的《文章正宗》为蓝本，在其基础上做了进一步的阐释。之后，徐师曾《文体明辨序》中一部分则是在《文章辨体序说》基础上编成的，"准吴文恪公《文章辨体》加益而手编之"。贺复征《文章辨体汇选》则是在《文章辨体序说》《文体明辨序》的基础上，结合明代公文的实际状况，对公文做进一步梳理和补充。朱荃宰《文通》则是对《文心雕龙》的继承和发展，"盖欲仿刘勰《雕龙》而作，故体制博大浩繁"[1]。在公文文风方面，明初深受宋元时期公文文风的影响。明初的宋濂、王祎等公文大家，继承了宋元以来的儒家思潮，公文体现出儒家思想特征。如《四库全书总目提要·强斋集》云："元、明之间，承先儒笃实之余风，乘开国浑朴之初运……以故发为文章，虽不以华美为工，而训词尔雅，亦颇有经籍之光。"[2] 而随着时代的发展，公文文风深受实学思想影响，公文呈现出专业化的倾向。

明代继承革新的公文发展观还表现在公文管理方面。如照刷磨勘是公文监管的重要环节。公文磨勘考核早在宋代就已定型，宋代主要是以文册簿书入手，分门别类地细化各种公文样式，便于监管者按类索骥对公文办理情况进行磨勘，详细而严密地复核各类文书，起到监督官吏依规办理公文的作用。太祖朱元璋由此得到启发，"上尝以中外百司簿书填委，思所以综核之。因览《宋史》见磨勘司而喜，至是遂设"[3]。为此，朱元璋分别于洪武二十七年和洪武二十九年，在地方和中央各重要衙门推行该制度[4]，"朕以各部案牍填委往往淹积不行，吏缘为奸事愈浩繁。于是各设司务，职专纪其出入，督其稽滞而察其奸弊，不旬日间事多完集。今在外布政司、按察司并各府亦宜设照磨、检校如司务之职。于是

---

① 王水照编《历代文话》，第 2597 页。
② （清）纪昀等撰《四库全书总目提要·强斋集》，中华书局，1965，第 1476 页。
③ 《明太祖实录》卷五一，"洪武三年四月丁亥"条，第 1009~1010 页。
④ 《明太祖实录》卷二四六，"洪武二十九年六月甲辰"条，第 3571 页。

各司府置照磨所设照磨、检校各一人，不署文案及不许差遣"①。这样一来，完善了六部和诸司稽核文卷的职能，从而保证了公文行移的质量。朱元璋又借鉴了元代刷卷制度，确立由都察院御史负责。至此，各部门磨勘司的公文监管职能彻底由御史刷卷取代。

明代公文观中的继承与革新意识一直呈现在各朝官员的政治主张中，他们一方面强调"祖训"，遵守旧制；另一方面又结合现实的需要对"祖训"制度进行革新和细化。如嘉靖时，为完善中央公文运转制度，加强对司礼监、内阁、六科等所有参与中央公文处理者的监管，孙懋在《遵祖训以端政本疏》中提出了具体建议，一是明确内阁、司礼监在公文处理中的职责，"敕令内阁专一拟旨，司礼监专一进奏，仍令内阁置立印信文簿一扇，或钤以御宝，将逐日圣旨裁决过事件明白开载。五日一次类进揭帖，与六科旨意题本对问。虽陛下圣意有所予夺，亦必经由内阁议而后行。事有可行，许令执奏，不宜复有传奉之制"。发挥内阁与六科等监督职能。二是完善日常监督制度，"乞敕令御前纪事给事中二员，朝罢赴左顺门会同司礼监官收接一应章奏。纪其数目，送吏部附簿，以备查照"②。这些建议都是以"遵祖训"为前提，继承祖制中有益的部分，同时给出具体可行的措施，以适应现实的需要。

事实上，明代许多为政官员根据实际政务对公文处理方式进行了创新，提出了一些具体而有效的措施。如嘉靖时，张衮曾担任御史，对照刷各类公文有丰富的经验，其《题为酌处时宜以期修马政疏》专门就加强马政管理而"严稽考"提出具体做法："臣查得旧有循环二簿，实以裁革季报造册，吏缘为奸，科取纸张，小民受害。但革弊之初，制犹未备也。臣尝推广其意而为之立格眼文册，每一板，一面竖为五行，横为六行。第一行以儿马提头而随之以骒马四匹，是为一群。某甲某民领养某马，各于格眼内开驻备细，其后地去，丁乏种马犹存。令将买地人户，有力人丁，即与更替。第二第三行分为春秋月分，系之以考验之法，马之膘损，驹之有无。寺丞得以注于是府，通判得以注于是下，而县丞主簿得以注，于是而赏罚行焉。第四行，复以儿马提头，而余法并如之，

---

① 《明太祖实录》卷二三一，"洪武二十七年正月丙寅"条，第3376页。
② （明）孙懋：《遵祖训以端政本疏》，（明）陈子龙等辑《明经世文编》卷一四五，第1448页。

春秋为循,夏冬为环一留本府,一留该具循环吊查,互相觉察。"① 对旧的管理措施进行改革,详细设计了新的簿册操作方法。类似这些公文处理措施的提出,体现了明代公文责任者在实践中对公文进行创新的理念。

明代公文观是封建君主专制时代下公文思想的体现,包含着明代思想、政治、制度、管理、编纂、文体、文化等各种因素,是古代公文观发展的典型代表,也是古代政治文化的优秀成果。公文在当今时代又呈现为新的形态,依然是各类管理中不可缺少的重要工具。于多维视域中考察和研究明代公文观,挖掘古代政治文化中的有益成分,可为新时代下的公文思想发展添砖加瓦。

---

① (明) 张衮:《题为酌处时宜以期修马政疏》,(明) 陈子龙等辑《明经世文编》卷一九五,第 2014 页。

参考文献

（一）历史文献

《明实录》（影印本），"中研院"历史语言研究所校印，1962。

《四库全书》（文渊阁影印本），上海古籍出版社，1987。

《续修四库全书》，上海古籍出版社，2002。

《四库全书存目丛书》，齐鲁书社，1997。

（唐）长孙无忌著，袁文兴、袁超注译《〈唐律疏议〉注译》，甘肃人民出版社，2017。

（宋）朱熹注，王华宝整理《四书集注》，凤凰出版社，2016。

（元）马端临撰《文献通考》，浙江古籍出版社，1988。

（元）徐元瑞著，杨讷点校《吏学指南（外三种）》，浙江古籍出版社，1988。

（明）陈洪谟：《治世余闻》，中华书局，1985。

（明）陈建著，钱茂伟点校《皇明通纪》，中华书局，2008。

（明）陈子龙等选辑《明经世文编》，中华书局，1962。

（明）方以智：《通雅》，中国书店，1990。

（明）海瑞著，陈义钟编校《海瑞集》，中华书局，1962。

（明）何良俊撰《四友斋丛说》，中华书局，1997。

（明）黄光升：《昭代典则》，北京大学出版社，1993。

（明）黄淮、杨士奇编《历代名臣奏议》，上海古籍出版社，2012。

（明）黄佐：《翰林记》，中华书局，1985。

（明）焦竑撰，顾思点校《玉堂丛语》，中华书局，1981。

（明）雷梦麟撰，李俊、怀效锋点校《读律琐言》，法律出版社，2000。

（明）李东阳著，周寅宾点校《李东阳集》，岳麓书社，1984。

（明）李清撰，顾思点校《三垣笔记》，中华书局，1982。

（明）李贽著，张光澍点校《续藏书》，中华书局，1959。

（明）刘若愚：《酌中志》，北京古籍出版社，1994。

（明）陆容撰《菽园杂记》，中华书局，2007。

（明）吕坤撰，王国轩、王秀梅整理《吕坤全集》，中华书局，2008。

（明）邱浚著，林冠群、周济夫校点《大学衍义补》，京华出版社，1999。

（明）商辂著，孙福轩编校《商辂集》，浙江古籍出版社，2012。

（明）申时行等修《明会典》，中华书局，1989。

（明）沈德符著，黎欣点校《万历野获编》，文化艺术出版社，1998。

（明）宋濂等撰《元史》，中华书局，1976。

（明）谈迁著，张宗祥校点《国榷》，中华书局，1958。

（明）王鏊著，吴建华点校《王鏊集》，上海古籍出版社，2013。

（明）王锜撰，张德信点校《寓圃杂记》，中华书局，1984。

（明）王琼撰，张志江点校《晋溪本兵敷奏》，上海古籍出版社，2018。

（明）王守仁撰，吴光等编校《王阳明全集》，上海古籍出版社，2011。

（明）王恕著，张建辉、黄芸珠点校整理，张世民审订《王恕集》，西北大学出版社，2015。

（明）吴讷、徐师曾著，于北山、罗根泽校点《文章辨体序说 文体明辨序说》，人民文学出版社，1962。

（明）薛瑄撰，孙玄常、李元庆、周庆义、李安纲点校《薛瑄全集》，山西人民出版社，1990。

（明）薛应旂撰，展龙、耿勇校注《宪章录校注》，凤凰出版社，2014。

（明）颜俊彦：《盟水斋存牍》，中国政法大学出版社，2002。

（明）杨一清著，唐景绅、谢玉杰点校《杨一清集》，中华书局，2001。

（明）姚士麟撰《见只编》，商务印书馆，1936。

（明）叶盛撰，魏中平校点《水东日记》，中华书局，1980。

（明）于慎行撰，吕景琳点校《谷山笔麈》，中华书局，1984。

（明）余继登撰，顾思点校《典故纪闻》，中华书局，1981。

（明）臧懋循撰《负苞堂集》，古典文学出版社，1958。

（明）湛若水：《格物通》，《影印文渊阁四库全书》第716册，上海古籍出版社，1987。

（明）张居正撰《张太岳集》，上海古籍出版社，1984。

（明）张铨撰，（明）张道濬订，（明）徐扬先校，田同旭、赵建斌、马艳点校《国史纪闻》，上海古籍出版社，2018。

（明）郑晓撰，李致忠点校《今言》，中华书局，1984。
（明）朱元璋撰，胡士萼点校，刘学锴审订《明太祖集》，黄山书社，1991。
（清）顾炎武著，（清）黄汝成集释，栾保群、吕宗力校点《日知录集释》，上海古籍出版社，2006。
（清）黄宗羲著，吴光主编《黄宗羲全集》，浙江古籍出版社，2012。
（清）纪昀等：《四库全书总目提要》，中华书局，1965。
（清）龙文彬纂《明会要》，中华书局，1956。
（清）孙承泽著，王剑英点校《春明梦余录》，北京古籍出版社，1992。
（清）孙承泽撰《春明梦余录（外一种）》，上海古籍出版社，1993。
（清）夏燮撰，王日根等校点《明通鉴》，岳麓书社，1999。
（清）张廷玉等撰《明史》，中华书局，2000。
（清）张怡撰，魏连科点校《玉光剑气集》，中华书局，2006。
傅璇琮、施纯德编《翰学三书》，辽宁教育出版社，2003。
刘海年、杨一凡主编《中国珍稀法律典籍集成（乙编）》，科学出版社，1994。
刘俊文主编《官箴书集成》，黄山书社，1997。
王水照编《历代文话》，复旦大学出版社，2007。
杨一凡、田涛主编《中国珍稀法律典籍续编》，黑龙江人民出版社，2002。
余来明、潘金英校点《翰林掌故五种》，武汉大学出版社，2009。
张德信、毛佩琦主编《洪武御制全书》，黄山书社，1995。

（二）近人专著

包诗卿：《翰林与明代政治》，上海古籍出版社，2015。
蔡明伦：《明代言官群体研究》，中国社会科学出版社，2009。
曹喜琛、韩宝华编《中国档案文献编纂史略》，高等教育出版社，1999。
陈鼓应、辛冠洁、葛荣晋主编《明清实学思潮史》，齐鲁书社，1989。
丁晓昌、冒志祥主编《中国公文发展史》，苏州大学出版社，2004。
关文发、颜广文：《明代政治制度研究》，中国社会科学出版社，1995。
郭预衡：《中国散文史》，上海古籍出版社，1986。
李渡：《明代皇权政治研究》，中国社会科学出版社，2004。
潘星辉：《明代文官铨选制度研究》，北京大学出版社，2005。

王剑：《明代密疏研究》，中国社会科学出版社，2005。

王其榘：《明代内阁制度史》，中华书局，1989。

王天有：《明代国家机构研究》，北京大学出版社，1992。

王兴亚：《明代行政管理制度》，中州古籍出版社，1999。

谢贵安：《明实录研究》，上海古籍出版社，2013。

杨树藩：《明代中央政治制度》，台湾商务印书馆，1978。

杨一凡：《明大诰研究》，江苏人民出版社，1988。

张德信：《明朝典制》，吉林文史出版社，1996。

张晋藩主编《中国官制通史》，中国人民大学出版社，1992。

张显清、林金树主编《明代政治史》，广西师范大学出版社，2003。

（三）学术论文

蔡明伦：《论明代言官作用的嬗变》，《理论月刊》2004年第5期。

陈辽：《朝鲜〈吏文〉和明代语言》，《江海学刊》2001年第5期。

陈时龙：《论明代内阁的票拟——以泰昌、天启初年的内阁为例》，《史林》2017年第3期。

陈淑丽、吕丽：《明代官吏职务犯罪问题研究》，《当代法学》2006年第1期。

陈志刚：《论明代中央政府权力结构的演变》，《江海学刊》2006年第2期。

邓名瑛：《明代心学本体论与明代学风》，《求索》2004年第2期。

丁春梅、樊如霞：《明代官府公文用纸来源初探》，《档案学通讯》2001年第4期。

方志远：《明代内阁的票拟制度》，《江西师范大学学报》（哲学社会科学版）1987年第4期。

方琮：《明代御史刷卷制度研究》博士学位论文，东北师范大学，2018。

郭预衡：《"有明文章正宗"质疑》，《文学遗产》2000年第1期。

何朝晖：《明代县衙规制与日常政务处理程序初探》，《安徽大学学报》（哲学社会科学版）2005年第6期。

黄才庚：《明代文书行移勘合制度》，《历史档案》1981年第3期。

蒋星煜：《汤显祖〈论辅臣科臣疏〉的历史意义与深广影响》，《上海师范大学学报》（社会科学版）2000年第8期。

鞠明库：《〈诸司职掌〉与明代会典的纂修》，《史学史研究》2006 年第 2 期。

李渡：《明代皇权与宦官关系论略》，《中国史研究》1995 年第 3 期。

李福君：《试论明代的诰敕文书》，《档案学通讯》2007 年第 3 期。

李佳：《明万历朝奏疏"留中"现象探析》《古代文明》2009 年第 4 期。

李文玉：《明末的中枢决策与权力格局演进：以崇祯帝"改票"为视角》，《求是学刊》2017 年第 3 期。

连士玲、李守良：《论明代公文行移制度》，《档案》2007 年第 4 期。

刘长江：《略论明代科道官的"风闻言事"》，《黑龙江社会科学》1999 年第 5 期。

刘建明：《明初政权运作与政府公文走向》，《湖北大学学报》（哲学社会科学版）2012 年第 2 期。

刘文瑞：《试论明代的州县吏治》，《西北大学学报》（哲学社会科学版）2001 年第 2 期。

刘志坚、刘杰：《试论明代官吏考察制度》，《西北师大学报》（社会科学版）2001 年第 3 期。

柳海松：《论明代的京官考课制度》，《辽宁大学学报》（哲学社会科学版）2001 年第 1 期。

罗冬阳：《勘合制度与明代中央集权》，《东北师大学报》（哲学社会科学版）1997 年第 1 期。

彭忠德、黄咏欢：《薛瑄官箴研究》，《湖北大学学报》（哲学社会科学版）2006 年第 4 期。

钱茂伟：《晚明实录编纂理论的进步——以薛三省〈实录条例〉为中心》，《学术月刊》2005 年第 5 期。

区志坚：《从明人编著经世文编略探明代经世思想的涵义——兼论近人对经世思想之研究》，《中国文化研究》1999 年第 1 期。

孙书磊：《明代公文制度述略》，《南京工业大学学报》（社会科学版）2005 年第 2 期。

覃兆刿：《浅析明代照刷磨勘文卷制度》，《档案管理》1999 年第 3 期。

万明：《论传统政治文化与明初政治》，《明史论文集》（8），黄山书社，1993，第 187~203 页。

王剑：《论明代密疏的保密制度》，《文史哲》2004年第6期。

王剑：《密疏的非常制参与与嘉靖朝政治》，《学习与探索》2011年第5期。

吴琦、唐金英：《明代翰林院的政治功能》，《华中师范大学学报》（人文社会科学版）2006年第1期。

肖立军、吴琼：《明代鸿胪寺职掌演变及对宫廷决策的介入》，《故宫学刊》2015年第2期。

颜广文：《论明代公文运作制度》，《广东社会科学》1994年第2期。

杨纯瑛：《〈明经世文编〉编纂问题研究》，硕士学位论文，华中师范大学，2002。

杨绪敏：《论明代空疏学风形成和嬗变的原因及影响》，《北方论丛》2006年第4期。

尹钧科：《明代的宣谕和清代的讲约》，《北京社会科学》1999年第4期。

岳天雷：《高拱的实学思想及其实政价值》，《中州学刊》2000年第5期。

赵彦昌：《明代档案管理制度研究》，《辽宁大学学报》（哲学社会科学版）2011年第6期。

赵彦昌：《明清奏本运转流程研究》，《档案学通讯》2010年第4期。

赵彦昌、徐丽丽：《票拟批红制度考》，《档案学研究》2011年第3期。

赵彦龙、扶静：《古代皇命文书"敕"之功用及体式研究——古代文书种类功用及体式研究之三》，《档案》2018年第11期。

赵轶峰：《票拟制度与明代政治》，《东北师大学报》（哲学社会科学版）1989年第2期。

赵毅：《明代吏员和吏治》，《史学月刊》1987年2期。

郑颖贞：《试评吕坤的哲学思想》，《学术交流》2005年第8期。

中国社会科学院历史研究所明史研究室编《明史研究论丛》（第八辑），紫禁城出版社，2010。

朱建贞：《朱元璋与明朝的文书档案工作》，《湖北大学学报》（哲学社会科学版）1999年第1期。

朱金甫：《明清内阁票拟制度的来历与演变》，《历史档案》1981年第1期。

左书谔：《明代勘合制论》，《求是学刊》1991年第3期。

图书在版编目(CIP)数据

经国序民:多维视域中的明代公文观/陈龙著.--北京:社会科学文献出版社,2022.10
国家社科基金后期资助项目
ISBN 978-7-5228-0623-5

Ⅰ.①经… Ⅱ.①陈… Ⅲ.①公文-研究-中国-明代 Ⅳ.①G152

中国版本图书馆CIP数据核字(2022)第157676号

国家社科基金后期资助项目

经国序民:多维视域中的明代公文观

著　　者／陈　龙

出 版 人／王利民
责任编辑／周　琼
文稿编辑／田正帅
责任印制／王京美

出　　版／社会科学文献出版社·政法传媒分社(010)59367156
　　　　　地址:北京市北三环中路甲29号院华龙大厦　邮编:100029
　　　　　网址:www.ssap.com.cn
发　　行／社会科学文献出版社(010)59367028
印　　装／三河市龙林印务有限公司
规　　格／开　本:787mm×1092mm　1/16
　　　　　印　张:22.5　字　数:355千字
版　　次／2022年10月第1版　2022年10月第1次印刷
书　　号／ISBN 978-7-5228-0623-5
定　　价／128.00元

读者服务电话:4008918866

版权所有 翻印必究